Um facho de intensa escuridão

DIRETORIA DA SOCIEDADE PSICANALÍTICA DE PORTO ALEGRE

Presidente
Dr. Sérgio Lewkowicz

Diretora Administrativa
Dra. Alda Regina Dorneles de Oliveira

Diretora Científica
Dra. Anette Blaya Luz

Diretora Financeira
Psic. Eleonora Abbud Spinelli

Diretor do Instituto
Dr. Ruggero Levy

Diretor de Publicações
Dr. José Carlos Calich

Diretora de Divulgação e Relação com a Comunidade
Psic. Luciane Falcão

Diretora da Área da Infância e Adolescência
Dra. Maria Lucrécia S. Zavaschi

DIRETORIA DE PUBLICAÇÕES
Dr. José Carlos Calich – **Diretor**
Dra. Carmem Emilia Keidann
Dr. César Luís de Souza Brito
Psic. Heloisa Cunha Tonetto
Dr. Rui de Mesquita Annes
Dr. Zelig Libermann

G881f   Grotstein, James S.
        Um facho de intensa escuridão : o legado de Wilfred Bion à psicanálise / James S. Grotstein ; tradução: Maria Cristina Monteiro. – Porto Alegre : Artmed, 2010.
        368 p. ; 23 cm.

        ISBN 978-85-363-2188-2

        1. Psicanálise. 2. Bion, Wilfred. I. Título.

                                                    CDU 159.964.2

Catalogação na publicação: Renata de Souza Borges CRB-10/1922

Um facho de intensa escuridão

O legado de Wilfred Bion à psicanálise

James S. Grotstein
Professor de Psiquiatria na David Geffen School of Medicine, UCLA.
Analista didata e supervisor no New Center for Psychoanalysis e
no Psychoanalytic Center of California, Los Angeles.

Tradução:
Maria Cristina Monteiro

Consultoria, supervisão e revisão técnica desta edição:
Patrícia Fabrício Lago
*Psiquiatra pela Universidade Federal do Rio Grande do Sul.
Membro da Sociedade Psicanalítica de Porto Alegre.*

2010

Obra originalmente publicada sob o título *A beam of intense darkness: Wilfred Bion's legacy to psychoanalysis*
ISBN 978-1-85575-448-5

© 2007 James S. Grotstein by First published by Karnac Books, represented by Cathy Miller Foreign Rights Agency, London, England.

Capa
Paola Manica

Preparação do original
Josiane Tibursky

Editora Sênior – Ciências Humanas
Mônica Ballejo Canto

Projeto e editoração
Armazém Digital® Editoração Eletrônica – Roberto Carlos Moreira Vieira

Reservados todos os direitos de publicação, em língua portuguesa, à
ARTMED® EDITORA S.A.
Av. Jerônimo de Ornelas, 670 - Santana
90040-340 Porto Alegre RS
Fone (51) 3027-7000 Fax (51) 3027-7070

É proibida a duplicação ou reprodução deste volume, no todo ou em parte, sob quaisquer formas ou por quaisquer meios (eletrônico, mecânico, gravação, fotocópia, distribuição na Web e outros), sem permissão expressa da Editora.

SÃO PAULO
Av. Embaixador Macedo de Soares, 10.735 - Pavilhão 5 - Cond. Espace Center
Vila Anastácio 05095-035 São Paulo SP
Fone (11) 3665-1100 Fax (11) 3667-1333

SAC 0800 703-3444

IMPRESSO NO BRASIL
PRINTED IN BRAZIL

A Wilfred Bion

Minha gratidão por *Me* permitir reencontrar-*me* comigo mesmo – e por encorajar-me a brincar com suas ideias, bem como com as minhas próprias.

Agradecimentos e fontes de informação

Além da leitura de todas as obras publicadas de Bion, baseei-me também nos seguintes textos publicados sobre suas obras, que considerei imensamente úteis e gratificantes: *Introduction to the Work of Bion* por Leon Grinberg, Dario Sor e Elizabeth Tabak de Bianchedi (1977, 1993); *Wilfred Bion: His Life and Works 1897-1979* (1993), por Gérard Bléandonu; *The Clinical Thinking of Wilfred Bion* (1996), por Joan e Neville Symington; *The Dictionary of the Work of W.R. Bion* (2003) e *Wild Thoughts Looking for a Thinker* (2006), por Rafael E. López-Corvo; *The Language of Bion: A Dictionary of Concepts* de Paul Sandler (2005); *The Kleinian Development, Part III: The Clinical Significance of the Work of Bion* (1978) e *Studies in Extended Metapsychology: Clinical Application of Bion's Ideas* (1986) de Donald Meltzer; *In the Analyst's Consulting Room* (2002a) por Antonino Ferro, bem como seu *Psychoanalysis as Therapy and Storytelling* (1999) e *Seeds of Ilness, Seeds of Recovery: The Genesis of Suffering and the Role of Psychoanalysis* (2002b); e *Reverie and Interpretation* (1997) de Thomas Ogden.

Embora eu raramente me refira a obras dos colaboradores acima, asseguro-lhes e aos leitores que estudei todas as suas obras e as *absorvi* – ou seja, na forma única de falar de Bion, eu "sonhei" suas obras, as desmontei em porções caleidoscópicas e as remontei de novo à medida que elas entravam espontaneamente em minha mente. Em resumo, eu "canibalizei", não "plagiei", as obras de meus colegas e as transformei na medida em que elas faziam sentido para mim novamente. Bion uma vez compartilhou comigo o fato de ele ter feito o mesmo – assim como Winnicott. Consequentemente, desejo não meramente "agradecer" aos autores acima, mas lhes oferecer minha profunda gratidão por suas inestimáveis contribuições.

Sou profundamente agradecido a Francesca Bion, por seus valiosos comentários sobre o manuscrito e por sua generosa permissão de citar o próprio Bion, e a Oliver Rathbone, Alex Massey e Christelle Yeyet-Jacquot, meus fiéis pastores na Karnac, por sua orientação firme ao levarem este trabalho à publicação. Além disso, consultei outros indivíduos que estiveram em psicanálise e/ou em supervisão com Bion. Na última categoria, incluo a mim mesmo e minhas memórias e reminiscências de minha psicanálise com ele, que durou seis anos – e as preciosas porções de informação que obtive dele durante e após as sessões e em outras ocasiões. Sou especialmente grato a Antonino Ferro, Elizabeth Tabak de Bianchedi, Lia Pistener de Cortiñas, Paulo Sandler, Thomas Ogden, Arnaldo Chuster, Lee Rather, Christian Godbout, Rudi Vermote e Raphael López-Corvo por terem lido o manuscrito antecipadamente e oferecido seus valiosos comentários. Também sou grato pelas conversas e comunicações com indivíduos aos quais considero "estudiosos de Bion", membros do "Coletivo de Bion", incluindo Corbett Williams e membros do meu Grupo de Estudo de Bion em São Francisco, que inclui Enid Young, Lee Rather, Stefanie Nickel-Rather, Zenobia Grusky, Maureen Franey, Jeffrey Eaton, Laurel Samuels, John Schneider, Ivria Spieler, David Tresan, Billie Lee Violet e Tom Herington, com os quais continuo aprendendo sobre Bion de formas notavelmente criativas. Sou grato a Harry Karnac por presentear-me com a permissão para que sua Bibliografia de Bion fosse incluída no livro. Finalmente, gostaria de dar meu agradecimento especial a minha esposa Susan, por seu incrível apoio durante os muitos anos de minha imersão neste livro, durante os quais ela muitas vezes tornou-se viúva de um escritor. Também gostaria de agradecer a Anouska Chydzik-Bryson com a mais profunda gratidão por sua paciência e esforço.

AGRADECIMENTOS DE PUBLICAÇÃO

Desejo agradecer aos seguintes pela permissão de republicar contribuições anteriores de minha própria obra, bem como da obra de outros:

- Aos editores do *International Journal of Psychoanalysis,* por sua permissão de republicar porções de: Antonino Ferro, "Clinical Implications of Bion's Thought"; *IJPA*, Vol. 87 (2006), p. 989-1003; James Grotstein, "The Seventh Servant: The Implications of a Truth Drive in Bion's Theory of "O", *IJPA*, Vol. 85 (2004), p. 1081-101); e James Grotstein, "Projective Transidentification: An Extension of The Concept of Projective Identification", *IJPA*, Vol. 86 (2005), p. 1051-1069.
- Robert Lipgar e Malcolm Pines, por sua permissão e do editor de republicar "Introduction: Early Bion", em *Building on Bion: Roots: Origins and Context of Bion's Contributions to Theory and Practice* (London: Jessica Kingsley, 2003), p. 9-28.
- Claudio Neri, Malcolm Pines e Robi Friedman, por sua permissão e dos editores de republicar "We Are Such Stuff as Dreams Are Made On: Annotations on Dreams and Dreaming in Bion's Works", em *Dreams in Group Psychotherapy: Theory and Technique* (London: Jessica Kingsley, 2002), p. 110-145.

Sumário

Apresentação à edição brasileira 11
Prelúdio e prólogo.. 15

1 Uma introdução 23
2 Que tipo de analista era Bion? 40
3 Que tipo de pessoa era Bion? 47
4 A visão de Bion 49
5 O legado de Bion.. 56
6 A metateoria de Bion 75
7 Bion sobre técnica 91
8 Vinheta clínica abrangendo ideias técnicas de Bion 107
9 Bion, o matemático, o místico, o psicanalista..................... 111
10 Language of Achievement... 118
11 A descoberta de O por Bion 123
12 O conceito de "posição transcendente"............................... 130
13 A busca da verdade – Parte A: a "pulsão por verdade" como
a ordem oculta da metateoria de Bion para a psicanálise 143
14 A busca da verdade – Parte B: curiosidade sobre
a verdade como o "sétimo servo" 147
15 Mentiras, "mentiras" e falsidades 155
16 O continente e o conteúdo... 159
17 "*Transidentificação projetiva*": uma extensão
do conceito de identificação projetiva 175
18 O trabalho de Bion com grupos.. 196
19 Estudos de Bion na psicose.. 202

20	Transformações	217
21	Funções e elementos psicanalíticos	238
22	Pontos, linhas e círculos	242
23	A grade	246
24	Vida mental fetal e sua cesura com a vida mental pós-natal	258
25	O que significa sonhar? A teoria dos sonhos de Bion	261
26	Sonhar, fantasiar e o "instinto da verdade"	290
27	"Tornar-se"	304
28	P–S ↔ D	307
29	L, H e K e paixão	310
30	Fé	314
31	A descoberta de Bion do zero ("não-coisa")	317

Epílogo 324
Bibliografia de W. R. Bion 330
Referências 336
Índice 349

Apresentação à edição brasileira

É com muita satisfação que apresento o terceiro livro da coleção da Sociedade Psicanalítica de Porto Alegre em parceria com a Artmed Editora. Esta obra de James S. Grotstein foi escrita e publicada em 2007, tendo sido revisada pelo autor para esta publicação.

James S. Grotstein é norte-americano, há muitas décadas habitante de Los Angeles, onde exerce sua clínica psicanalítica. Foi Professor de Psiquiatria na Escola de Medicina da Universidade da Califórnia, analista didata e supervisor no Instituto de Psicanálise da Califórnia (Psychoanalytical Center of California) e no The New Center for Psychoanalysis de Los Angeles. Grotstein foi analisado por Wilfred Bion durante seis anos, entre os anos de 1960 e 70, e tornou-se um estudioso, propagador e pensador das ideias deste fundamental autor da psicanálise contemporânea. É autor de mais de duas centenas de artigos, a maioria a respeito de seus próprios desenvolvimentos sobre a teoria bioniana e autor, coautor, editor ou organizador de 12 livros, dois dos quais publicados no Brasil: *The borderline patient: emerging concepts in diagnosis, psychodynamics, and treatment*, v.1, Analytic Press, 1987; *Do I dare disturb the universe: a memorial to W. R. Bion*, Karnac Books, 1990; *Splitting and projective identification*, Jason Aronson, 1981; *A cisão e a identificação projetiva*, Imago, 1985; *Fairbairn and the origins of object relations*, Other Press, 2000; *Who is the dreamer who dreams the dream? : a study of psychic presences*, 2000; *Quem é o sonhador que sonha o sonho?*, Imago, 2003; *But at the same time and on another level*, v.1: Psychoanalytic theory and technique in the kleinian/bionian mode, Karnac Books, 2009; *But at the same time and on another level*, v.2: Clinical applications in the kleinian/bionian mode, Karnac Books, 2009.

O livro que estamos apresentando, *Um facho de intensa escuridão: o legado de Wilfred Bion à psicanálise*, por seu detalhamento, precisão, compreensão inspirada e avanço criativo proposto à teoria bioniana, poderia facilmente ter como subtítulo "o legado de James S. Grotstein à psicanálise", parecer-me-ia mais fiel. Trata-se da reunião de reflexões cuidadosas, elaboradas e "amadurecidas" ao longo de aproximadamente 40 anos, sobre os principais e também sobre os mais polêmicos temas que Bion aborda ao longo de sua inovadora produção. Ao longo desses anos, Bion, de "autor maldito", tornou-se uma leitura e referência obrigatória aos estudiosos da psicanálise, como o próprio Grotstein alude na obra, sendo uma das referências mais citadas no *International Journal of Psychoanalysis* e que, em nossa Sociedade, reúne, no momento, o maior número de grupos de estudo sobre sua produção. Bion promove uma ruptura paradigmática do modelo de concepção da mente humana, abrangendo sua ontologia, suas possibilidades comunicativas e interacionais, suas formas e modos de expansão ao lado de rupturas de mesma grandeza nos modelos de escuta psicanalítica e de sua técnica interpretativa. Seus trabalhos são difíceis de serem lidos e compreendidos, por sua linguagem particular, novos conceitos, sua forma não saturada de escrita e de conceituação, com abundantes metáforas, figuras de linguagem, paralelos complexos a narrativas mitológicas, filosóficas, literárias, das ciências naturais (como em seu uso do modelo digestivo ou da sinapse), sendo habitual a necessidade de leitura e estudo em grupo, de preferência com alguém com alguma vivência da leitura e da linguagem de Bion. Seria um reducionismo dizer que Bion necessita tradutores ou intérpretes, porque tendo como centro a experiência emocional, seu estudo exige um grau de vivência, intuição e empatia para a aproximação de conceitos (que idealmente se tornam "realizações"). Grotstein foi um dos primeiros a se propor a compreender e procurar transmitir essa vivência e neste livro alcança, em diversos momentos, de forma magistral essa transmissão.

Por estas caracterísitcas, este livro deve, em meu entender, ser lido com vagar e particular atenção. Pode-se dizer, talvez sem exagero, que todas as palavras foram cuidadosamente escolhidas e mesmo para aquelas que, em uma primeira leitura, alguns significados não ocorram de imediato ou que tenhamos a sensação de que poderíam ter sido escritas de forma mais direta, albergam densas reflexões e contém a vivência, grande cultura e conhecimento do autor. Devo discordar, portanto, de nosso querido e inspirador colega Antonino Ferro (2008), em sua ótima resenha deste livro ao *International Journal*, quando diz que este pode ser lido em diversos níveis, podendo servir também ao iniciante para ter uma ideia da obra de Bion. Em meu entender, Grotstein faz comentários para quem já tem razoável conhecimento da obra bioniana, em diversos momentos de forma sintética, intercalando com comentários seus, por vezes abreviados, porém de muita densidade, com alusões "de passagem" a teorias filosóficas (mostrando um fácil trânsito por uma diversidade de autores), questões epistemológicas, referido-se a novos modelos, novos conceitos e novos paralelos, comparações com outros autores piscanalíticos, exigindo do leitor uma receptividade ao novo, ao paradoxal e ao "místico", no sentido bioniano do termo. Além disso, como proposto pelo título do livro, em outros momentos, o autor lança fachos de escuridão, demandando que o leitor se desapegue de suas memórias, para ouvir uma outra musicalidade em suas próprias vivências, que são o grande celeiro para a aproximação deste modelo de mente.

Neste livro, Grotstein oferece vivências pessoais, momentos de sua análise com Bion, sonhos seus procurando colocar o leitor em um nível de compartilhamento, oferecendo estímulos emocionais que vão em busca do mundo interno do leitor, despertando "conjecturas imaginativas" à procura do significado que o leitor poderá dar, agora, iluminados/escurecidos pela moldura do pensamento e vivências de Grotstein.

Traz discussões sempre com acréscimos pessoais sobre um grande número de conceitos bionianos e sobre a "arte da psicanálise", havendo um diálogo com muitos colegas e colaboradores implícitos no texto, muitos dos quais citados em seu prólogo. Destaco as discussões sobre o que são elementos beta, o que são transformações, existe uma transformação de beta em alfa?, a importância dos pensamentos sem pensador e da aplicação do modelo do sonho, das sutilezas da criação dos espaços mentais e da oscilação P-S ↔ D para compreensão do modelo de mente proposto por Bion.

São fundamentais, a meu ver, as contribuições pessoais de Grotstein sobre a existência de uma função alfa rudimentar, preparada para gerar comunicações pré-lexicais e receber comunicações léxicas prosódicas da mãe, inerente ao ser humano e à função que lhe é associada que é a da procura ativa da mente de outros para dar significados e para dar o sentido de existência. Esta compreensão, ainda que possível em um nível implícito na teoria bioniana, toma corpo nas idéias de Grotstein e permite a evolução da teoria na constituição da subjetividade e de uma intersubjetividade.

De igual importância são as contribuições do autor com as noções de "instinto de verdade", as reflexões sobre mentiras e falsidade e sobre a *identificação projetiva,* destacando seu aspecto não unilinear (mas como uma figura condensada de vários níveis) e a *trans*identificação projetiva, um conceito original do autor, que avança a especificidade da identificação projetiva, referindo-se a ação do paciente sobre a imagem do analista, induzindo neste último um estado de não enfrentamento da dor psíquica.

Um destaque adicional deve ser feito aos conceitos de objeto obstrutivo e rêverie negativa (alude a falhas na representação do objeto onde o espaço – da falta de objeto – fica obstruído), dando conta de estados psicóticos e sua relação com patologias da função rêverie, que fornece avanços a uma importante área, da qual a teoria bioniana necessita um melhor desenvolvimento.

Esta é uma obra que acrescenta, desacomoda conceitos já conhecidos e acomoda alguns que ficaram em suspenso pela dificuldade exposta pela teoria bioniana da apreensão dos estados emocionais. Considero leitura fundamental àqueles interessados na obra de Bion e seus desenvolvimentos, nos quais James Grotstein é um luminar com grande talento para a interpolação da luz e da escuridão.

Nossos agradecimentos a James S. Grotstein pela imediata adesão ao projeto da coleção da Sociedade Psicanalítica de Porto Alegre e pelo esforço que fez para que esta tradução contivesse reflexões atualizadas.
Uma boa leitura a todos.

José Carlos Calich
*Diretor de Publicações da Sociedade
Psicanalítica de Porto Alegre*

REFERÊNCIA

FERRO, A. Review of a beam of intensive darkness by James S. Grotstein. Int. J. Psycho-Anal., London: Karnac Books, v.89, p.867-884, 2007.

Prelúdio e prólogo

> "Mas tu, eterna luz, porção divina,
> Com tanto mais razão me acode e vale:
> Brilha em minha alma, nela olhos acende
> As faculdades todas lhe ilumina
> E de nuvens quaisquer a desassombra
> A fim que eu livremente veja e narre
> Cenas que à vista dos mortais se escondem."
>
> John Milton: *O Paraíso Perdido*

> WILFRED RUPRECHT BION:
> *Prometeu preso e liberto, homem de êxito,** *místico
> e navegador do "profundo e amorfo infinito"*

PRELÚDIO

Uma vez, após uma sessão analítica minha, Bion, incomumente para ele, foi até sua estante de livros, retirou uma edição alemã da correspondência de Freud com Lou Andreas-Salomé e leu para mim, traduzindo. Logo após, transcrevi: "Ao conduzir uma análise,[1] é preciso emitir um *facho de intensa escuridão* de modo que algo que até então tenha estado obscurecido pelo resplendor da iluminação possa brilhar ainda mais na escuridão." Vim a compreender que foi esta declaração que viria a tornar-se o fio de Ariadne que percorreria o pensamento tardio de Bion. É o que ele certamente queria dizer com sua agora famosa advertência ao analista de "*abandonar memória e desejo*" ao conduzir uma análise – de modo a *ter Fé na resposta criativa de seu próprio inconsciente*. Esta também foi a marca registrada de sua epistemologia ontológica final, transformações em, de e para "O", a Verdade Absoluta sobre uma Realidade Última infinita, impessoal e indizível.

---

* N. de R.T. Man of Achievement.

Bion como um "místico"

O termo "místico" tem muitas conotações, mas aquela que quero sugerir é próxima de Bion, que é psicanalítica e epistemológica, não religiosa. Durante o apogeu do positivismo, o analista esforçava-se para tornar-se mais *instruído* sobre seu analisando. Bion trouxe a psicanálise para a esfera da relatividade e da incerteza. Um "místico psicanalítico" é necessário não apenas para *conhecer* seu analisando o máximo que ele possa – por meio de transformações de O em K (da Verdade Absoluta sobre a Realidade Última Impessoal para o conhecimento sobre sua realidade *pessoal*), mas também para "*vir a ser*" aquela incerteza enigmática e abandonar as tentativas de *conhecê*-la. O místico não se perturba por não saber. Ele é um "Homem de Êxito" na medida em que é receptivo a ser influenciado por seu analisando a um grau em que ele pode permitir que seu próprio repertório consciente-pré-consciente-inconsciente de emoções e experiências seja espontaneamente recuperado e acessado (rêverie, intuição, com-paixão).

O místico não busca o mítico; ele o envolve com sua mente e torna-se isso. O místico vê o misterioso – a coisa-em-si – no óbvio, e o óbvio dentro do misterioso. O místico é capaz de desconsiderar a ilusão e é capaz de penetrar os mistérios com equanimidade. O místico aceita sua *moira* – a porção do Destino com que ele lida pessoal e impessoalmente – com equanimidade e serenidade, e reconhece o que pertence a ele pessoalmente e o que não pertence. Como veremos, acredito que a segurança do místico está, em parte, em sua confiança na integridade de sua barreira de contato.

Ele está de acordo com O. O místico é aquele aspecto potencial de cada um de nós, de nosso "*self* superior", de nosso "*Ubermensch*" (Nietzsche, 1883) que espontaneamente nos permite experimentar emoção – *e a Verdade que a emoção traz como sua carga* – e nos tornarmos experientes pela própria experiência – ou seja, tornarmo-nos impregnados com e por O. Portanto, nós nos "tornamos" a experiência, O, de forma bimodal: ou seja, encontrando O no meio do caminho, passiva e ativamente, conforme expressado na voz média do grego antigo, que reflete simultaneamente as vozes ativa e passiva (Greenberg, 2005; Peradotto, 1990).

Bion franqueou o misticismo como um componente valioso e obrigatório da epistemologia psicanalítica. A ciência do século XX de Freud e Klein era *ôntica*, linear, mais adequada para o estudo de objetos inanimados. Bion logo percebeu que a psicanálise era uma ciência *ontológica*, cujo campo de ação era não linear, onde considerações sobre o ser e a existência e sobre nosso relacionamento com outros seres estavam em constante risco de turbulência emocional e mudança catastrófica.

O místico sozinho (isto é, o componente místico de nós) está qualificado para compreender a incerteza não linear que agora caracteriza a psicanálise.

O ser humano evoluído – o místico – é passível de "capacidade negativa", a tolerância de dúvida, frustração e incerteza, mas também é capaz de tolerar a cósmica ausência de sentido do ser (existência). Este indivíduo evoluído, aquele que se tornou O, transpôs a posição depressiva e alcançou a *posição transcendente* (Grotstein, 1999a, 2000a, 2004a, 2004b). Ele se tornou um *"Übermensch"*, um "homem superior". Desde Bion, os analistas são agora obrigados a penetrar em seu núcleo místico. A formação psicanalítica a partir de agora deve constituir em parte a "afiação" de nossa receptividade mística, de nossa capacidade de alcançarmos o rêverie e de sermos capazes de conter enquanto aguardamos pacientemente o surgimento da Linguagem de Êxito de dentro de nós mesmos. A tarefa das análises didáticas agora ampliou-se e aprofundou-se. As análises didáticas serão diferentes na medida em que agora a tarefa do analista didata é ajudar seu analisando-em-formação a tornar-se um místico competente.

Com respeito à relação de Bion com misticismo, Eigen declara:

> Bion presta homenagem ao misticismo de outrora – o Infinito Eterno Inalterável, o Vazio amorfo latente, o próprio O. Mas ele também se abre para um misticismo de momentos inconstantes, um O dinâmico, inquieto. Nós encontramos O não simplesmente como paz, mas como turbulência, mesmo como catástrofe. Não podemos acompanhar a incessante evolução de O. Nós trabalhamos com premonição. E uma vez que somos O, elaboramos premonições de nós mesmos. [Eigen, 1998, p. 20]

PRÓLOGO

No final da década de 1970, um editor de livros psicanalíticos bem conhecido e respeitável, que havia concordado em publicar um livro meu, incumbiu-me de escrever um livro sobre Bion. Eu decidi realizar uma obra editada que incluísse contribuições de admiradores e estudiosos de Bion do mundo todo. Foi uma tarefa difícil para mim, porque na época eu ainda estava em análise com Bion. O livro veio a chamar-se *Do I Dare Disturb the Universe? A Celebration of Wilfred R. Bion*. O título teve que ser alterado para *"A Memorial"* em vez de *"A Celebration"*, porque Bion morreu subitamente em 8 de novembro (meu aniversário!) de 1979. Nesse meio-tempo, o editor havia publicado quatro obras importantes de Bion – *Learning from Experience, Elements of Psycho-Analysis, Transformations* e *Attention and Interpretation* – em um único volume intitulado *Seven Servants*. As vendas deste livro foram aparentemente tão pequenas que o editor, pensando que obras sobre Bion também não venderiam, cancelou seu contrato comigo. Eu fiquei decepcionado, mas certamente entendi. Do ponto de vista comercial, ele fez a coisa certa naquela época. Eu então o publiquei independentemente como única aventura da "Caesura Press". Levei anos para avaliar a sábia previsão daquele nome. Eu simplesmente fiquei financeiramente arruinado!

Isto é passado. Hoje, tudo o que se tem que fazer é pegar qualquer revista psicanalítica importante, particularmente o *International Journal of Psychoanalysis*, entrar em uma livraria, ou ir a basicamente qualquer conferência psicanalítica ou de psicoterapia, que Bion está lá. Suas ideias saíram do gueto de suas raízes Kleinianas para todas as principais escolas dentro da estrutura psicanalítica. Foi uma surpresa para muitos o fato de ele ter sido um dos fundadores da intersubjetividade. Praticamente todo profissional da saúde mental hoje está familiarizado com continente e conteúdo, rêverie materno, talvez mesmo com função α, elementos-α e elementos-β, e certamente com suas contribuições para a psicologia de grupo. Esses conceitos concernem ao "Bion popularizado".

Os profissionais da saúde mental, particularmente os psicanalistas, parecem agora ter mais curiosidade pelo Bion mais recôndito, cujas ideias ainda permanecem abaixo da ponta do *iceberg* para muitos. Esta obra é uma tentativa de trazer essas ideias para a superfície para demonstrar sua utilidade teórica e clínica (prática) – espero que de uma maneira compreensível ao leitor. Digo isso em face de críticas de meus trabalhos publicados anteriormente, nas quais fui acusado de ser "Bioniano" – ou seja, "denso" – em meu estilo de escrita. Espero que o presente livro mostre que levei a sério o "elogio" e tentei ser o mais explícito e esclarecedor possível. Um dos grandes legados de Bion transmitido para mim na análise foi ser capaz de encontrar minha própria voz – escutar *a mim mesmo* escutando (e lendo) a ele. Isto eu fiz!

Bion foi um discípulo diligente de Platão e dos pré-Socráticos, particularmente de Heráclito. A partir deles e de sua sabedoria ele foi capaz de fazer as mudanças de paradigma mais significativas na teoria e na técnica psicanalítica até hoje. Uma de suas ideias era a de *transiência* – ou *fluxo* ou *evolução*. Tudo e todos estão em fluxo, estão evoluindo. O paciente de ontem não é o paciente de hoje. O mesmo é verdadeiro para as ideias de Bion: *elas também estão em fluxo!* Podemos vir a perceber aspectos delas que Bion pode ter premonitoriamente pressagiado, mas nunca conscientemente antecipado. O meu é um trabalho em curso (fluxo) sobre um trabalho maior em curso (evolução). Não é tanto uma versão meramente fiel de suas ideias quanto uma *digestão* minha de sua obra – *no momento!* Se eu estiver certo, Bion é mais prático e clinicamente útil do que a maioria – incluindo meu *self* anterior – percebeu.

Um diálogo imaginário entre Bion e eu

Eu me dei conta de uma percepção que Bion pesarosamente anteviu. Quando leitores e estudiosos começam a apreciá-lo, há frequentemente uma tendência a idealizá-lo. O conhecimento de Bion, em minha opinião, e penso que na dele também, focalizou-se em seu trabalho quase como um texto exegético, uma Bíblia, por assim dizer, mais do que como uma entidade viva, em evolução, contendo variáveis e invariantes e provas destinadas a mais explorações por outros. Repetidamente Bion me lembraria de que eu deveria estar mais focalizado em minhas próprias respostas ao que ele dizia em vez de nele ou em suas palavras. Eu decidi dedicar-me a ele neste texto a seu generoso convite. Acredito firmemente que Bion deseja e necessita ser interpretado em um espírito de entusiasmo ativo, respeitoso. Ele tem que ser desafiado antes de ser digerido: afinal de contas, ele não interpretou as obras de Freud e de Klein?

O leitor verá por si mesmo o grau com que eu o fiz – com o que acredito tenha sido uma permissão pré-arranjada de Bion.

O alcance do livro

O alcance desta obra é minha tentativa fiel de resumir, sintetizar, estender e desafiar Bion e suas contribuições e de apresentar suas ideias de uma maneira acessível ao leitor – como minha digestão delas. Bléandonu nos deu uma visão em profundidade da experiência pessoal de Bion e uma versão quase enciclopédica de suas contribuições à medida que elas surgiam sequencialmente. Grinberg, Sor e de Bianchedi, como os Symingtons, discutiram suas maiores contribuições em profundidade. López-Corvo e Paulo Sandler abordaram suas obras de forma enciclopédica. Eu preferi escolher um terreno intermediário, a fim de evitar redundância. Meu plano, consequentemente, é apresentar o que *eu* acredito que seja seu legado mais importante à psicanálise: as ideias que estão na vanguarda de nosso campo que, em minha estimativa, precisam ser conhecidas pelos profissionais da saúde mental como um todo. Será perceptível que eu escrupulosamente evitei discutir Bion biograficamente. Penso que seria um sacrilégio. Ele foi meu analista, e deixou Los Angeles antes que minha neurose transferencial fosse resolvida.

Em resumo, eu gostaria de "interpretar" ("sonhar") Bion de modo a esclarecer e definir as implicações mais amplas e mais profundas de suas obras. Gostaria tanto de apresentar suas ideias fielmente como também usá-las como plataformas de lançamento para minhas próprias razoáveis conjecturas imaginativas sobre as direções para as quais suas ideias apontam. Naquela categoria, incluo especialmente suas ideias como "Language of Achievement"*, "rêverie", "verdade", "O", e "transformações" – em, de e a partir de, mas também os vínculos L, H, e K (para mostrar como Bion reorientou as pulsões instintuais de Freud para as emoções), "continente ↔ conteúdo", as ideias de Bion sobre "sonhar", "vir a ser", "pensamentos sem um pensador", a "Grade", sua obliteração da distinção entre "processos primários e secundários" de Freud e os "princípios do prazer" e da "realidade", "perspectiva reversível", "mudança de vértices", "visão binocular", "barreira de contato", a substituição de "consciente" e "inconsciente" por finitude e infinitude, o uso por Bion de modelos, sua diferenciação entre "mentalização" e "pensamento", entre muitas outras. Em outras palavras, o livro é organizado de acordo com *minha* estimativa bruta de uma ordem de importância aproximada de suas contribuições teóricas e clínicas apresentadas como uma síntese do todo. O plano que organiza este trabalho é minha tentativa de citar e então comentar o que acredito sejam seleções representativas de suas obras principais. Conforme declarei anteriormente, desejo que este texto seja uma exposição fiel das obras de Bion, bem como um "diálogo" com ele no qual eu respeitosamente questiono algumas de suas ideias e apresento algumas das minhas.

Advertência 1

Ao contrário da maioria dos trabalhos que visam a ser eruditos, este é um texto muito pessoal. Bion foi e continua sendo muito importante para mim pessoal, intelectual e profissionalmente. Embora ele talvez odiasse a ideia, acredito que eu seja um "Bioniano-Kleiniano". Eu achava Bion difícil de ler e, portanto, estudei atentamente suas obras muitas vezes. Neste trabalho, busco mostrar o que vim a entender – uma palavra que ele odiava – e então *"tornei-me"* a sabedoria que eu poderia adquirir dele. O texto é resultado de minha própria escalada da Face Norte da Verdade, O. *Este trabalho*, em outras palavras, *é meu próprio diário pessoal da leitura de Bion*. Eu raramente cito outros estudiosos, cada um dos quais respeito enormemente: não quero basear-me demais em seus pontos de vista e, desse modo, perder minha própria direção.

Similarmente, citei profusamente os principais textos de Bion, mas praticamente deixei de citar suas últimas obras. Este trabalho, consequentemen-

---

* N. de R.T. "Languagem of Achievement" tem recebido diferentes traduções tais como "Linguagem de Êxito", "Linguagem de Consecução" (Sandler, P.C.) e "Linguagem que alcança" (Hartke, R.). Como não há tradução consagrada, optou-se pelo uso do termo original em inglês.

te, é, em alguma medida, um comentário sobre suas principais obras. Após ter lido *Bion in New York and São Paulo*, *Bion's Brazilian Lectures 1* e *2*, *Clinical Seminars and Four Discussions*, *Four Discussions with W. R. Bion* e em especial *The Tavistock Seminars* e *The Italian Seminars*, percebi que eu tinha um sério problema. Eu podia ter citado a totalidade de todos eles, tão ricos e plenos de sua sabedoria eles eram. Além disso, na época em que tive acesso a eles, meu texto já tinha se tornado demasiado longo.

Limitações de espaço proibiram minha revisão da trilogia de Bion, *A Memoir of the Future*. Essa tarefa é um trabalho que está agora em curso. Tudo o que quero dizer aqui é muito breve e compacto: o *Memoir* é o sonho de Bion de sua autobiografia, com toda sua tristeza, horror e redenção. Ele nos adverte do perigo dos demônios da mente, que, quando amplificados pela força da alavanca do processo grupal, pode destruir o mundo. O fator redentor é transformar as vozes alteradas em vértices respeitados e lhes oferecer a oportunidade para um "debate disciplinado".

O leitor também reconhecerá que citei diversas porções das obras de Bion, muitas vezes extensamente, desse modo convertendo porções importantes de meu livro em uma verdadeira obra comentada sobre suas contribuições. Fiz isso deliberadamente. Quero mostrar

1. a verdadeira procedência e progressão de *suas* ideias e
2. conforme mostro em meus comentários, como obtive meu próprio sentido do que Bion queria dizer.

O leitor também notará a escassez de exemplos clínicos. Descobri que era difícil encontrar exemplos clínicos que fossem suficientemente precisos. Entretanto, tomei emprestado das obras de Ferro, Ogden, de Bianchedi, bem como de mim mesmo, neste texto, para discutir as teorias de Bion com relevância clínica. Por outro lado, quando podia, eu me via em outro dilema: os resultados de meu próprio devaneio eram frequentemente tão íntimos a ponto de proibir a publicação.

Alguns estudiosos de Bion podem ficar desapontados com o que e quem eu preferi *não* incluir em minha lista ou discutir. Esta obra foi escrita para um amplo público de leitores. Como consequência, muitos temas que considerei muito obscuros lastimavelmente foram deixados de fora. Mais uma vez desejo enfatizar que esta obra é a história de como *eu* pessoalmente passei a apreciar os escritos de Bion – com muito esforço e "sonhando-os". Segui os preceitos que aprendi com ele na análise: "Não tente *me* entender! Preste especial atenção a *suas respostas emocionais* a mim!" – que eu entendi como eu, prestando atenção a minhas respostas a ele, permitiria que Bion abrisse os portões do meu *self* infinito e assim se tornasse encarnado por minha divindade! Sei que esta linguagem pode aborrecer alguns. Ela evidentemente aborrece a O'Shaughnessy (2005, p. 1530). Ela se tornará mais razoável à medida que o leitor continuar lendo. Eu encerro com um *koan** de John Lennon: "A realidade deixa muito para a imaginação"!

Advertência 2

Os escritos de Bion, embora em menor quantidade do que os de outros, como Klein e Freud, são densos, sincréticos e repetitivos nas palavras. Ele se repete muitas e muitas vezes – diferentemente – de diferentes vértices e em diferentes contextos. Além disso, sua obra parece holográfica. O termo "holográfico" é usado diferentemente, dependendo do contexto no qual ele é colocado. Meu uso dele pode ser mais bem ilustrado por uma analogia com o cromossomo. Cada célula do corpo contém o genoma para o corpo inteiro. O efeito estereoscópico na arte pode ser notável. Eu mesmo, embora não sendo artista e certamente não sendo Bion, busco usar o que considero o modelo holográfico para este trabalho. Por isto quero dizer que, embora eu tente ser fiel às obras de Bion categoricamente, também posso parecer repetir-me em inúmeras ocasiões. Posso apenas esperar que o leitor perceba que sei que estou me repetindo quando o faço – como minha única forma de discorrer fielmente sobre os pensamentos de Bion.

Advertência 3

Em meus planos originais para o livro eu tinha considerado usar material clínico, meu e de outros, para demonstrar como a "técnica Bioniana" pode ser aplicada. Embora apresente alguns breves exemplos clínicos de como *eu* uso Bion, finalmente comecei a entender que tentar fazê-lo de uma forma mais ampla seria uma tentativa de concretizar as ideias de Bion. Nunca se pode ser um analista Bioniano. Pode-se ser apenas um psicanalista que se permite ser inspirado por imersão na leitura e "vir a ser" Bion.

NOTA

1. Eu soube posteriormente, ao ler outra tradução da carta de Freud, que Freud tinha se referido a "ler um livro", mas tenho certeza de ter ouvido Bion dizer "análise". Além disso, ele (Bion) posteriormente citou esta passagem como "cegar-me artificialmente para focalizar toda a luz em um ponto escuro" (1970, p. 57).

---

* N. de R.T. Paradoxo que leva à meditação no treinamento de monges budistas.

1
Uma introdução

Foi-me solicitado realizar a assustadora tarefa de escrever um livro sobre Bion que introduzisse uma destilação e uma síntese de suas ideias para o público em geral. Aqueles leitores que já estão familiarizados com suas obras percebem o quanto é difícil uma tarefa como esta. As ideias de Bion são altamente singulares e são às vezes apresentadas por ele com tal densidade que frequentemente é difícil capturar seu significado – mas isto é completamente Bion. Conforme escrevi em outra contribuição, suas obras publicadas nos lembram a solução de um quebra-cabeças, mas um em que as configurações mudam quando se está tentando encontrar a peça certa, ou a leitura do "Livro de Areia" ou "A Biblioteca de Babel" de Borges (1998), onde as páginas e os livros proliferam ao infinito conforme se começa a leitura (Grotstein, 2004b, p. 1081). Ele odiava a ideia de que suas ideias seriam capturadas e então aprisionadas em um "entendimento" estático. Além disso, como ele me sugeriu em inúmeras ocasiões na análise, ele estava mais interessado em *minha resposta* ao que ele dizia do que em *meu entendimento* de *suas* interpretações, ou seja, de suas ideias. Igualmente, *ele* estava mais interessado em *suas* respostas internas às minhas associações.

Somente mais tarde vim a perceber que estava sendo introduzido à *"Language of Achievement"*: a forma infra- e translingual de comunicação emocional pré-léxica e/ou infra-léxica entre bebê e mãe e analisando e analista. Foi apenas mais tarde ainda que vim a perceber que Bion estava nos introduzindo aos fundamentos da Fé (F) e da Verdade (V) e suas bases emocionais. De fato, comecei a entender que a importância das emoções está em sua carga, a verdade pessoal. Ao sermos capazes de tolerar a frustração de aguardar a chegada das vanguardas da certeza e o alívio que a certeza nos oferece quando estamos necessitados e *in*certos, nós então passamos a ser capazes de experimentar aparições[1] ou revelações do objeto antecipado de dentro de nós, de nosso reservatório interior numinoso, Platônico/Kantiano, que nos permite antecipar o objeto até então desconhecido, e ainda por chegar, através da formação de nossa consciência, por assim dizer, com expectativas "informadas", mas infinitas. A Fé está em nossa crença de que sempre existirá um número que corresponde a um objeto potencialmente realizável que pode sempre antecipar a chegada daquele objeto futuro ou o retorno do objeto anteriormente afastado.

É minha impressão que Bion sempre lamentou de que, muito frequentemente, seu estilo de apresentação, tanto em suas palestras como em seus escritos, resultasse paradoxalmente em ele ser admirado, adulado e adorado como um "gênio", o que ele indubitavelmente era, em vez de ser o mero transmissor da própria sabedoria interior do indivíduo. Quando se lê Platão, não se pode deixar de identificar Bion com Sócrates: lá, também, o próprio gênio humilde de Sócrates eclipsava sua humildade como mero transmissor, para seu ouvinte, da sabedoria dentro do ouvinte da qual este era totalmente inconsciente. Como veremos posteriormente neste trabalho, Bion, seguindo primeiro Freud e mais tarde Lacan, até mais que Klein às vezes, chegou à verdade, mas perdeu o significado da transferência: nós transferimos nossa sabedoria inconsciente ao analista e então o invejamos por *sua* sabedoria como "aquele que sabe". Nós, como pacientes, consequentemente invejamos nossa sabedoria projetada agora residente (na fantasia inconsciente) dentro do analista. Sentimos saudades do analista nos intervalos de fins de semana e feriados, e/ou sentimos saudades de nosso *self* inconsciente perdido, afastado e transferido no analista? Eis onde quero chegar: acredito que Bion, como Sócrates, nunca sentiu que fosse bem-sucedido em evitar a transferência e, portanto, tristemente permaneceu maior que a vida para quase todos os que o encontraram. Portanto, em muito do conhecimento sobre Bion, incluindo o meu próprio, parece haver pouco "diálogo" ou debate "disciplinado" com suas ideias. Embora eu tenha sido culpado até agora desta tendência, o leitor muito em breve verá o quanto eu me tornei "Bioniano" ao questionar algumas de suas agora famosas suposições. Ocasionalmente, tornar-me-ei um verdadeiro Jacó lutando com o anjo.

O ESTILO DE ESCREVER E DE COMUNICAR-SE DE BION

O estilo de escrever de Bion, bem como o de comunicar-se – ou seja, de responder a perguntas nas conferências –, confundia alguns. Como escreve Francesca Bion:

> Ele acreditava que "La réponse est le malheur de la question";[2] tanto em sua vida profissional como na vida privada os problemas estimulavam nele respostas de pensamento e discussão, jamais respostas. Suas réplicas – mais corretamente, contracontribuições – eram, apesar de sua aparente irrelevância, uma extensão das perguntas. Seu ponto de vista é mais bem ilustrado em suas próprias palavras:
> "Eu não sei as respostas a essas perguntas – e eu não diria se soubesse. Eu acho que é importante vocês mesmos descobrirem."
> "Eu tento dar a vocês uma chance de preencher a lacuna deixada por mim."
> "Eu não acho que minha explicação tenha importância. Eu chamaria a atenção é para a *natureza* do problema." [F. Bion, 1980, p. 5]

Qualquer leitor dos *Diálogos* de Platão (1892) pode facilmente reconhecer Sócrates, conforme eu já havia sugerido – mas também Freud e o espírito original da psicanálise. A "resposta" está dentro do questionador: ou seja, dentro do inconsciente. Muitos analistas sabem e acreditam nisso. Bion *viveu* isso! Suas obras, porém, ainda não foram satisfatoriamente traduzidas do "B Linear" de sua poética indefinível, contudo, exortativa. Ele anuncia e invoca os vértices místico, religioso, espiritual, estético e psicanalítico – não para entendermos, mas para *nos tornarmos* à medida que evoluímos.

Os escritos de Bion parecem ser bastante compreensíveis para alguns e menos compreensíveis para muitos outros. Sua prosa revela um estilo de estrutura de frase que reflete uma instrução pública Edwardiana com imersão em Latim e Grego. Eu recordo seu uso da palavra "macilento" em um de seus trabalhos. Procurei por ela em vão em inúmeros dicionários. Finalmente, tendo acesso a um dicionário publicado em Edimburgo em 1870, encontrei a palavra "macilento, agora raro, emaciado". "Macilento", curiosamente, revela um aspecto dos escritos de Bion: eles eram, de certo modo, "meros ossos". Não há palavra ou ideia excedente. O estilo de Bion consequentemente inclui componentes complexos, mas certamente um deles é sua criação. Bion deixa você órfão de fora de seu texto para você você buscar seu próprio caminho por sua própria bússola de navegação inerente – que você nunca acreditou que possuísse até conhecê-lo. O estilo de escrita de Bion é único, frequentemente enlouquecedor, sem marcações ou diretrizes adequadas para ajudá-lo a antecipar a próxima volta na estrada de ideias que ele privadamente mapeou. Muitas vezes ele parece falar de forma incontestável, não compartilhando com o leitor a origem de seu pensamento.

Ele se recusava a posicionar-se como o homem sábio ou guru que gostava de ter discípulos a seus pés. Como Sócrates, ele sempre insistia que nada sabia ou que nunca escrevera nada original, mas que todo indivíduo tinha dentro de si toda a sabedoria potencial de que um dia precisaria (As Formas Ideais, os números). Ele se comparava, novamente como Sócrates, a uma "parteira" das ideias que estavam latentes dentro do suposto discípulo. Em Los Angeles, ele se recusava a "supervisionar". Ele apenas ofereceria uma "segunda opinião". Indaguei sobre isto, e ele declarou que, quando lutara na Primeira Guerra Mundial, dolorosamente percebeu que o quartel-general, que estava localizado muito atrás das linhas, dava ordens que eram mal informadas, devido a sua distância da cena da ação. Igualmente, qualquer terapeuta, não importa quão inexperiente e sem treinamento, sabia mais sobre seu paciente do que um "supervisor" que não estava na experiência real com o paciente.

Em resumo, ele era humilde. Contudo, este homem humilde foi capaz de ousar "perturbar o universo" do positivismo e da certeza psicanalítica com ideias que brotam do vasto alcance de sua erudição polímata e autodidata, e de suas notáveis conjecturas imaginativas. Essas ideias agora passam pelo teste do tempo como conjecturas racionais valiosas e constituem, discutivelmente talvez, a maior mudança de paradigma na psicanálise até hoje. Eu lhe faço o maior elogio quando sugiro que ele era um "ativista Yeshivabucher", um "messias-gênio", um verdadeiro Prometeu, o "mestre da incerteza" e o "extraordinário navegador do infinito profundo e amorfo".

De acordo com Bléandonu (1993):

> O estilo de Bion é uma mistura de revelações fascinantes, aforismos provocativos e digressões cansativas. Sublinhado por contradição, ele obriga os leitores a escolher interpretações tímidas ou arriscadas, e o faz a fim de evitar demasiada simplificação, e despreza a paráfrase. Ele poderia ser comparado a um diamante bruto, e o leitor, na busca da revelação de sua luz refratada, é lançado em um labirinto de obscuridade. [Bléandonu, 1993, p.1]

Grinberg, Sor e de Bianchedi (1977) declaram:

> Tínhamos muitas dúvidas antes de nos decidirmos a realizar o que parecia uma aventura muito arriscada e difícil: escrever uma introdução às ideias do Dr. Bion. Por um lado, éramos encorajados por solicitações de muitos colegas e estudantes que tinham grande dificuldade para compreender os conceitos que ele desenvolveu em seus livros; mas, ao mesmo tempo, éramos contidos pela responsabilidade de ter que transmitir, de uma forma simplificada, certas hipóteses muito complexas, cujo profundo significado exigiu de nós longas horas de trabalho. [Grinberg, Sor e de Bianchedi, 1977, p. xv]

Paulo Sandler (2005), ao apresentar uma razão para ter-se incumbido de seu formidável *Dicionário* sobre Bion, diz:

> Esta é uma tentativa de tratar um fato derivado da experiência deste autor com colegas ao redor do mundo por 24 anos, ou seja, que muitos consideram a obra escrita de Bion "obscura e difícil"...
> Parece a este escritor que alguns dos fatores envolvidos nesta atribuída obscuridade se enquadram nas seguintes categorias:
>
> 1. Falta de leitura atenta...
> 2. Falta de experiência analítica...
> 3. Falta de experiência na própria vida...
> 4. Uma conjunção constante de 1, 2 e 3. [Sandler, 2005, p. 6-7]

Joan e Neville Symington (1996), embora não comentando sobre o estilo alegadamente obscuro de Bion, dizem que

> a psicanálise vista através dos olhos de Bion é um afastamento radical de todas as conceitualizações que o precederam. Não temos a menor

hesitação em dizer que *ele é o pensador mais profundo dentro da psicanálise – e esta afirmação não exclui Freud.* [Symington e Symington, 1996, p. xii; itálicas acrescentadas]

De acordo com Eigen (1985):

A fim de ler Bion razoavelmente, deve-se lê-lo atentamente e, em parte, em seus próprios termos. Ele é um dos escritores psicanalíticos mais precisos, ainda que intangível. [Eigen, 1985, citado em López-Corvo, 2003, p. xv]

López-Corvo (2003). Ao tratar da obscuridade, da complexidade e da intangibilidade dos escritos de Bion, afirma:

Eu tenho uma hipótese: há a sensação, quando acompanhamos sua obra sequencialmente, de uma tendência sucessiva a uma complicação maior e a um estilo de escrita mais intangível... Penso que Bion foi obscuro com os britânicos, moderado com os americanos e encantador e sensato com os brasileiros. [López-Corvo, 2003, p. xvi]

Ogden (2004b) gentil e pungentemente examina o estilo de escrita de Bion e comenta que há

1. nos primeiros escritos de Bion (incluindo *Learning from Experience*) "um movimento dialético entre obscuridade e esclarecimento que se move em direção a um término, embora nunca o alcance" (p. 288); e
2. uma forma de escrita mais evocativa em suas últimas obras, nas quais Bion buscava transmitir suas experiências ao leitor diretamente – como a própria experiência – como uma reprodução autêntica no último, sem passar por explicações ofuscantes.

Ogden interpreta Bion como sugerindo que o leitor deve não apenas participar ativamente na leitura de suas obras, mas "ele deve tornar-se o autor de seu próprio livro (seu próprio conjunto de pensamentos) mais ou menos baseado no de Bion"[3] (p. 286-287). Acima de tudo, Ogden acredita, e eu concordo, que Bion estava na verdade experimentando uma nova forma de escrita, uma forma que induz a experiência emocional e também que usa palavras familiares para transmitir significados modificados.

Enquanto eu lia o novo trabalho de Hampshire (2005), *Spinoza e Spinozismo*, aprendi como Spinoza, o gênio herético e místico de *seu* tempo, escrevia em um latim obscuro e intangível a fim de que seus contemporâneos *não* fossem capazes de entendê-lo e denunciá-lo às autoridades. Bion, o gênio místico herético de seu próprio tempo, pode ter feito algo semelhante. Em sua autobiografia, ele documenta a efetiva proibição à curiosidade que tinha sido imposta por "Arf Arfer", Deus, conforme interpretado por seu pai – e sua mãe – e continuando com sua família Kleiniana em Londres (Bion, 1982, 1985). Joan e Neville Symington (1996) parecem confirmar a última parte desta afirmação em seus Agradecimentos:

> Sydney Klein nos encorajou fortemente a continuarmos investigando nossas ideias quando tivessem sido contestadas ou desafiadas. *Sua independência de pressões grupais* e a capacidade de ver a contribuição especial de Bion na teoria psicanalítica contemporânea tem sido uma fonte de inspiração para nós. [Symington e Symington, 1996, p. ix; itálicas acrescentadas]

Em outras palavras, não pode Bion ter aprendido cedo a pensar e a falar em código, como seu antepassado, Spinoza?

Um ponto de vista é que Bion, gênio que era, era um escritor pobre, porque sua prosa não conseguia acompanhar a expansibilidade e a extensão de seu pensamento. Eu tenho outra ideia, entretanto. Minha própria impressão de Bion era que ele era muito "inglês", no sentido de ser um individualista refinado, mas robusto. É minha opinião que ele mantinha sua individualidade no grupo de Klein e sofria por isso. Na análise, ele insistia que o analisando se tornasse um indivíduo por sua própria conta. Consequentemente, eu me pergunto se seu estilo de escrita é sua forma de distanciar os leitores da identificação projetiva – e então introjetiva – com ele, e deixá-los "órfãos" a fim de encontrarem seu próprio caminho na vastidão de pensamentos novos, não processados. Colocado de outra forma, Bion não seria uma mãe ungulada que primeiro mastiga o alimento que então dá a seus filhos. Ele era a figura parental combinada que tinha fé de que os bebês (os leitores) tinham os recursos internos para mastigar seu próprio alimento – e formar seus próprios (processados) pensamentos.

Talvez exista outro fator relevante que pode ajudar a explicar alguns aspectos da escrita de Bion. Ele foi treinado e surgiu como analista durante a "época dos problemas" entre Anna Freud e Melanie Klein e seus respectivos seguidores. Em mais de uma ocasião ele mencionou o quanto ele se aflige em relação à natureza não científica dos intermináveis debates entre os dois campos e como ele estava tentando desenvolver uma linguagem científica para a psicanálise, cuja natureza muito científica fosse persuasiva a todos os analistas que respeitassem a ciência. Acredito que esta é a razão, em parte, por que uma vez tendo completado seu estudo clínico de pacientes psicóticos, ele iniciou um estudo rigoroso do pensamento e dos transtornos do pensamento, e aplicou análogos ou modelos matemáticos a fim de tornar-se o mais preciso possível, de modo a alcançar um verdadeiro Esperanto psicanalítico – uma linguagem universal. A matemática é não saturada e, consequentemente, pode fornecer um análogo útil a variantes e invariantes no pensamento. Ironicamente, entretanto, Bion alcançou fama mundial por suas contribuições para a *intuição* – uma parte da ciência mística mais moderna que lida com incertezas e fenômenos de emergência.

Ler suas obras e ter sido analisado por ele sugere a mim uma hipótese que deriva do exposto acima. Bion, o intuicionista, era quase obsessivo em relação a alcançar a *precisão* em suas ideias. Por esta razão, ele deu-se ao trabalho de invocar tantos modelos associados com matemática, ciência, lógica e filosofia. Ele estava insatisfeito com o problema da comunicação entre analistas sobre dados clínicos e estava procurando uma *linguagem análoga universal*, uma teoria unificada do campo psicanalítico, que estivesse fora do jargão psicanalítico – ou seja, a "linguagem de substituição" – mas que pudesse fornecer uma precisão científico-matemática sobre a qual todos os analistas pudessem concordar. Posteriormente, ele encontraria o conceito da "Language of Achievement" – a linguagem primordial das emoções (Bion, 1970, p. 125).

Eu gostaria de proferir ainda uma outra hipótese sobre por que Bion escrevia e falava da forma como fazia. É minha impressão que Bion *sonhava* suas declarações e seus escritos – ou seja, ele falava e escrevia em um estado transformacional de rêverie (sono vigilante) (Grotstein, 2006a). Sua concepção do conceito de O é um testemunho contínuo àquela visão. Vemos sua fé em um modelo científico-matemático enfraquecendo entre 1963, quando ele publicou *Elements of Psycho-Analysis;* 1965, quando ele publicou *Transformations*; e 1970, quando ele publicou *Attention and Interpretation*. Bion tinha descoberto que a ciência e a matemática tinham suas limitações, que a certeza matemática era uma ilusão e que a linguagem da ciência era baseada nos sentidos, adequada apenas para objetos *inanimados*, não para objetos *vivos*. Ele então se voltou para o conceito de incerteza de Heisenberg e para a matemática intuicionista (Escola Holandesa), e sua linguagem fez o mesmo. Sua busca pelo santo graal da precisão psicanalítica mudou para uma aceitação estoica da incerteza, o resultado final sendo sua metateoria psicanalítica, discutivelmente a mudança de paradigma de maior alcance na história psicanalítica e a mais adequada até hoje para antecipar a mais nova era do relativismo, do probabilismo e da incerteza.

Ainda outra ideia sobre seu estilo de apresentação merece ser comentada. Bion, em seu zelo pela precisão ao estudar um indivíduo impreciso, não linear, complexo (no sentido matemático), demonstrava uma predileção por falar e escrever em termos de *modelos*. Ele pensava e falava mais "fora do convencional", por assim dizer, do que dentro. Tenho uma noção de que esta ideia pode estar o mais próximo da correta: enquanto lia uma entrevista de Bion por Anthony Banet, em 1976, observei um Bion raro – que eu vim a conhecer apenas em sua última noite em Los Angeles, quando ele e sua esposa, Francesca, se juntaram a nós para um jantar de despedida. *Ele falava normalmente.* Ele era tudo menos circunspecto. Ele não falou, então, em modelos.

Bion sempre foi um homem muito educado, mas muito reservado. Quando lemos *Bion in New York and São Paulo* e *Bion's Brazilian Lectures 1* e *2*, temos um bom quadro de como ele se permite absorver-se e ser absorvido pelos outros. Ele raramente responde uma pergunta diretamente. Ele parece desviar a pergunta e prosseguir em uma direção imprevisível. Permitam-se citar apenas um exemplo de *Bion's Brazilian Lectures 1*:

> P. Eu gostaria de um esclarecimento do conceito de "futuro": se estamos sempre lidando com alguma coisa que está para acontecer e nada mais, o presente não está totalmente absorvido naquela perspectiva?
> R. Eu tenho usado um conceito, e é uma dessas situações na qual se tende a acreditar que há alguma realização que se aproxima do conceito. Estamos todos acostumados a palavras como "sexo" que, se considerarmos a questão, não significa nada. Mas a palavra "sexo", como "o futuro", é útil para este tipo de discussão. [1973, p. 16]

Se lermos a citação acima – como muitos gostam – cuidadosamente, podemos ser capazes de começar a detectar que Bion é um *mago* e/ou um *hipnotizador*! O questionador perguntou sobre "o futuro", Bion sugere "sexo" – como um modelo – que distrai de nosso foco sobre "o futuro". À medida que se lê *Bion in New York and São Paulo* (Bion, 1980) ou *Bion's Brazilian Lectures 1* (1973) e *2* (1974), pode-se começar a detectar, cada vez com mais certeza, que Bion responde a seus questionadores de maneira a distrair sua atenção, seu foco, do que eles *acreditam* que estão perguntando, fornecendo um novo assunto que está aparentemente afastado do que o questionador pensava que estava perguntando. O efeito sobre o questionador frequentemente parecia ser o de um "cervo ofuscado por faróis", fenômeno do pensamento pelo qual pareceria que Bion estivesse realmente respondendo sua pergunta quando – para mim –, na verdade, ele não estava. Ele mudava a visão deles da *certeza* para a *incerteza* – de modo que eles pudessem, em razão disso, estar abertos ao surgimento espontâneo da resposta imprevisível latente *dentro deles*. Colocando de outra forma, Bion responde de tal maneira que o questionador inconscientemente *encontra* e *torna-se* sua própria resposta!

Uma outra possibilidade ainda que me ocorreu é que, quando Bion falava, conversava e escrevia, ele estava *sonhando* ativamente suas declarações e escritos. Com isso quero dizer que Bion pode realmente ter-se "tornado" o que ele estava propondo. Ele estava dividindo caleidoscopicamente todos os seus pensamentos (e/ou nossos pensamentos), removendo pensamentos de seus contextos originais, combinando-os com seus elementos irredutíveis e então reorganizando-os em novos contextos de modo a esclarecer alguns aspectos dos pensamentos e a colocar outros nas sombras.

Quando se lê as obras de Bion em sucessão, pode-se detectar o início de uma mudança em seu pensamento sobre fenômenos psicanalíticos. Comentando sobre esta suposta mudança, Ogden (2004b) escreve o seguinte:

A experiência de ler os primeiros escritos de Bion gera um senso da psicanálise como um processo nunca completado de esclarecer obscuridades e de obscurecer esclarecimentos, cuja exploração se move na direção de uma convergência de significados discrepantes. Em contraste, a experiência de ler as obras finais de Bion transmite um senso da psicanálise como um processo envolvendo um movimento na direção da expansão infinita do significado. [Ogden, 2004b, p. 285]

Bion introduziu uma nova forma de pedagogia em seus escritos. Talvez se possa dizer que Bion estava muito consciente da tendência das pessoas a idealizar e a identificar-se com um líder ou um mágico, como Freud ou Klein, e então renunciar a suas próprias capacidades de pensar enquanto fazem reverência aos pés do guru. Muitas pessoas que leem Bion ficam frustradas por sua prosa, a negam, e então se identificam com ele e o citam longamente – e até se tornam aficionados por Bion. Infelizmente, a densidade e a ausência de linearidade de seu estilo de prosa parece se prestar à indignação ou à idealização. Meus colegas da América do Sul descobriram que a leitura de Bion – especialmente de sua trilogia, *A Memoir of the Future* (1975, 1977, 1979, 1981) – é feita melhor em grupos, e eu tendo a concordar. O estilo de prosa de Bion é mais exortativo, evocativo e indicativo (aponta para alguma coisa além) do que icônico e específico, e demanda confrontação, envolvimento e participação entusiasmada da parte do leitor – talvez mesmo meditação – a fim de ficar ainda mais aberto ao ouvido e à visão *interiores*.

A fama de Bion o seguiu em vez de precedê-lo. Na opinião de López-Corvo (2003), seus escritos eram densos no início, quando ele estava em Londres e, mais tarde, nos Estados Unidos, ambos lugares onde ele inicialmente experimentou marginalização e rejeição; quando ele escreveu para leitores da América do Sul, por outro lado, seus escritos se tornaram mais claros e mais expressivos devido à apreciação entusiasmada com que ele e suas obras foram recebidos. Quando ele vivia e clinicava em Los Angeles, poucos sabiam quem era Bion. Alguns o procuraram lá porque tinham ouvido falar que ele era um terapeuta de grupo. Quando seus quatro principais livros foram publicados nos Estados Unidos sob o título *Seven Servants* (Bion, 1977c), o editor norte-americano perdeu dinheiro no projeto e compreensivelmente recusou-se a reeditá-lo na época. Entretanto, ele o fez em 1983, após a reedição desses títulos pela Karnac. Os tempos tinham mudado significativamente desde então. Muitos institutos psicanalíticos dos EUA oferecem cursos sobre Bion, mas frequentemente sofrem com a carência de professores capazes de ensinar suas obras. Devido a esta crescente e disseminada importância de suas ideias, decidi compor este trabalho sucinto, mas esperemos que útil, uma sinopse, uma síntese, uma perspectiva, uma digestão pessoal de suas ideias.

Antes de encerrar esta seção, sinto-me compelido a retornar a minha ideia anterior sobre o discurso e a escrita de Bion em termos de modelos – fora do convencional.

BION: O GÊNIO

Bion parece ter tido que conviver com as vantagens e as desvantagens de lhe ter sido concedido o manto de gênio desde o início de sua carreira profissional – provavelmente devido a suas observações únicas e altamente idiossincrásicas, porém plausíveis e passíveis de confirmação no estudo de grupos, e então em suas observações de pacientes psicóticos e às conclusões de longo alcance que ele tirou dessas observações. Não se sabe se ele próprio pensava em si mesmo como um gênio. O que é um gênio? Para mim, um gênio é aquele que vê padrões, estruturas, ou *gestalten* em uma forma incipiente ou incompleta que indivíduos comuns não podem ver à princípio, ou de modo algum. Colocado de outra forma, um gênio é aquele que enxerga através da camuflagem de imagens e símbolos e está em contato, por assim dizer, com a "coisa em si" – uma experiência transcendente que Bion denomina uma "transformação em O". Ela envolve o uso altamente cooperativo das funções de ambos os hemisférios cerebrais. Bion foi capaz de observar e reconhecer padrões que ninguém, nem mesmo Freud ou Klein, puderam detectar – similarmente com psicóticos e analisandos em geral. Acrescente ao gênio a qualidade de intensa curiosidade e grande capacidade de foco (observação) – e se tem as dimensões de um indivíduo extraordinário. Ele tinha alguns traços negativos? Eu não sei, mas frequentemente suspeitei que sua implacável honestidade, disciplina e teimosia, bem como sua recusa em ser político, podem ter feito com que ele fosse marginalizado e perseguido com demasiada facilidade. O'Shaughnessy (2005) sugere que Bion tornou-se "indisciplinado" em seus últimos anos. Eu me pergunto se os Kleinianos de Londres sabem algumas coisas sobre ele que eu não sei – mas, então, talvez eu saiba coisas sobre ele (como analisando) que eles podem não saber. Pode muito bem estar sucedendo que o "Bion indisciplinado" tenha se tornado a principal contribuição de Melanie Klein para a psicanálise.

Prefiro deduzir que ele poderia ser um bom amigo, mas nunca foi "um dos rapazes."

Eu tenho me perguntado frequentemente se ele ficou congelado no tempo como o comandante de tanque protetor, o "irmão mais velho" que deve perpetuamente cuidar da segurança de seus homens (e mulheres) – a uma distância respeitável, a verdadeira *noblesse oblige* – tendo sido assombrado por seus companheiros de armas, aquelas tropas reais que não sobreviveram. Até recentemente o conceito de trauma não tinha sido enfatizado no pensamento psicanalítico em geral, e no pensamento Kleiniano especificamente. A ênfase era geralmente na psicose. Podemos nos perguntar se, na análise de Bion com Klein, esta foi realmente capaz de lidar efetivamente com o trauma que ele havia sofrido – ou seja, na Primeira Guerra Mundial – quando o mundo é que era psicótico ("Eu morri em 8 de agosto de 1918 na Estrada Amiens-Roye"), sua esposa morrendo no parto, e assim por diante. Em outras palavras, o Bion que alguns de nós "conhecemos" estaria escondido dentro de uma carapaça de angústia inexprimível (O)? Lembro de Francesca Bion mencionar que alguém que discursou no Memorial de Bion na Tavistock observou que "ele estava milhas atrás de seu rosto". Proponho esta ideia à luz da recomendação técnica pioneira de Bion de que o analisando não ficará satisfeito se ele não acreditar que o analista experimenta emocionalmente o que ele, o analisando, experimenta.

"PROMETEU PRESO"

Poderíamos comparar Bion com Prometeu, o Titã que roubou fogo dos deuses para dar à humanidade, tendo sido punido por Zeus após seu audacioso ato: ele foi amarrado a uma rocha e condenado a ter seu fígado comido por abutres. Bion falava e escrevia frequentemente sobre o Jardim do Éden, a Torre de Babel, o mito de Édipo e a ligação central entre eles – a condenação da divindade contra a curiosidade do homem. Aquela curiosidade se tornará, para Bion, a busca pela verdade – não apenas a verdade *per se*, mas a Verdade Absoluta sobre uma Realidade Final que é inefável, infinita e sinônimo de "divindade".[4] Alguns dizem que, antes de vir para Los Angeles, o fígado de Bion foi metaforicamente comido por abutres em Londres após ele ter se tornado, aos olhos deles, "o pária do O". (Grotstein, 1997a; O'Shaughnessy, 2005). Curiosamente, ele provavelmente teria se tornado o herdeiro e sucessor de Klein e altamente respeitado lá por suas primeiras obras sobre psicose e conceitos como o continente e o conteúdo, os vínculos L, H e K e a identificação projetiva comunicativa, cada um dos quais se tornou pensamento Kleiniano padrão e componentes básicos da episteme "pós-Kleiniana" em Londres, especialmente conforme praticado por Betty Joseph e seus seguidores.

Em outras palavras, após a morte de Klein, Bion poderia ter facilmente se tornado o chefe titular do movimento Kleiniano, mas a natureza extrema de sua individualidade inglesa como livre pensador, não diferente de Winnicott, logo o marginalizou aos olhos dos seguidores de Klein de origem centro-europeia e daqueles que vieram depois deles (Sutherland 1994; comunicação pessoal, 1966). Bion manteve uma oposição seletiva e respeitosa ao grupo dentro da estrutura de uma forte individualidade: ele, a autoridade em grupos, evitava pertencer a grupos a fim de manter a integridade de sua individualidade. Ele prezava a individualidade mais que qualquer coisa e insistia que seus analisandos deviam respeitar as suas próprias individualidades, e, ao entrar em análise com Klein, a advertiu para que respeitasse a dele.

Juntamente com Herbert Rosenfeld e Hanna Segal, Bion foi um dos poucos analistas de sua época a entrar na arena de analisar pacientes psicóticos. As observações que ele foi capaz de fazer sobre os psicóticos, em termos do pensamento Kleiniano, aumentaram rapidamente seu prestígio. A partir dessas experiências, ele inicialmente formulou seu conceito de "continente ↔ conteúdo", da importância do "rêverie materno", da "função α" e dos "elementos α e β", juntamente com uma extensão e revisão significativas do conceito de "identificação projetiva" de Klein (1946, 1955) – um conceito que ele ampliou para um modo comunicativo (intersubjetivo) infantil normal. Foi apenas quando ele teve "second thoughts" (segundos pensamentos) sobre este trabalho e ingressou na esfera de Prometeu da "transformação" da "Verdade Absoluta" sobre a "Realidade Final", "O", da "divindade", das esferas da infinitude e da incerteza cósmica interna e externa, é que ele foi colocado sobre a rocha e seu fígado foi devorado. Repetidas vezes em sua obra encontraremos referências a mitos como o Jardim do Éden, a Torre de Babel e Édipo, de cada um dos quais ele selecionou a injunção da divindade contra a curiosidade do homem – contudo, ele nunca mencionou o mito de Prometeu. Pode-se acrescentar esta preocupação dele a uma outra: a proclamação de um *superego* severo, maligno, originalmente um "objeto obstrutivo", que internamente "atacava os vínculos" de comunicação com objetos e com a própria curiosidade. É quase como se a experiência de fobia-por-curiosidade de Bion com seus pais na Índia fosse repetida com seus colegas de Londres. Incidentalmente, o conceito de objeto obstrutivo ou de continente negativo constituíram um divisor de águas no pensamento Kleiniano, algo ao qual os pós-Kleinianos atuais estão tentando se ajustar: a percepção da importância primária da paternidade de má qualidade juntamente com – ou em vez de – destrutividade infantil primária como causa primeira no desenvolvimento de psicopatologia.

Por isso, presumivelmente, Bion foi para a América. Sua partida (fugindo?) de Londres teve consequências para ele. Alguns de seus colegas de Londres deixaram correr o boato de que ele tinha sofrido um derrame ou acidentes isquêmicos transitórios (AITs) lá e tinha ido para a Califórnia em busca de anonimato.[5] Outros espalharam o rumor de que ele tinha ficado psicótico durante sua estada lá, e inventaram uma conjunção constante entre "Califórnia e psicose de Bion" – uma calúnia que se espalhou para incluir aqueles que tinham sido analisados por ele em Los Angeles (comunicação pessoal, analista pós-Kleiniano de Londres anônimo, 2004). Certamente ele não estava psicótico quando meus colegas e eu o conhecemos aqui em Los Angeles e entramos em análise com ele, mas ele sofreu dois episódios de síncope vasovagal enquanto estava aqui, de acordo com Francesca Bion (comunicação pessoal, 2007). Seu discurso e seu intelecto permaneceram intactos. Eu estava em análise com ele na época e, transferência à parte, não pude detectar que houvesse algo errado.

"PROMETEU LIBERTO"

Sua quarta obra metapsicológica, *Attention and Interpretation* (1970), que continuou a investigação de Bion de conceitos como O, o místico e a divindade e que tinha sido esboçada em sua obra anterior, *Transformations*, foi escrita e publicada enquanto ele estava em Los Angeles. Ele também tinha começado a escrever sua autobiografia real, *The Long Week-End: 1897-1917* (1982), sua continuação, *All My Sins Remembered and The Other Side of Genius* (1985), bem como sua autobiografia ficcional de três volumes, *A Memoir of the Future* (1975, 1977b, 1979, 1981). A obra escrita de Bion e sua capacidade de analisar não eram mais respeitadas em Londres (analista Kleiniano de Londres anônimo, 2004, citado anteriormente), mas, à medida que sua reputação enfraquecia lá, ela resplandecia ainda mais brilhante na América do Sul, particularmente no Brasil, bem como na Argentina, onde seu trabalho continua a florescer, sem falar agora da Espanha e especialmente da Itália. Por muito tempo escritores sul-americanos, mais que quaisquer outros no mundo, escreveram sobre Bion e o discutiram. Ele foi tão bem recebido lá que considerou a possibilidade de mudar-se de Londres para lá, mas decidiu não fazê-lo devido a dificuldades com a língua. O curso regular, ininterrupto de sua popularidade mundial recentemente adquirida é um bom presságio, entretanto, para tornar este Prometeu finalmente liberto.

O lugar que Wilfred Bion ocupará na história da psicanálise do século XX ainda está sendo decidido, mas sua popularidade póstuma na psicanálise do século XXI parece certa: ela apenas continua a crescer. Analistas e psicoterapeutas estão agora descobrindo e redescobrindo Bion. Talvez esta súbita eminência deva-se muito ao entendimento de sua obra profunda sobre rêverie, contratransferência, intersubjetividade e identificação projetiva comunicativa. Designações variadas lhe foram outorgadas, tais como gênio, dissidente, místico e psicótico. Alguns dizem que suas contribuições transcendem até mesmo as de Freud e Klein. Ele certamente ampliou significativamente as ideias deles. Conforme observei anteriormente, Joan e Neville Symington (1996) "acreditam que ele alcançou um entendimento da mente que não foi superado por nenhum outro analista" (p. 26), e com isto eu concordo.

Em sua aparência pessoal Bion era sempre imponente e formidável. Ele nunca pôde evitar a admiração e o respeito da maioria dos que o conheceram. Tenho razões para acreditar que isto o perturbava porque o marginalizava. Ele frequentemente retorquia, quando indagado por que tinha se mudado de Londres para Los Angeles, que ele "estava tão sobrecarregado com honrarias que quase afundou sem deixar rastro." Em sua presença sempre se ficava impressionado pela profundidade de sua mente, pela intensidade de seu foco e pela extraordinária disciplina de seu pensamento, bem como por sua afabilidade, modos e sotaque. Ele parecia, pelo menos para mim, um Inglês de outra época – talvez Eduardiana – pelas suas maneiras. Ele era sempre educado, mas suspeitava-se, como sugeriu um de seus colegas do Tavistock, que "Ele estava milhas atrás de seu rosto". Seu estilo nas palestras era interessante. Ele sempre falava sem anotações. Após uma encantadora introdução pelo presidente do evento, em um instituto psicanalítico, Bion começou uma palestra dizendo: "Eu mal posso esperar para ouvir o que eu tenho para dizer."

Ele insinuava, sugeria e subentendia, mas nunca doutrinava. Em seu trabalho analítico, bem como em suas obras publicadas, rapidamente se detectava sua capacidade singular de afiada observação. Era como se ele pudesse ver através da camuflagem de símbolos e ícones há tanto tempo estabelecidos e detectasse a substância mais profunda e mais significativa que se escondia atrás deles. Bion era um "extraordinário explorador" psicanalítico. Sua capacidade de detectar o incomum dentro do comum e o comum no incomum era absolutamente fantástica.

OS INSTRUMENTOS DE EXPLORAÇÃO DE BION

Entre os instrumentos que Bion trouxe para seu pensamento, estavam técnicas como: a Linguagem de Êxito, continência, rêverie, "visão binocular", "perspectivas reversíveis", "vértices múltiplos", "abstração", "senso comum", "correlação", "publica-ação", "conjectura espontânea" ("pensamentos selvagens") e "conjectura racional" – juntamente com sua injunção característica de "abandonar memória e desejo" a fim de ser capaz de tornar-se mentalmente insaturado meditativamente e, assim, abrir-se para o inesperado. Em termos do modelo de hemisfério cerebral, Bion era tão aguçado em seu pensamento hemisférico-esquerdo racional, lógico, quanto em seu pensamento hemisférico-direito intuitivo. Seu uso de perspectivas reversíveis era outra de suas características definidoras. Ele era capaz de virar as ideias do avesso e vê-las de muitas perspectivas diferentes (vértices). Ele frequentemente citava as façanhas do Marechal-de-Campo Slim, que venceu a Guerra da Malásia contra um Exército Japonês imensamente superior pela técnica de mudar as perspectivas em sua estratégia contra eles. Alguns de seus outros instrumentos incluíam modelos como a "função α," os "elementos α e β" e o "trato gastrintestinal" e a "sinapse" como dois modelos diferentes para transformação.

Bion pode não ter percebido suficientemente como ele não apenas havia revolucionado a metapsicologia psicanalítica e a trazido de volta a um alinhamento com a metafísica do século XIX e a ontologia do XX (existencialismo), ele também havia perfurado a orgulhosa mística de "objetividade" que era tão sagrada à ciência lógico-positivista determinista – o *Establishment* "científico" que tanto havia intimidado Freud e com o qual, em minha opinião, ele submissamente se identificava. Bion revelou sua própria mitologia em sua absoluta dependência de dados sensoriais e reverteu a perspectiva sobre ela, constatando que os mitos, tanto coletivos como pessoais, são "sistemas dedutivos científicos" (Bion, 1992). Além disso, ele foi o primeiro a estabelecer a nova "ciência mística da psicanálise" – uma ciência númena baseada no abandono de memória, desejo e entendimento e no respeito por relatividade, complexidade e incerteza.

Bion observou que o ser humano normal ou neurótico alcançou a capacidade para o pensamento verbal, e o casal interno pensador necessita de palavras como instrumentos para pensar. Contudo, ele também necessita de imagens – as imagens sensoriais que são formadas antes das palavras, bem como posteriormente. Os músicos pensam – mas não em palavras. Bion enfatizou a importância

1. do fato selecionado,
2. da conjunção constante,
3. da perspectiva reversível,
4. de múltiplos vértices,
5. de uma ausência de memória e desejo,
6. da reversibilidade da progressão e da regressão entre PS e D,
7. da importância da visão binocular,
8. rêverie,
9. capacidade negativa e
10. do contexto, da conjectura imaginativa, da abstração e do mito.

Pode-se intuir, destes, que o pensamento origina-se autoctonamente (solipsisticamente) (Grotstein, 1995, 2000a) como uma conjectura imaginativa – mas deve sua origem à presença impactante do outro, que tanto inspira a origem da conjectura imaginativa *quanto* torna-se o objeto da conjectura. Junto, o outro também conjectura imaginativamente (autoctonamente) sobre as conjecturas do sujeito. As duas conjecturas dizem respeito ao que foi denominado "terceira área" por Jung, Ferguson, Galatzer-Levy e Ogden, e que eu chamo de *"forja transformadora"* no pré-consciente. É onde os respectivos Os de cada participante podem reproduzir-se em relacionamento com o bebê analítico imaginativamente conjecturado mantido na mente por ambos – em associação com o analista-outro virtual da transferência. Eles são efígies invisíveis de "gêmeos-siameses".

De acordo com os Symingtons, Bion emprega três eixos que se cruzam e se interpenetram:

1. a Realidade Última,
2. a diferença entre realidade sensorial e psíquica e
3. a forma como um indivíduo adquire conhecimento, e que "... o caminho pelo qual tal experiência [o simbólico] torna-se possível é através do relacionamento íntimo com outro" (Symington e Symington, 1996).

Ele alterou radical e profundamente nossas concepções de pensamento, não apenas por diferenciar a mente dos "pensamentos sem um pensador" – o predecessor da mente que de forma incipiente manifestou-se no bebê e exigiu uma mente para pensar esses pensamentos virginais, impensados – mas também por nos revelar que esses pensamentos *e* a mente que os pensa são inconscientes: que o próprio pensamento é essencialmente inconsciente. O que chamamos nominalmente de "pensar" poderia ser mais bem denominado "pós-pensar", e nossos "pensamentos" conhecidos são mais bem denominados "pós-pensamentos".

Embora a psicanálise fosse sagrada para Bion, nenhuma de suas ideias componentes o era. Com relação tanto a Freud quanto a Klein, ele tinha o "toque de Nelson": pouco antes da Batalha de Copenhague, o almirante que comandava a frota inglesa percebeu que a frota dinamarquesa era mais numerosa do que a britânica e sinalizou aos capitães de seus navios que se retirassem. O Vice-Almirante, que depois tornou-se Lorde, Nelson colocou o telescópio em seu olho cego e disse não ter visto qualquer sinal – e partiu para vencer a Batalha de Copenhague. O Bion "Nelsônico" desafiou respeitosamente alguns dos maiores cânones de Freud e Klein e finalmente moldou uma metateoria da psicanálise que amplia seus trabalhos e, em alguns sentidos, afasta-se significativamente deles e discutivelmente os transcende. Ainda mais que isso, do rico fundo de sua polimatia e recursos autodidatas, que incluíam matemática, filosofia, lógica científica, teologia, misticismo, estética, arte, história e mitologia, entre outros, ele foi capaz de contemplar a existência de uma matéria psicanalítica númena a partir de múltiplos vértices e, ao fazê-lo, foi capaz de trazer o saber e a aprendizagem adquirida da cultura ocidental para o idioma psicanalítico em uma surpreendente integração e, assim, restaurar a psicanálise para sua antiga e contínua fonte cultural. Bion trouxe a Renascença para a psicanálise.

Eu me referi acima à capacidade de Bion de atingir uma notável harmonia de funcionamento entre seus dois hemisférios cerebrais, que podem ser equiparados com o *sonhador* e o *pensador*, respectivamente. A esta ideia desejo acrescentar o fato de que Bion, embora inglês por nascimento, era culturalmente anglo-indiano; ele trouxe, indubitavelmente, com ele, muitos dos valores manifestos e ocultos daquela terra misteriosa e os integrou a seu mais tarde adquirido respeito inglês e europeu, cerebral-esquerdo, pela precisão.[6] Compreensivelmente, sua aventura posterior em O é considerada, por muitos, oriunda de suas raízes transcendentais indianas.

Um *koan* Bioniano poderia ser o seguinte: *Nós passamos uma vida inteira e muito frequentemente a desperdiçamos caminhando nas sombras de nosso* self *último não reclamado.*

NOTAS

1. Um dos muitos significados de "aparição" é "epifania".

2. Bion tomou emprestada esta citação de Maurice Blanchot ("A resposta é a desgraça da pergunta").
3. De fato, ouvi por acaso Bion descrevendo esta ideia quase literalmente a um colega que o tinha cumprimentado por seu último livro (*Transformations* – cerca de 1965).
4. Bion usa o termo "divindade" para designar um arquétipo Platônico, a essência ou Forma Ideal, não a divindade "Deus", conforme adorado e quase humanizado pela humanidade. O termo "divindade" foi usado por Meister Eckhart, o místico, e provavelmente origina-se da palavra do Inglês Médio "deidade". Seu equivalente é "santidade".
5. Na realidade, de acordo com Francesca Bion, aqueles rumores eram infundados: Bion sofria de síncope, provavelmente síncope vaso-vagal (comunicação pessoal, 2006).
6. As únicas vezes que eu senti que realmente fascinei Bion como paciente foram quando o informei que havia sentado no colo de Rabindranath Tagore, o prêmio Nobel tradutor das *Upanishads*, quando eu tinha quatro anos de idade; e que eu tinha aprendido hebreu quando criança.

2
Que tipo de analista era Bion?

Tendo passado por quatro análises, incluindo uma com Bion, sou capaz de compará-lo com meus outros analistas, bem como com outros em geral. Permitam-me começar com uma declaração dele que ouvi de outro colega. Logo após ter chegado a Los Angeles, Bion confidenciou a este colega que "Os analistas americanos realmente conversam com seus pacientes!". Bion raramente conversava comigo. Ele era o analista mais disciplinado que já conheci. Seu respeito pela estrutura analítica sempre foi óbvia. Ele nunca repetiria uma interpretação, mesmo se eu dissesse que não a tinha escutado. Ele me lembrava que ela não podia ser repetida: o tempo tinha passado. Em uma ocasião, ele lembrou-me do *koan* de Heráclito de que não se pode pisar no mesmo rio duas vezes. Praticamente toda a sua relação comigo durante a análise foi interpretativa. Ele interpretava com frequência e muitas vezes longamente. Contudo, ele sempre foi "Kleiniano" – mas a sua própria maneira. Nunca li qualquer das obras de Bion enquanto estava em análise com ele e foi, portanto, uma surpresa, mais tarde, quando li seu conceito de "abandonar memória e desejo". Ele falava e interpretava de uma maneira ativa e altamente engajada; consequentemente, não sei quando ele encontrou o momento de "abandonar memória e desejo". Lembro, entretanto, que, como um explorador, ele obstinadamente acompanhava a sequência das minhas associações livres. Logo compartilharei com vocês algumas das coisas que ele me disse, incluindo sua primeira interpretação para mim em meu primeiro dia de análise com ele.

Eu tinha estado em uma breve "supervisão" com Bion antes de entrar em análise. Ele não se sentia à vontade com "supervisão" e preferia o termo "segunda opinião." Ele considerava que o terapeuta, não importa o quão inexperiente, sabia mais sobre o paciente do que qualquer um que não estivesse presente naquela experiência. Portanto, ele podia apenas oferecer uma segunda opinião, em vez de uma "supervisão". Ficou claro para mim que Bion valorizava muito a experiência pessoal, mais que a teoria e o treinamento, embora ele não condenasse o treinamento, como mostrarei mais tarde. Também detectei alguma coisa a respeito de suas opiniões sobre a política de poder na supervisão. Suas segundas opiniões sobre o material clínico que eu apresentava a ele eram sempre interessantes, mas nem sempre eu podia usá-las – pelo menos assim eu pensava na época – em parte porque naquele tempo eu ainda tivesse que imergir e, portanto, ter conhecimento sobre a obra de Bion e a teoria Kleiniana.

Consequentemente, quando entrei em análise com Bion, eu não estava familiarizado com suas obras publicadas e as tinha lido apenas limitadamente durante a minha análise. Recentemente, quando me perguntaram, em uma conferência analítica, sobre por que eu soava tão Kleiniano após ter sido analisado por Bion, percebi que o questionador associara o uso exclusivo de intuição com "Bioniano", não com interpretações Kleinianas de objetos parciais. Não percebendo, durante minha análise, que ele tinha se "especializado" em "intuição", deixei de notar o quão intuitivo ele deve ter sido – mas, então, como eu teria sabido? O que eu sentia era que ele era muito "Kleiniano", mas com uma exuberância! Ele me apresentou a objetos parciais que eu nunca havia considerado – conscientemente.

Primeiro, devo revelar um pouco sobre por que decidi entrar em análise com Bion. Alguns meses antes daquela decisão, Betty Joseph tinha visitado Los Angeles e apresentou um trabalho. Lembro ainda hoje, tantos anos depois, quão profundamente deprimido eu tinha me tornado após ouvir sua apresentação. Era uma depressão que estava absolutamente além das palavras. Entrei, então, em análise com Bion. Logo vim a compreender que não apenas estava *além* das palavras, era anterior às palavras. Ao entrar em sua sala de espera, sentei-me e peguei uma revista semanal de Londres que estava na mesinha ao lado da cadeira. Enquanto dava uma olhada nela, deparei-me com uma propaganda do "White House Hotel". Bion então abriu a porta de seu consultório e me convidou a entrar. Quando me levantei para entrar no consultório, chamei a atenção do Dr. Bion para a propaganda e mencionei o maravilhoso jantar que minha esposa e eu tivéramos no restaurante do White House Hotel em nossa primeira visita a Londres. Bion não disse nada naquele momento. Eu então me recostei em seu sofá, proferi duas ou três associações, que há muito esqueci, e então ele interpretou o seguinte (pelo que posso me lembrar depois de tantos anos):

> "É esperado que ao entrar em análise aqui comigo você pudesse antecipar ter uma boa refeição *neste* White House Restaurant. 'White House' sendo uma forma de nos unificar, o 'White House' de meu país natal e o 'White House' do seu, que você está agora unindo". [*Uma interpretação Kleiniana – mas que interpretação Kleiniana!*]

Bion disse muito mais coisas naquela primeira intervenção, mas eu não consigo mais me lembrar. Lembro, entretanto, o quanto fiquei impressionado de que praticamente cada uma das palavras em minhas associações foi apreendida, usada e reformulada de modo que eu estava recebendo dele uma versão um pouco alterada e aprofundada do que eu havia exprimido. Era como seu eu ouvisse a mim mesmo em uma câmara de eco ou espelho de som no qual eu estava sendo amplificado enquanto era editado. Era fascinante! Então eu revelei alguns detalhes sobre minha depressão. Mencionei que eu sentia que ela estava "além das palavras". Ele logo me refletiu de volta que acreditava não estar apenas "*além* das palavras", mas estar "*antes* das palavras" [*interpretação Bioniana*]. Eu apresentei duas fantasias visuais persistentes a ele, uma das quais remontava com toda probabilidade a meu nascimento prematuro devido à *placenta abrupta* de minha mãe. A análise descobriu "uma mina" na primeira sessão. Conforme mencionei anteriormente, Bion nunca repetia uma interpretação, mesmo se eu não o tivesse escutado claramente. Ele declarava, "Eu não posso repeti-la. O tempo passou. Temos que pegá-la mais tarde – no curso da corrente – em sua transformação."

Sempre se podia sentir a atenção altamente focalizada de Bion sobre a pessoa. Frequentemente, quando eu estava em silêncio ele poderia dizer, "Este parece ser um silêncio significativo." Eu sempre me perguntava como ele sabia que era "significativo" (talvez o rêverie Bioniano?). Ele era incomumente empático, bem como intuitivo. Eu lembro como, tendo possivelmente lhe parecido "onipotente", ele interpretou que eu estava "*reduzido* a tornar-me onipotente"* devido a meus sentimentos de impotência em uma situação que eu tinha lhe apresentado.

Em outra ocasião, lembro de ficar deprimido por algo que havia ocorrido. Jamais esquecerei sua resposta:

> "Aqui está você, a pessoa mais importante que provavelmente encontrará em sua vida, e você está me dizendo que está se dando mal com esta pessoa. Isso requer evidências." [*interpretação Bioniana*]

Outra interpretação inesquecível ocorreu após eu ter comentado "Foi uma bela interpretação", respondendo a uma interpretação particularmente efetiva:

> "Sim, uma bela interpretação, você diz. O problema é que minha 'bela interpretação' só foi possível graças a suas 'belas associações'. Você estava tão ocupado em me ouvir que negligenciou escutar você mesmo falando comigo." [*interpretação Bioniana*]

Eu concluí daquela troca, primeiro, que foi sua forma singular de lidar com a idealização; e, segundo, que foi sua forma de me ajudar, como paciente, a me refocalizar em como *eu* experimento *minhas* interações com ele. O foco Kleiniano tradicional sobre o objeto pelo bebê foi mudado para um foco pelo bebê *no* bebê focalizando na *experiência do bebê de focalizar-se no objeto*.

---

* N. de R.T. "*Reduced* to becoming omnipotent", no original.

Como um derivado desta ideia, Bion parecia sugerir que o analisando, bem como o analista, devem *escutar a si mesmos escutando um ao outro*. Bion era evidentemente um descendente direto de Sócrates.

Entretanto, Bion sempre foi essencialmente Kleiniano. Devido ao recente aumento no interesse em Bion, muitos começaram a pensar nele e a lê-lo como a um guru que ele era – ou que tinha se tornado – independente de Melanie Klein. Minha própria visão de minha análise com ele era que ele era essencialmente – e profundamente – Kleiniano, mas com sua própria exuberância única. Não acredito que alguém possa apreciar suas obras sem ter uma familiaridade com as ideias Kleinianas, como a relação entre as posições esquizoparanoide e depressiva (P-S ↔ D), as ansiedades persecutória e depressiva, o complexo Edípico arcaico de objetos parciais (versão Kleiniana), cobiça, inveja, cisão e identificação projetiva. Lembro de muitas interpretações de Bion que eram essencialmente intervenções Kleinianas de objeto parcial. Lembro, por exemplo, de uma sessão na qual, em seu início, exclamei o quanto eu estava feliz. Sua interpretação foi:

> "Bem, parece que você encontrou a cura. O que está faltando é a doença."
> [*interpretação Kleiniana*]

Que forma linda de interpretar a defesa maníaca! Ela foi seguida por alguma referência de sua parte a urina e fezes, e eu soube então que estava em uma análise Kleiniana. Lembro outra vez que minhas associações revelaram que eu estivera em um estado de identificação projetiva com ele; sua resposta: "Bem, você não pode chegar mais perto de alguém do que tornar-se ele."

Certa vez eu o deleitei com protestos sobre o quanto, naquela manhã, eu havia sido tratado mal pelos residentes de psiquiatria a quem eu tinha dado uma aula. Sua resposta foi:

> "Eu ouço o que você diz sobre como você não se sentiu respeitado pelos residentes de psiquiatria, e escutei suas evidências para esse protesto. Você estava lá. Eu não estava, portanto tenho que aceitar sua versão do que aconteceu. Mas, ao mesmo tempo e em outro nível,[1] penso que você pode estar se referindo a mim, que sou sentido como "residente" dentro de você, criticando-o, não tendo respeito por você em comparação com seu respeito por mim." [*interpretação Kleiniana e Bioniana*]

Aos poucos me ocorreu que os "residentes" continham uma dupla representação: primeiro, eles representavam Bion como um superego invejosamente crítico dentro de mim; segundo, eles representavam a mim, que de forma crítica e invejosa atacava Bion, o qual apoiei na situação manifesta. Em outras palavras, os residentes que estavam me atacando eram uma reconstrução de mim invejosamente atacando Bion.

Bion frequentemente se referia ao quanto o homem é dependente de companhia e de relacionamento. Ele repetidamente enfatizava que o homem sempre será uma "criatura dependente. O homem é uma criatura dependente não importa o quanto ele se torne autônomo." Ele parecia conferir a este aspecto uma condição instintual. Ele também se referia a outros desejos instintuais do homem. Com frequência, Bion se referia ao "instinto religioso", afirmando que Freud nunca entendera realmente o poder do instinto religioso do homem – que ele pode ser mesmo mais poderoso do que o instinto libidinal. Também frequentemente aludia à "busca da verdade" pelo homem (ver Capítulo 10), ao qual *eu* confiro à verdade a condição de um impulso instintual. Juntamente com essas ideias, ele enfatizava o *relacionamento* entre *self* e objeto e entre objetos, em vez do próprio objeto. Assim, um ataque inconsciente contra um objeto (conceito antigo) torna-se um ataque contra a *ligação* com o objeto.

Ainda outro momento inesquecível foi a sessão na qual eu me referi à minha irmã. Sua resposta foi:

> "Sua irmã não é um membro de sua família. Ele é um membro da família de seu pai. Quando você era criança e membro da família de seu pai, você estava *ensaiando* para tornar-se um adulto, momento no qual você encontraria sua própria família. Esta é a coisa-em-si. A infância é o ensaio." [*Uma interpretação muito Bioniana*]

Um verdadeiro "momento Bion" ocorreu na seguinte situação: Bion havia feito uma interpretação extensa e completa sobre uma preocupação que eu estava tendo. Eu tive uma sensação de alívio e, no mesmo instante, ele disse o seguinte:

> "Eu acabei de fazer uma interpretação sobre sua ansiedade, e você parece ter achado que ela estava correta, mas, na verdade, nunca saberemos a fonte dela. Não é para ela ser conhecida. Podemos apenas nos aproximar dela – ou, na verdade, aprender o que ela não é." [*Uma interpretação essencialmente Bioniana*]

Este episódio ocorreu antes de eu ter qualquer conhecimento de seu conceito de O, ou de incerteza, da "hipótese definidora" e da "Coluna 2", a qual nos ajuda a decidir o que a hipótese definidora *não é*. Tudo o que eu podia pensar como resposta naquela época eram as palavras de uma prece hebraica: "O Senhor dá, o Senhor tira. Bendito seja o nome do Senhor."

Durante a "época dos problemas" em Los Angeles, quando a Sociedade Psicanalítica de Los Angeles e a Associação Psicanalítica Americana buscavam expulsar os Kleinianos (eu era um deles), analistas Kleinianos mais antigos aqui e no exterior foram convencidos a escrever cartas em protesto. A resposta de Bion foi única. Sua carta simplesmente dizia: "Médicos não deveriam fazer propaganda" [*totalmente Bioniano*].

Em outra ocasião, após uma interpretação, eu respondi, "Eu entendo." Bion pareceu ter ficado aborrecido pela minha resposta e exclamou, "Por que você não disse, 'sobrentendo' ou 'circunstendo'?" Mais uma vez revelei minha ignorância de sua metateoria para a psicanálise e como ele via o "entendimento" com um olhar suspeito. Similarmente, após outra interpretação, eu disse, "Eu compreendo." Ele respondeu com, "Sim, era o que eu temia!" [*totalmente Bioniano*].

Lembro da época em que eu estava em uma transferência negativa com Bion e tornei-me crítico de seus colegas Kleinianos de Londres. Eu disse alguma coisa sobre o "pérfido Al*bion*". Ele perguntou, "Ora essa, é um trocadilho?" [*Bioniano*]. Na mesma sessão eu critiquei Melanie Klein, após o que ele perguntou: "Você conheceu Melanie Klein? Como você a conheceu?" [*Bioniano*]. Que bela exibição foi aquela de seus vínculos L, H e K! Como alguém realmente consegue *conhecer* outra pessoa se não por sua resposta emocional a elas – pessoalmente? Estes são "fatos analíticos".

Uma vez estávamos falando sobre meu interesse pela Escócia, e eu aludi a Mary, Rainha dos Escoceses. Ele respondeu, "O problema com Mary era que ela acreditava que *era* a rainha em vez de tentar *tornar-se* uma. Você sabe, eu não sou um analista. Eu estou simplesmente tentando me tornar um" [*esta interpretação representa o Bion Platônico*].

Às vezes eu me sentia entrando em um transe e pairando sobre o início dos tempos. Quando eu então saía do consultório de Bion, eu instantaneamente me sentia incomumente sereno e focalizado.

Fiquei profundamente impressionado por outras interpretações de Bion. Após minhas associações, que revelaram que eu tinha me tornado involuntariamente grandioso em uma ocasião, Bion interpretou:

> "Você foi *reduzido* a tornar-se onipotente porque você achou que de outro modo não poderia lidar com o perigo implícito naquela circunstância." [*totalmente Bioniano*]

Ser "*reduzido*" a ser onipotente foi uma forma tão precisa, técnica de identificar a onipotência como uma defesa e também de identificar a ansiedade por trás da defesa ao mesmo tempo.

Eu deixei o melhor para o final. Em uma ocasião, quando eu estava discutindo material sexual em relação a meus pais, Bion comentou:

> "O pênis e a vagina são órgãos sexuais repugnantes! Eles se merecem!" [*Bioniano*]

Bion tinha um senso de humor seco. Eu também lembro que, em uma palestra, ele referiu-se a "um paciente que era mudo em três línguas".

Após posterior reflexão, muito depois de a análise ter terminado, eu comecei a me perguntar se Bion era apenas um analista, ou se também era um mestre Zen. Frequentemente, quando Bion falava, eu não entendia muito do que ele estava dizendo – e ele dizia muito –, mas parecia haver em mim uma ressonância pré-consciente com o que ele dizia. Sempre tinha um efeito.

Do lado negativo, um colega Kleiniano que tinha conhecido Bion em Londres advertiu para o fato de quão poucos pacientes notáveis, se é que houve algum, tinham surgido de sua análise em Londres ou em Los Angeles, com exceção de Francis Tustin, que parece ter sido ambivalente sobre sua análise com ele (comunicação pessoal, 1988). Nenhum parece estar entre os atuais pós-Kleinianos de Londres. O tempo dirá com relação a sua experiência na América.

NOTA

1. Eu fiquei tão impressionado por esta frase, que os analistas usam com tanta frequência, que decidi usá-la como título para um livro sobre técnica psicanalítica que estou atualmente no processo de escrever.

3
Que tipo de pessoa era Bion?

Eu fiz a pergunta, mas não tenho uma resposta definitiva. A pessoa que aparecia nos interstícios de momentos analíticos variava entre distante, retraído, disciplinado, dedicado, empático (extremamente), elegante, afetuoso, interessado, cordial – mas comedido! Que eu tenha conhecimento, ele não socializava muito com indivíduos aqui em Los Angeles, e, lendo os relatos de outros que trabalharam com ele em seus dias de "grupo", têm-se a impressão de que sua intransigência e sua temível individualidade possam ter afastado as pessoas na Inglaterra. Em público, ele era calmo, mas poderosamente carismático. Eu não o vejo como "um dos caras", e frequentemente me perguntava se ele teria amigos próximos. Muitas vezes desejei poder tê-lo conhecido pós-analiticamente. Os Kleinianos de Londres desacreditaram o "Bion tardio": aquele após *Transformations* e, particularmente, aquele que emigrou para Los Angeles. Isto me dói enormemente, mas não posso deixar de imaginar o que eles saberiam que eu não sabia; por outro lado, eu prefiro achar que, tendo tido o benefício de uma experiência analítica com ele, conheço algo que *eles* não conheciam, e ainda não conhecem. Bion não procurava, era preciso ir até ele. Isto é especialmente verdadeiro em sua obra. Acredito que ele era honesto, absolutamente digno de confiança e tranquilamente inflexível em suas crenças, mas sempre um perfeito cavalheiro.

Bion nunca foi dogmático – exceto sobre sua ignorância! Ele era certamente descendente de Sócrates.

Algumas vezes tive a oportunidade de observá-lo caminhando a uma distância de mim. Ele tinha um andar medido que me parecia quase militar, revelando desse modo seu autocontrole. Seus sapatos estavam sempre bem lustrados. Sua gama de expressividade emocional era estreita. Contudo um aspecto sobressaí: ele era – e é – absolutamente inesquecível! Se eu tivesse lido sua autobiografia antes de entrar em análise com ele, me pergunto se eu realmente teria decidido ir adiante. Sua vida foi tão trágica que podemos apenas nos entristecer empaticamente ao ler sobre ela, especialmente a introdução: "Eu morri em 8 de agosto de 1918, na Estrada Amiens-Roye."

Eu me lembro do jantar que minha esposa e eu tivemos com ele e sua esposa, Francesca, em nossa casa, na noite anterior a seu retorno para a Inglaterra. Ele estava bastante afável e acessível então. Ele falou sobre suas experiências na guerra e de outros assuntos pessoais. Ele sabia, naturalmente, sobre minha afinidade pela Escócia, então coloquei para tocar em meu aparelho de som algumas marchas militares para gaitas de fole.[1] Lembro quão profundamente envolvido e emocionado, quase às lágrimas, ele ficou quando "The Drummer Boy of Mallow" estava tocando. Conservo na memória aquele último e único momento pessoal que compartilhamos.

Este capítulo é, necessariamente, curto, porque eu não tive a oportunidade de conhecer Bion com o passar do tempo em tempo real, em oposição ao tempo analítico – nem menciono aqui as lembranças dele por outras pessoas. Bion me ensinou a escutar a mim mesmo e a evitar "fofoca": os julgamentos e opiniões dos outros.

NOTA

1. Eu não tinha percebido naquela época, mas Bion gostava muito do som de gaitas de fole. De acordo com Francesca Bion, "Elas lhe lembravam o som da 51ª. Highland Division, e a forma como elas levantavam o moral das tropas que passaram por aquelas infernais experiências" (comunicação pessoal, 2006).

4
A visão de Bion

"... as virtudes ainda ocultas da natureza..."
Shakespeare, *Rei Lear*

Em 1977, Bion iniciou uma de suas palestras em Nova York com:

> Bem, aqui estamos. Mas onde é "aqui"? Lembro uma vez quando eu estava em um endereço – uns 70 anos atrás – que eu chamava de "Newbury House, Hadam Road, Bishops Stortford, Hertfordshire, Inglaterra, Europa". Um menininho me disse, "Você esqueceu 'O Mundo'." Então eu acrescentei aquilo também. Desde então eu tenho ouvido de astrônomos que somos parte e parcela de um universo nebular, uma nebulosa em espiral ao qual nosso sistema solar pertence... De acordo com os astrônomos, a nebulosa espiral, da qual nosso sistema solar faz parte, está em rotação; é um longo caminho de um lado ao outro e um longo tempo... até estarmos no mesmo ponto novamente – algo como duas vezes dez o poder de 8 milhões de anos luz – tão longe, na verdade, que se olharmos para o centro da galáxia não há nada para ver, exceto os remanescentes da Nebulosa de Câncer que ainda está em processo de explodir. Para nós ela parece imensa porque somos criaturas tão efêmeras. [1980, p. 9-10]

Tenho a impressão de que esta citação expressa a visão de Bion do universo trino, que inclui os mundos interno (o inconsciente) e externo (o consciente) e o Desconhecido que está além de nós externa *e* internamente. Gerald Edelman (2004) reflete esta dimensão cósmica no título de seu novo trabalho, *Wilder than the Sky: The Phenomenal Gift of Consciousness*. A visão de Bion de O pode apenas ser não sensualmente assemelhada ao nosso conceito de um ultrauniverso que se apresenta primeiro à consciência e ao inconsciente e então exclusivamente através deste último. Sua visão de nossa tarefa é "virmos a ser nosso O" ou, mais propriamente, termos nosso O, nossa divindade (que devo desconstruir mais tarde), encarnada em nós enquanto estamos no ato de sentir total e autenticamente ou em nossas paixões (emoções emergentes) – ou seja, nos tornarmos unidos ao O em eterna evolução que intersectou[1] com nossos universos interior e exterior – para *virmos a ser*[2] O permitindo que O venha a ser nós – sabendo o tempo todo que a tarefa exigiria um número infinito de vidas e ainda não seria bem-sucedida porque O evolui mais rapidamente do que nós vimos a sê-lo.

Enquanto Freud e, particularmente, Klein, envolvidos como estavam no positivismo e nos "mecanismos", instintos e fantasias, pareciam ver o inconsciente como um caldeirão fervente de negatividade e de destrutividade, Bion ofereceu uma visão imensamente diferente – que era caracterizada por emoções e imaginação infinita. Bion tinha revelado um "homem bipolar" diferente daquele de Freud. Ele revelou o "homem infinito", que também era um homem incompleto que, embora infinito, deseja realizar-se na e pela experiência emocional humana real: O como preconcepção inerente → concepção – no ato de aceitar (sentir) O como suas emoções legítimas. Colocado de outra forma, o homem finito de Bion aceitaria e permitiria que o homem infinito se tornasse (encarnasse) o homem finito – o melhor que ele pudesse em cada momento, o tempo todo percebendo a impossibilidade de completar aquela tarefa teleológica. Se isto parece demasiado denso no momento, prometo esclarecê-lo enquanto prossigo. Desejo apenas dar aqui um *trailer* da "revolução Biônica" para a psicanálise e para o pensamento ocidental.

BION, O TRANSCENDENTALISTA

Muitos estudiosos de Bion e outros teóricos enfatizam o agora famoso conceito de Bion de continente ↔ conteúdo e sua alteração da concepção de Klein da identificação projetiva de uma fantasia onipotente exclusivamente inconsciente, para uma comunicação pré-léxica realista entre bebê e mãe e entre analista e analisando. Como resultado dessas descobertas pioneiras, foi atribuído a Bion o papel de introdutor da *intersubjetividade* (a indivisibilidade no relacionamento de duas pessoas) no pensamento Kleiniano, bem como no pensamento analítico em geral. O que é esquecido frequentemente é o *"Bion transcendentalista"*.[3] Minha leitura de Bion e minha experiência de ter estado em análise com ele convenceram-me de que a importância da análise não estava apenas em seu papel na facilitação de relações objetais saudáveis: seu papel mais importante era facilitar a *infusão* do ego pelas Formas Ideais (coisas-em-si) no caldeirão do sofrimento autorreconhecido.

As Formas Ideais de Platão ou o númeno de Kant (coisas-em-si), O, acontecem inevitavelmente e penetram nosso próprio ser com suas oscilações e flutuações intrusivas, confrontativas. O analista ("que não podia ser menos importante ou considerado mais importante" – Bion, comunicação pessoal) é o conduto ou ligação entre o ego e a consciência do paciente – através do analista – com o próprio inconsciente do paciente, o objeto último da inveja do paciente. Em outras palavras, um dos principais valores das relações objetais é a percepção de que inevitavelmente necessitamos de outros para estabelecer contato com nosso *self* interior ou, melhor ainda, para permitir que nosso *self* interior venha a ser nós. Desta forma evoluímos como um *"Übermensch"* ("homem superior").

UM BREVE COMENTÁRIO SOBRE AS DIFERENTES METAS PSICANALÍTICAS DE FREUD, KLEIN E BION

Sob o risco de ser acusado de generalizar excessivamente, penso que o seguinte constitui um resumo satisfatório das diferenças nas metas psicanalíticas de Freud, Klein e Bion. Freud, eu presumo, buscaria que seus analisandos elaborassem sua neurose infantil (complexo de Édipo) e a sexualidade infantil subjacente para permitir-lhes amar e trabalhar mais eficazmente. Klein faria com que seus analisandos transcendessem a posição esquizoparanoide e atingissem a posição depressiva, pressupondo que suas psicose *e* neurose infantis teriam sido elaboradas, incluindo a retirada de identificações projetivas, o empreendimento do luto pelo objeto perdido e a condução de reparações – em outras palavras, a porção infantil da personalidade deve renunciar a seu ódio, inveja, voracidade e onipotência. Bion, embora ainda incluindo o precedente, buscaria que os analisandos atingissem a fé e a disciplina da "capacidade negativa", a fim de que pudessem aceitar e vir a ser O – ou seja, pudessem transcender até a posição depressiva e estar de acordo com suas emoções – de modo a manter o encontro com seu *self* criativo infinito. Das três, as metas de Bion são as mais ontológicas, bem como epistemológicas e fenomenológicas – para não dizer promissoras.

Ter estudado psicanálise em um instituto Freudiano clássico e ter passado por quatro análises (a primeira Freudiana ortodoxa, a segunda Fairbairniana, a terceira por Bion, um Kleiniano-Bioniano, e a quarta com um Kleiniano tradicional, ocasionada pelo fato de que Bion deixara Los Angeles enquanto eu estava no meio de minha análise com ele), fui capaz de identificar algumas diferenças significativas entre Freud e Klein, bem como entre estes e Bion. Em minha análise Freudiana ortodoxa (meu analista tinha sido analisado por Freud), eu sentia que estava em uma peregrinação para recuperar memórias enterradas e para manter meu encontro com meu reconhecimento de meu impulso libidinal reprimido. Em minha análise Fairbairniana, minha peregrinação era principalmente com memórias enterradas em termos de objetos. Em minha análise Kleiniana tradicional, minha peregrinação era com minha destrutividade: ou seja, meu instinto de morte, que obstruía minha capacidade de amar. Com Bion, minha peregrinação era reconhecer, com reverência e admiração, a majestade e a enormidade de minha mente e admitir o quando eu estava desligado dela – e como minhas ansiedades e sintomas nada mais eram que intimações de minha "imortalidade" e de meus infinitos recursos internos. Conforme discuto mais tarde, a descoberta de Bion de O e suas transformações resultou na marginalização da primazia da importância das pulsões, em geral, e da pulsão de morte, em particular. Bion mudou o foco das pulsões para as emoções, e reestruturou as pulsões como vínculos emocionais de L, H e K entre *self* e objetos, e como categorias emocionais para esses vínculos – um desenvolvimento revolucionário!

ONDE BION DIFERE DE FREUD: FREUD E BION SOBRE SONHOS

Bion leu Freud atentamente, particularmente seu *A Interpretação dos Sonhos* (1900a) e seu *Dois Princípios do Funcionamento Mental* (1911b); ele então estendeu e reconceitualizou o trabalho de Freud sobre os sonhos postulando que sonhamos de dia e de noite, e que tudo que percebemos conscientemente deve ser assimilado no inconsciente por meio dos sonhos. Colocado de outra forma, Bion acreditava que o sonhar é dirigido tanto às experiências cotidianas (restos diurnos) quanto aos produtos do mundo interno, e que o analista deve "sonhar" a sessão analítica, tanto quanto a mãe deve "sonhar" as experiências de seu bebê. Por trás desta ideia, está a crença de Bion de que a *experiência* do sonhar constitui pensamento inconsciente e é dirigida, em conjunto com a função α, seu *modelo*,[4] ao processamento de elementos-β produzidos pela intersecção de O em evolução.

Freud acreditava que o sonhar estava a serviço do princípio do prazer. Ferro (2002a), em sua leitura de Bion, atribui à função α a transformação de elementos-β em elementos-α para formar imagens oníricas sensoriais e sonhos, e para a colheita dessas imagens oníricas em narrativas. O estágio inicial da transformação pode ser chamado de "mentalização", enquanto o estágio subsequente pode ser chamado de "pensamento". Bion acreditava que o sonho estava a serviço de um "empreendimento conjunto" dos princípios da realidade e do prazer para transformar o minério bruto da Verdade Absoluta sobre a Realidade Última impessoal em realidade emocional pessoal tolerável, como um estágio intermediário antes do pensar e da objetivação. Em outras palavras, o O *impessoal* vem a ser transformado em O *pessoal*: ou seja, o sujeito *reivindica o* destino impessoal como sua porção – *moira* – para aceitar e sobreviver.

ONDE BION AMPLIA E DIFERE DE MELANIE KLEIN

> "Eu devo deixar a Irlanda e criar na forja de minha alma a consciência aniquilada de minha raça!"*
>
> Stephen Dedalus, em *Retrato do Artista quando Jovem*, de James Joyce (1916)

---

* N. de R.T. "I must leave Ireland and create in the smithy of my soul the uncreated conscience of my race!"

Bion tinha suportado, tinha sofrido traumas (ele tinha profunda consciência da diferença entre "suportar" e "sofrer") que a base de referência positivista psicanalítica de Klein pode ter sido inadequada para contemplar. O mundo dela era relativamente plano, em comparação com o dele, e terminava nos instintos de vida e morte. Bion necessitava não apenas da terceira dimensão de franqueza, mas também de dimensões infinitas para abraçar, sustentar ou compreender a incerteza cósmica interior que o atormentou a vida toda, bem como os "buracos negros" horripilantes, traumáticos dentro dos quais seu destino o tinha colocado. Em resumo, Klein era provavelmente mais competente para analisar a "psicose infantil" do que o medo inominável do trauma e seus "buracos negros" inevitáveis. Digo isto não para humilhar Klein. Ela foi discutivelmente a mais refinada ou um dos mais refinados analistas, clinicamente, do século passado. Trechos na autobiografia de Bion (1982, 1985) e em *A Memoir of the Future* (1975, 1977b, 1979, 1981) parecem, entretanto, sugerir que alguma coisa estava faltando em sua análise com Klein, e não posso deixar de me perguntar se ele passou o resto de sua carreira tentando mapear a paisagem desconhecida da incerteza cósmica interior e exterior que ele achava que sua análise deveria ter explorado.

Bion, de fato, estendeu o pensamento de Klein acrescentando O, a Verdade Absoluta *sobre* a Realidade Última,[5] fatores superordenados que marginalizaram e subordinaram os instintos de vida e de morte bem como o instinto epistemofílico – sem falar do positivismo que os subentendia. Ele acrescentou a dimensão infinita ao pensamento Kleiniano – e Freudiano. Ele estendeu a identificação projetiva de uma fantasia intrapsíquica exclusivamente inconsciente para uma forma intersubjetiva, realista, normal de comunicação. Ele reconceitualizou a teoria de Klein da sucessão das posições esquizoparanoide e depressiva em uma dimensão dialética superior, na qual elas ocorrem simultaneamente e mediam uma à outra (P-S ↔ D) na triangulação de O. Ele acrescentou, ao pensamento Kleiniano, uma dimensão de apego interpessoal, adaptativo, com seu conceito de continente ↔ conteúdo, e a necessidade absoluta pela inclusão, na equação psicanalítica, da importância da mãe real (externa) e seu estado de rêverie. Ele acrescentou o conceito de rêverie às ferramentas do analista.

Finalmente, com O, ele moveu a análise Kleiniana de sua base de certeza para a "incerteza",[6] complexidade e infinidade "*pós*-pós-Kleiniana". Bion diferenciou "contratransferência" de "rêverie": de acordo com ele, a primeira sempre representa a neurose infantil não resolvida do analista, enquanto rêverie prediz a ressonância do analista com o paciente.

Bion também se diferenciou de Klein em algumas outras áreas. Alguns escritores especularam que Klein não aprovou o interesse de Bion pelo estudo de grupos (Sutherland, 1985, p. 54; e comunicação pessoal). Também parece ter havido divergência em torno da noção de Bion de preconcepções inerentes, que ele deduziu de Platão e de Kant. Klein, entretanto, acreditava que o conhecimento do intercurso parental *era* hereditário, mas é meu entendimento que aquela era a única exceção (Klein, 1960). Eles certamente diferiam sobre a importância das emoções do analista como um instrumento analítico valioso, terapêutico, na sessão analítica. Klein e Paula Heimann sofreram reveses e se dividiram sobre esta questão. Bion persistiu, e agora seu conceito de rêverie do analista tornou-se um instrumento analítico usado por praticamente todas as escolas psicanalíticas e adotado por psicoterapeutas em toda parte. Ele não apenas buscou dar um *status* normal à identificação projetiva como comunicação; ele também buscou normalizar a posição esquizoparanoide como "paciência" e a posição depressiva como "segurança".

A diferença entre Klein e Bion está na expansão da visão de mundo analítico, que era restrita ao envolvimento do mundo interno do analisando e agora vemos questões de intersubjetividade manifestas na prática dos pós-Kleinianos londrinos modernos. Na excelente e informativa nova monografia *In Pursuit of Psychic Change: The Betty Joseph Workshop* (Hargreaves e Varchevker, 2004), pode-se sentir que o fantasma de Bion é inequivocamente o "elefante no seminário". Esta mudança na visão de mundo é de considerável importância. Nós nos afastamos de Freud e Klein com uma visão estóica de mundo interno: os aspectos da pulsão instintual do analisando devem ser domesticados (civilizados). *Nós nos afastamos de Bion com uma expansividade mais epicurista: o domínio interno do infinito é nossa ostra!*

Outra forma de pensar sobre as diferenças entre Klein e Bion envolve um pensamento filosófico sobre o paciente. Klein, e mesmo o pensamento analítico pós-Kleiniano, enfatiza o relacionamento do bebê com o objeto, e este(s) relacionamento(s) o *define(m)*. Em outras palavras, o bebê está destinado ou fadado a vir a ser o que ele acredita que fez ao objeto. Além disso, Kleinianos e pós-Kleinianos acreditam que o conflito entre os instintos de vida e de morte constitui uma causa primeira (fundamental), com ênfase especial no último com relação a sua destrutividade. Devido a sua crença na posição superordenada do instinto de morte, analistas Kleinianos e pós-Kleinianos parecem tornar-se verdadeiros missionários religiosos, cuja tarefa é salvar a porção infantil do analisando do pecado.

Conforme Meltzer (1986) afirmou, o pensamento Kleiniano é muito religioso: ele pode mesmo parecer Calvinista (eu acredito nisso, contudo sou Kleiniano, bem como Bioniano). Quando reflito sobre minha análise com Bion, posso sentir o quanto ele era Kleiniano – mesmo com relação a suas referências derivativas ao instinto de morte e a sua ênfase, especialmente, na importância da dependência da pessoa em um objeto – contudo, ele via o paciente como um indivíduo por si mesmo, separado do objeto. A esperança para o paciente Kleiniano e pós-Kleiniano é reconciliar-se com sua vulnerabilidade e dependência, mas também com seus antagonistas, onipotência, inveja, ódio, e cobiça – a fim de ser capaz de relacionar-se com seus objetos de uma forma reciprocamente amorosa. Ele terá sido salvo do pecado original. O paciente de Bion torna-se herdeiro do legado de seu *self* infinito, sua "divindade" ("deidade").[7] A fim de conseguir isso, o paciente deve ser contido analiticamente e, desse modo, ser capaz de *sofrer*, não *suportar* cegamente, a dor das experiências emocionais. Toda vez que um indivíduo *sente* (sofre) sua dor *emocional*, ele se torna reunido com seu *self* divino, seu *self* infinito (as Formas Ideais, o númeno) e, desse modo, *evolui*.

NOTAS

1. Bion usa o termo "intersecção" com relação a O em vez de "invasão" ou "intrusão" a fim de alcançar uma precisão mais científica (matemática).
2. Estou usando "vir a ser" da forma como Bion (comunicação pessoal) explicou-me que Platão usava: "Aquilo que está sempre se tornando." Em outras palavras, o vir a ser nunca é completado: está sempre evoluindo.
3. Kant (1787) diferencia entre "transcendental" e "transcendente". O primeiro diz respeito ao que Freud (1915c) se referia como o "inconsciente irreprimido", que abriga as Formas Ideais de Platão e/ou o númeno de Kant e categorias primárias. O último denota tentativas especulativas de alcançar uma posição mais elevada.
4. Eu discuto posteriormente o que acredito que seja o relacionamento entre sonhar, a *experiência*, e função α, o *modelo*.
5. O leitor perceberá que eu reconfigurei arbitrariamente a concepção de Bion de O como "Verdade Absoluta *sobre* a Realidade Final". Ao contrário de Bion, acredito que a Verdade → verdade está dentro do *self*, enquanto a Realidade Final está tanto dentro *como* além do *self*.
6. Eu explico por que digo "*pós*-pós-Kleiniano" à medida que prossigo.
7. É minha impressão que o uso de Bion do termo "divindade" não é para designar "Deus" conforme a humanidade pensa nele e "O" adora (deifica). Ele pretende transmitir o arquétipo Platônico ou Forma Ideal daquele cuja sabedoria consumada inclui as Formas. "Deidade" seria o termo mais próximo daquele uso.

5
O legado de Bion

RESUMO

Quando Rabbi Hillel foi ordenado por um general romano a revelar a essência da Bíblia Hebraica enquanto se equilibrava em um pé só, ele disse: "Não faças aos outros o que não queres que façam a ti." Embora eu não possa ser tão sucinto em resumir a obra de Bion, tentarei fazê-lo. Bion levou a psicanálise positivista de Freud e Klein para as novas e inexploradas esferas da *incerteza*: da estreiteza e prisão da linguagem verbal para uma esfera além e anterior à linguagem. Aqui se experimenta o terror de O, a Verdade Absoluta sobre uma Realidade Última, infinita, indizível, em constante evolução, incerta[1] e impessoal que suplanta o suposto terror das pulsões positivistas. Nascemos como prisioneiros inevitáveis da qualidade do continente materno – e paterno – que (quem) inicialmente contém nosso terror cru de O.

Os analistas devem ser capazes, como as mães e os pais, de entrar em rêverie a fim de se tornarem idealmente receptivos a "vir a ser" a angústia do paciente – como se por exorcismo – e serem capazes de detectar o "nome" da angústia vindo a ser um "analista de êxito[*]" conhecedor da "Language of Achievement", a linguagem pré-léxica/ subléxica antiga e primordial das emoções corporais antes de elas serem sentidas pela mente como sentimentos. As emoções (elementos-α), que são protoemoções transformadas (elementos-β derivados do impacto de O em evolução sobre a fronteira emocional da pessoa), são os veículos mensageiros da Verdade. O recipiente da Verdade deve passar por uma transformação do *self* a fim de aceitar, acomodar-se a, vir a ser a Verdade, tornando-a, primeiro, *pessoalmente significativa* através da função α e do sonhar, e então *objetiva,* através de uma forma avançada de função α e de sonhar – ou seja, do pensamento onírico de vigília (Bion, 1962b), contrastado com o sonhar enquanto dormindo.

---

[*] N. de R.T.: Analyst of achievement.

VISÕES DE BION SOBRE CONTINENTE ↔ CONTEÚDO E FUNÇÃO α

Bion acreditava que, na situação de continente ↔ conteúdo, o bebê projeta, por exemplo, seu medo de morrer, entre outras protoemoções, em sua mãe-enquanto-continente, a qual, em um estado de rêverie e com o uso de sua própria função α, absorve, desfusiona, converte, desintoxica – ou seja, "sonha" – as projeções de seu bebê. Durante este "sonhar exorcista", ela classifica a natureza e o conteúdo das projeções: o que elas *são* e o que elas *não são* (como se usando uma Grade). Após muitas repetições bem-sucedidas deste protocolo, o bebê introjeta a capacidade de função α da mãe, bem como, talvez, o legado (memória) da experiência bem-sucedida. Agora o bebê, recém-equipado com função α própria, é capaz de projetar internamente, em sua própria função α, suas protoemoções e então classificá-las. *Este evento, de acordo com Bion, é o início da capacidade de pensar do bebê.* Se pararmos para pensar sobre o protocolo que Bion propõe em sua concepção de continente ↔ conteúdo, o modelo médico da *diálise* urinária vem à mente como um modelo análogo.

MINHAS PRÓPRIAS VISÕES SOBRE CONTINENTE ↔ CONTEÚDO E FUNÇÃO α

Gostaria de oferecer um protocolo alternativo ao de Bion. Embora eu certamente acredite que Bion está correto em sua concepção, considero que, lado a lado com ele, um outro protocolo acontece. Postulo que o bebê nasce com função α rudimentar (herdada), com a qual ele está preparado para gerar comunicações pré-léxicas e receber comunicações léxicas prosódicas da mãe (Norman, 2004, e comunicação pessoal, 2002; Schore, 2003a, 2003b; comunicação pessoal, 2006; Trevarthen, 1999, e comunicação pessoal, 2004). Acredito, em outras palavras, que o bebê nasce com a contraparte emocional a, ou equivalente da "sintaxe generativa transformacional" de Chomsky (1957, 1968). Ou seja, o bebê nasce como uma entidade semiótica por seus próprios méritos e pode comunicar-se com sinais e signos (Salomonsson, 2007). Ele é um indivíduo semiótico capaz, que pode gerar e receber comunicações, as quais, acredito, devem ser diferenciadas de (trans-)identificação projetiva, que "entra em operação" quando a comunicação falha. A tarefa da mãe é afirmar e confirmar a experiência emocional do bebê e facilitar o amadurecimento e desenvolvimento de sua capacidade para função α.

Além disso, em minha opinião, o bebê projeta não apenas o medo de morrer, devido à insuficiente contenção de seu instinto de morte, mas também seu medo de "viver desassistido" – os vetores espontâneos de sua enteléquia* em

---

* N. de R.T. A essência da alma, segundo Aristóteles.

constante evolução (a ativação de seu potencial *self* futuro e que virá a ser: ou seja, a temida chegada prematura de seu futuro). Esta última ideia, de enteléquia, me impele a sugerir o seguinte: em minha opinião, as Formas Ideais geram os elementos-α rudimentares (ainda a serem transformados) próprios do bebê, que se unem aos estímulos sensoriais pré-processados (os "elementos-β" de Bion) para formar o que eu, juntamente com Ferro, denomino "elementos-balfa" ("βα" ou, na verdade, "αβ": Ferro, 1999, p. 47). O importante aqui, acredito, é que (a) "α" precede "β"; (b) o elemento-α pode ter um início mais precoce nas Formas Ideais, já tendo sido concebido por uma suposta Inteligência ou Presença (o "deus" de Bion e Meister Eckhart), e existir em um gradiente de sofisticação transformacional à medida que prossegue. O termo "elemento-β" deve, de acordo com minha leitura de Bion, ser reservado para estímulos sensoriais pré-processados. Estou fortalecido em minha suposição sobre a posição secundária mais que primária (temporalmente – isto é, posição em sucessão) do elemento-β por uma comparação com a concepção de Bion (1970) de que o mentiroso está mais próximo da verdade do que outros *por que* ele conhece a verdade que não pode tolerar e, portanto, tem que mentir sobre ela.

O PENSAMENTO ANALÓGICO DE BION

Ao contrário da maioria dos pensadores analíticos, Bion foi capaz de desembaraçar-se do circuito fechado do pensamento analítico usando o pensamento analógico – ou seja, modelos. Por exemplo, a função α é um modelo imaginativo análogo para o sonhar, um suposto processo transformacional que organiza a vida emocional. Quando nosso médico nos informa que nossa pressão sanguínea é "120/80", concretizamos o número como absoluto, em vez de percebermos que aquela leitura da pressão nada mais é que um *análogo* arbitrário à pressão desconhecida e incognoscível em nossa artéria braquial no momento. Quando saímos fora da esfera que estamos estudando, alcançamos uma perspectiva mais objetiva da matéria de investigação. A perspectiva binocular (p. ex., observação e uso de modelos) nos permite considerar qualquer fenômeno a partir de pelo menos dois vértices.

A CONCEPÇÃO DE PENSAMENTO DE BION

O pensar em si é, de acordo com Bion, essencialmente inconsciente. O que chamamos nominalmente de "pensar" poderia ser mais bem denominado "pós-pensar" ou "pensar secundário", e o que chamamos de "pensamentos" poderia ser mais bem denominado "pós-pensamentos" ou "pensamentos secundários". Bion alinhou a metapsicologia psicanalítica com a metafísica e a ontologia. Ele considerava os mitos úteis clinicamente como "sistemas dedutivos científicos" por si mesmos; ele também considerava a ciência um mito, porque ela era "sensorial"-mente* baseada.

A concepção de Freud da relação entre os Sistemas *Ucs.* e *Cs.* era linear e conflitual e, portanto, unidimensional. Bion, ao aplicar uma perspectiva binocular, permitiu que a relação entre eles fosse não necessariamente de *conflito*, mas de *oposição* binária (cooperativa) – ou seja, Sistema *Ucs.* ↔ Sistema *Cs.* Além disso, ele afirma: "O fator diferenciador que desejo introduzir não é entre *consciente* e *inconsciente*, mas entre *finito* e *infinito*" (Bion, 1965, p. 46). O mesmo se aplica à relação entre as posições esquizoparanoide e depressiva. Klein as concebia como conflituais, lineares e hierárquicas (privilegiando a última). Bion as concebia como operando simultaneamente e funcionando em uma oposição binária cooperativa (P-S ↔ D). Finalmente, Bion reconfigurou o inconsciente como *infinitude* em oposição à *finitude* da consciência.

Estas são apenas pistas da notável agilidade de Bion em desconstruir e reconfigurar modelos psicanalíticos existentes; há mais para vir.

O PROTOCOLO PSICANALÍTICO DE BION: "ABANDONAR MEMÓRIA E DESEJO"

Seguindo uma sugestão de Freud, Bion – evitando o uso da linguagem dos sentidos (a linguagem de substituição: imagens ou representações) – buscou uma forma de o analista aproximar-se da postura quase-meditativa (rêverie) da mãe do bebê – excluir todos os estímulos de dentro do analista (memória, desejo, preconcepções, compreensão) a fim de ser idealmente receptivo às emanações subverbais do ser-em-fluxo emocional do paciente.** Ele, consequentemente, aconselhava o analista a abandonar memória e desejo, bem como preconcepções[2] e compreensão, os derivados da sensação, de modo a evitar ser iludido por imagens ou símbolos que, embora *representem* o objeto, *não são* o objeto experiencialmente. Apenas então o analista, com muita paciência – a paciência de tolerar incerteza e dúvida – pode estar qualificado a *vir a ser*[3] o analisando ou, mais precisamente, a vir a ser o estado mental do analisando. Neste estado de rêverie, o analista vem a ser, assim, o continente do conteúdo mental projetado do analisando (contido).

O "EXORCISMO" COMO O MODELO PARA "VIR A SER"

Embora Bion nunca tenha empregado o termo, parece-me que ele está, entre outras coisas, descrevendo o ato místico do "*exorcismo*", pelo qual de-

---

* N. de R.T. "Sense"– ibly.
** N. de R.T. Emanations of the emotional being-in-flux of the patient.

mônios são transferidos do analisando para o analista (ou do bebê para a mãe). Onde suas ideias diferem é que, na prática religiosa do exorcismo, a direção é unilateral: do sofredor para o libertador. O modelo é a crucificação com absolvição. Na psicanálise, a trajetória é bidirecional: do paciente para o analista-continente, que então os devolve desintoxicados. O analista, como a mãe faz por seu bebê, absorve a dor do analisando *"vindo a ser"* o analisando/bebê (especificamente "vindo a ser" seu estado emocional mental) e permitindo-lhe tornar-se parte dele. Em seu rêverie, ele então permite que seu próprio repertório de experiências sociais seja convocado de seu inconsciente, de modo que algumas delas possam ser simétricas a, ou possam combinar com as projeções ainda insondáveis do analisando (elementos-β, O). Eventualmente, o analista vê (sente) um padrão no material, cuja experiência é chamada de "fato selecionado" – ou seja, o padrão se torna o fato selecionado que permite que o analista interprete o padrão intuído (crie uma conjunção constante permanente dos elementos apresentados – ou seja, dê--lhes um nome que os ligue). Se li Bion corretamente, o analista não vem a ser *"realmente"* o analisando: ele vem a ser sua própria *versão* autoctonamente criada do sofrimento do analisando, cujos componentes foram colhidos e convocados de dentro do repertório conhecido, bem como do desconhecido, de suas próprias experiências emocionais (Grotstein, 2005).

IDENTIFICAÇÃO PROJETIVA, COMUNICAÇÃO INTERPESSOAL E MAIS ALÉM

A concepção de Bion de continente ↔ conteúdo, juntamente com sua extensão comunicativa da concepção de Klein de identificação projetiva, é geralmente concebida como constituindo um sistema intersubjetivo de duas pessoas. Embora eu acredite que isto está correto, gostaria de acrescentar o que acredito que ocorra em um nível mais profundo. A partir de minha análise pessoal com Bion e da minha leitura de *Transformations* (1965) e *Attention and Interpretation* (1970), especialmente as seções que tratam de "encarnação pela divindade"[4] (1965, p. 139, 149, 153; 1970, p. 77, 88), gostaria de oferecer ainda um outro nível ao funcionamento de continente ↔ conteúdo. Primeiro, gostaria de desenvolver o pano de fundo para meu tema. Hegel sugeriu que o homem não necessita de um objeto: ele necessita do desejo do objeto. *Eu* digo que, estritamente falando, o homem *não* necessita de um objeto *per se*: ele necessita *experiências* com os objetos, que ele necessita valorizar e/ou desvalorizar (avaliações de L, H e K).

O que um bebê necessita de sua mãe, ou um analisando de seu analista, é, entre outras coisas, uma "consulta" com sua mãe/analista quanto a quem ele (o bebê/analisando) é e o que ele necessita a fim de completar-se (de amadurecer, evoluir). Na análise, o analisando projeta seu inconsciente

(Sistema *Ucs*.) em seu analista; consequentemente, ele espera que o analista seja onisciente sobre ele. De fato, o analisando está se comunicando consigo mesmo (com seu inconsciente) ao falar com o analista. O analista tornou-se um *canal* de comunicação entre o analisando e seu próprio inconsciente. Um derivativo desta ideia é que a inveja, particularmente na análise, é dirigida ao próprio inconsciente do analisando, com o qual ele não pode comunicar-se, mas *ele (Ucs)* comunica-se com *ele (paciente)*, através do analista como canal (o significado mais verdadeiro de "transferência"). É isto que acredito que Bion queria dizer quando formulou a função α e o continente ↔ conteúdo.

AS INTER-RELAÇÕES INCONSÚTEIS ENTRE CONTINENTE ↔ CONTEÚDO, A GRADE, FUNÇÃO α E BARREIRA DE CONTATO

A função do analista como continente mistura-se de forma inconsútil, em minha opinião, com as noções de Bion de função α, da barreira de contato entre os Sistemas *Ucs.* e *Cs.* e da Grade, na medida em que cada um desses processos ajuda a mediar, isolar, diferenciar, distinguir, definir e categorizar os dados que entram, desse modo estabelecendo conjunções constantes (nomes). A função α intercepta os elementos-β (impressões sensoriais de O e preconcepções) da experiência bruta não fertilizada e os transforma em elementos-α, que são adequados para memória e pensamentos (sentimentos) – mas também para reforçar a barreira de contato e contribuir com elementos oníricos necessários ao sonhar. Quanto mais robusta a barreira de contato, mais o analisando pode aprender com sua experiência, porque ele é mais capaz de pensar – *porque ele é capaz de sonhar* –, graças à capacidade da barreira de contato de manter uma fronteira seletivamente permeável entre os Sistemas *Cs.* ↔ *Ucs.* O pensar, para Bion, segue-se a pensamentos que chegam primeiro como "pensamentos selvagens" (1997; López-Corvo, 2006), ou "pensamentos sem um pensador", que aguardam um sonhador-pensador (uma mente sonhadora-pensante) para sonhá-los e pensá-los. A rêverie materna, com sua função α e o sonhar, é o primeiro sonhador-pensador do bebê. Uma vez que o bebê tenha introjetado a função α da mãe (ideia de Bion), ele então é capaz de sonhar e de pensar seus próprios pensamentos. Portanto, quanto melhor o continente com sua função α, melhor o analisando pode sentir e experienciar seus pensamentos emocionais.

Além disso, discuto que a função α, a barreira de contato, a Grade, continente ↔ conteúdo, as transformações e os vínculos emocionais L, H e K são todos cognatos – ou seja, visões sobrepostas do mesmo fenômeno a partir de diferentes vértices – e são componentes do que denomino *"conjunto do sonho"*.[*] Dito de outra forma, todos os modelos de Bion acima mencionados contêm

---

[*] N. de R.T. *Dream ensemble*, no original.

um *holograma*. Exatamente como o cromossomo de cada célula individual do corpo contém o genoma para o corpo todo, da mesma forma Bion revelou o cromossomo da mente. Portanto, estou oferecendo um modelo no qual uma entidade vida – o sonhar – absorve conceitualmente os modelos propostos por Bion. Todos eles fazem a mesma coisa de diferentes vértices.

A EPISTEMOLOGIA DE BION

A *primeira* forma de pensar é o "vir a ser", que se desenvolve em sonhar (fantasiar), muito do que é envolvido no reforço da barreira de contato permeável seletiva, sonhos-pensamentos e memória. Quanto melhor a contenção pelo objeto ou pelo *self*, mais efetiva é a seletividade da barreira de contato em sua capacidade de definir, refinar e defender as fronteiras entre *Ucs.* e *Cs.* e de permitir seletivamente "pensamentos selvagens" (inspirados) de *Ucs.* para *Cs.* e pensamentos irrelevantes de *Cs.* para *Ucs.* e de facilitar o sonhar. O sonhar, em outras palavras, reforça a função da barreira de contato e, inversamente, o funcionamento da barreira de contato reforça a função do sonhar.

A *segunda* forma de pensar é Cartesiana (cognitiva) e é caracterizada por abstração, reflexão, correlação, publicação e mudança de perspectivas. A segunda forma de pensar pode ser vista na Grade de Bion, que é uma tabela de coordenadas polares na qual a coluna da esquerda, a coluna genética, de cima para baixo, designa a progressiva sofisticação e abstração dos pensamentos, e os títulos da coluna na parte de cima designam o próprio pensar: como os pensamentos estão sendo pensados – ou seja, a que uso eles estão servindo. Um dos componentes-chave da Grade, a Coluna 2, representa tanto *negação* como *falsificação*, capacidades das quais o pensamento racional depende de modo fundamental. Pessoalmente, acredito que a Grade também é adequada para e se estende ao inconsciente. Em outras palavras, todo pensamento, consciente ou inconsciente, requer divisão em categorias. A Coluna 2 designa *negação* para o pensamento de processo secundário, *ficcionalização* ou *realização de desejo* para o sonhar e/ou fantasiar e *falsificação* e/ou *mentira* para o indivíduo que não respeita a verdade. Em outras palavras, a Coluna 2 representa o que, na lógica aristotélica, é denominado "terceiro excluído": ou seja, se uma pessoa é um homem, não pode ser uma mulher.

Permeando as ideias de Bion sobre as formas primeira e segunda de pensar está sua noção da barreira de contato e sua função flexível de dividir e reunir diferentes elementos. Ele se refere a isso em sua fórmula, P-S ↔ D, onde o primeiro divide (diferencia) e o último une na magia combinatória improvisada. Eu me refiro à ideia de Bion de que os pensamentos requerem um pensador para pensá-los. Esses pensamentos sofrem uma epigênese desde a união de impressões sensoriais e preconcepções para virem a ser realizados como uma concepção e então como um conceito, e a função α une as preconcepções com as impressões sensoriais (os dois lados de O que inicialmente se apresentam como um elemento-β). O próprio pensar sofre uma epigênese desde a aplicação concreta para a aplicação abstrata (P-S ↔ D) dos vínculos L, H e K, e desde formas primitivas de função α (processo primário) para formas mais avançadas (processo secundário).

A BUSCA POR VERDADE

Em sua biografia e na pesquisa em profundidade de Bion e de suas contribuições, Bléandonu (1993) separa o trabalho daquele em quatro períodos: o estudo de grupos, o "período psicótico", a fase epistemológica e a fase mística. Contudo, pode-se detectar o fio de Ariadne percorrendo toda a obra de Bion do início ao fim. Aquele fio pode ser concebido como a busca pela *verdade* e a condenação contra sua aquisição. Em outra contribuição, proponho a noção de que, sob a ordem oculta que permeia toda a obra de Bion, encontra-se o conceito de uma *pulsão por verdade,* e que todos os mecanismos de defesa do ego são principalmente contrários à irrupção da verdade inconsciente, mais do que de libido e agressão (Grotstein, 2004b). O ser humano, em outras palavras, é, na verdade, um indivíduo perseguidor da verdade e/ou evitador da verdade, e a psicopatologia (sintomas) reflete uma predisposição ao último, enquanto o estado saudável reflete o primeiro.

O PAPEL DO "INFINITO" E DA "ENCARNAÇÃO" NO PENSAMENTO DE BION

Bion era um cosmologista psicanalítico na medida em que valorizava a vastidão e os recursos infinitos do inconsciente, que ele finalmente renomeou de "infinitude". Sua meta era familiarizar o homem com o formidável e a maravilha, mais do que com o medo, da indescritível Alteridade dentro e além dele, e levá-lo a respeitar as verdades que constantemente evoluem dela. A postura analítica de Bion é encorajar o homem a permitir-se vir a ser encarnado por seu reservatório indescritível, infinito de ser cósmico. Ele descobriu a epistemologia ontológica (afetiva) do homem e ajudou a preparar a base para a natureza de sua fenomenologia. Lembro de ser transformado e transfixado por essas ideias quando estava em análise com ele. O pensamento cósmico (interno e externo) de Bion contrastava marcadamente com o de Klein, cuja episteme enfatiza o medo (o instinto de morte como causa primeira).

Godbout (2004) esclarece o conceito de Bion da *encarnação*:

> Para usar expressões de Bion, ele pode apenas "vir a sê-lo", *"encarná-lo"*, "estar de acordo" com ele, ou, mais precisamente, "ele" pode apenas vir a

ser, "ele" pode apenas *encarnar-se* na pessoa do analisando. Bion insiste nesta sutileza, a mudança de "direção", desde o analisando consentindo em *encarnar* sua "divindade" para a "divindade" consentindo na encarnação na pessoa do analisando, a fim de diferenciar o que pertenceria à saúde mental (o último) e o que estaria mais próximo da insanidade (o primeiro). [Godbout, 2004, p. 1133; itálico acrescido]

Um dos conceitos mais complexos de Bion é o de *"encarnação"* (1965, p. 139; 1970, p. 77). Ele diferencia entre o *status* da Forma Ideal de Platão e o estado de encarnação na primeira citação e o esclarece um pouco na segunda citação quando fala do *místico* e da relação deste com o grupo. Consultei inúmeros estudiosos de Bion sobre esta questão, e o consenso da maioria deles é que o ato de encarnação realmente se aplica à transformação de uma Forma Ideal (preconcepção inerente, númeno) em uma concepção, através do vir a ser uma realização experienciada e, portanto, um fenômeno; mas o consenso de outros é que Forma e encarnação são diferentes uma da outra. Após ficar consideravelmente perplexo sobre o pensamento de Bion em relação a esta questão, cheguei às seguintes conjecturas imaginativas → razoáveis sobre Forma *versus* incarnação:

a) Devemos diferenciar entre:
   1. os aspectos comuns, *finitos*, humanos de nós mesmos;
   2. nosso *self infinito* (mas incompleto) representado nas Formas ideais e nos númenos; e
   3. o latente, se não real, místico ou potencial místico, dentro de nós, aquele que é distinto das Formas e emana de uma parte separada da psique, a parte "deus".

b) No caso do *self* infinito, as Formas Ideais ou númenos vêm a ser *realizados através da* transformação em concepções → fenômenos, que pertencem ao *"vínculo K"*, conhecimento (sobre nossas emoções).

c) No terceiro caso, a porção "deus" potencial de nós mesmos, separada, vem a ser incarnada como nosso *self* místico realizado à medida que "vimos a ser O", ultrapassando a rota K, e desse modo ascendemos à transcendência em (vindo a ser) O (Grotstein, 1999a, 2000a). Este "Deus" é concebido por Bion, seguindo o exemplo de Meister Eckhart, como um deus "imanente", um deus que habita em nós (Fox, 1981; McGinn, 1994, 1996).

d) Talvez possamos pensar em "divindade" (deidade) como a essência mística, numinosa de nossa santidade como resultado desta encarnação. Nós nunca *seremos* ou *viremos a ser* Deus; podemos apenas vir a ser "divinos" (divindade).

e) Talvez, além disso, possamos pensar em "deus" como o continente de O, o conteúdo.
f) Finalmente, o surgimento do místico pode corresponder a transformações em O, e em nosso êxito em virmos a ser um *"Übermensch"* (homem superior) e também o "Homem de Êxito".

Pareceria que a "divindade" de Bion representa o homúnculo ou demônio que "sabe" ou que "veio a ser" a sabedoria potencial composta do outro domínio, o inconsciente, a infinitude. O "demônio" de Laplace é apropriado a esta função para matemáticos e físicos (M. Schermer, 2003). Ele é o que conhece todas as fórmulas e cálculos matemáticos imagináveis. Talvez pudéssemos atribuir a este construto um título alternativo: o "Bibliotecário das Formas Ideais de Platão e dos númenos de Kant, o único que tem acesso aos nomes das "memórias do futuro". Em outra contribuição, eu o chamei de "sujeito inefável do inconsciente" e de "sonhador que sonha o sonho" e "sonhador que entende o sonho" (Grotstein, 2000a).

BION: O EPISTEMÓLOGO, ONTOLÓGICO E FENOMENOLÓGICO

As contribuições de Bion para a epistemologia são únicas. Para ele, acima de tudo, a epistemologia é irredutivelmente ontológica (o estudo da experiência de ser, da existência) e fenomenológica (emocional). Segundo, ele diferenciou de forma única e brilhantemente entre *pensamentos*, que são primários (como as emoções), e *pensar*, que é secundário e teve que surgir a fim de pensar (sentir) os "pensamentos sem um pensador" "órfãos" (López-Corvo, 2006). Em seguida, ele transcendeu o pensamento Cartesiano, nos quais pensamentos e mente são separados, para postular o conceito de *"vir a ser"*, que ele aparentemente tomou emprestado de Platão. O "vir a ser" nas obras de Platão tem dois significados:

1. "Aquilo que é, está sempre se transformando" (isto é, sempre evoluindo, em fluxo, nunca alcançando), e
2. o percipiente (percebedor) deve "vir a ser" o percebido, que representa uma transformação em O antes de uma transformação de O para K – a interpretação do analista para o paciente.

"Vir a ser" não implica na fusão de personalidades do analista com o analisando. Significa algo bastante diferente. De acordo com Bion, o analista, em resposta a, e em ressonância com as emanações emocionais do analisando, deve permitir-se, em um estado de rêverie, vir a ser induzido a um estado de transe no qual seu (do analista) próprio reservatório interno nativo de emoções e seu repertório de experiências sepultadas podem vir a ser seletivamente recrutadas para encontrar aquelas que ele está experimentando ressonantemente com as induções do analisando – e então *vir a sê*-las (transformação *em* O) (Grotstein, 2004b). Então o analista pondera sobre sua experiência, pensa sobre ela, e então a interpreta (T O → K).

Bion deu duas contribuições significativas ao campo da epistemologia geral. Primeiro, conforme referido anteriormente, ele observou que os pensamentos ("pensamentos sem um pensador"), que são liberados a cada momento emocional, surgem antes da mente existir para pensá-los, e que deve ser desenvolvida uma mente que tenha a capacidade para pensá-los. O modelo para o processo mental que tem que ser criado, ele denomina arbitrariamente de "função α", um tema sobre o qual me estenderei posteriormente. Esta função tem muito em comum com o ciclo de Krebs para o metabolismo intermediário de carboidratos, na fisiologia. Em outras palavras, a função α constitui o modelo para um processo cíclico intermediário de transformação, no qual a Verdade Absoluta crua sobre a Realidade Última – e as impressões sensoriais emocionais (elementos-β que as liberam) – devem ser submetidas às "enzimas digestivas" da mente a fim de serem convertidas em verdades emocionais humanamente toleráveis sobre a realidade interna e externa.

Segundo, ele redescobriu uma forma de epistemologia proposta pela primeira vez, acredito, por Platão em *Theaetetus,* na qual o percipiente (percebedor) deve *"vir a ser"* o percebido a fim de que a percepção ocorra. O "vir a ser" se tornará um conceito Bioniano maior que permeia suas ideias sobre rêverie materno e analítico e identificação projetiva intersubjetiva. O pensamento de Bion difere do Cartesiano na medida em que esta última forma de pensamento, a única que admitimos, não pressupõe desde o início que deva existir uma diferença ou separação entre o percebedor (sujeito) e o percebido (objeto), ou entre o pensador e o pensamento.

Bion, conforme já sugeri, frequentemente refletia sobre a ironia de que a psicanálise fosse uma forma de tratamento verbal sobre fenômenos que ocorriam *antes* que as palavras fossem entendidas e que permaneceriam para sempre *além* das palavras. De fato eu o consultei inicialmente para análise por dificuldades persistentes que supostamente tinham origem em meu nascimento prematuro, se não antes. Desejo reiterar agora algo que declarei anteriormente. Lembro de uma ocasião, em minha análise com Bion, quando ele fez uma interpretação satisfatória sobre uma ansiedade profunda que eu sentia naquele momento. Ele acompanhou sua interpretação com o seguinte comentário, que eu lembro depois de tantos anos: "Eu lhe fiz uma interpretação sobre seu sofrimento, e você parece considerá-la correta, que trata razoavelmente da situação que você me apresenta. Contudo, podemos nunca saber a origem de sua ansiedade. Não é para ela ser conhecida. Ela é inefável. Podemos apenas nos aproximar dela." A resposta real à origem de minha ansiedade, concluí, permaneceria em um constante estado de incerteza e inefabilidade.

MODELOS *VERSUS* TEORIAS

Bion gostava de usar modelos analógicos que ele podia aplicar ao funcionamento transformativo da mente, mas que existiam fora do funcionamento real. Tudo o que podemos saber é que a variação análoga em um modelo é externa à experiência, mas condiz com ela. Os modelos que ele usa são analógicos a fim de conferir o máximo possível de precisão. A fim de entender a predileção de Bion por modelos, mais do que por teorias, tem-se que entender de onde Bion estava vindo, por assim dizer. Bion evitava a linguagem falada e/ou escrita comum porque ela era derivada dos sentidos, significando que ela era *representativa* do objeto (representação de objeto), mas não *revelava* a vitalidade humana do objeto em um estado de fluxo ou evolução. Todos os organismos vivos, incluindo o ser humano e mais especialmente o bebê e o analisando, são seres semióticos radiantemente expressivos cuja pessoalidade individual, única, é absolutamente *indivisível* – e está à disposição de qualquer receptor voluntário. Em resumo, o próprio uso de palavras que a psicanálise tem exaltado desde Freud é absolutamente inútil para compreender o ser humano vivo, em constante evolução, indivisível – por conseguinte, a necessidade de modelos.

Nós vivemos todos em um mundo de transferências no qual confundimos nossa imagem (representação) do objeto com o próprio objeto (indivíduo). Bion pode ser comparado ao patriarca Abraão, que evitava a adoração de ídolos em favor de uma deidade invisível, indizível, inescrutável – que é Um – que/quem está absolutamente além do alcance de nossos sentidos, de nossa capacidade de entender, apreender ou compreender e a que/quem somos compelidos, com fé, a experimentar através da cegueira de nossas emoções. Bion não era religioso, mas ele via as vantagens de metáforas religiosas (modelos) e acreditava que às vezes elas eram superiores aos modelos psicanalíticos para tratar aquele mistério supremo conhecido como homem.

O modelo é um análogo arbitrário, um sistema separado, mas paralelo, cujas variações observáveis parecem de certa forma corresponder às variações mais misteriosas no sujeito indizível. Consequentemente, o uso de modelos pode ser concebido como correspondendo ao conceito de Bion da Language of Achievement. Bion pode ser considerado, neste sentido, um análogo não apenas do patriarca Abraão, mas também de um pintor ou escultor que deseja usar suas capacidades estéticas (Ehrenzweig, 1967) "para capturar a luz" – ou seja, a sombra – do ser vivo em um estado de fluxo.

O modelo de Bion inclui, essencialmente, função α, elementos-α e -β, cesura, a Grade, barreira de contato e vínculos L, H e K. A estes Ferro (2006) acrescenta o "fato selecionado" e a "capacidade negativa" (p. 51). Bion também usa o modelo dos processos digestivos do canal alimentar para sua conceitualização da transformação, ao qual eu acrescento:

1. o modelo do sistema imunológico (como no sonhar e/ou na função α) e
2. o modelo explanatório do ciclo de Krebs para o metabolismo intermediário de carboidrato.

Outro modelo Bioniano é o da sinapse neuronal. Aquele modelo parece aplicar-se a sua conceitualização da atividade da barreira de contato entre o inconsciente e o consciente (Bion aparentemente não achava útil a ideia do aparelho mental) ou, posteriormente, entre infinitude e finitude. Este modelo é de enorme ajuda no entendimento de sua forma comunicativa de identificação projetiva (o que eu chamo de "*trans*identificação projetiva", Grotstein, 2005).

Primeiro, a barreira de contato é definida como sendo seletivamente permeável – ou seja, pode ser imputada a ela uma inteligência que é capaz de selecionar quem ou o que deixar entrar, quem ou o que deixar sair, e quem ou o que conservar e não conservar. Segundo, o modelo da sinapse implica que a membrana pré-sináptica é separada da membrana pós-sináptica e qualquer comunicação entre elas, através da sinapse, deve ocorrer com a ajuda de uma terceira entidade, uma que seja extraterritorial[5] a cada uma delas – nomeadamente, os neurotransmissores químicos, que, após serem afetados e, portanto, alterados na membrana pré-sináptica, são então capazes de "ativar" a membrana pós-sináptica para tornar-se sensível à nova mensagem do neurotransmissor. O que isto significa para o fenômeno da identificação projetiva comunicativa é que o sujeito não projeta diretamente no objeto. Significa que o sujeito projeta em sua *imagem* do objeto, e o objeto é receptivo a e ativado para responder com sua contraimagem do sujeito.

O próximo passo é como segue: a imagem do sujeito, análoga à membrana pré-sináptica, ativa – ou seja, afeta – a imagem que o objeto tem do sujeito *e* a autoimagem deste, após o que o objeto seletivamente recruta aquelas imagens, ideias, emoções, memórias, ou seja o que for, de dentro de seus próprios infinitos recursos e capacidades inconscientes e responde com suas próprias possibilidades análogas inerentes, correspondentes (simétricas) (Grotstein, 2004a). Assim como o impulso neural tem que cruzar muitas sinapses antes de alcançar seu destino final, da mesma forma o impulso emocional, na transidentificação projetiva, tem que cruzar equivalentes a sinapses para alcançar o objeto com verossimilhança. Em resumo: a epistemologia psicanalítica de Bion é ontológica e fenomenológica e responde pela transformação (epigênese) do fenômeno da *experiência* para a *notação* da experiência. Bion compara modelos com teorias. Modelos são *análogos* que são independentes do campo contextual no qual eles são empregados, enquanto teorias são definidas dentro do campo contextual no qual elas são usadas. A evolução é uma teoria sobre a origem e o desenvolvimento de todas as espécies, enquanto a função α é um modelo que constitui um análogo aos processos misteriosos das transformações mentais/emocionais.

Em *Learning from Experience*, Bion declara:

> O "fato selecionado", quer dizer o elemento que dá coerência aos objetos da posição esquizoparanoide e, portanto, inicia a posição depressiva, o faz em virtude de sua associação a inúmeros sistemas dedutivos diferentes em seu ponto de intersecção... *O analista tem que ocupar-se com dois modelos, um que ele é exortado a fazer e o outro implícito no material produzido pelo paciente...* [1962b, p. 87; itálico acrescido]

Eu entendo esta passagem como significando que o modelo do *fato selecionado é bimodal*: um aspecto é a capacidade do analista de ser paciente enquanto aguarda a chegada do fato selecionado porque ele tem fé em sua intuição de que uma preconcepção do fato selecionado existe potencialmente dentro dele. O segundo está inerente no paciente em termos de suas associações livres – ou seja, este aspecto do fato selecionado é inerente ao material do paciente, mas o analista precisa tolerar a frustração de não saber e ter fé de que o fato selecionado existe até que ele pareça ter chegado. Outra forma de examinar este problema complexo é sugerir que o fato selecionado lembra a concepção original do *símbolo*, cujos componentes foram outrora dispersados e aguardam serem reunidos uns com os outros a fim de se tornarem o símbolo restaurado, integrado. Posteriormente, neste texto, sugiro que uma vez que o fato selecionado existe antes de ser detectado, todo o conceito de O – especialmente em termos de "incerteza" – é passível de contestação. Colocado de outra forma, se o fato selecionado (o "atrator estranho" da teoria do caos) está sempre presente *a priori*, então a incerteza não existe: apenas nossa experiência consciente de O é incerta. O é Certo em si mesmo.

Bion diz:

> O modelo torna possível encontrar a correspondência entre o pensamento do paciente e o corpo central da teoria psicanalítica [as preconcepções do analista – JSG] por interpretações que estão estreitamente relacionadas tanto à teoria como às declarações e à conduta do paciente. *A criação do modelo aumenta assim o número de contingências que podem ser satisfeitas e diminui o número de teorias psicanalíticas que o psicanalista necessita como seu equipamento de trabalho...* [1962b, p. 87-88; itálico acrescido]

Eu apreendo desta citação que, na situação analítica, os modelos são mais versáteis que as teorias. O analista está equipado com um conjunto de teorias (isto é, o complexo de Édipo, P-S ↔ D, etc.) que constituem o alicerce de apoio para o pensamento do analista. Os modelos, por outro lado, como o fato selecionado, a função α, etc., têm mais versatilidade para tratar o imediatismo da situação analítica, momento a momento, e finalmente associar uma realização com uma teoria já conhecida.

Em resumo, Bion acreditava que era importante diferenciar modelos de teorias a fim de aguçar sua precisão ao abordar fenômenos psicanalíticos. Meu próprio sentimento é que os modelos são *instrumentos "ad hoc"* que se localizam no exterior dos fenômenos com os quais eles se envolvem e com os quais eles sondam a personalidade e as associações analíticas, enquanto as teorias estão dentro do circuito dos fenômenos e oferecem explicações básicas para eles.

O QUE É REALMENTE UM "ELEMENTO-β"?

Bion concebeu a função α e os elementos-β e -α como modelos para a epigênese e para a evolução dos pensamentos e do pensar. As analogias entre função α e o sonhar, por um lado, e os processos primário e secundário combinados de Freud (1911b), por outro, parecem claras. Para Bion, os elementos-α parecem ser a versão transformada dos elementos-β. Mas o que é um elemento-β? É o mesmo que O? Bion parece sugerir assim quando associa o elemento-β com O, bem como com o número e as Formas Ideais, quanto com divindade (Bion, 1962b, p. 84; 1965, p. 13, 139; 1970, p. 14, 58)? Quando colocados contiguamente, Bion parece *associar* intimamente, mas não *equacionar* formalmente os seguintes: O, Verdade Absoluta, Realidade Última, a coisa-em-si ou número, Forma Ideal, divindade, elemento-β. A minha versão do que Bion realmente queria dizer é que o elemento-β *não* é O; ele é descendente protoemocional de O – ou seja, o elemento-β é a *impressão* sensorial emocional de O: o fantasma de O ("fantasma de qualidades desaparecidas" – Bishop Berkeley, *The Analyst*, 1734).

Gostaria de sugerir as seguintes alternativas:

a) Quando Bion fala de "Verdade Absoluta" e de "Realidade Última", eu prefiro reformular como "a Verdade Absoluta *sobre* a Realidade Última", que sugere que *a verdade sempre reside dentro do indivíduo como um veredicto potencial ou realizado que o indivíduo profere quando exposto à Realidade Última e estimulado pela "pulsão por verdade"* (Grotstein, 2004b). A Realidade Última está localizada dentro dos limites do *self* e está em todos os lugares externamente, e pode mesmo situar-se além do Sistema *Ucs.*, internamente, como "Outro internamente", o "Desconhecido", diferenciado do inconsciente – ou seja, o domínio do número.

b) Os elementos-beta (1) constituem as *impressões sensoriais* (sobre a "consciência, o órgão sensorial receptivo às qualidades psíquicas") que O em evolução cria à medida que intersecta a fronteira emocional do indivíduo; eles, desse modo, constituem *sombras* ou *impressões* de O – em outras palavras, eles não são O. Eles representam a *impressão sensorial* inicial da intersecção de O com nossos receptores emocionais – nossas sentinelas afetivas que estão vigilantes. "Amigo? Inimigo?" Eles também (2) são derivativos representativos das Formas Ideais, dos números ou coisas-em-si, que se apresentam como preconcepções herdadas e/ou adquiridas.

c) Os elementos-beta vêm a ser transformados pela função α de uma forma ou de outra, *independente de se eles são aceitos ou não para mentalização*. O elemento-β é o derivativo bimodal de O e representa a indiferença, a neutralidade ou a impessoalidade do O em evolução. Uma vez que o elemento-β entre em contato com a fronteira emocional do indivíduo e com sua função α, ele vem a ser automaticamente transformado em um elemento-α no episteme de Bion – ou seja, uma transformação agora *personalizada* de O. Então a função α, que está encarregada de criptografar (codificar e transformar) o elemento-β, pode decidir que este está "demasiado quente para manusear" e pode então rejeitá-lo – *mas agora não mais como um elemento-β*. Posto de outra forma, quando um elemento-β *parece* ter recusada a alfa-betalização pela função α, como acontece na psicose, *acredito* que ele não permanece um elemento-β, mas vem a ser transformado em um *elemento-α rejeitado* e *degradado* (vítima de negação), ou mesmo em um objeto bizarro. Minha suposição pressupõe que elementos-α de diferentes graus de amadurecimento ocorrem desde o início. Portanto, a tela-β constitui uma *tela-α degradada* que paira projetada ameaçadoramente em torno do sujeito, aguardando o reconhecimento que lhe tinha sido negado. Tendo renunciado a ela, o indivíduo deve reclamá-la. Temos um encontro predestinado com ela, visto que nossa renúncia inicial dela foi uma renúncia de nossa pessoalidade em nosso contato inicial com ela.

Eu cheguei a esta hipótese pela seguinte razão: Quando Bion (1962b) fala da "tela-β" (p. 22-24), ele a descreve como um cerco composto da aglomeração de elementos-β não transformados que aprisionam o paciente psicótico. Brown (2005, 2006) e eu (Grotstein, 2005) postulamos que a organização patológica conhecida como "refúgio psíquico" (Steiner, 1993) se aplica aos transtornos de estresse pós-traumático, bem como a psicóticos, e é composto desses elementos-β rejeitados como um cerco aprisionante. O próprio fato de que eles parecem agrupar-se em torno do paciente tão ameaçadoramente me sugere que eles *estão proclamando sua ligação pessoal ao paciente, que este está negando*. O elemento-β (na verdade, o "elemento-α degradado") vem a ser uma tela encapsulante porque pertence ao indivíduo, como a "máquina de influência" de Tausk (1919).

d) Os elementos-beta podem ser "β" somente para nós: eles são os resultados projetados de nossas tentativas de mistificá-los no que é para nós a "matéria negra" do "infinito profundo e amorfo". Para eles, entretanto, eles são por seus próprios méritos não apenas descendentes das Formas Ideais, mas também intimações, ecos e esboços de todas as suas futuras possibilidades recombinantes de suas próprias e de nossas conjecturas imaginativas – esperando vir a ser real-izações. *A diferença real e mais importante entre um elemento-β e um elemento-α, consequentemente, é que o primeiro denota a impessoalidade do Destino* (O), enquanto o último, o elemento-α, indica que o sujeito atribuiu pessoalidade à experiência e a reclama pessoalmente como sua.* Colocado de outra forma, os elementos-β representam elementos não-reclamados, e elementos-α os reclamados. Bion concebia os elementos-β como impressões sensoriais iniciais de estímulos entrantes (O) e achava que eles eram de natureza *física* (fisiológica), em contraste com os elementos-α, que eram *mentais*. Acredito que se fizermos uma distinção, a partir do vértice psicanalítico, entre mente e corpo, então Bion está correto em sua suposição de elemento-β (físico) → elemento-α (mental). Entretanto, se também supusermos, a partir do vértice psicanalítico, que uma diferenciação entre mente e corpo é uma ilusão (Aisenstein, 2006; Bion, 2005a; Grotstein, 1997a), então a questão se torna mais problemática. Bion (2005a) declara:

> Ao dizer isto, fiz uma separação inteiramente artificial; falei sobre o corpo e a mente como se fossem duas coisas inteiramente diferentes. Não acredito nisso. Penso que o paciente que você vê amanhã é uma pessoa única, completa [irredutível – JSG]. E embora digamos – obedecendo às leis da gramática – que podemos observar seu corpo e sua mente, na verdade não existe tal coisa como um "corpo e mente"; há um "ele" ou um "ela". [2005a, p.38]

e) Consequentemente, acredito que os elementos-β podem ser reconceitualizados como segue: quando O intersecta nossa fronteira emocional e deixa lá uma impressão de sua presença, a resposta inicial é a formação ou o aparecimento de um *elemento-α* (pessoal). Ele pode continuar em seu curso transformacional em elementos oníricos, barreira de contato e memória, ou vir a ser rejeitado pela mente e degradado *após o fato* em "elementos-β" e, desse modo, permanecer "impessoal", "não reclamado" na "caixa-postal morta" da mente. Bion não pode também ter tido esta ideia quando escolheu "β", que *se segue* a "α" no alfabeto Grego? Além disso, os elementos-α são, em minha

---

* N. de R.T. *Fate*, no original.

opinião, continuações de seu *Primórdio* como "pensamentos sem um pensador" que tinham sido concebidos desde o início pela "divindade" ("deidade") ou "deus" demônio (Bion, 1992, p. 305)!

f) As emoções são os veículos que *transmitem* elementos-β e então elementos-α, que significam a Verdade Absoluta sobre a Realidade Última. O medo das emoções deve-se à natureza da carga (Verdade Absoluta sobre a Realidade Última) que eles carregam, O. Esta concepção marginaliza o papel das emoções como *veículos* da Verdade, e não a própria Verdade.

g) Usando o conceito de Bion de perspectiva reversível, podemos ver o esquema transformacional de Bion assim: pode *não* ser a função α que transforma elementos-β em elementos-α, mas, antes, somos *nós* que vimos a ser transformados – é *nossa percepção subjetiva* de elementos-β que realmente sofre transformação. Em outras palavras, nossa percepção da experiência dos elementos-β vem a ser transformada, não os próprios elementos-β. Deste vértice (perspectiva), a função-α e/ou o sonhar nos equipa com um filtro subjetivo personalizante, de modo que podemos ser protegidos do clarão ofuscante de O enquanto nos transformamos a fim de experimentá-lo. Desta forma, podemos nos imaginar, embora inconscientemente, manipulando o que e quem entra em nós, em vez de reconhecer que somos sujeitos passivos do Destino (O). Colocado de outra forma, *a Verdade não pode ser transformada*; apenas o *percebedor* da Verdade pode ser.

h) Os elementos-beta substituem agora as pulsões de Freud como o *reprimido* irrompendo do inconsciente. Consequentemente, o conteúdo do reprimido (inconsciente dinâmico), em outras palavras, vem a ser o caos (complexidade) e/ou a infinitude representada como elementos-β e/ou "pensamentos sem um pensador": ou seja, os "não-nascidos"; os elementos-β representam os números ou preconcepções inerentes, que são "não-nascidos" aguardando a realização na experiência como fenômenos (concepções).

i) Bion define os elementos-β como sendo semelhantes ao "sistema protomental", incluindo os grupos de pressupostos básicos (resistência) (Bion, 1961, p. 108).

j) "Os elementos-β são característicos da personalidade durante a dominância do princípio do prazer: deles depende a capacidade para a comunicação não verbal, a capacidade do indivíduo de acreditar na possibilidade de livrar-se de emoções indesejadas e a comunicação de emoção dentro do grupo" (Bion, 1992, p. 190).

k) Bion descreve o espaço-β:

> Imagino um espaço multidimensional mental de extensão e características impensadas e impensáveis. Dentro deste, imagino que há um

domínio de pensamentos que não têm um pensador. Separados entre si em tempo, espaço e estilo de uma maneira que posso apenas formular usando analogias tiradas da astronomia, está o domínio dos pensamentos que têm um pensador. Este domínio é caracterizado por constelações de elementos-α. Essas constelações compõem universos de discurso que são caracterizados por conterem e serem contidos por termos como "vazio", "infinito amorfo", "deus", "infinitude" [1992, p. 313].

l) Estou começando a acreditar que os elementos-β, em vez de serem considerados o oposto absoluto dos elementos-β, na verdade deveriam ser concebidos como existindo como um gradiente ou espectro de elementos-α incipientes → sofisticados, correspondendo a um gradiente semelhante para a atividade efetiva da função α.

Termino esta sessão como a comecei, perguntando: "O que é realmente um elemento-β?" O "júri ainda está deliberando", mas peço ao leitor que conjecture por que Bion decidiu arbitrariamente começar na ordem inversa: β- antes de α-? Ou ele percebeu – e nós estamos percebendo agora – que α *está sempre antes de β*!

NOTAS

1. Devo abordar a questão da "incerteza" posteriormente, oferecendo um entendimento alternativo dela.
2. Bion diferencia entre os termos "preconcepção" e "preconcepção", sendo que o primeiro é um pensamento saturado, enquanto o último é uma Forma Ideal ou coisa-em-si (ver Capítulo 7).
3. Conforme mencionei anteriormente, Bion usa "vir a ser" no sentido Platônico de transformar-se: "aquilo que está sempre se transformando" – ou seja, sempre em fluxo (Bion, comunicação pessoal, 1977).
4. Deve ser lembrado que, por "divindade", devemos entender "deidade" – a Forma Ideal ou a coisa-em-si.
5. Talvez esta terceira entidade seja ao que Bion, como Meister Eckart e outros místicos "heréticos", se referia pelo conceito do "deus inerente" dentro de nós, um deus que é extraterritorial às Formas, afirmado anteriormente.

6
A metateoria de Bion

Ao discutir a metateoria de Bion, Paulo Sandler (2005) diz que:

> Bion exibia uma preferência distinta pelo desenvolvimento de *teorias observacionais* [itálico acrescidos] para uso do psicanalista, mais do que por criar novas teorias... Uma das poucas exceções, que permaneceria inédita durante sua vida, foi um ensaio intitulado "Metateoria". Era uma tentativa de descrever *cientificamente* alguns fundamentos básicos da psicanálise. Um de seus termos é "Seio." Como "pênis", "fragmentação" e "emoções violentas", ele foi planejado como uma "classe de interpretações"... A *"interpretação seio"* é feita em conjunto com a *"interpretação pênis"*. Ele trata o nome dado à palavra 'seio' como uma hipótese, seguindo a visão de Hume de que "uma hipótese é a expressão de um sentido subjetivo de que certas associações estão constantemente *conjugadas, e não é uma representação correspondente à uma realidade."* [P. Sandler, 2005, p. 91]

Sandler captou aqui a essência da iniciativa de Bion de criar uma teoria psicanalítica que não era apenas baseada na observação clínica, mas também incluía conceitos metafísicos: literalmente, o conceito metafísico da *hipótese* de um seio ou pênis; nos termos de Platão, Formas Ideais arquetípicas, essências, ou, nos termos de Kant, númenos ou coisas-em-si – ou seja, não sensíveis à percepção. Importante também é o conceito de Hume da *"conjunção constante"*, encontrar um padrão no qual dois objetos ou pensamentos venham a ser pensados de forma conjunta. Isto poderia aplicar-se ao *nome* "seio" sendo afixado à *hipótese* "seio". Isto também se aplica à ideia de "padrão", ser capaz clinicamente de distinguir um padrão nas associações livres do paciente.

Em meu próprio pensamento, acredito que a metateoria de Bion pode ter sido uma tentativa de afixar (conjugar constantemente) a teoria psicanalítica e as observações clínicas obtidas na psicanálise com uma teoria metafísica de hipóteses *a priori* – ou seja, hipóteses que são mais antigas do que nós. O termo "meta-" também sugere o conceito de Freud (1915e) de "metapsicologia", que originalmente incluía uma perspectiva genética, dinâmica e estrutural (p. 181). O conceito de metapsicologia representa o que Hume chamaria de conjunção constante – um cerco que inclui a totalidade da paisagem psicanalítica. Penso que a metateoria de Bion, em última análise, constitui uma metapsicologia mais expansiva do que a de Freud. No texto que se segue, trato arbitrariamente da totalidade das obras de Bion como componentes de sua metateoria.

Bion lista os itens em sua metateoria como segue: frustração, negação da frustração, modificação da frustração, preocupação com verdade e vida, emoções violentas, o seio, o pênis e dissociação (Bion, 1992, p. 244-254). Tratei desses itens aqui apenas resumidamente. Eles merecem uma leitura mais detalhada das obras de Bion. A maneira como o bebê se relaciona com a frustração, seja através da negação ou através da modificação desta, torna-se decisivo para o crescimento mental e determina – bem como é determinada por – sua abertura para a verdade e a vida autêntica. O seio e o pênis são as ligações buscadas a objetos importantes – mãe e pai, respectivamente. Emoções violentas constituem as paixões de preocupar-se com os caprichos imprevisíveis dos objetos necessários, uma das reações contra a qual ocorreria dissociação.

A capacidade da mente depende da capacidade de *habilidade negativa* inconsciente, a capacidade de tolerar negatividade e suportar suas persuasões a abandonar uma tarefa. A incapacidade de tolerar o espaço vazio limita a quantidade de espaço disponível. O conceito de Bion de continente ↔ conteúdo veio a ser sua resposta a por que os indivíduos tinham dificuldades em tolerar frustração, mas, que eu tenha conhecimento, ele nunca associou formalmente os dois fenômenos. O que Bion parece estar enfatizando é como desenvolver a capacidade da mente e a receptividade para lidar com O, com "pensamentos sem um pensador", com o "ruído" inexorável que confronta implacavelmente nossos sentidos interno e externo. Bion declara:

> As posições esquizoparanoide e depressiva estão relacionadas a uma parte do domínio do pensamento, aquela parte na qual *existem pensadores correspondentes aos pensamentos que aguardam alguém ou alguma coisa para pensá-los*. Os pensadores poderiam ser comparados a objetos sensíveis a certos comprimentos de onda de pensamento, assim como o olho ou o radiotelescópio é sensível a uma gama particular de ondas eletromagnéticas. *Esses pensadores podem ser invadidos por pensamentos que são poderosos demais em relação à sensibilidade do aparelho receptor.* Ou eles podem ser desemparelhados por um pensador alternativo.
>
> O ser humano, apesar das semelhanças com outros seres humanos, *pode não ter*, por hiper ou hipossensibilidade, *um instrumento adequado para pensar os pensamentos*. Torna-se consciente desses pensamentos geralmente por meio do que é comumente conhecido, por ele, como *temor religioso*, e é diversamente expressado como *encarnação, evolução da divindade, formas platônicas, Krishna, experiência mística, inspiração*, e assim por diante. *Portanto, a fonte de emissão dos pensamentos recebidos e evoluídos é sentida como externa, concedida por Deus...* O destino

do pensamento e do pensador é seguir um dos caminhos que indiquei como peculiar a ♀♂, ou alguma variação. Em algumas circunstâncias, o impacto é incandescente, produzindo crescimento, e então o pensador individual torna-se um emissor ou intermitente. Uma reação em cadeia se estabelece, conforme já descrevi em termos de *pensamento messiânico, místico,* etc. O problema é se este modelo, ♀♂,... será considerado como um modelo para uma configuração que subjaz a certos grupos de casos particulares, ou simplesmente como uma forma de considerar fenômenos sem sentido, incoerentes, não relacionados e fazê-los parecer ter coerência e um padrão significativo? Na verdade, importa qual seja? Os fatos se arranjam neste padrão, ou é uma peculiaridade no indivíduo achar necessário distinguir este ou padrões semelhantes nos fatos que ele observa? *A ânsia por validação pode então ser um desejo de localizar o emissor em Deus, no universo, na pessoa, no consciente e no inconsciente, por instrumentos que são micro ou macroscópicos e parecem conceder autoritariamente a recompensa da verdade.* [1992, p. 304-305; itálico acrescido]

As citações acima certamente não abrangem todas as ideias na metateoria de Bion, mas expõem seu aspecto que está relacionado àquele braço de O que misteriosamente emana do *hardware* numênico inerente, as Formas Ideais e as coisas-em-si, localizadas, supostamente, no inconsciente não reprimido. O indivíduo que não possui um instrumento para pensar (sonhar) os pensamentos pode ou projetá-los em outro lugar como elementos-β não-transformados (elementos-α degradados, em minha opinião) ou considerá-los epifanias religiosas ou messiânicas. A visão de São Paulo na Estrada de Damasco vem à mente.

A metateoria de Bion inclui seu conceito de continente ↔ conteúdo, a identificação projetiva comunicativa, a transformação de elementos-β em elementos-α pelo processo da função α, a reconfiguração de L (amor), H (ódio), da Grade e K (conhecimento) de pulsões para vínculos emocionais interrelacionados entre *self* e objetos – tudo dentro do contexto de considerações da Verdade. Os elementos-α são mentalizáveis por e para a mente, ao contrário dos elementos-β, que são impressões sensoriais emocionais somáticas e incipientes. Os elementos-alfa constituem o alfabeto elementar dos pensamentos. Eles proliferam para formar significados maiores e mais complexos, são dirigidos para a barreira de contato para reforçar seu funcionamento como um mediador entre Sistemas *Ucs.* e *Cs.,* são tomados pelo trabalho dos sonhos para serem usados como pensamentos oníricos, e são armazenados para memória. Subjacentes a todos os processos acima, que são expressados no vocabulário de *modelos,* estão os conceitos de Bion (1965) de transformação e do sonhar.

Toda a teoria da mente de Bion baseia-se, em parte, no conceito de transformações. Com isto, ele quer dizer que os elementos mentais – ou seja, elementos-β → elementos-α¹ – sofrem uma epigênese do concreto para o abstrato, de modo a permitir que a mente alcance progressivamente maior sofisticação. O processo de pensar começa incipientemente quando o bebê recém-nascido, inconscientemente temeroso de sua iminente premonição de morte, comunica esta ansiedade a seu continente-mãe, que, em seu rêverie, é capaz de empregar sua função α para absorver, desintoxicar e dar sentido à comunicação emocional do bebê. Então, ela está capacitada a responder a seu bebê de inúmeras formas apropriadas. Após muitas repetições deste processo, o bebê introjeta a função α da mãe, bem como o legado (memória) de sua operação bimodal (bebê → mãe; mãe → bebê). Uma vez que este modo de comunicação tenha sido introjetado pelo bebê, passa a funcionar dentro do bebê como o processo de pensar: ou seja, a identificação projetiva de "pensamentos selvagens" – emoções, "pensamentos sem um pensador", elementos-β – em um continente recentemente instalado no bebê. Através disso, o bebê é capacitado a tornar-se um pensador autônomo.

O sonhar – como veremos mais adiante, quando discuto o tema mais longamente – parece ser para Bion o fator que abrange tudo, o *sine qua non*, um conjunto de processos (talvez para Bion a realização de seu modelo, a função α, etc.) pelos quais a mente do sujeito, agindo como um filtro ou lente ao longo do dia e da noite, altera a percepção ("faz alguma coisa a...") [de] estímulos sensoriais tanto do mundo interno como do mundo externo – de modo a tornar os estímulos toleráveis, mental e emocionalmente. A fonte última do estímulo está no conceito de O, de Bion (1965, 1970), – a Verdade Absoluta, a Realidade Última, infinitude, divindade. Colocado de outra forma, a função α, o modelo hipotético, e/ou o sonhar, o processo de vida na realidade (ao qual me refiro como o "conjunto do sonho"), filtra e transforma a impressão bruta de O (como elementos-β) intersectante e, como afirmado acima, a converte e "traduz" em informação (pensamentos) e respostas apropriadas.

Bion (1977a) também concebia a Grade como um modelo matemático para a categorização de pensamentos e seu desenvolvimento no eixo vertical e o processamento progressivo de pensamentos no eixo horizontal. Bion, o epistemólogo, percebeu que os pensamentos são primários e buscam uma mente para pensá-los.² Os pensamentos estão no eixo vertical (genético), e a mente que os pensa está no eixo horizontal. A base para esta Grade é o conceito de Freud (1911b) de duas funções mentais: os processos primário e secundário. A "hipótese definidora" de Bion corresponde ao primeiro, e o processo secundário, ao último. Bion uniu os dois sob seu conceito de função α. Deve ser lembrado que Bion era essencialmente um epistemólogo ontológico. Ele estava preocupado com como vimos a saber o que sabemos. O problema ontológico (existencial) e epistemológico no tratamento psicanalítico é o analista encontrar o objeto analítico (a ansiedade inconsciente máxima, O) dentro do paciente (os sintomas do paciente) pelo experienciar, em um estado de rêverie (pensamentos oníricos de vigília), sua própria versão de O a partir de seus recursos inconscientes que é comparável à experiência do paciente. Conjuntamente, o analista deve empregar a sensorialidade (a totalidade de suas observações do paciente), mito (a concepção das fantasias inconscientes do paciente e as fantasias do analista sobre elas, no contexto do mito subjacente que as subjaz) e paixão, a capacidade do analista para representação emocional – ou seja, sua capacidade de *sentir* suas *emoções*, que são desencadeadas por, são em resposta a, e estão em ressonância com as do paciente. Este é um breve resumo dos trabalhos de Bion.

AS ORIGENS DO PENSAR

Ao formular as bases da epistemologia ontológica psicanalítica, Bion tinha primeiro separado a mente dos pensamentos, acreditando que os últimos precedem a primeira geneticamente. Então ele formulou as bases para a origem do pensar, bem como para os pensamentos. A mente tinha que ser criada a fim de acomodar a emergência de "pensamentos sem um pensador" – a fim de "pensá-los" (ligá-los) em conjunções constantes: ou seja, pensamentos com nomes.

O que é essencial à capacidade de pensar é a capacidade de tolerar frustração – e, desse modo, ser capaz de tolerar a ausência do seio. Esta capacidade de tolerar frustração permite que o bebê contemple a existência de um espaço vazio onde o seio estava – e ao qual esperançosamente (com fé) ele retornará. Esta tolerância permite que aquele espaço sagrado venha a ser um significador-continente espacial insaturado que corresponde e é dedicado ao objeto-pensamento que a ele pertence. O bebê deve guardar o espaço reservando-o para o retorno do objeto como sua parte do pacto com o objeto e, ao fazê-lo, *pensa*.

Em *Transformations*, Bion afirma:

> O *Cs.* (A1) [hipótese definidora – elemento-β – JSG] é da natureza do tropismo. Ele envolve ψ(ξ) [ψ representa a mente como uma constante, e ξ o elemento insaturado – JSG)] no qual (ξ) busca saturação. Esta "consciência" é estar ciente de uma falta de existência que demanda uma existência, *um pensamento em busca de um significado*, uma hipótese definidora em busca de uma realização que se aproxime dela, uma psique em busca de uma habitação física [real-ização – JSG] para lhe dar existência, ♀ buscando ♂. [1965, p. 109; itálico acrescido]

A mente, ψ, é o espaço psicogeométrico constante (seja no analista ou no paciente) que está associado com "não-pensamento" insaturado, ξ, que busca saturação pela hipótese definidora. A consciência, percebendo tanto a mente, ψ, que está associada com a insaturação, buscando a saturação de ξ, *quanto* as "preconcepções não nascidas" buscando realização como concepções (pensamentos), arranja o encontro entre elas. Colocado de outra forma, a mente necessita de um espaço geometricamente formatado no qual pensar seus pensamentos. Os pensamentos necessitam ser antecipados por um "não-pensamento" expectante ("insaturado"), que tem que convocar sua contraparte ainda não nascida, um "pensamento sem um pensador" (Forma Ideal, númeno, coisa-em-si, "memória do futuro") com o qual manter um encontro.

Bion nos dá outra indicação quanto a por que ele insiste em usar metáforas matemáticas e imagens:

> A ideia implícita na teoria da transferência é que o analista é a pessoa para a qual o analisando transfere suas imagens. As teorias de Melanie Klein já mostram que tal meio não é adequado para Tp β no que eu chamei de transformações projetivas. Em particular, não auxilia o analista a reconhecer os elementos da identificação projetiva à medida que eles aparecem entre sintomas e material clínico. O analista deve ser capaz de detectar sinais de identificação projetiva em um campo que, em relação ao que obtém na teoria clássica, é, de certo modo, *multidimensional. A situação analítica requer maior amplitude e profundidade do que pode ser fornecido por um modelo Euclidiano de espaço. Um paciente que, na minha visão, está exibindo transformações projetivas* e requer o uso de teorias Kleinianas para ser compreendido, também usa um campo que não é simplesmente o analista, ou sua própria personalidade, ou mesmo a relação entre ele próprio e o analista, mas todos esses e mais. [1965, p. 114; itálico acrescido]

Bion parece estar diferenciando entre transferência clássica, que ele associa com espaço Euclidiano ("transformação em movimento rígido"), e transferência Kleiniana: ou seja, identificação projetiva, que ele denomina de "transformação projetiva", um fenômeno que ele também associa com "espaço -K" (p. 115). Em última análise, ele parece estar defendendo a necessidade de transcender o que ele acredita que sejam as limitações da teoria clássica usando analogias geométricas e pós-geométricas. Talvez esta ideia possa tornar-se mais clara tomando-se um conceito da psicologia do ego. Jacobson (1964) diferencia entre representação de *objeto* e representação de *self*. Na transferência clássica, a representação de objeto vem a ser deslocada (não projetada) *sobre* outra representação de objeto, o analista. No pensamento Kleiniano, é a representação do *self* que vem a ser projetada *dentro da* representação de objeto, o analista. Infiro que Bion acredita que estados extremos de identificação projetiva tornam-se um tipo mais radical de transformação que envolve uma perda do *self* e, portanto, aproxima-se de, senão na verdade alcança, -K, a reversão da função α, o estado psicótico. Bion define o espaço -K como segue:

Para avançarmos na definição deste espaço, nós o consideramos como sendo um "espaço" -K e o comparamos com o "espaço" K – o espaço no qual acontece o que é normalmente considerado como análise clássica, e manifestações da transferência clássica tornam-se "passíveis de sentido"... o "espaço" -K pode ser descrito como o espaço onde o espaço costumava estar. Ele é repleto com não objetos que estão violenta e invejosamente ávidos de toda e qualquer qualidade, coisa ou objeto para sua "posse"... da existência... o "espaço" -K é o material no qual, com o qual, sobre o qual, etc., o "artista" em transformação projetiva trabalha. [1965, p. 115]

Tanto para o espaço -K como agora para "não-coisas" (*no-things*) saturadas:

> Será lembrado que, em um sistema no qual elementos-β dominam, "pensamentos" são "coisas", e eu assinalei que os elementos-β não se prestam a serem usados como elementos da coluna 4 [atenção–JSG] porque eles já são saturados; pode não haver preconcepção (Linha D) que possa ser *usada* como uma preconcepção, aguardando a realização que produz uma concepção, porque o elemento-β já está saturado. Podemos ver agora que os defeitos da não-coisa (*no-thing*) são precisamente estes – o objeto "ausente" ou "não-existente" ocupa o espaço que deveria estar vago. [1965, p. 118]

Para demonstrar isso, Bion apresenta um exemplo clínico no qual o "paciente ocupa o divã porque ele está determinado que ninguém mais deveria" (p. 118). Ele pretende saturar a sessão de forma a impedir Bion de trabalhar efetivamente. Além disso, ninguém pode tomar o lugar do paciente. Ele usa palavras que uma vez tiveram significado, mas o significado foi agora destruído ou desnudado, de modo que as palavras marcam o lugar onde o significado estava anteriormente. "Este significado ausente (que, entretanto, está presente) não permitirá que nenhum significado ocupe seu lugar" (p. 118). Consequentemente, O não pode ser representado.

Bion então continua, afirmando:

> Eu [uso–JSG] o ponto (·) para representar o "lugar onde" alguma coisa (comparado com uma não-coisa [*no-thing*]) poderia estar, e a linha (—) como o local de um ponto ou o lugar onde um ponto está indo... Tentarei torná-lo mais adequado para o pensamento considerando ponto (·) e linha (—) como representando uma relação assim: o ponto (·), "lugar onde", estágio, deve ser concebido como pertencendo ao eixo genético: a linha (—) deve ser concebida como pertencendo ao eixo horizontal. Uma preconcepção, representada por · é um estágio de desenvolvimento (uma semente, por assim dizer, é uma árvore em [um] estágio particular de seu desenvolvimento: portanto é uma árvore). Uma preconcepção representada por uma linha (—) é um uso (tal como D4). [1965, p. 119]

Pode ajudar saber que o uso de Bion desses modelos geométricos tem a ver, entre outras possibilidades, com tentativas de mapear os vetores de um relacionamento – por exemplo, o ponto é onde o seio uma vez esteve; a linha é para onde o seio foi, e assim por diante. Continuando esta linha de desenvolvimento, Bion afirma que a geometria Euclidiana referia-se à experiência do espaço e que a origem intrapsíquica do "espaço" é, conforme sugerido anteriormente, o lugar onde um sentimento, emoção ou outra experiência mental uma vez esteve. Bion formula isto precisamente:

> As regras que governam pontos e linhas, que foram elaboradas por geômetras, podem ser reconsideradas por referência aos fenômenos emocionais que foram substituídos pelo "lugar (ou espaço) onde os fenômenos mentais estavam." Tal procedimento estabeleceria um sistema dedutivo abstrato baseado em um fundamento geométrico, tendo a teoria psicanalítica intuitiva como sua realização concreta. As afirmações (i) a retomada pela psique de uma experiência emocional que foi desintoxicada por uma permanência temporária no seio bom... e (ii) a transformação da experiência emocional em uma fórmula geométrica como a contraparte de uma realização concreta para um sistema dedutivo geometricamente baseado e rigorosamente formulado (possível algébrico) podem agora ser consideradas como as representações (i) psicanalíticas intuitivas (ii) dedutivas axiomáticas do mesmo processo...
>
> A afirmação intuitiva presta-se à representação de estágios genéticos: a formulação axiomática presta-se à representação de uso. [1965, p. 121-122]

Esta última citação talvez seja a declaração mais clara e mais sucinta que Bion já fez sobre sua visão da relação entre geometria (plana, sólida e algébrica) e emoções, incluindo a intuição. Conforme declarei anteriormente, o que Bion parecia estar buscando era um *sistema de notação* como um análogo ou modelo que, ao contrário das palavras, fosse totalmente livre de uma penumbra de associações perturbadoras – e também que, devido a seu rigor matemático-científico, fosse atraente para seus colegas, em todas as escolas psicanalíticas, que respeitam a ciência (comunicação pessoal):

> A diferença entre os desenvolvimentos "geométrico" e "aritmético" pode ser feita da seguinte maneira: o desenvolvimento geométrico de pontos e linha está primariamente associado com a presença ou a ausência, a existência ou a não existência, de um objeto. O desenvolvimento aritmético está associado com o estado do objeto, seja ele total ou fragmentado, objeto total ou objeto parcial... O desenvolvimento geométrico está associado com depressão, ausência ou presença do objeto: o desenvolvimento aritmético está associado com sentimentos de perseguição, a teoria Kleiniana de uma posição esquizoparanoide. [1965, p. 151]

Bion, Platonista confesso, estava sem dúvida seguindo os passos deste quando escolheu a geometria como seu meio de exposição de ideias metapsicológicas (metafísicas?). Permitam-me citar uma porção de *Sacred Geometry*, de Lawlor (1982):

> Para Platão, a Realidade consistia de essências puras ou Ideias arquetípicas, das quais os fenômenos que percebemos são apenas pálidos reflexos. (A palavra grega "Ideia" também é traduzida por "Forma"). Essas Ideias não podem ser percebidas pelos sentidos, mas apenas pela razão pura. *A geometria era a linguagem recomendada por Platão como o modelo mais claro pelo qual descrever esta esfera metafísica.* [Lawlor, 1982, p. 9; itálico acrescido]

Conclusão: o analista deve ser capaz de tolerar frustração (como deve o bebê em desenvolvimento) a fim de ser receptivo a "Ideias", que são ultrassensoriais e podem apenas ser contempladas através da razão (intuição).

"PENSAMENTOS SEM UM PENSADOR": OS "NÃO NASCIDOS" DE BION

Bion (1992) criou o conceito de "pensamentos sem um pensador" (p. 326). O que ele parece querer dizer com isto é que pensamentos não pensados são primários, emergem dos dois braços de O (preconcepções inerentes e dados sensoriais de significado emocional) e buscam um pensador (mente) para pensá-los. As ramificações desta nuance epistemológica são de enorme importância, não apenas para a psicanálise, mas para a epistemologia em geral e para a religião. Em resumo, Bion está sugerindo que o inconsciente e os órgãos sensoriais sentem-se incompletos e necessitam de um continente transformador para mediá-los. Ele também sugere que o inconsciente, na teoria psicanalítica, e "Deus", no dogma religioso, buscam uma mente ou alma para realizá-los – ou seja, para *completá*-los. Colocado de outra forma, Deus necessita do homem para encarná-lo, o que é mais evidente no Catolicismo, mas também no Judaísmo e no Islã. Colocado ainda de outra forma, pensamentos primitivos são como os não nascidos de Wordsworth, buscando atribuições terrenas.

Os pensamentos sem um pensador parecem ser, particularmente, aqueles aspectos do inconsciente não reprimido (herdado), as Formas Ideais de Platão e os números ou coisas-em-si de Kant que são convocados pela experiência do sujeito, tal como o impacto, sobre seus órgãos sensoriais, da invasão de dados de significado emocional. As Formas e/ou números parecem funcionar como estratégias de *formatação* infinitas para proteger o sujeito de ser inundado. São "memórias do futuro", como Bion sugere. Elas [as Formas] nos "lembram" da categoria geral do estímulo, que é novo para nós, mas não para elas. Constituem "pensamentos emergentes" que são convocados pelo desejo e/ou pela experiência. Em termos de desejo, pode-se pensar em convocar a musa para ajudar em uma tarefa criativa – como estou fazendo neste momento. Em termos de experiência, eles parecem ser convocados por nossos órgãos sensoriais e emoções. Em geral, não sabemos o que os convoca. Eles também são conhecidos como associações livres, na análise, e como "pensamentos selvagens" ou aleatórios (Bion, 1997). Bion os exalta e encoraja os analistas a não ignorá-los (Bion, 2005a, 2005b). Refere-se a eles como o conteúdo da "Hipótese Definidora" na Coluna 1 da Grade.

O conceito de pensamentos "sem um pensador", ou pensamentos "selvagens", é problemático (López-Corvo, 2006). Todos sabemos o que Bion quer dizer. Seus termos são as contrapartes às pulsões instintuais de Freud (1905d), que são concebidas como consistindo em um "caldeirão fervente". Além disso, o inconsciente funciona em uma dimensão diferente do que a consciência – aquela da dimensão zero da infinitude (Grotstein, 1978) e das dimensões progressivas da simetria (Matte Blanco, 1975, 1988). Esses fatores dimensionais se apresentam como *caos* à consciência e lhe dão sua reputação demoníaca e cataclísmica. É por esta razão que a função α ou sonhar é necessário: para mediar a natureza absolutamente simétrica, infinita de O. Os pensamentos sem um pensador, ou pensamentos selvagens, nunca são não pensados. Não há aleatoriedade, seja no universo cósmico ou no universo psicológico.[3] Eles são pensados por uma presença inefável interna, gnomo, ou um "Deus-demônio" que/quem os organiza e os apresenta ao analista como associações livres. Eles são a *ordem* oculta de pensamentos sem um pensador. A Musa é seu outro nome.

TAMING WILD THOUGHTS[*] DE *BION*

> No caso de um desses desgarrados chegar a mim, penso que devo tentar estar preparado para recepcioná-lo organizando algumas categorias que poderiam ser adequadas para *colocar o desgarrado em uma "caixa" – temporária*. A primeira caixa em que penso realmente não é adequada para qualquer coisa tão efêmera quanto o que eu geralmente chamo de pensamento, ou seja, alguma coisa física;[4] eu o chamarei de um "elemento-β"... Há alguma coisa um pouco mais sofisticada: uma criatura similarmente física, mas que desperta em mim pensamentos e sentimentos primordiais, alguma coisa que é um tipo de protótipo de uma reação mental. A esses

---

[*] N. de R.T. Dominando pensamentos selvagens.

eu chamarei de "elementos-α"... Houve... aquelas ocasiões em que eu... tive a ideia prevalente de dizer que tive um sonho, mas posso apenas dizer que senti dor física – meu braço doeu;... Este é o tipo de coisa... que eu gostaria de colocar nesta categoria... Há outra [ocasião] na qual estou quase desperto e quase adormecido; então tenho certas ideias que são compreensíveis para mim quando estou totalmente desperto, e das quais posso falar exatamente em termos de *formulações verbais de imagens visuais que eu digo que sonhei ou vi em meu sono*. [Bion, 1997, p. 29-30; itálico acrescido]

Após definir primeiro as diferenças graduais na experiência de elementos-β e então de elementos-α, e de imagens pictóricas, Bion os coloca na primeira coluna vertical (lado esquerdo) da Grade. Ele vai adiante para "capturar alguns desgarrados" dessas associações livres meditativas, aplica *imaginação especulativa* a eles, e finalmente busca o padrão final que os ordena por *imaginação especulativa* ou *conjectura imaginativa*:

> Associações livres – às vezes ouvimos falar de análise de tal forma que pensamos no tempo maravilhoso que todos estamos tendo, passeando em meio a ervas silvestres, colhendo as flores selvagens e lindas, admirando as amoreiras silvestres, os arbustos e nem sequer chegando perto de perturbar o sono da bela adormecida – a sabedoria que se encontra adormecida em algum lugar do bosque; em algum lugar enterrada... É esta voz de algum modo audível? [1997, p. 37]

Aqui, Bion destaca a importância das associações livres e sua ligação *última* com fragmentos importantes de resíduos emocionais de experiências passadas ou presentes. Devemos ser pacientes enquanto escutamos à "bela adormecida" dentro do analisando ou dentro de nós mesmos, a fim de aguardar o surgimento da pepita bruta de sentido e significado.

Em *The Italian Seminars*, Bion (2005a) também descreve pensamentos selvagens, os quais são o equivalente dos "prisioneiros" ou "não nascidos" de Michelangelo:

> Se você estiver totalmente aberto, então penso que há uma chance de você poder capturar alguns daqueles pensamentos selvagens. E se você permitir que eles se alojem em sua mente, embora ridículo, embora estúpido, embora fantástico, então pode haver uma chance de dar uma olhada neles. É uma questão de ousar ter esses pensamentos – não importa se é esperado que você os tenha ou não – e mantê-los tempo suficiente para ser capaz de formular o que eles são. [2005a, p. 44]

Bion, o Prometeano, inicia deste modo a *"Renascença psicanalítica"*!

A DIVINDADE (DEIDADE) COMO O "PENSADOR" DOS "PENSAMENTOS SEM UM PENSADOR"

Aqui, e em outra parte no livro, ofereço uma ideia alternativa com relação ao conceito de Bion de pensamentos sem um pensador buscando um pensador para pensá-los com a sugestão de que, ainda que isso faça sentido consciente e fenomenologicamente, na verdade, metapsicologicamente não pode haver tal coisa. Esses pensamentos sem um pensador ou "pensamentos selvagens" (López-Corvo, 2006a, 2006b) *parecem* vir a ser entendidos quando o fato selecionado aparece, o que finalmente e por fim revela sua coerência. Contudo, a própria (factual) existência do fato selecionado, antes de chegar para ser intuído ou observado pelo analista, sugere fortemente que ele tem uma existência anterior – *a priori*. Penso que isto significa que nunca faltou a eles (os "pensamentos sem um pensador") coerência ou certeza em seu próprio domínio original na realidade psíquica – e, portanto, sempre tiveram um "Pensador".

Aquele "Pensador" é conhecido pelo nome de "divindade" ("deidade"), elaborado por Bion (1965, 1970). Consequentemente, se a deidade (o "fato selecionado") é o pensador dos pensamentos sem um pensador, a ordem sempre ocorre e continua a ocorrer no universo (no inconsciente). *Portanto, a "incerteza" é incerta apenas no domínio proximal da consciência. No inconsciente, a "incerteza" (O) é bastante certa!* Esta ideia emerge quando se usa a ferramenta de Bion de *"perspectivas reversíveis"*.

O que parecem ser "pensamentos" incoerentes (elementos-β), do ponto de vista (vértice) da consciência, podem ser considerados pensamentos coerentes do ponto de vista (vértice) do inconsciente. Ao buscar transformação a fim de qualificar-se para ingresso ou admissão ao domínio da consciência, eles podem *parecer* órfãos indisciplinados, mas foram *pensados* desde o princípio pelo "Inefável Pensador que Pensa os Pensamentos sem um Pensador" (Grotstein, 2000a) – nada menos que a designação de Bion *de "divindade"* ("deidade" ou "santidade" no sentido arquetípico Platônico), *a Presença infinita que está de acordo com O [at one with O]*, o arquétipo do místico. Em outro trabalho, também o denominei "Sujeito Inefável do Inconsciente" ou o "Sonhador que Sonha o Sonho", o "Sonhador que Entende o Sonho" e a Musa (Grotstein, 2000a). Em outras palavras, nós *fenomenologicamente* acreditamos que primeiro experimentamos um série aleatória de "pensamentos selvagens", incoerentes e devemos aguardar, com paciência, a chegada do fato selecionado, que parece lhes dar coerência. *Metapsicologicamente*, entretanto, obtemos um quadro diferente: aos pensamentos sem um pensador nunca faltou coerência, significado e um Pensador em seu próprio domínio original, a realidade psíquica.

Ao buscar a transformação a fim de qualificar-se para ingresso ou admissão ao domínio da consciência, na qual realizações do último pelo primeiro podem ocorrer, eles podem *parecer* órfãos indisciplinados, mas eles foram *pensados* desde o princípio pela "divindade" (deidade), também conhecido como "Inefável Pensador Que Pensa os Pensamentos sem um Pensador", o "Sujeito Inefável do Inconsciente" ou o "Sonhador Que Sonha o Sonho". É uma questão de perspectiva (visão estereoscópica, binocular), e também do ato de transferir os pensamentos já pensados do "Pensador" (deidade) para um mais humilde, que acredita que *é* o "pensador."

POSTSCRIPTUM

Ao ler sobre o conceito de transformação de Bion, cheguei às seguintes conclusões, a primeira das quais já esbocei frequentemente:

a) Visto que Verdade e Realidade não podem ser transformadas, *deve ser o próprio sujeito que as experimenta que deve vir a ser transformado* – ou seja, deve *acomodar-se à* Verdade e Realidade. T$\beta \rightarrow \alpha$ vem a ser, portanto, nossa ilusão, nossa racionalização (nossa defesa maníaca) sobre o que acontece desse vértice do pensamento (reversão da perspectiva).

b) Ao ler Bion, têm-se a impressão de que ele tanto exalta a majestade do mundo interior das Formas arquetípicas e do númeno, alcançado apenas por imaginação, intuição e realizações dolorosas, sob cujas circunstâncias vimos a ser encarnados por eles, como também os trata como *primitivos* ou *incipientes* em sua descendência imediata, o elemento-β. Contudo, ele exalta a Language of Achievement acima da linguagem de substituição. Poderíamos dizer agora, consequentemente, que o termo *"transformação"* deveria ser reservado para a maneira na qual o *sujeito ajusta-se* para *acomodar-se à Verdade Absoluta sobre a Realidade Última;* e o termo *"tradução"* deveria ser reservado para a mediação da Language of Achievement e seu pseudônimo, "pensamentos sem um pensador", à medida que ela é transformada na linguagem de substituição, a "linguagem-α", a "vulgata"* humana?

c) Como já mencionei anteriormente, acredito que a *deidade* ("divindade") seja o *"ghost writer"* dos "pensamentos sem um pensador".

A "BARREIRA DE CONTATO"

Bion adotou o antigo conceito de Freud da "barreira de contato", de seu "Projeto para uma Psicologia Científica" (1950[1895]), que Freud (1915d) posteriormente substituiu pela "barreira repressiva". Bion reconceitualizou de forma singular a barreira de contato como agindo como uma "sinapse"

---

* N. de R.T. A fala comum do povo, especialmente das pessoas incultas.

neuronal – ou seja, funcionando como uma membrana seletivamente permeável entre o inconsciente e o consciente (e o inverso), a fim de preservar a integridade e o funcionamento autônomo de cada domínio, permitindo o intercâmbio seletivo entre eles. [É *minha* conjectura imaginativa – não de Bion – que a qualidade da seletividade desta membrana pode dever-se ao funcionamento de um *númeno*, uma "presença" limiar inefável que decide vitalisticamente o que (e quem) entra e sai, num ou noutro sentido, através da membrana do consciente ↔ inconsciente. Este *nom de plume* da Presença é "divindade" (deidade). Freud afirmava que a repressão defende a consciência (posteriormente o ego) contra o inconsciente (posteriormente o id), mas não ao contrário. Bion, aplicando a "visão binocular" e uma "perspectiva reversível", permitiu a repressão de ambos e a interação seletiva entre eles. Freud (1950 [1895]) concebia a barreira de contato como o equivalente da sinapse neuronal. Bion usa igualmente a ideia da sinapse, mas metaforicamente como um modelo para junções transformacionais.

SISTEMA UCS. ↔ SISTEMA CS
$\nwarrow_O\nearrow$

Com a aplicação de perspectivas reversíveis e visão binocular, Bion foi capaz de reconfigurar a relação entre os Sistemas *Ucs.* e *Cs.* em ainda uma forma diferente. Agora que ele tinha proposto O como a fonte de experiência ontológica e epistemológica, ele reconfigurou a relação desses dois sistemas, primeiro como uma *inter*-relação, conforme afirmado acima, e depois como uma triangulação de O (Sistema *Ucs.* ↔ Sistema *Cs.* O triangulado). Bion fez o mesmo com os conceitos de Klein das posições esquizoparanoide e depressiva: P-S ↔ D O triangulado. Pode-se entender seu modelo de triangulação binocular como uma aplicação do modelo estruturalista conhecido como "oposição binária" (Lévi-Strauss, 1970).

A VERDADE EMOCIONAL, O, COMO CAUSA PRIMEIRA E A RECATEGORIZAÇÃO DAS PULSÕES COMO EMOÇÕES

Mais notavelmente, o epistema de Bion deslocou a ênfase de Freud – e mesmo de Klein – sobre os instintos (pulsões) de vida e de morte para aquele da *verdade emocional, O,* como causa primeira, desse modo convertendo o que até então eram as pulsões libidinais e destrutivas, juntamente com a pulsão epistemofílica, em categorias e vínculos emocionais L, H e K entre objetos e entre *self* e objetos. Em outra contribuição, proponho a noção de uma "pulsão por verdade", que consiste de O em evolução e o órgão sensorial interno, "atenção" (intuição, consciência inconsciente), que é sensível às evoluções implacáveis da verdade emocional do mundo interno (Grotstein, 2004a, 2004b). (Ver Capítulo 10.)

FUNÇÃO α E O SONHAR *VERSUS* PROCESSOS PRIMÁRIO E SECUNDÁRIO

Uma das reconceitualizações mais inovadoras de Bion das contribuições de Freud foi sua aplicação do pensamento binocular à noção de Freud dos processos primário e secundário. Ela é de tal importância que, a fim de esclarecê-la, sinto necessidade de fazer um desvio através dos conceitos de simetria e assimetria de Matte Blanco (1975, 1988). Matte Blanco postulou que os seres humanos usam duas formas de lógica incompatíveis: a lógica Aristotélica formal (isto é, o processo secundário [realístico] de Freud) para a consciência, que ele chama de "lógica bivalente"; e a "bi-lógica" para o inconsciente (correspondendo aos processos primários de Freud). Ele também concebia uma antinomia entre simetria e assimetria, a primeira sendo mais característica do inconsciente e a última, da consciência. Entretanto, Matte Blanco também acreditava que o sistema de lógica do inconsciente, embora predominantemente simétrico (tudo é igualado com tudo; não há contradições), também consiste de algumas representações de *a*ssimetria (de diferenças) em uma estrutura binária-oposicional conhecida como "bi-lógica".

Portanto, o que Freud denominou de "processos primários", característicos do pensamento inconsciente, pode ser entendido, da conversão matemática de Matte Blanco, como um sistema de relações variadas entre simetria e *a*ssimetria, com uma predominância da primeira sobre a última. Os processos secundários (lógica bivalente), por outro lado, são caracterizados predominantemente por pensamento *a*ssimétrico, mas também incluem pensamento simétrico para comparações e diferenças. Portanto, cada forma de pensar, simetria e *a*ssimetria, é duplamente representada nos processos primários inconscientes e nos processos secundários da consciência, mas a bi-lógica é mediada pelo Princípio da Simetria (princípio do prazer), enquanto a lógica bivalente é mediada pelo Princípio da Assimetria (o princípio da realidade).

Agora, como isto se aplica a Bion? Bion (1962b, p. 4), de fato, apagou as diferenças entre as localizações dos processos primário e secundário declarando que cada um era representado em ambos os lados da barreira de contato, um voltado para a realidade interna, no inconsciente, e o outro voltado para a realidade externa, no consciente. Portanto, a função α (que em si inclui tanto os processos primários como os processos secundários como estruturas binárias-oposicionais) é duplamente representada, no consciente e no inconsciente. Ela é um modelo para uma transação[5] que transforma elementos-β, os estímulos sensoriais da experiência emocional (impressão de O sobre as emoções) em elementos-α que são adequados para mentalização – ou seja, para notação (memória), repressão, para reforço da barreira de contato e para um suprimento contínuo de elementos oníricos para o sonhar.

Apesar do fato de que Bion parece sugerir que há uma diferença entre o sonhar e função α, ele parece falar de suas funções como sendo sobrepostas. Entretanto, Ferro (2002b), a quem referi acima, nos ajuda ao atribuir a função de sonhar à posterior ordenação de elementos-α já processados em narrativas oníricas. Minha própria visão é que o sonhar é a *experiência* realística, e a função α é seu *modelo*. Portanto, o sonhar está *dentro* do circuito da experiência, e a função α está *fora* do circuito. (Ver também Paulo Sandler, 2006a)

Bion propôs uma mudança de paradigma profunda para a teoria e a prática psicanalíticas – que a causa primeira na psique não são as pulsões tradicionais, a libidinal e a destrutiva, mas a Verdade Absoluta sobre a Realidade Última, O. Essas pulsões anteriores fornecem agora atribuições categóricas modificadoras do afeto às relações objetais que participam em O. Colocado de outra forma, *como a pessoa se sente em relação a um objeto é primário*. As pulsões anteriores, agora reconfiguradas como vínculos emocionais L, H e K, ajudam a instruí-la sobre como elas estão sendo afetadas, juntamente com a função α e o sonhar.

NOTAS

1. Eu representaria este processo como elemento-β ↔ elemento-α, conforme expliquei anteriormente.
2. Que os pensamentos não pensados – ou seja, os "pensamentos sem um pensador" – realmente *buscam* um pensador pode ser mais do que fantasia poética. Quem é, então, o buscador de "pensamentos"? Tenho muito a dizer sobre este paradoxo mais adiante.
3. A ideia de estado selvagem ou aleatoriedade não é apenas a impressão inicial consciente do sujeito sobre a infinitude e a simetria absoluta de O. É também um remanescente, acredito, do Romantismo Alemão que enfatizava o estado selvagem sobrenatural da Mãe Natureza. Essas ideias subjacentes ajudaram a contextualizar as teorias de Freud e Klein, e mesmo de Bion às vezes.
4. Contudo, Bion (2005a) também afirma que não há diferença entre corpo e mente (p. 38).
5. É extraordinário como este processo transformacional é semelhante ao antigo costume religioso Hebreu de emprestar dinheiro: trocar dinheiro secular por dinheiro consagrado no templo, para com ele comprar carneiros sagrados para o ritual de abate – uma prática contra a qual Jesus pregava. Ele também se equipara à injunção de Freud de que a psicanálise não pode tratar uma psiconeurose; ela pode tratar apenas uma neurose transferencial que foi transferida de uma neurose infantil.

7
Bion sobre técnica

As contribuições de Bion à técnica psicanalítica são complexas, inovadoras, profundas e merecedoras de estudo intenso e repetido. Penso que não exagero quando declaro que suas formulações sobre técnica constituem a mudança de paradigma mais radical na psicanálise; contudo, deve-se reconhecer, como o fez Paulo Sandler (2005), que algumas das ideias de Bion sobre técnica têm conceitos de Freud como sua fonte. A psicanálise antes de Bion era, entretanto, basicamente uma técnica do hemisfério esquerdo (texto em oposição a processo), a despeito das sugestões de Freud (1915e) sobre comunicação de inconsciente para inconsciente durante a análise. Bion, um observador perspicaz (hemisfério esquerdo: "observação", "sentido"), descreveu uma técnica analítica do hemisfério direito ("atenção", "rêverie", "intuição") – o estado da arte em processo, que continua a impressionar o mundo da psicanálise e da psicoterapia.

RECOMENDAÇÕES DE BION SOBRE TÉCNICA

Muito sucintamente, Bion oferece cinco sugestões em relação à técnica:

a) Use os sentidos, o mito e a paixão ao conduzir uma análise. Sentidos referem-se ao uso da observação atenta por qualquer um e/ou por todos os sentidos. Mito refere-se ao padrão mítico particular que pode ser encontrado para organizar e unir o objeto analítico, o O da sessão, que, em termos Kleinianos, é a ansiedade inconsciente máxima. Bion (1992) sugere que o analista procure e armazene mitos como o equivalente de um sistema dedutivo científico com relação à psicanálise (p. 238). Mitos também subentendem fantasias conscientes e inconscientes. Paixão designa o estado emocional flutuante do analista em ressonância com as emoções do paciente. Como veremos, *Bion recomenda o uso de duas formas de observação pelo analista: emocional e objetiva* – ou seja, intuição e atenção.
b) Abandone memória, desejo, entendimento e o uso de preconcepções. Cada sessão constitui o primeiro dia – novamente – da análise. Não

lembre as sessões anteriores. Deixe que elas sejam lembradas espontaneamente. Não deseje curar o paciente.

c) Desça a um estado de rêverie ("pensamento onírico de vigília") a fim de poder ser idealmente receptivo a sua (do analista) ressonância emocional inconsciente com as emoções do paciente e ser capaz de recrutá-las mais favoravelmente. O analista não deve oferecer uma interpretação que ele não sinta. O paciente saberá. Além disso, o analista não deve repetir uma interpretação. Toda interpretação deveria ser uma surpresa tanto para o analista como para o paciente (comunicação pessoal ao longo dos anos de minha análise).

d) Empregue livremente imaginação especulativa e raciocínio especulativo.

e) O analista deve "sonhar" a sessão analítica – ou seja, ele deve "sonhar" as emoções ainda não sonhadas ou incompletamente sonhadas (O em geral) do paciente.

A advertência de Bion ao analista para *evitar (abandonar) memória e desejo* (1970, p. 30) tornou-se sua marca registrada, mas ela foi pressuposta por Freud (1912e) em suas palestras sobre técnica. O que ela pressagia é a capacidade para rêverie do analista, para "vir a ser" o analisando, uma técnica esboçada por Freud, mas explicada muito mais completamente por Bion. O que Bion pretende é que o analista não confunda sua criação imaginativa da imagem do analisando com o analisando real – e que seja capaz de ajudar o analisando a fazer o mesmo com ele [o analista].

VISÃO NOTURNA COMO UM MODELO PARA O SONHO DE VIGÍLIA

À medida que se lê as obras de Bion, particularmente suas recomendações para a postura do analista em experimentar seu paciente, têm-se a impressão do uso de uma contraparte mental para a visão noturna. Durante a noite, os bastonetes da retina, mais do que os cones proximais, tornam-se os efetivos receptores da luz, e eles se localizam afastados do centro do olho. Na visão noturna, consequentemente, o sujeito é forçado a olhar de certa forma para o lado do objeto (as estrelas, por exemplo) que ele está contemplando. Sugiro que este fenômeno constitui um modelo análogo para a sugestão de Bion de "lançar um facho de intensa escuridão".

SENTIDOS, MITO E PAIXÃO

Bion acredita que, durante a análise, o analista deve usar os sentidos, mito e paixão (Bion 1963, p. 11). Por "sentidos", ele quer dizer percepção ou observação. Por "mito", ele quer dizer a fantasia inconsciente aposta e seu padrão mítico. Por "paixão", ele quer dizer a experiência de sofrimento emocional. Esta trinca de instrumentos psicanalíticos é usada pelo analista para sondar o que está transpirando no paciente. Portanto, o analista deve observar o paciente e conceber a fantasia relevante e então o mito – tudo com sua escuta do hemisfério esquerdo. Ele deve então experimentar sua própria versão interna que corresponde ao sofrimento emocional do paciente – com sua atenção do hemisfério direito. Então o analista interpreta. Assim que o analista tenha intervindo adequadamente, o paciente experimenta o resultado do uso de percepção, mito e paixão pelo analista e, então, sente-se suficientemente seguro para experimentar sua emoção. Se for seguro para o analista detectar e experimentar sua versão da experiência emocional de O do paciente, então este ato concede ao paciente a capacidade de experimentar seu próprio O. Este é o significado de continente ↔ conteúdo, rêverie e o de analista "sonhar" a sessão e "vir a ser" o paciente.

A TÉCNICA COMO PRESCRIÇÃO E PROSCRIÇÃO FILOSÓFICA

As sugestões de Bion sobre técnica são interessantes de outro ponto de vista. Elas são mais que sugestões de técnica; elas são *pres*crições bem como *pros*crições filosóficas sobre a psicanálise e a vida. Hoje, o conceito de filosofia é bastante diferente do que era na antiguidade (Brunschwig e Lloyd, 2000). Atualmente, em geral pensamos nos filósofos como professores universitários, consultores ou colaboradores de revistas literárias de renome – discutindo ideias altamente obscuras. Na Grécia antiga, ao contrário, a filosofia constituía uma forma de vida, uma receita para a vida prática, fosse a pessoa um Estóico, um Epicurista, ou seja lá o que fosse. Os seguidores de uma filosofia frequentemente viviam juntos. A palavra "culto" é muito forte, mas as formas de vida praticadas pelos cultos hoje se aproximam da ideia dos gregos antigos, mas sem a retórica estreita. O episteme de Bion constitui, em minha visão, uma forma de vida Estóica, tanto profissional como pessoalmente: deve-se amar a verdade e aceitar sua natureza imprevisível e trágica conforme manifestado (realizado) em sua embaixadora, a emoção. A recompensa por fazê-lo é tornar-se herdeiro do *self* "divino" (numênico), infinito e infinitamente imaginativo, criativo, que, quando realizado, nos permite evoluir como *self*.

Falando sobre técnica, Bion diz:

> O que o psicanalista faz? Ele *observa* uma massa de elementos há muito conhecidos, mas" – até ele dar sua interpretação – "dispersos e aparentemente estranhos uns aos outros". Se ele puder tolerar a posição depressiva, pode dar sua interpretação; a interpretação em si é um dos "únicos fatos dignos de atenção" que, de acordo com Poincaré, "introduz ordem nesta complexidade e desse modo a torna acessível a nós".

> Através da capacidade do analista para selecionar, o paciente é, desta forma, ajudado a encontrar um desses fatos unificadores. [1992, p. 5; itálico acrescido]

Essas ideias representam a quintessência da técnica de Bion: o analista deve ter *paciência* enquanto continua a *observar* e permitir que uma massa de *associações* aparentemente *aleatórias ou caóticas* se estabeleça em sua mente. Paciência significa *capacidade de tolerar frustração*. Isto e a *fé* de que *existe uma coerência*[1] permitem que o analista aguarde o aparecimento do *fato selecionado* (Poincaré, 1963), o verdadeiro "atrator estranho" (teoria do caos) que confere padrão, coerência e significado aos elementos até este ponto dispersos. O fato selecionado é inerente às associações complexas do analisando, mas o analista parece possuir sua própria versão inerente e/ou adquirida, que ressoa com a do paciente. Acredito que Bion também sugere que o fato selecionado é bimodal, na medida em que ele se oculta tanto como uma preconcepção dentro do analista quanto como uma entidade inerente dentro das associações do paciente. Em outras palavras, *duas coerências estão dialogando entre si*.

Sobre a relação entre técnica e sonhar, Bion declara:

> Penso que o *medo dos sonhos deve contribuir para tornar o paciente ansioso para evitar o trabalho do sonho do estado consciente*. Seria simplesmente a introjeção que é evitada? Não: porque segundo penso, o processo de introjeção é realizado, pelo paciente, ao "sonhar" os eventos atuais. Introjeção-Sonhar, seria a fórmula... [1992, p. 43; itálico acrescido]

Ao estudar os psicóticos, Bion verificou que eles ou não sonhavam ou tinham medo de sonhar. Quando eles sonhavam, isto era por expulsão – ou seja, identificação projetiva – enquanto pacientes não psicóticos sonham introjetivamente – ou seja, eles aceitam as verdades emocionais implícitas no sonhar. O psicótico tem medo de sonhar por medo de encontrar as Posições – particularmente a posição depressiva, onde a realidade psíquica agiganta-se poderosamente:

> Ansiedade no analista é um sinal de que o analista está recusando-se a "sonhar" o material do paciente: não sonhar = resistir = não introjetar... Quero dizer que o material consciente tem que ser submetido ao trabalho do sonho para tornar-se adequado para armazenamento, seleção e apto à transformação da posição esquizoparanoide para a posição depressiva, e que o material pré-verbal inconsciente tem que ser submetido ao trabalho do sonho recíproco para o mesmo propósito. *Freud* diz que Aristóteles afirma que um sonho é a forma da mente funcionar durante o sono: *Eu digo que é a forma que ela funciona quando acordada*. [1992, p. 43]

Aqui neste trecho representativo, o leitor pode captar algumas das ideias mais radicais de Bion. O analista não deve recuar pela ansiedade de *seu dever de sonhar* a sessão analítica. Além disso, todos os estímulos de dentro e de fora – ou seja, *"os estímulos sensoriais da experiência emocional"* – devem primeiro ser sonhados pelo analista a fim de que possam tornar-se inconscientes – e inconscientemente serem processados pela função α a fim de se transformarem em elementos mentalizáveis (elementos-α).

> [O] *analista deve ter uma visão da teoria psicanalítica da situação Edípica. Seu entendimento daquela teoria pode ser considerado uma transformação daquela teoria e, nesse caso, todas as suas interpretações, verbalizadas ou não, do que está acontecendo na sessão podem ser vistas como transformações de um O que é bi-polar. Um pólo é a capacidade intuitiva treinada transformada para efetuar sua justaposição com o que está acontecendo na análise; e o outro está nos fatos da experiência analítica que devem ser transformados para mostrar que aproximação a realização tem com as preconcepções do analista – a preconcepção aqui sendo idêntica a Ta β como o produto final de Ta α operando nas teorias psicanalíticas do analista.* [1965, p. 49; itálico acrescido]

Muitos leitores que estão apenas casualmente familiarizados com as recomendações de Bion de usar a intuição pela eliminação de "memória e desejo" podem não estar familiarizados com o Bion "hemisférico-esquerdo", o observador psicanalítico por excelência e disciplinador que também recomenda que o analista deve ser tão versado no complexo de Édipo (ambas as versões, Freudiana *e* Kleiniana), bem como nos conceitos de Klein de cisão e identificação projetiva e no movimento da posição esquizoparanoide para a depressiva, de forma a que possa contar com tais conceitos. Além disso, é importante perceber que o pensamento do analista sobre o conhecimento teórico e sua aplicação envolve uma *transformação* (versão personalizada) daquelas teorias.

Bion também revela que O é bipolar – ou seja, que por um lado, ele é implícito aos estímulos sensoriais da experiência emocional (de dentro e de fora), e, por outro, implícito às preconcepções inerentes inconscientes no inconsciente não reprimido. O ser humano está existencialmente preso entre os dois braços de O. O leitor também notará o que não é dito, mas sugerido: que a causa primeira deixa de ser as pulsões de Freud ou de Klein – o O bipolar é agora a causa primeira. Consequentemente, toda psicopatologia e/ou saúde mental resulta agora de quão bem a pessoa é capaz de tolerar, permitir, conter, sonhar a irrupção da pulsão por verdade a qual revela a verdade emocional de O.

Bion continua:

Parte do equipamento de observação é preconcepção usada como preconcepção – D4 [preconcepção-atenção–JSG]. É em seu aspecto D4 que eu desejo considerar a teoria Edípica; ou seja, como parte do equipamento *observacional* do analista... O equipamento teórico do analista pode, portanto, ser estritamente descrito D4, E4 [concepção-atenção–JSG], F4 [conceito-atenção–JSG]. [1965, p. 50-51; itálico acrescido]

Os termos "preconcepção" e "preconcepção" necessitam ser esclarecidos. "Preconcepção" (com hífen) refere-se ao padrão inerente de ideias – o que Platão chamou de Formas Ideais, Kant de númenos, coisas-em-si, "memórias do futuro", o analítico transcendental. Ela antecipa a chegada de O a fim de vir a ser a realização de O como uma concepção real. "Preconcepção" (sem hífen), por outro lado, designa uma saturação da função de observador-continente – mesmo um preconceito não examinado sobre alguma coisa ou alguém – ou os constituintes do corpo de conhecimento pré-formado que o analista deve ter enquanto está escutando e observando seu paciente, desse modo privando a mente do analista de novo rêverie espontâneo para descoberta. Bion então lista as teorias relacionadas ao complexo de Édipo que o analista necessita: identificação projetiva, cisão, intolerância à frustração, inveja, cobiça, objetos parciais, a teoria de que o pensamento primitivo surge da experiência de um objeto não existente (o lugar onde o objeto deveria estar, mas não está), e a teoria da violência de funções primitivas:

> Essas teorias, como extensões da situação edípica, devem estar presentes na mente do analista de uma forma que possibilitem que elas sejam representadas em uma ampla variedade de categorias. [1965, p. 51]

O uso do complexo de Édipo e sua atribuição a E4 é de interesse. Originalmente, Bion tinha intitulado a Coluna 5 de "Édipo", mas posteriormente a chamou de "Indagação". Frequentemente, ele associava a faculdade da curiosidade com a suposta arrogância de Édipo em indagar incansavelmente sobre a verdade. Ele agora designou "Édipo" à Coluna 4, Atenção-Observação, como sucessor da Notação (Memória), mais passiva.

> O equipamento teórico do analista pode ser, portanto, estritamente descrito como D4, E4, F4, mas o estado da mente no qual as teorias estão disponíveis na sessão deveria cobrir um espectro mais amplo da Grade. Com esta condição em mente, proponho limitar a seguinte descrição das teorias a afirmações que se enquadram nas categorias E1, E3, E4, e E5. Pretendo empregar as seguintes teorias:
>
> 1. A teoria de identificação projetiva e cisão; mecanismos pelos quais o seio fornece o que o paciente posteriormente assume como seu próprio aparato para a função ♀♂.

2. A teoria de que algumas personalidades não podem tolerar frustração.
3. A teoria de que uma personalidade com um dote poderoso de inveja tende a desnudar seus objetos tanto por privação como por exaustão.
4. A teoria de que em um estágio inicial (ou em um nível primitivo da mente) a situação edípica é representada por objetos parciais.
5. A teoria Kleiniana de inveja e voracidade.
6. A teoria de que o pensamento primitivo origina-se da experiência de um objeto não existente ou, em outros termos, do lugar onde o objeto deveria estar, mas não está.
7. A teoria da violência nas funções primitivas.

... Devo agora considerar os fenômenos que se poderia esperar que o estado de expectativa representado por essas teorias revelasse. Uma dificuldade, daquelas às quais me refiri... diz respeito a comunicação de material de uma experiência que é indizível; a abordagem científica, como entendida comumente, não está disponível e uma abordagem estética requer um artista. [1965, p. 51]

O analista deve funcionar em D4, E4 e F4, que designa seus estágios sucessivos de observação – preconcepção → concepção → conceito – do início da observação à atenção ao fato selecionado à formulação da interpretação e seu significado abstrato final. Quando se olha para a Grade – D4 para E4 para F4 – pode-se acompanhar a progressão do *pensamento* do analista de *"atenção"* sobre a *"preconcepção"* relevante, através de sua realização como uma *"concepção"* e então para um *"conceito"* (abstração). Este protocolo circunscreve o processamento do analista das associações do analisando. Bion então descreve o primeiro uso da função α. No início, o bebê deve tomar emprestada a função α da mãe, que o ajuda a separar os objetos persecutórios maus dos objetos bons e permite que ele projete os primeiros na mãe, como continente. Ele também se refere aos "bandidos" no caminho da progressão: por exemplo, intolerância à frustração, inveja, voracidade, objetos parciais edípicos arcaicos (persecutórios), o terror na ausência do objeto e o terror da violência das próprias emoções não apaziguadas. Pensar e amadurecer (aprender com e através da experiência) requerem a capacidade do sujeito de tolerar frustração, o que permite ao receptor da atenção (continente) permanecer aberto.

Bion lista identificação projetiva, cisão, intolerância à frustração, inveja, voracidade, complexo Edípico arcaico (de objetos parciais), a capacidade de experimentar o objeto não existente (representação simbólica) e a violência como os principais componentes do conhecimento necessário do analista de preconcepções obrigatórias, conforme mencionado acima. Ele também acrescenta que, para ele, a psicanálise não se ajusta ao que é comumente conhecido como "ciência", que é o estudo de objetos inertes; antes, ela pode ser conhecida apenas por uma abordagem inefável desde o vértice estético. Acredito que Bion quer dizer que a "ciência" que é adequada para a psicanálise é uma *ciência mística* – uma ciência que é não linear e trata da complexidade, infinitude e indeterminação, uma ciência que se origina principalmente do vértice estético, pelo que ele subentende o sonhar: ou seja, imaginação, ficção, criatividade.

> Se os psicanalistas puderem abandonar-se à análise nas sessões psicanalíticas, eles estão em posição, ao recordar a experiência na tranquilidade, de distinguir sua experiência como parte de um todo maior. Uma vez que isso seja alcançado, o caminho está aberto para a descoberta de configurações [padrões–JSG], revelando, ainda, outros e mais profundos grupos da teoria... [1992, p. 285]

Penso que, aqui, Bion está se referindo a um tema comum seu – que, quanto mais se entra na posição depressiva, mais a informação a ser reunida parece se expandir em proporções geométricas, levando à voracidade e ao pavor epistemológico. Bion (2005a) afirma em outro local: "Agora sabemos tanto que não podemos ser sábios" (p. 66).

> Devo explicar que considero a capacidade do psicanalista de *observar e absorver o máximo possível do material do analisando* tão importante pelas seguintes razões:
> 1. Ela permitirá que ele *combine o que ele ouve com o que ele já experimentou do paciente* para dar uma interpretação imediata nas circunstâncias da sessão real.
> 2. Ao mesmo tempo, ele observará aspectos que não são compreensíveis para ele, mas que contribuirão em um estágio posterior para a compreensão do material ainda por vir.
> 3. Há ainda outros elementos dos quais o analista nem ao menos terá consciência, mas que construirão uma reserva experiencial que, no devido curso, influenciará suas visões conscientes sobre o material do paciente em uma ocasião específica.
>
> A razão 1, embora aparentemente levando à interpretação operativa, é de menos consequência do que a 2 e a 3, porque a interpretação está meramente colocando um selo formal sobre o trabalho que já foi feito e, portanto, não é mais de muita consequência.
> A razão 2 é de grande importância, porque é parte do processo dinâmico e contínuo do qual toda a viabilidade da análise depende. Quanto mais o psicanalista estiver aberto a essas impressões, mais ele está preparado para participar da evolução da análise. [1992, p. 287-288; itálico acrescido]

Bion acredita que o analista deve absorver-se no material com tranquilo abandono – e será recompensado. É como se o analista estivesse desenvolvendo pré-conscientemente uma "árvore de inferência imaginativa" para futura floração, que permite a evolução do analista, do analisando e da própria análise:

> Na verdade, acredito que é muito importante que o *analista retenha o frescor da perspectiva, de modo que nunca caia no erro de tratar qualquer sessão como se ela fosse a repetição de uma sessão anterior.* Mesmo em casos onde ela parece ser quase indistinguível... [1992, p. 290; itálico acrescido]

Bion trata cada sessão psicanalítica como se ela fosse a primeira. Por esta razão, aconselha o analista a abandonar memória e desejo – de modo a manter uma "perspectiva fresca" sobre a nova ideia. Note também sua referência às posições de Klein. Bion era muito Kleiniano a despeito de suas emendas radicais.

> Considerei importante considerar cada sessão, não importa o quanto o material possa parecer familiar, como se estivéssemos examinando os elementos em um *caleidoscópio* antes que eles se reorganizem em um padrão definível...
> Eu sugiro que, para uma interpretação correta, é necessário que o analista passe pela fase de "perseguição" mesmo se, como esperamos, ela estiver em uma forma modificada, sem dar uma interpretação. Similarmente, ele deve passar pela depressão antes de estar pronto para dar uma interpretação... [A] mudança da posição esquizoparanoide para a depressiva deve estar completa antes que ele dê sua interpretação.[2]
> *No total, fico mais satisfeito com meu trabalho se sinto que passei por essas experiências emocionais do que se a sessão foi mais aprazível. Estou fortificado nesta crença pela convicção que nasceu em mim pela análise de pacientes psicóticos ou* borderlines. *Não penso que tal paciente jamais aceitará uma interpretação, embora correta, a menos que ele sinta que o analista passou por esta crise emocional como parte do ato de dar a interpretação.* [1992, p. 287-291; itálico acrescido]

A primeira citação em itálico é típica de Bion, o místico, aquele que "caleidoscopiza" (dispersa) o que parecem ser associações compreensíveis e lhes permite gestar e reconfigurar recombinatoriamente, por sua livre vontade inconsciente e independentemente (mentalização inconsciente). O que está oculto no óbvio é o desejo de Bion de descobrir. A segunda citação em itálico constitui o legado de Bion à psicanálise. O analista deve *vir a ser* a *paixão* (emoção) do analisando e superá-la* *sonhando*-a. Ele deve *experimentá*-la e *transcendê*-la – evoluir de P-S para D.

---

* N. de R.T. *Overcome*, no original.

CONCEITOS ADICIONAIS SOBRE TÉCNICA

A interpretação do analista encontra a experiência pessoal do analisando de O através da detecção de vínculos L, H e K entre analisando e analista (dependência infantil; relacionamento de duas pessoas) e vínculos entre objetos e entre eles e ele próprio (tríade edípica).

Os instrumentos analíticos do analista incluem os *sentidos, o mito* e a *paixão*. Os *sentidos* ocupam uma estrutura oposicional-binária com *atenção* (intuição, rêverie). O primeiro constitui a função de *observação* sensorial do comportamento do analista e as impressões do analista da exploração e a análise das associações livres do analisando – e também da observação do analista pelo analisando. A última constitui uma função da *paixão*, a submersão do analista em sua própria subjetividade para localizar experiências e emoções emparelháveis, que ressoem com a experiência emocional do analisando e carreguem padrões e configurações verossímeis. *Mito* é o padrão inconsciente em direção ao qual conduzem as fantasias inconscientes desse modo descobertas – por exemplo, o mito de Édipo.

Ferro (2005) enfatiza o conceito técnico de Bion de "pensamento onírico de vigília" (Bion, 1962, p. 8). Bion afirma que o analista deve "sonhar" a situação analítica, que é equivalente a sonhar o analisando ou, em minha opinião, facilita a conclusão do sonho não concluído do analisando (portanto, ainda causando sintoma). Ferro fala dos efeitos deste sonhar de vigília:

1. ele fornece um monitoramento constante do campo analítico, incluindo o destino de suas interpretações;
2. o único interesse do analista é seu sonhar de vigília dos derivativos narrativos do inconsciente do analisando;
3. "ele desvia a atenção do analista do conteúdo para o que origina o próprio sonho". Ogden (2003) discute a teoria do sonhar de Bion desde o vértice da incapacidade de sonhar de um paciente.

Além disso, entretanto, eu acrescentaria ao resumo perspicaz de Ferro das recomendações de Bion a abordagem hemisférica-esquerda – ou seja, "analisar" as associações do analisando. Sei que Bion fez isso comigo quando eu estava em análise com ele. Pelo que lembro, ele, na verdade, prestava muita atenção à *sequência* das associações e chamava minha atenção para elas.

Bion repetidamente enfatizou que o bebê emprega identificação projetiva na mãe como continente. Eu diferenciei entre identificação projetiva e *trans*identificação projetiva, a primeira referindo-se ao conceito de Klein (1946, 1955) como uma fantasia inconsciente onipotente, e a última referindo-se ao que Bion (1962a, 1962b) queria dizer por identificação projetiva comunicativa (Grotstein, 2005). Desde a publicação daquela contribuição, eu alterei minhas concepções. Passei a considerar que o bebê nasce com os rudimentos da função α e gera elementos-α, embora primitivos, imaturos e não léxicos. Schore (comunicação pessoal, 2006) confirma esta hipótese. É apenas quando há uma ruptura ou colapso em sua comunicação que o bebê é compelido a ter que usar transidentificação projetiva (exibição emocional aumentada) com o não-tão-continente (no momento) continente-mãe.[3]

Ferro também acrescenta uma outra personagem ao conjunto dialético de Bion: a oscilação entre capacidade negativa e fato selecionado, onde a primeira conduz idealmente para o último.

Novamente, devo repetir que o analisando, como o bebê, não está necessariamente projetando elementos-β. Eu passei a acreditar (conforme declarei no Capítulo 6) que não pode haver tal coisa como um elemento-β *per se*, somente um elemento-α degradado. O elemento-β é um termo já predisposto empregado pela consciência e/ou pelo ego devido a uma premonição e então, como resultado, a emissão de uma interdição à aceitação de um *já conhecido* elemento-α difícil de suportar. Em outras palavras, assim que O intersecta a fronteira emocional do sujeito, um elemento-α nasce em virtude da atividade instantânea da função α. O "elemento-β" é um elemento-α rejeitado por definição. Esses têm que ser negados, dissociados e projetados. Eles são os bodes expiatórios de α. *Advertência:* lembro o leitor de que essas visões são idiossincraticamente – mas espero que não hereticamente – minhas. Sinto-me fortalecido em postulá-las devido a colocação de Bion do "elemento-β" antes do "elemento-α", o que é contraintuitivo.

Os psicanalistas e os psicoterapeutas são aconselhados a ler "Evidence", de Bion (1976): nele, Bion revela como o analista deve pacientemente obter evidências para sua interpretação, e como ele pessoalmente o faz. A paciência deve estar unida com observações emocionais e objetivas (sensíveis), com o uso de conjectura imaginativa e de razão imaginativa.

AS MODIFICAÇÕES E A EXTENSÃO DE BION DA TÉCNICA KLEINIANA

As contribuições de Bion para a técnica Kleiniana são sutis, profundas e de amplas consequências. Elas constituem modificações e extensões significativas, bem como continuações da técnica original de Melanie Klein. A despeito de todas as variações que ele improvisou, entretanto, deve ser observado que Bion – como eu, bem como seus outros analisandos a quem entrevistei o experimentaram – era primeiramente *Kleiniano* nesta técnica. Portanto, as inovações de Bion podem ser consideradas "variações – e inovações – sobre um tema de Klein". Conforme mostrarei, o "fantasma" do Bion (inicial e intermediário) assombra, permeia e define totalmente a técnica atualmente praticada pelos "pós-Kleinianos" de Londres, especialmente Betty Joseph e os participantes de seu grupo de discussão sobre técnica de longa existência.

As primeiras inovações de Bion foram talvez seus conceitos mais conhecidos, identificação projetiva comunicativa[4] e continente ↔ conteúdo, o último sendo resultado do primeiro. Esta ideia trouxe consigo muitas ideias derivativas importantes.

1. Bion acreditava que a identificação projetiva normal ocorria entre o bebê e sua mãe como uma forma de comunicação, em vez de ser meramente evacuativa, desse modo transformando o conceito e a operação da identificação projetiva de um mecanismo exclusivamente intrapsíquico, inconsciente, onipotente, para uma forma de comunicação intersubjetiva normal, pela extensão da fantasia inconsciente em uma realidade intersubjetiva.
2. O conceito de continente ↔ conteúdo expandiu a concepção de Klein da psicanálise de uma só pessoa pela ênfase na importância primordial e na irredutibilidade do *relacionamento* do bebê com sua mãe e, por extensão, no relacionamento irredutível do analisando com seu analista. Em outras palavras, Bion introduziu a abordagem intersubjetiva[5] na psicanálise Kleiniana, bem como na psicanálise clássica (Bion, 1959). Neste modelo, a mãe entra em um estado de rêverie e absorve e processa (sintoniza com) as demonstrações e as experiências emocionais de seu bebê com sua
3. função α em preparação para sua intervenção corretiva com seu filho.
4. Sua ênfase nas emoções mais do que nas pulsões constitui outro derivativo.
5. Seu conceito de transformações, particularmente a transformação do analista do O^6 da sessão analítica em K, do extremo irreconhecível para o conhecido, daí em diante tornou-se o esteio – mas em geral anonimamente – dos pós-Kleinianos em Londres.

O impacto dessas ideias sobre a técnica empregada pelos pós-Kleinianos de Londres e por outros é desviar o foco da atenção do analista do *conteúdo* das associações livres para o *processo* inconsciente que transpira entre o analista e o analisando.

Antes da contribuição de Bion, os analistas Kleinianos enfatizavam – embora não exclusivamente – as ansiedades que o analisando desenvolvia entre as sessões. Após a introdução desta ideia sobre transformações em O, e de O para K, Betty Joseph e seus seguidores começaram a destacar o "aqui-e-agora" em curso na situação de transferência-contratransferência em permanente evolução na sessão analítica. Eles citavam o conceito de Bion de continente ↔ conteúdo, mas pareciam evitar rigorosamente qualquer referencia a transformações em e de O, presumivelmente devido ao suposto misticismo com o qual eles associavam O. Basta ler obras recentes de pós-Kleinianos de Londres para perceber que eles incluem a teoria de transformações de Bion sem mencionar O. Em *Psychic Equilibrium and Psychic Change* (1989) de Betty Joseph, ou particularmente em *In Pursuit of Psychic Change: The Betty Joseph Workshop* (Hargreaves e Varchevker, 2004), pode-se observar em primeira mão o quanto eles aplicam, rigorosa e efetivamente, mas anonimamente, a teoria de Bion (1965) de transformações em e de O. Também deve ser salientado, entretanto, que eles também utilizam, em conjunto, o conceito de Joseph Sandler (1976) de *role-responsiveness*, a ênfase sendo em qual papel o analisando está tentando inconscientemente impor ao analista para induzi-lo a representar [*enact*].

Há outros derivativos do modelo de continente ↔ conteúdo de Bion. Um destes é seu conceito do sonhar. Bion, ao contrário de Freud, acreditava que sonhamos de dia bem como de noite, e que sonhamos O, a Realidade Última que invade nossa fronteira intersubjetiva sensório-emocional. Esta Realidade pode resultar de um estímulo externo ou interno ao qual devemos nos ajustar ou acomodar. Sonhar é nossa forma de tornar a experiência inconsciente e permitir que aspectos seletivos da experiência voltem a nossa consciência através da barreira de contato seletivamente permeável (Groststein, 2002). Em termos da situação analítica, de acordo com Bion (1992, p. 120), o analista deve sonhar a sessão analítica. A ideia de que o analista deve "sonhar" a sessão analítica – "abandonando memória e desejo" – tornou-se uma extensão importante de sua teoria intersubjetiva da identificação projetiva e uma modificação crítica do conceito de contratransferência como um instrumento analítico.

Ainda outro derivativo do modelo é o conceito de "pensamento binocular" de Bion (1962, p. 54), que ele aplicava de inúmeras formas. Continente ↔ conteúdo era em si um exemplo na medida em que ele envolvia a interação de dois indivíduos, onde os papéis de continente e conteúdo podiam ser trocados. Outro exemplo é a ideia de Bion de que, em vez de estarem em conflito, como sugere Freud, consciente e inconsciente estão em oposição binária (cooperativa) em triangulação com O. Além disso, ele postula algo semelhante para o relacionamento entre as posições esquizoparanoide e depressiva, P-S ↔ D (diferenciação ↔ integração), que também triangulam cooperativamente com O. Esta é uma forma em que esta nova configuração pode ser vista clinicamente: o analisando pode apresentar material que revela claramente ansiedade persecutória típica da posição esquizoparanoide. Contudo, se pararmos por um momento, começaremos a perceber que os *aspectos esquizoparanoides* do analisando estão sendo apresentados pelo *aspecto cooperativo* do analisando que está na posição depressiva desde o princípio.

Como Ferro (2005) salienta, para Klein, a sabedoria vem do seio. Para Bion, a sabedoria entra *através* do seio e/ou do pênis.

BION COMO UM "PÓS-PÓS-KLEINIANO"

Uma leitura cuidadosa de todas as obras de Bion, até a última, revela claramente o quanto ele era Kleiniano. Repetidamente, ele invoca a cisão, identificação projetiva, inveja, voracidade, ódio, as posições esquizoparanoide e depressiva, o complexo de Édipo (visão de Klein, de objetos parciais), bem como outros. Ele na verdade sugere que a técnica do analista requer conhecimento do precedente a fim de ser capaz de suprir a fantasia e o mito indispensáveis para a situação clínica. Este conhecimento que o analista adquire em seu treinamento deve ser tão bem conhecido por ele que possa ser esquecido (preconcepções suspensas), a fim de ele poder empregar rêverie – pelo abandono (suspendendo) de memória, desejo, entendimento e preconcepções. O paradoxo é que o analista deve primeiro aprendê-los (e então vir a sê-los) a fim de esquecê-los, enquanto eles, idealmente, não o esquecerão. Portanto, Bion era muito Kleiniano – mas a sua maneira única e criativa.

O'Shaughnessy (2005) revelou recentemente como os "pós-Kleinianos" contemporâneos consideram Bion. Eles parecem ter em alta conta seu trabalho clínico e suas contribuições teóricas, até meados da década de 1960. Ela o exalta invocando o conceito de um instinto epistemológico e sua interessante conceitualização de K. Entretanto, O'Shaughnessy, e aparentemente os pós-Kleinianos, não aprovam O e suas transformações. Ela descreve seu movimento para O como um lapso em sua "disciplina" (p. 1524) e, portanto, presumivelmente, em sua credibilidade. Ela sugere que a trilogia de Bion *A Memoir of the Future* (1975, 1977b, 1979, 1981) era não científica. Consequentemente, "Kleiniano-Bioniano" significa uma coisa entre os pós-Kleinianos londrinos, mas virtualmente em todas as outras partes do mundo analítico "Kleiniano-Bioniano" significa a totalidade das contribuições de Bion, bem como as de Klein. É por esta razão que eu nomeio Bion como um "*pós*-pós-Kleiniano", e o conceito de O (Verdade, incerteza) como causa primeira, distinto dos instintos de vida e de morte (positivismo) como causa primeira. Acredito que esta ideia constitui a cesura definitiva entre as duas escolas a partir do vértice dos Kleinianos de Londres, mas não para os Bioniano-Kleinianos. O modelo que me vem à mente é o de gêmeos siameses, onde semelhanças e diferenças coexistem.

A MUDANÇA DO POSITIVISMO PARA ONTOLOGIA, EPISTEMOLOGIA E FENOMENOLOGIA: TRANSFORMAÇÃO EM E DE O

Uma das divergências mais radicais de Bion com Klein, embora discutível e não explicada por ele diretamente, foi a implicação definitiva de O para a teoria e a prática psicanalíticas. Para Freud, o conteúdo crítico do reprimido contra o qual o ego se defendia era a pulsão libidinal, embora mais tarde acrescentasse a pulsão de morte. Para Klein, a pulsão de morte tornou-se a mais importante das duas pulsões reprimidas e a explicação última para a psicopatologia. Bion, embora nunca repudiando formalmente a proeminência da pulsão de morte ou da pulsão libidinal, instituiu a noção de "O em evolução", que eu interpretei como "*verdade* em constante evolução" – ou seja, um "instinto por verdade", que exerce pre-eminência como o conteúdo do reprimido (Grotstein, 2004a). Por "verdade", Bion e eu queremos dizer "verdade emocional". Portanto, o analista está sempre procurando, em cada sessão analítica, a verdade emocional do analisando escondida, com a pulsão de morte em uma posição secundária – como armamento defensivo que é mobilizado ou recrutado pela ansiedade para atacar a própria percepção de e os vínculos com seus relacionamentos dependentes com objetos, que são a ocasião para a dor da verdade emocional em primeiro lugar. De acordo com este raciocínio, consequentemente, *a pulsão de morte é sempre secundária, nunca primária*, e é defensiva contra a percepção da dor mental à custa da consciência dos relacionamentos. Ela ataca os vínculos com objetos que iniciam a dor.

Quando se começa a considerar que O é o princípio organizador fundamental e se vê as pulsões de vida e de morte como seu mediador positivo e negativo, respectivamente, pode-se perceber uma profunda mudança de paradigma psicanalítico do *positivismo* tradicional (a primazia das pulsões) para *ontologia* e *fenomenologia* (a primazia de O, a Existência Impessoal, a Verdade Absoluta [Emocional] sobre a Realidade Última – ou seja, a experiência "crua", indomada, não mentalizada). A tarefa antiga era reconhecer os próprios impulsos destrutivos inconscientes e a rivalidade em relação ao objeto. A nova tarefa é tornar-se suficientemente evoluído para ser capaz de permitir a aceitação da Verdade como verdade, pelo que quero dizer a transformação da Verdade impessoal em verdade pessoal.

NOTAS

1. Quando Bion afirma isto, está dizendo mais do que ele pensava conscientemente, acredito. Se já existe um padrão, um fato selecionado sempre esteve lá para dar coerência aos "pensamentos sem um pensador". Portanto, sempre houve um "pensador" para os "pensamentos sem um pensador" (Grotstein, 2000a). Este "pensador" é a "divindade" (deidade). Desenvolvo este tema no capítulo 6.
2. É esta passagem, que li, há muito tempo, que me levou a criar a ideia da "posição transcendente", uma posição além da posição depressiva (Grotstein, 1993a, 2000a).
3. Espero que minha recentemente desenvolvida revisão sugestiva do conceito de elementos-β como elementos-α ilegítimos (bastardos) não pareça confusa. A despeito de minha respeitosa divergência de Bion nesta questão, respeitarei sua nomenclatura no decorrer do texto.

4. Conforme declarei anteriormente e desenvolverei posteriormente, vejo agora a conveniência de separar o ato de "comunicação" da identificação projetiva (transidentificação) *per se*. Esta última, acredito agora, é um colapso-padrão quando aquela fracassa.
5. Deve-se ter em mente que a abordagem intersubjetiva de Bion era apenas parte de sua contribuição comunicativa; por fim, o objeto com o qual o paciente se comunica é uma ponte entre ele e seu inconsciente.
6. O é o termo arbitrário de Bion para o momento existencial ou ontológico, geralmente entre dois – ou mais – indivíduos. Ele representa a experiência crua, não mentalizada da Verdade Absoluta sobre a Realidade Última ocorrendo em cada um deles e entre eles.

8

Vinheta clínica abrangendo ideias técnicas de Bion

O paciente[1] é um roteirista de cinema e televisão de 32 anos, casado, sem filhos, e atualmente ele e sua esposa estão planejando ter um bebê. Ele está em análise quatro vezes por semana e traz o seguinte material na sessão de uma segunda-feira. Ele está preocupado com sua mãe, que vive em um país estrangeiro com um homem supostamente inescrupuloso. Ela está sofrendo de uma demência progressiva, provavelmente Doença de Pick. Ele também está preocupado sobre o trabalho em seu ramo. Ele próprio está sofrendo de Doença de Crohn, uma doença autoimune inflamatória crônica do intestino. Ele tinha acabado de fazer uma colonoscopia que revelou uma ligeira piora de sua condição.

> ANALISANDO: Eu não sei com o que eu estou mais preocupado, com minha mãe, com minha doença, com minha carreira ou com ter um bebê – e com o custo disso. Telefonei para a minha mãe durante o fim de semana, mas não a encontrei. Estou realmente preocupado com ela. Oh, sim, tive um sonho na noite passada. Eu estava na selva com minha esposa, L, e subitamente encontrei uma cobra grande e ameaçadora. Inicialmente fiquei com medo, mas então lembrei do meu treinamento de escoteiro. Procurei um ramo de árvore em forquilha, arranquei-o e cuidadosamente apliquei-o à cabeça da cobra para empalá-la. Então, me senti mais confiante comigo mesmo e em meu poder de lidar com perigo.

Suas associações foram as seguintes:

1. preocupação
   a) com dinheiro, agora que ele e sua esposa estavam tentando ter um bebê;
   b) com o que fazer em relação ao "psicopata voraz" que vive com sua mãe, tem controle sobre ela e que quer mais dinheiro do fundo de ações dela;

c) que ele possa ter que tomar esteróides ou um medicamento muito caro para conter sua Doença de Crohn;
2. ele está aborrecido e ansioso por ter sido preterido pelo produtor com quem tivera uma entrevista duas semanas atrás: "Será que eu deveria mudar de agente?"

Enquanto o escutava, eu me sentia inquieto, sentia meu próprio intestino se contorcendo e subitamente, do nada, tive uma imagem de um umbigo.

Interpretei que ele estava sofrendo por sentir-se um homem inadequado que não podia tomar conta de sua família presente e futura porque ainda se sentia umbilicalmente preso a sua mãe, estrangulando-a ou empalando-a – como seu amante inescrupuloso. O umbigo que permaneceu por tempo demasiado e, portanto, fere a mãe, é representado pela piora de sua Doença de Crohn. Como ele pode se tornar uma pessoa adequada, capaz, adulta quando ainda se sente umbilicalmente preso à mãe? Talvez ele me experiencie, por eu ter dado esta interpretação, como um pai de quem ele se ressente por tentar arrancar de sua mãe o seu *self*-cobra infantil voraz. Talvez ele também receie que o cobra-doutor-eu esteja tornando-o fisicamente pior ao submetê-lo à psicanálise (separação).

ANALISANDO [*ele fica calado por um momento e parece relaxar*]: "Eu não sei por que, mas estou de repente pensando em minha fascinação por jogos de computador. Isso significa que eu tenho que abrir mão deles também?"

ANALISTA [*Imediatamente pensei na "Primeira Carta aos Coríntios" de São Paulo, na qual ele diz alguma coisa sobre "abandonar as coisas infantis"; ele tinha sido muito íntimo de sua mãe sedutora durante seu crescimento, o que aparentemente evocou a raiva do pai*]: "Penso que eu não tê-lo visto durante o fim de semana foi equiparado com o produtor que o preteriu. Além disso, quando você pergunta sobre abrir mão dos videogames [*aos quais ele era quase "viciado"*], penso que você sente que um pai-eu está retirando seus direitos de ser o bebê da mamãe e o está empurrando para a maturidade e a responsabilidade."

ANALISANDO "Você está dizendo que é minha vez agora de sair para a selva de concreto? L. me critica muito por passar tanto tempo com os videogames. Mas você sabe, os caras com quem eu jogo são muito produtivos. J. é professor na CalTech; B. é um bem-sucedido produtor de filmes e R. é médico.

ANALISTA [*quando o analisando começou a falar, pensei que ele estivesse confirmando minha interpretação, mas subsequentemente senti que ele tinha de modo inconsciente se tornado um adolescente que estava apelando a um pai-eu rigoroso que lhe permitisse ficar acordado até tarde e brincar com seus amigos; eu podia sentir a pressão de seu apelo*]: "Ao me contar sobre a situação de seus companheiros de jogo, me pergunto se você não está tentando me convencer que jogar videogames está bem. Eu me pergunto também se não é uma formação de compromisso. Você parece estar dizendo, 'Tudo bem, eu vou crescer. Vou sair para o mundo e ganhar o sustento para mim e minha família – mas apenas se eu puder manter meus brinquedos e brincar com eles de modo a não privar meu *self* criança'."

ANALISANDO [*longo silêncio*] "Você quer dizer que não posso voltar para casa novamente. Me sinto triste."

A sessão terminou, mas ele parecia muito aliviado – e confirmou sua reação positiva na sessão seguinte. Em minha estimativa, a interpretação permitiu que ele evoluísse de P-S para D.

ANÁLISE DA SESSÃO

O *objeto analítico* (o sintoma ou conflito analítico inconsciente) foi detectado por mim tanto através de minha experiência pré-consciente do *fato selecionado* (a imagem do umbigo, que se tornou o "pensamento selvagem" e uma "conjectura imaginária" – que finalmente tornou-se minha "hipótese definitória" – sobre o que constituía a ansiedade inconsciente máxima no material do paciente). Eu empreguei os sentidos, o mito e a paixão a fim de formular a natureza do objeto analítico. A cobra ameaçadora, eu compreendi como o pênis do pai dentro da mãe, ameaçando atacá-lo como o intruso inescrupuloso. O mito foi o complexo de Édipo, particularmente a versão primitiva de Klein, que transpira dentro do corpo da mãe. Experienciei as seguintes paixões:

1. identificação empática com seu esforço na vida e com a piora de sua condição física;
2. sentimento, por meio da tentativa de contraidentificação introjetiva, de um senso de responsabilidade e de culpa por esta tendência desafortunada; e
3. um sentimento de preocupação de que estávamos terminando ao nos aproximarmos do O da sessão, que ele teria dificuldade em tolerar: que ele era o suposto amante inescrupuloso das entranhas de sua mãe, o que fisicamente causara sua demência – ou seja, "buracos no cérebro" – e que sua doença de Crohn é sua confirmação introjetiva de seu conhecimento inconsciente.

O problema é se ele pode ou não sentir-se aliviado pelo cobra-doutor-(caduceu*)-eu, que pode ter sido um perseguidor mortífero (venenoso) no

---

* N. de R.T. Insígnia do deus Mercúrio; símbolo da medicina. Consiste de um bastão envolvido por uma serpente.

sonho. No mito do labirinto, eu sou a Ariadne prestimosa ou sou o pênis-pai perigoso, o minotauro que come crianças inocentes?

É minha impressão que eu funcionei como um continente para o O desconhecido do paciente, o conteúdo – que consistiu de "pensamentos selvagens", "pensamentos sem um pensador', "elementos-beta". Finalmente os entendi como hipóteses definitórias (intuições) e facilitei sua transformação de O → K, primeiro dentro de mim, e, então, no paciente. Enquanto escutava o paciente, fiquei em um estado de rêverie e fui capaz de "sonhar" o objeto psicanalítico do paciente transportando suas associações literais para o registro mítico de uma fantasia inconsciente específica – e fui desse modo capaz de colocar o paciente em contato com sua verdade emocional pessoal. A imagem da cobra constituiu um ideograma (uma imagem visual).

A interpretação expressou o denominador comum entre as três preocupações do paciente: sobre sua condição médica, sobre ganhar o sustento e sobre sua mãe. Minha experiência de minha atividade foi aquela da atenção binocular e observação – ou seja, hemisférica-direita (intuitiva: usando análogos simétricos como modelos) e hemisférica-esquerda (a sequência dos significadores na narrativa).

A situação de transferência-contratransferência incluiu, primeiro de tudo, a transferência do analisando (identificação projetiva) no texto analítico (suas associações livres) e então sua transferência em seu comportamento comigo – ou seja, o apelo para deixá-lo permanecer uma criança.

NOTA

1. Este caso também é apresentado em outro trabalho (Grotstein, 2007b)

9

Bion, o matemático, o místico, o psicanalista

Lendo as obras de Bion cronologicamente, nota-se diversas tendências pomposas. Mesmo seu ensaio de graduação (no Instituto Psicanalítico Britânico), "The Imaginative Twin" (Bion, 1950), foi uma contribuição excepcional, se não altamente obscura, mas escrita no modo Kleiniano clássico. Não demoraria muito para a singularidade de Bion expressar-se. Em "Differentiation of the Psychotic from the Non-Psychotic Personalities" (Bion, 1957b), começamos a ver um explorador e viajante psicanalítico intrépido, formidável, altamente intuitivo, bem como observador que descobriu – ou talvez tenha redescoberto – a contraparte patológica do que normalmente poderia ser chamado de "*self* dividido", ou o *self* como "gêmeos siameses". O que tenho em mente aqui é sua expedição posterior na divisão da personalidade em um *self* normal, consciente, *finito,* e o *self infinito* de O, da "divindade". O leitor de suas primeiras obras também não pode deixar de notar a capacidade incomumente aguçada de Bion para a observação clínica.

Foi em "On Arrogance" (1957a) e em "Attacks on Linking" (1959) que Bion, com seus poderes aguçados de observação, associados com seus poderes igualmente únicos de intuição, notou que seus pacientes psicóticos, quando bebês, pareciam ter sido privados da *oportunidade normal* de empregar identificação projetiva (interpessoal, comunicativa) com uma mãe adequadamente continente. O que emergiu daquela intuição e observação foi o seguinte:

1. O conceito de Klein de identificação projetiva como uma fantasia onipotente exclusivamente inconsciente foi ampliado para sua nova concepção como comunicação emocional normal entre bebê e mãe.
2. Bion descobriu o "elemento patogênico"-chave para a psicose (e o trauma) em sua formulação do "objeto obstrutivo", que em suas obras posteriores veio a tornar-se o *super*ego assassino hipermoralista. Este objeto quimérico, tóxico, consistia da hostilidade inicial do bebê em relação à mãe, então de sua raiva aumentada dela por

não ser uma mãe continente, da imagem da mãe como odiando o bebê e da imagem dela como projetando na direção oposta.¹

3. Bion postulou que, juntamente com a influência tóxica do "objeto obstrutivo", o paciente psicótico, quando bebê e durante a vida adulta, foi incomumente intolerante à frustração e, portanto, concretizou e preencheu seu espaço mental da ausência materna com um "não-seio" como uma realização negativa e como um objeto interno odioso, em vez de ser capaz de permitir que o espaço do "não-seio" (ainda) permanecesse aberto à expectativa.

4. O conceito de "continente ↔ conteúdo" emergiu como uma concepção referencial e profícua que serviu como garantia de que a todo bebê é conferido o direito de ter contenção emocional adequada – análogo ao conceito de Bowlby (1969) de apego e vínculo*.

Para Bion, entretanto, ele foi o fundamento de sua incursão na epistemologia ontológica, que começou com seu "A Theory of Thinking" (1962a), a destilação de suas observações e as conclusões resultantes. Em resumo, Bion descobriu que – e por que – os psicóticos não podiam *pensar* ou *sentir*: porque eles não podiam permitir-se sofrer dor emocional. Ele posteriormente veio a ponderar por que eles também não podiam *dormir* e, portanto, eram incapazes de diferenciar entre sono e vigília e entre consciência e o inconsciente.

BION, O MATEMÁTICO

Agora que ele tinha feito essas descobertas referenciais, Bion começou a voltar sua atenção para os aspectos *científicos* do pensar: uma razão para fazê-lo foi que era parte de sua natureza tentar trazer respeitabilidade científica à psicanálise, assim como era parte da natureza de Freud. Outra razão foi seu profundo pesar por ter experimentado tanta discórdia entre as várias escolas psicanalíticas (comunicação pessoal, 1972). Ele atribuía tal discórdia ao fato de que a teoria psicanalítica não tinha sido estandardizada (cientificamente). Assim surgiu Bion, o matemático. Em suas três obras seguintes, *Learning from Experience* (1962b), *Elements of Psycho-Analysis* (1963) e *Transformations* (1965), o Bion matemático surge de forma ousada, mas obscura. Ele fala de "elementos", "funções", "conjunções constantes", "realizações", "fatores", "transformações do movimento rígido", e assim por diante. Sente-se que se está de volta à universidade, fazendo um curso de matemática avançada. O que Bion parece ter feito foi usar conceitos *analógicos* que podem ser comparáveis a mudanças emocionais no sujeito analítico. Sua designação "α" foi-lhe

---

* N. de R.T. *Attachment and bonding*, no original.

útil porque não estava sobrecarregada com qualquer significado fixo ou penumbra de associações. Ele a ligou com o conceito matemático de "função":

> "Fator" é o nome para uma atividade mental operando em combinação com outras atividades mentais para constituir uma função. Fatores são dedutíveis da observação das funções das quais eles, em combinação um com outro, são uma parte... A palavra usada para nomear o fator é empregada *cientificamente* e, portanto, *mais rigorosamente do que é o usual no inglês familiar*. [1962b, p. 2; itálico acrescido]

O aspecto em itálico da citação diz tudo, ou seja: "cientificamente", "mais rigorosamente do que no inglês familiar". Bion estava buscando o rigor científico para o campo da indagação – as emoções – que, ele diria mais tarde, necessitava de um novo tipo de ciência para abrigá-las: uma *ciência mística*, uma *ciência emocional*, uma *ciência não linear, intuicionista* capaz de rastrear caos, complexidade e emergência, modelos matemáticos mais modernos que a obra de Bion prefigurou e antecipou. Bion foi um dos primeiros, se não realmente o primeiro psicanalista a ver as imperfeições da ciência tradicional em sua aplicabilidade às emoções humanas. A ciência, como Bion diria mais tarde, era aplicável apenas a objetos inanimados, não a objetos animados.

> A função que estou prestes a discutir por sua importância intrínseca também serve para ilustrar o proveito que poderia ser tirado de uma teoria de funções. Eu chamo esta função de *uma função α, de modo que eu possa falar sobre ela sem ser limitado, como eu seria se usasse um termo mais significativo, por uma penumbra existente de associações.* [Bion, 1962b, p. 2; itálico acrescido]

Novamente, o que é incluído no trecho da citação em itálico demonstra claramente a propensão de Bion à precisão clínica (observacional). Portanto, sua virtual obsessão por alcançar a precisão induziu-o a "mover as fronteiras" da ciência materialista que ele conhecia (ele era extraordinariamente bem informado em ciência e na filosofia da ciência). Seu interesse por matemática corria paralelo ao interesse pela ciência e também por lógica. De fato, o que ele estava tentando alcançar, através de seu uso da matemática, era um senso de lógica precisa. Ele começou usando iniciais como ícones – L para amor (love), H para ódio (hate), K para conhecimento (knowledge), I para ideias, R para razão, F para fé – bem como α para alfa e β para beta, à maneira que cientistas e matemáticos fazem. O termo "função", de origem matemática, é usado por Bion para expressar uma *articulação viva* (semelhante a articulações das juntas) entre diferentes aspectos da personalidade e entre o indivíduo e personalidades externas. (Eu discuto outros aspectos do uso de Bion da matemática no Capítulo 19, onde explico seu uso de pontos, linhas, círculos e tangentes.)

BION, O MÍSTICO E PORTADOR DO "PENSAMENTO DO MESSIAS"

Em *Transformations* (1965) começamos a ver o que parece ser uma mudança radical no episteme de Bion, embora isso viesse sendo gestado em sua mente desde seus primeiros dias. Ao estabelecer os vários tipos de transformações mentais, ele listou "transformações em e de O" (p. 46) – e com este verbete e sua sucessão, Bion atravessou o Rubicão.* O livro foi publicado exatamente antes de Bion deixar Londres e ir para Los Angeles. Suas contribuições até aquele momento tinham chegado a ser altamente consideradas pelos Kleinianos de Londres, e Bion começara a ser mencionado em hifenização com Klein. Entretanto, começando com *Transformations*, suas contribuições foram consideradas heréticas e não Kleinianas-convencionais, ou mesmo nem Kleinianas-Bionianas. O marca o início formal de Bion como o místico – ou seja, um analista místico. Mesmo hoje, muitos não têm certeza sobre o que Bion queria dizer por O. Sua virada mística tinha muito em comum com um lado místico de Freud, e Bion reconhece sua origem lá. Estranhamente, ele não reconhece as contribuições místicas de Winnicott, Lacan ou Jung, embora respeite as de Buber. Aqueles a quem ele refere principalmente são os filósofos gregos pré-Socráticos, especialmente Heráclito, por seu conceito de "fluxo", Platão, Meister Eckhart e Isaac Luria, essencialmente. Por que ele fez esse desvio em sua jornada?

Implícita na concepção inicial de Bion de continente ↔ conteúdo (1962b) estava uma mudança sutil, mas profunda, na forma como ele defendia a escuta ao paciente. Inicialmente, ele tinha demonstrado que escutava o *conteúdo* das associações do paciente. Com continente ↔ conteúdo, testemunhamos uma mudança de paradigma pela qual ele defende escutar e sentir o que você, o analista, está experimentando em qualquer momento clínico exato, independente do conteúdo – ou seja, *processo*. Como ele interpretou uma vez, quando eu estava em análise com ele, "o analista, em vez de escutar ao paciente, deve escutar a si mesmo escutando ao paciente!". Foi assim que Bion introduziu pela primeira vez o *vértice místico* na psicanálise – como uma nova forma de técnica.

O, O "PENSAMENTO DO MESSIAS" E A ORDEM OCULTA DO MISTICISMO

Havia mais a ser recolhido do vértice místico, entretanto, e isso em termos de teoria. Isto nos leva de volta a O. O que é O? O pode ser definido como

---

* N. de R.T. "Atravessar o Rubicão" é uma expressão que significa passar um ponto sem retorno. Refere-se a uma passagem da história de Roma, na qual Júlio César, em 49 a.C., atravessou esse rio caracterizando um ato de guerra.

aquela Realidade Última sempre em fluxo, que é livre de representações, de imagens ou de símbolos. O foi escolhido por Bion porque, conjecturo, ele constitui um círculo e, portanto, um cerco ou contenção. Contudo, ele também é um ícone não saturado que está sempre pronto a endereçar nossas especulações. Bion (1965, 1970) define O como a Verdade Absoluta [sobre] a Realidade Última, mas ele também o associa com infinitude, elementos-β, as Formas Ideais, númenos ou as coisas-em-si e *divindade* (deidade). Embora O constituísse um conceito geral, Bion usava-o principalmente no contexto do relacionamento de bebê-mãe e analisando-analista. Este aspecto designa os "estímulos sensoriais da experiência emocional", a manifestação externa de O. Se lermos Bion cuidadosamente, detectamos outra fonte mais mística de O – o próprio inconsciente não reprimido e seus habitantes numênicos. Aqui é onde o Bion místico intuiu os aspectos de messias de O. O místico não mistifica. Ele encontra o misterioso oculto dentro do óbvio e, inversamente, detecta o óbvio dentro do misterioso. Esse era Bion!

O COMO DIVINDADE (DEIDADE OU SANTIDADE)

Alguma outra coisa acontece dentro do cenário analítico descrito acima, dos sentidos, do mito e da paixão. No próprio ato do paciente de *"vir a ser de novo"* sua própria emoção, até então não aceita, ele está vindo a ser de novo ele mesmo – *e* algo mais. Sua própria aceitação da emoção, até então barrada, subitamente abre a porta de seu inconsciente não reprimido, e toda a panóplia das Formas Ideais (preconcepções inerentes e adquiridas, "memórias do futuro") e os númenos ou coisas-em-si jorram para combinar-se seletiva e adequadamente com a nova emoção reaceita, que era, em retrospecto, a chave para abrir o anterior [o inconsciente não reprimido]. Mas, por que O é retratado por Bion como "divindade"? O inconsciente não reprimido é caracterizado matematicamente como sendo *infinito* e absolutamente *simétrico* (Matte Blanco, 1975, 2005). O indivíduo humano, de acordo com Bion, nasce com um instinto religioso, predisposto a experimentar "reverência e admiração" em relação a divindades imaginativamente criadas para acomodar a necessidade de adoração (Bion, 1992, p. 284; comunicação pessoal, 1979). Portanto, o sujeito analítico pode inconscientemente fantasiar a existência de uma divindade que é, ao mesmo tempo que infinito, simétrico e onisciente, um verdadeiro "Extraordinário Bibliotecário" para a Biblioteca das Formas Ideais. Esta entidade tem sido conhecida diversamente como "Demônio de Descartes" e "Demônio de Laplace", o último sendo o único que conhecia todos os cálculos matemáticos possíveis. Mas há outra qualidade desta divindade que merece ser examinada.

Stitzman (2004) chama atenção para o tema do O de Bion quando nos lembra que Bion tratou pela primeira vez do domínio místico da psicanálise em *Transformations* (1965) ao referir-se à necessidade do analista de "tornar-se" o paciente, enquanto em *Attention and Interpretation* (1970) ele declara que o que deve ser buscado é a restauração de deus como a mãe e a evolução de deus (o amorfo, infinito, indizível, não existente), que pode ser encontrado apenas em um estado no qual memória, desejo, entendimento e preconcepções[2] estão ausentes. O, neste caso, é a Realidade Última surgindo como Verdade Absoluta.

Não posso deixar o tema de divindade sem reiterar minha opinião de que a divindade é o "pensador" dos "pensamentos sem um pensador" e o gerador primário de elementos-α – sem um desvio com elementos-β, exceto por falha (ver Capítulo 8).

O MISTÉRIO ATRÁS DA "ENCARNAÇÃO"

Quando o paciente vem a ser novamente seu *self* perdido, dissociado e projetado recuperando a posse de suas emoções até então intoleráveis, ele interna e inconscientemente prossegue da "preconcepção" para a "concepção", cujo ato transformacional pode ser equiparado com uma *realização* de um objeto na realidade. Este sentido de realização é combinado ainda com outro fenômeno, a "encarnação" do "deus-continente" de O no *self* místico potencial e potencialmente evoluindo dentro de nós. Stitzman entendeu Bion sabiamente sobre este tema.[3] O paciente não encarna a divindade – isto constituiria mania ou psicose. A divindade deve *escolher* encarnar o paciente. Mas quem é o deus que deve escolher o homem para encarná-*lo*? As implicações com o mito de Cristo são surpreendentes. O deus (Deus?) que sozinho deve escolher encarnar na humanidade representa o desejo do homem por um deus incompleto e mudo para buscar encarnação com seres humanos a fim de encarná-lo como uma realização. Este parece ser um deus Darwiniano. O desfecho para o paciente na análise, entretanto, é que, ao recuperar suas emoções perdidas, ele torna-se não apenas mais ele mesmo. Ele torna-se mais *evoluído* como um *self* finito → infinito por receber o legado de seu *self* infinito, imortal, divino. Eu chamo este estado de alcance da "posição transcendente" (Grotstein, 2000a, p. 35).

É tentador especular pelo texto acima que a questão da encarnação é central à ordem oculta da religião, bem como à psicanálise. Colocado sucintamente, se os "pensamentos sem um pensador" (que, sustento, *são* "pensados" *a priori* pela divindade) buscam encarnação na experiência humana para alcançar a *realização*, então não poderíamos especular derivativamente que, do vértice religioso, Deus é incompleto e necessita incarnar nos mortais a fim de *realizá*-Lo – e não poderíamos especular que o sistema Ucs. é igualmente incompleto e necessita de seu gêmeo mais mortal e trivial, a consciência, para completar sua missão?

NOTAS

1. Gostaria de aproveitar esta oportunidade para ampliar o conceito de Bion, sugerindo que este objeto tóxico pode também incluir o conceito de Klein (1928) da perigosa e onipotente figura dos "pais-combinados" funcionando como uma "equação simbólica" (Freud, 1924d, p. 179; Segal, 1957, 1981) – para torná-la ainda mais formidável – e *a liberação irregular de preconcepções inerentes não ligadas, O*. Além disso, este objeto maléfico pode constituir o princípio organizador em messias negativos e ditadores carismáticos.
2. Bion diferencia entre "preconcepções", que são Formas Ideais Platônicas, e "preconcepções" que são categorizações não modificadas tradicionalmente mantidas (ver Capítulo 7).
3. Ver também Godbout (2004).

10

Language of Achievement*

> "Eu tinha não uma disputa, mas uma discussão formal com Dilke em diversos assuntos; várias coisas concatenavam-se na minha mente, e imediatamente me ocorreu que qualidade resultava na formação de um Man of Achievement, especialmente na Literatura, e que Shakespeare possuía tão colossalmente – estou falando da Capacidade Negativa, ou seja, quando um homem é capaz de existir nas incertezas, mistérios, dúvidas, sem qualquer esforço irascível por obter fato e razão."
>
> John Keats (1817; citado em Bion, 1970, p. 125)

Bion esboçou o conceito da "Language of Achievement" em *Learning from Experience* (1962b), mas o desenvolveu mais completamente em *Attention and Interpretation* (1970). Ele tomou emprestado de Keats o termo "Achievement", juntamente com "Capacidade Negativa", que é a contraparte obrigatória do Achievement. A Language of Achievement (note o uso de Bion de letras maiúsculas) foi concebida por Bion a fim de retificar problemas que ele encontrara – e acreditava que todos os analistas encontravam – na comunicação a outros analistas de suas experiências analíticas com analisandos. Ele tinha criado a Grade (1963) pela mesma razão. Com a descoberta de O, entretanto (Bion, 1965, 1970), ele aplicou a Language of Achievement à interação emocional do analista com o analisando. A linguagem comum, sendo sensorialmente derivada, era inadequada para transmitir a inefabilidade da experiência analítica a analisandos, a colegas ou a si mesmo. Por "sensorialmente derivada", Bion parecia querer dizer que a linguagem comum, que ele chama de "linguagem de *substituição*", está baseada nas *representações* de objetos: ou seja, símbolos substitutivos derivados de imagens que são, por sua vez, derivadas dos órgãos sensoriais. Os órgãos sensoriais são sensíveis a estímulos externos – não a internos. As sensações produzem *impressões* sobre o objeto, mas a qualidade viva e a tendência a estar em fluxo desafia qualquer representação de reproduzi-lo. Somente a consciência é o órgão sensorial receptivo a qualidades psíquicas, de acordo com Freud (1911b) e Bion (1962b,

---

* N. de R.T. "Language of Achievement" tem recebido diferentes traduções, tais como "Linguagem de Êxito", "Linguagem de Consecução" e "Linguagem que alcança". Como não há tradução consagrada, optou-se pelo uso do termo original em inglês.

p. 4). Exposto de outro vértice, a Language of Achievement é a linguagem das *emoções* antes de elas virem a ser representadas como conceitos ou ideias – e também é a linguagem de *modelos* – ou seja, modelos e experiências análogos fora do sistema sob investigação.

Colocado de outra forma, a linguagem que normalmente falamos e escrevemos é simbólica. A fim de comunicar nossas observações sobre ou de nos dirigirmos a um objeto, usamos uma linguagem baseada em imagens (objetos internos, representações) *sobre* um objeto (indivíduo). (Eu trato deste tema no Capítulo 5, onde discuto as razões de Bion para usar modelos em oposição a teorias.)

O analista deve, consequentemente, tornar-se um "Man of Achievement" – um com paciência indomável e equanimidade, e que esteja habituado à incerteza – a fim de ser qualificado para escutar e falar a "Language of Achievement". Isto significa que, com *paciência* e *segurança*, esta pessoa pode interromper o alarido perturbador da linguagem de substituição de modo a manter-se aberta às emoções inconscientes que estão espontaneamente – meditativamente – fluindo de dentro dela, enquanto ela experiencia-se totalmente experienciando a presença total de seu analisando: ou seja, experienciando a si mesma "tornando-se" o O de dentro de si mesma que é ressoante com o O do analisando (o "objeto psicanalítico"). Ela é a imagem de Bion do soldado disciplinado posicionado em uma verdadeira trincheira atrás do divã. Gostaria de estender o conceito de Bion de paciência ↔ segurança (P-S ↔ D) do analista para o paciente. À medida que, de acordo com Bion, P-S opera simultaneamente com D, isto significaria que:

1. o bebê nasce em ambas as posições, mas torna-se principalmente envolvido com P-S como uma defesa contra as consequências emocionais de D.
2. Igualmente, o paciente analítico geralmente opera de D para lidar com seu P-S (O).

Bion declara:

> Ao lançar mão da abstração e seus produtos, a função α e seus fatores, fui capaz de discutir incógnitas psicanalíticas. Continuo por concretização [o oposto de abstração–JSG], ou seja, usando termos que se aproximam daqueles usados em um nível de dados empiricamente comprováveis, a especular sobre que parte do aparelho psíquico primitivo é desviado para suprir o aparato necessário para o pensamento. Freud, descrevendo o pensamento como fornecendo um método de restrição para a descarga motora que tinha se tornado necessário, simplesmente diz que ele se desenvolveu da ideação. Em sua discussão da interpretação dos sonhos, Freud ficou impressionado com o valor do arco reflexo como um modelo para o aparelho psíquico envolvido no sonhar, e desenvolveu sua

teoria de sistemas primário e secundário à luz deste modelo. *Eu sugiro que o pensamento é algo imposto a um aparelho, não adequado para o propósito, pelas demandas da realidade, e é contemporâneo, como Freud dizia, à dominância do princípio de realidade.* Uma analogia moderna é fornecida pelo fato de que *as demandas da realidade não apenas forçaram a descoberta da psicanálise, mas levaram ao desvio do pensamento verbal, de sua função original de fornecer restrição para a descarga motora, às tarefas de autoconhecimento para as quais ele é inadequado e para cujo propósito ele tem que passar por alterações drásticas.* [1962b, p. 56-57; itálico acrescido]

Bion parece estar dizendo que a linguagem comum (baseada nos sentidos) é inadequada para o uso na psicanálise. Ele se refere a seu uso de abstração, ligando abstração à criação de *modelos ad hoc* que funcionam análoga e ressonantemente com as variações no sujeito. Quando se contempla mais completamente a forma como Bion concebe a Language of Achievement, fica-se tentado a pensar na "linguagem básica" de Schreber (1903) – uma linguagem que é fundamental, principalmente inconsciente e sincrética, como imagens poéticas e artísticas. Assim como uma imagem pode valer por mil palavras, também certas palavras e combinações de palavras bem escolhidas, assim como imagens artísticas bem talhadas, podem indicar muito mais do que elas expressam literalmente. Cabe lembrar da distinção de Peirce (1931) entre palavras que são "icônicas" e aquelas que são "indéxicas", as primeiras transmitindo uma gama de significados mais limitados e mais imediatos, as últimas uma extensão muito mais ampla e mais variada de significados associativos, de metáforas em constante elaboração. Bion estava buscando uma forma de expressar qualidades psíquicas em uma linguagem que fosse digna delas – ou seja, que pudesse tratar de complexidade e não linearidade. Ele declara:

Em sua esfera, a atenção do psicanalista é capturada por uma experiência particular para a qual ele chamaria a atenção do analisando. Para isto, ele deve empregar a Language of Achievement. Isto quer dizer que *ele deve empregar métodos que têm a contraparte de durabilidade ou extensão em um domínio onde não há tempo ou espaço como aqueles termos são usados no mundo dos sentidos.* [1970, p. 2; itálico acrescido]

A referência de Bion aqui à "contraparte de durabilidade ou de extensão em um domínio onde não há tempo ou espaço como aqueles termos são usados no mundo dos sentidos" implica que apenas uma linguagem que seja livre das limitações derivadas dos sentidos e que seja sensível à ausência de tempo e espaço (a infinitude e simetria absoluta) da realidade psíquica pode ser adequada para interceptar a vida emocional inconsciente operante lá.

Bion continua:

Portanto, a Language of Achievement, se for empregada para esclarecer a verdade, deve ser reconhecida como *derivando não apenas de experiência sensorial, mas também de impulsos e disposições longe daqueles comumente associados com discussão científica.* Freud, como outros antes dele, sentiu a necessidade de isolar-se – insular-se? – do grupo a fim de trabalhar. Isto significaria nos insularmos contra o próprio material que deveríamos estudar. [1970, p. 3; itálico acrescido]

Em outras palavras, a Language of Achievement deriva de experiência sensorial, bem como de experiência não sensorial. Com relação à primeira, acredito que Bion tem a faculdade da "observação" em mente. É meu entendimento que Bion recomenda que, ao escutar ao paciente, o analista deve empregar "visão binocular": ou seja, as duas perspectivas. Isso também implica que a consciência, o órgão sensorial receptivo a qualidades psíquicas, é bimodal na medida em que ele também é sensível a qualidades sensoriais externas.

Ele declara, ainda:

Comparada com e *diferentemente da Language of Achievement, considero que a linguagem é um substituto para, e não um prelúdio à ação.* A Language of Achievement inclui linguagem que é tanto prelúdio para ação como ela própria é um tipo de ação; o encontro do psicanalista e o analisando é em si um exemplo desta linguagem. [1970, p. 125; itálico acrescido]

A *atenção do psicanalista não deve desviar-se de áreas de material caracterizado ou pela Linguagem de Substituição ou pela Language of Achievement;* ele deve permanecer sensível a ambas. Não afirmo que a sensibilidade possa ser alcançada facilmente: o espaço mental disponível ao analisando e o material observado estão sujeitos a tantas transformações que tal afirmação sugere inexperiência da prática da psicanálise... *A experiência leva a uma extensão da área sobre a qual a* Language of Achievement *opera e, portanto, a uma extensão da área na qual sua operação pode ser reconhecida.* [p. 126; itálico acrescido]

Note o uso de Bion novamente da "visão binocular" – ou seja, a recomendação de que o analista seja sensível à Linguagem tanto de Achievement *como* de Substituição. Note também suas razões para o uso da Language of Achievement: a extensão da área sobre a qual ela opera. Bion (1963, p. 203) insiste que o analista empregue "sentidos, mito e paixão" na busca pelo "objeto analítico", O, no material do paciente. O primeiro destes, os "sentidos", pode ser entendido como "observação", que agora percebemos que inclui o uso da Language of Achievement *e* de Substituição. "Mito" envolve toda a gama de mitos e fantasias coletivos e individuais, bem como o corpo de teorias psicanalíticas subjacente a eles – ou seja, o mito Edípico. "Paixão" implica o rêverie do analista e sua receptividade a suas próprias emoções nativas, que são evocadas por sua experiência íntima com seu paciente. Esta receptividade analítica é ainda um outro aspecto da Language of Achievement.

Os místicos Cristãos – Meister Eckhart e outros – falam da linguagem mística metafática e apofática do desdizer, que significa que qualquer palavra falada deve ser seguida por seu oposto[1] (McGinn, 1994, 1996; Sells, 1994, e comunicação pessoal, 1997; Webb e Sells, 1997). Este procedimento dialético foi considerado necessário a fim de não profanar a essência da divindade capturando-a na linguagem. Isto, acredito, é o que Bion está querendo dizer. A linguagem de substituição age como um instantâneo fotográfico para extrair uma ideia ou objeto numênico da corrente mítica e *capturá*-la para sempre, desse modo capturando sua vitalidade e movimento. A Language of Achievement de Bion é a linguagem do *paradoxo*. Talvez eu possa revelar esta ideia mais claramente com uma citação de Platão por López-Corvo (2006):

> O que é que sempre é, e não se torna;
> e o que é que está sempre se tornando e nunca é?
> [Timaeus,§ 27]*

Conclusão: *A Language of Achievement é a linguagem paradoxal, apofática do tornar-se.*

NOTA

1. Isto é surpreendentemente semelhante ao fazer-desfazer obsessivo-compulsivo.

---

*N. de R.T. What is that which always is, and has no becoming; and what is that which is always becoming and never is? [Timaeus,§ 27]

11
A descoberta de O por Bion

Após uma breve ilustração clínica em seu terceiro livro importante, *Transformations*, Bion declara:

> Estou... preocupado com as teorias de observações psicanalíticas, e a teoria das transformações, cuja aplicação estou aqui ilustrando, é uma delas. Pode esta teoria ser aplicada para transpor a lacuna entre as preconcepções psicanalíticas e os *fatos*, à medida que estes surgem na sessão? Aplicarei a teoria ao meu próprio relato da sessão: alguma coisa ocorreu durante a sessão – seus *fatos absolutos*. O que são os fatos absolutos jamais poderá ser conhecido, e esses eu designo pelo sinal O. [1965, p. 16-17; itálico acrescido]

Com esta declaração, Bion atravessou o Rubicão da respeitabilidade psicanalítica em Londres (conforme descrito no Capítulo 9) e iniciou uma revolução metapsicológica cujos ecos ainda estão repercutindo no panorama psicanalítico mundial. De pé, verdadeiramente, sobre um "pico em Darién",* ele penetrou o mundo plano do positivismo de Freud e de Klein (as pulsões instintuais como causa primeira) e introduziu a incerteza cósmica interior e exterior, a infinitude, o relativismo e a numinosidade como seu sucessor. *Se a teoria de O de Bion estiver correta, então pode ser simplesmente que o episteme de Freud e de Klein constituam uma defesa maníaca inadvertida contra a primazia (causa primeira) da incerteza e a Verdade Absoluta sobre a Realidade Última.* Em outras palavras, as pulsões instintuais – particularmente o instinto

---

*N. de R.T. Alusão a "*O Homero de Chapman à primeira vista*", de John Keats: "... Então me senti como um observador dos céus /Quando um novo planeta desliza para o seu campo de vista;/Ou como o resoluto Cortés quando com olhos de águia / Contemplou o Pacífico – e todos os seus homens /Entreolharam-se com um alucinado presságio – Em silêncio, sobre um pico em Darién."

de morte na teoria Kleiniana – seriam relegadas à condição de mediadoras de O. Ferro (2002a, p. 4) vai além, sugerindo que o instinto de morte é, na verdade, uma forma de falar sobre a neurose intergeneracional na qual, quando uma geração fracassa em conter seu próprio O, ela inconscientemente projeta a responsabilidade na seguinte para ser seu messias-salvador de O.

O é o termo icônico arbitrário de Bion para um terceiro domínio, todavia, na verdade, o primeiro – o domínio original e fundamental que é desconhecido e impenetrável por nós, que tanto subentende e interpenetra a consciência bem como o inconsciente *e* os transcende, que expressa a Verdade Absoluta sobre a Realidade Última que está sempre evoluindo (sempre em fluxo) e é indicativo da impenetrabilidade cósmica interior e exterior, infinitude, e *indivisibilidade* última, *Ananke* (Necessidade), caos, complexidade e, finalmente, "divindade"[1] – ou seja, a Presença imaginada do fabuloso dentro de nós que "conhece" todas as Formas Ideais e números, mas que é incompleto e busca tornar-se incarnado (realizado) no ser humano sendo transformado de uma preconcepção inerente em uma concepção humana → conceito no vale da *experiência*. O é a causa primeira e marginaliza e substitui os instintos libidinal e de morte, de Freud e de Klein, como "causa primeira", a fonte mais profunda de vida mental e biológica, e, em *meu* pensamento, inclui a *entelequia* de Aristóteles, a realização de nosso potencial teleológico total, e o *conatus* de Spinoza.[2]

O é a fonte de todas as nossas ansiedades e paira eternamente como a "turbulência emocional" (Bion, 1965, p. 48) que é inevitável quando duas ou mais pessoas ou objetos encontram-se, ou durante qualquer experiência de "mudança catastrófica" (Bion, 1965, p. 11) de um estado para outro. Em psicanálise, ele é o "objeto analítico" (Bion, 1962, p. 68) a ser sondado pelo analista. O instinto libidinal ou de vida tanto se expressa como se defende contra ele, assim como o instinto de morte, que ataca a capacidade do bebê – e do analisando – de pensar, de contemplar e de ligar-se com objetos interna e externamente, quando O parece ser esmagador, desse modo ajudando o indivíduo atacado por O a "morrer um pouco" emocional, adaptativamente, a fim de permanecer vivo como um *self*. *O, então – não o instinto de morte, nem o instinto de vida – é o instigador da ansiedade persecutória que caracteriza a posição esquizoide-paranoide e, finalmente, a ansiedade depressiva da posição depressiva: por exemplo, a ameaça inquietante de tornar-se um "órfão de O".*

"O" também pode ser entendido como a "Circunstância bruta, continuamente emergente, continuamente intersectante". Uma comparação interessante para isso é um jogo de direção que pode ser visto em feiras ou em casas de jogos eletrônicos: uma cabine de vidro, em cuja superfície frontal há um volante de automóvel, e, na tela, há uma estrada em movimento, ziguezagueando de maneira imprevisível na direção da pessoa que está nos controles. A meta é controlar o volante de modo a permanecer na estrada. Esta estrada imprevisível é O; ela representa qualquer tipo de interação, interna ou externa, com um objeto ou objetos. Colocado de outra forma, a vida se impõe ao sujeito desamparado, tanto de dentro (enteléquia) como de fora (circunstância).

O é a essência do inconsciente, bem como do Desconhecido, aquilo que está além da consciência e do inconsciente. O, não as pulsões, constituem o "caldeirão fervente", o "não contido" último de um "continente" indizível, infinito, infinitude. *Deste ponto de vista (vértice), todos os objetos internos podem ser entendidos como "depósitos de lixo radioativo" de elementos-β não processados (não contidos e/ou não sonhados) de O não transformado (falhas de continência pelo self e/ou por objetos parentais*) exceto por aqueles objetos compensatórios, supostamente bons, que foram internalizados a fim de contrabalançar os primeiros* (Fairbairn, 1943). Devemos tolerar – sofrer – pacientemente as evoluções de O até que elas se tornem primeiro re-conhecidas em K, e então nós "nos tornemos" O. Em outras palavras, a teoria de Bion da transformação de O parece ser uma teoria cíclica na qual o O *impessoal* (indiferente) vem a ser transformado finalmente em nosso O *pessoal*, que torna-se nós – e/ou que nós nos tornamos ele – como nos tornamos fisicamente o alimento que comemos, dentro dos limites de nossa auto-organização autodefinidora (*conatus*). *O conhecimento (transformações em K) constitui, consequentemente, uma posição intermediária, um desvio obrigatório, no processo da evolução da pessoa como um indivíduo em harmonia e em paralelo com a evolução de O.*

"'O' É UM PONTO ESCURO QUE DEVE SER ILUMINADO PELA CEGUEIRA"[3]

Embora sua concepção de continente ↔ conteúdo representasse uma extensão necessária da teoria Kleiniana para a realidade externa, sua concepção de O foi uma incursão ao surreal. Bion rompeu as fronteiras procrustianas que caracterizavam o positivismo lógico desgastado de Freud e Klein e empurrou a psicanálise para o "infinito profundo e amorfo", O. Para seus antigos colegas *flatlanders*,** ele tinha transposto o limite do mundo conhecido. Acredito que, de fato, ele tenha transcendido a rigidez de nosso conhecido *Weltanschauung* psicanalítico e as limitações do princípio do prazer e que tenha ultrapassado

---

* N. de R.T. *Rearing objects*, no original.
** N. de R.T. Alusão (com sentido depreciativo) a '*Flatland: A Romance of Many Dimensions*' – romance satírico escrito em 1884 por Edwin Abbott Abbott. Sob o pseudônimo de A. Square (O. Quadrado), oferecia observações sobre a hierarquia social vitoriana através de uma sociedade bidimensional composta por figuras geométricas (linhas e polígonos) que temiam/imaginavam a existência de uma sociedade monodimensional ou tridimensional, esta anunciada por uma esfera.

as limitações do instinto de morte, percebendo que eles eram, desde sempre, meramente degraus, marcadores – significadores para ou hieróglifos de um inefável, O. Se li Bion corretamente, a tarefa de cada sessão analítica é o analista disciplinar-se com a suspensão de memória, desejo e entendimento (suspensão do ego) de tal maneira que ele se torne o mais intuitivamente responsivo a seu receptor sensorial interno que é sensível a sua "faixa de onda" de O, que então entra em ressonância com o *objeto psicanalítico*[4] do analisando, seu próprio O, que é caracterizado por sua Realidade Última, sua Verdade Absoluta.[5] Assim, o O do analista torna-se ressoante naquela "faixa de onda" inefável com o O do analisando, que o primeiro deve então converter ou transformar em K, como símbolos, na forma de interpretação para o analisando; se aceito, ele então vem a ser re-transformado, tornando-se o O pessoal do analisando (Grotstein, 1985).

O é Sodoma e Gomorra, ou harmonia e serenidade, dependendo do vértice de nossa disposição ontológica. Há um pêndulo que balança inexoravelmente entre Beleza e Horror. O esteio do pêndulo é O. Com O em seu lugar, percebemos, juntamente com Heidegger, que a língua é o ouvinte para uma voz interior inefável. As palavras descrevem, mas não abrangem a Verdade. Elas são uma recompensa transitória para a conquista da posição depressiva, mas, como emenda Derrida, devem ser barradas e apagadas assim que as usarmos, de modo que possamos manter nosso encontro com o inefável, inescrutável, não conhecível – aquele domínio onde as palavras e seus significados cotidianos terminam e O começa. O – ou devo dizer O-indo, já que O está sempre evoluindo, está sempre em fluxo? – é paradoxalmente inefável, mas é também imanente e busca revelação e realização como o objeto psicanalítico, como o sintoma ou, como gostaria de colocar, como o sujeito fenomenal ou imanente da psicanálise.

O COMO REALIDADE ÚLTIMA

O é uma paisagem flutuante, etérea, não localizada que oniricamente interpenetra nossa realidade com sua Realidade Última totalmente sutil; contudo, muito poderosa, que está além de nossos sentidos e que pertence à categoria de uma metaconceitualização que inclui a Verdade Última, Não conhecível, o caos, a coisa-em-si e os chamados "elementos-β". Também inclui a teoria de Platão das Formas Eternas e os "pensamentos sem um pensador" de Bion,[6] pelos quais ele frequentemente quer dizer "preconcepções inerentes", aquelas entidades inerentes que buscam realizações confirmadoras em metades conjuradas antecipadas em seu futuro. A essas ideias eu também acrescentaria outra ideia relevante da *Cabala*, o texto hebraico místico no qual Bion estava profundamente interessado (comunicação pessoal, 1976). Na *Cabala*, de acordo com Bloom (1983), houve um dia uma Divindade unitária, mas, a fim de que o mundo fosse criado, Deus teve que "contrair-se" (*"zimzum"*, em hebraico) de Sua Divindade ("Keter-Ayn Sof" [Tudo e Nada]⁷) a fim de tornar-se imanente. O Deus imanente foi citado em textos gregos como o "Demiurgo", o criador do mundo. Quando estamos em um estado de "transformação em 'O'", nos *sentimos at one* (unidos) com a própria Divindade, o Sujeito Último. "Deus", o Demiurgo (Deus como criador do universo, não o Deus de essência), é a forma coloquial como nós inocentemente, embora sacrilegamente, nos referimos a Ele (como o Objeto, que Ele nunca pode tornar-se). Naquele estado, outrora nos teríamos "transformado em uma estátua de sal", devido ao nosso terror de experienciá-lo. Finalmente, se pudermos enfrentá-lo, evoluímos para um estado de *serenidade* que é experienciado pelo místico. Contudo, também devemos estar preparados para a face escura de O – ou seja, a perspectiva reversível de O, a jornada inevitável à qual Bion obscuramente se refere como "Aurora do Esquecimento",* e que, ao mesmo tempo, constitui a teoria final da escatologia de Bion.

O, SIMETRIA E O INSTINTO DE MORTE

Graças à revisão radical de Matte Blanco (1975, 1981, 1988, 2005), baseada na matemática, de nossa concepção do inconsciente, que é isomórfico a O, somos agora capazes de entender a estratificação de O em camadas graduadas. Em outras palavras, segundo o raciocínio de Matte Blanco, há uma falta de uniformidade no inconsciente, que, juntamente com sua qualidade de infinitude e propriedades de conjuntos infinitos, apresenta-se como caos ou, paradoxalmente, como "simetria assimétrica" ou infinitude. Ele postula que o inconsciente é caracterizado por 15 camadas ou estratificações graduadas de estruturas "bi-lógicas" descendentes e ascendentes variáveis, que consistem de diferentes proporções de lógica simétrica (infinitude) e lógica *a*ssimétrica. Lado a lado com esta estrutura binária-oposicional existe a "lógica bivalente" – ou seja, a lógica clássica ou Aristotélica. De acordo com Matte Blanco, a mente é basicamente dominada pela interação dialética de dois modos principais, o *homogêneo* (infinitude, conjuntos infinitos, lógica simétrica) e o *heterogêneo* (divisível, classicamente lógico). Por consequência, O (o inconsciente, o objeto psicanalítico) seria caracterizado como sendo infinito com graus variáveis de assimetrização daquela simetria infinita, que caracterizaria um número infinito de conjuntos da própria infinitude – portanto, o *caos*.

Consequentemente, é concebível postular, por meio dos teoremas "psicomatemáticos" de Matte Blanco, que a incipiente protoexperiência de O do bebê é de Caos Absoluto. Quando o bebê "experiencia" – ou seja, absorve – o

---

* N. de R.T. *"Dawn of Oblivion"*, no original.

impacto desta primeira confrontação com a Alteridade Absoluta, Primária (que não o seio), esta própria experiência porta um senso de *agência* e *subjetividade pessoal* a ela. Sugiro que a transformação primeira faz o bebê acreditar que ele foi atacado por seu próprio instinto de morte, um tropismo que ele agora avalia como pertencendo a si mesmo. Subjetividade e agência começaram então (Grotstein, 1996b, 1997a, 1997b, 1997c).

UMA "CONJECTURA IMAGINATIVA" SOBRE O RELACIONAMENTO PESSOAL DE BION COM O

Bion, o explorador intrépido do "infinito profundo e amorfo", parece ter navegado a passagem para O consultando as "estrelas da escuridão". Ele chegou a este novo conceito de transformação *e* evolução em O primeiro intuindo a existência (presença) do seio ausente, a "não-coisa" * na situação clínica. De acordo com Meg Harris Williams (1985), Bion também pode ter chegado a ele por ter experimentado os terrores e os traumas de sua própria vida.[8] Quando lemos em sua autobiografia que ele "... morreu na Estrada Amiens-Roye em 8 de agosto de 1918", obtemos um fragmento inquietante de arquivo subjetivo que nos informa com certeza gráfica que ele foi batizado em e, portanto, tornou-se um "órfão de O", e que ele foi certificado na experiência do "terror sem nome" (Bion, 1982). Quem poderia ser mais qualificado para ser nosso guia naquele domínio indescritível, de cuja própria existência a maioria de nós tem o privilégio de nunca ter nem suspeitado, que dirá experimentado? Com relação àquelas experiências, podemos nos perguntar se, por suas poucas, mas cortantes críticas, em sua autobiografia, a sua analista, Melanie Klein, Bion não está sugerindo que Klein efetivamente analisava a inveja, a voracidade e a onipotência do supostamente sobrevivente Bion (isto é, ela o ajudou a evoluir de P-S para D), mas ela pode ter negligenciado o Bion "morto" – aquele que foi amberizado no lado devastador (o holocausto) de O.

Bion, que tinha recebido a DSO (Distinguished Service Order [Ordem por Destacado Serviço]), sempre afirmou que era um "covarde". Este paradoxo é compreensível se pensarmos nele como tendo sofrido do que agora chamamos prosaicamente de "transtorno de estresse pós-traumático", no qual ele pode ter acreditado ter entregue sua alma à escuridão do terror. Sua autobiografia e metapsicologia podem constituir "sinais de rádio" desesperados de um *self* "não-morto/morto" que está lutando para ser ouvido do outro lado da existência. Quando ele falou de "tornar proveitoso um mau negócio", começamos a perceber que, em sua tentativa de reabilitação daquele trauma fundamental,

---

* N. de R.T. *"No-thing"*, no original.

talvez ele estivesse tentando tirar o melhor proveito de sua agonia, rendição e reconciliação: experienciar esperança sob a sombra do terror intimidante e demonstrar como usar nossa agonia sublimada como um instrumento analítico.

NOTAS

1. Lembro o leitor de que "divindade" deve ser lida como "deidade" (conforme declarei inicialmente no Capítulo 1).
2. Damasio define "conatus": "O *conatus* inclui o ímpeto para a autopreservação em face de perigo e oportunidades, bem como as inumeráveis ações de autopreservação que conservam unidas as partes do corpo. A despeito das transformações que o corpo [e a mente – JSG] devem sofrer enquanto se desenvolvem, renovam suas partes constituintes e envelhecem, o *conatus* continua a formar o mesmo indivíduo e a respeitar o mesmo modelo estrutural" (Damasio, 2003, p. 36). Portanto, para mim, *conatus* e enteléquia constituem diferentes lados da mesma moeda, O, e são o caldeirão fervente do inconsciente.
3. Portanto, a tradução idiossincrásica por Bion da carta de Freud/Andreas-Salomé e, portanto, o título deste livro!
4. Estou consciente de que minha declaração anterior de que O, assim como a deidade, é o Sujeito dos sujeitos, nunca podendo ser o objeto, é contraditória com a equiparação feita por Bion de O com o "objeto psicanalítico". Em minha opinião, Bion é aqui inconsistente com sua própria teoria de O, o definitivo Sujeito da Existência.
5. Paradoxalmente, o próprio Bion é apanhado em sua armadilha conceitual. Ao ousar *intitular* Verdade "Absoluta" e Realidade "Última", ele as reduziu a entidades confináveis a um nome, a convenções verbais que agora as limitam. Mais sobre esta contradição está em minha referência à "linguagem apofática do desdizer" dos místicos no Capítulo 10.
6. Às vezes ele se refere a essas preconcepções inerentes como "memórias do futuro".
7. Da Cabala Teúrgica do Zohar.
8. Ver também Meltzer (1978, 1980, 1985) e Joan e Neville Symington (1996) para suas leituras de *A Memoir of the Future* de Bion (1975, 1977b, 1979, 1981).

12

O conceito da "posição transcendente"

Sugiro que o conceito de O de Bion (ver Capítulo 6) tanto transcende como *pre*cede e *su*cede o conceito de Klein das posições esquizoparanoide e depressiva. Também poderia ter dito que ele vai *além,* não apenas dos princípios do prazer e da realidade de Freud[1] e de seus modelos topográficos e estruturais da psique (Sistemas *Ucs.*, *Pcs.*, e *Cs.*, ego, id e superego), mas também vai *além* das noções de Freud e de Klein do instinto de morte, cada um dos quais minha tese interpreta como *mediadores* significativos de O, desse modo tornando O essencial, embora não conhecível. De outra perspectiva, pode-se pensar em O como análogo à "matéria obscura" – aquela massa amorfa oculta em nosso universo que o inunda completamente (Tucker e Tucker, 1988). Ele também inclui conceitos de ontologia pura para a psicanálise, especialmente a ideia de *Ananke*[2] (do grego: "Necessidade" ou "Destino"; Ricoeur, 1970), o conceito de Lacan (1966) do Registro do Real e o conceito de Pierce (1931) de "realidade bruta".

Acredito que o conceito de O transforma todas as teorias psicanalíticas existentes (por exemplo, o princípio do prazer, o instinto de morte e as posições esquizoparanoide e depressiva) em verdadeiras defesas maníacas psicanalíticas contra a experiência desconhecida, não conhecível, inefável, inescrutável, ontológica da existência última, que Bion denomina "Verdade Absoluta", "Realidade Última". O está além das palavras, além da contemplação, além do conhecimento, e sempre permanece *"além"* em dimensões eternamente inalcançáveis pelo homem. Contudo, ao mesmo tempo, paradoxalmente, mesmo em sua ulterioridade, ele inunda e interpenetra completamente nossa existência consciente e inconsciente, bem como os objetos com os quais interagimos.

O CICLO DE RETORNO NAS TRANSFORMAÇÕES DE O

Não obstante, paradoxalmente, esta ulterioridade está dentro de nós como nosso inconsciente, e, portanto, esta transcendência numênica também é *imanente*. Bion acreditava que alcançamos o que estou chamando de transcendência quando nossa divindade inerente – ou seja, nossas preconcepções inerentes (Formas Ideais, númenos) – alcançam realização na experiência real. Então nos tornamos um só (*at one*) com nosso *self* transcendente, imanente, infinito. Conforme discuto no Capítulo 19, acredito que o protocolo transformacional de Bion constitui um ciclo de processamento mental e emocional em duas frentes:

a) Em uma frente – o aspecto do estímulo sensorial –, a transformação começa com a mentalização de elementos-β (impressão de O) e prossegue sua conversão em elementos-α pela função α, seguido por sua distribuição para pensamentos oníricos, memória, barreira de contato e sentimentos.
b) Na segunda frente, emerge, simultaneamente, as preconcepções inerentes (Formas Ideais, coisas-em-si). Bion também as chama de elementos-β. Portanto, o elemento-β constitui um amálgama de *estímulos sensoriais* (tanto de fora como de dentro da mente) e *preconcepções* (inerentes e/ou adquiridas). O bebê que pode tolerar frustração ("não-seio") por tempo suficiente, na fé de que o seio afastado retornará (desse modo concebendo um ciclo tranquilizador de partida e retorno), será capaz de *realizar* a experiência e, assim, transformar a preconcepção em sua realização, a concepção. A função α da mãe, originalmente, ou a função α do bebê, subsequentemente, transforma este O (a combinação do estímulo sensorial e a preconcepção) de O para K. Uma vez que K tenha sido alcançado e aceito pelo bebê, é minha hipótese que o bebê não apenas adquire K: adquirindo e aceitando K, que é símbolo derivativo do O (do Destino) impessoal e agora agente transformado, o bebê então *se torna* O, mas seu O pessoal, completando o ciclo.

A conclusão do ciclo no qual o bebê (ou a personalidade em geral) torna-se O, ou seja, aceita a pessoalidade do próprio Destino sem negação, é a conquista da *transcendência*. Ou, dizendo de outra forma, torna-se um *self* mais evoluído e entra na posição transcendente – torna-se um místico.

O, TRANSCENDÊNCIA E "DASEIN"*

Acredito que o O de Bion tem interfaces com o conceito de Heidegger (1968) de *"Ser"* ou *"Existência"*[3] e com o "Registro do Real" de Lacan (1966).

---

* N. de R.T. *Dasein* remete a Heidegger e, em alemão, significa existência.

Embora Bion nunca tenha se referido às obras de Lacan, Sartre ou Heidegger, acredito que ele estava tentando re-posicionar o pensamento psicanalítico para longe de suas raízes *ônticas* (deterministas, científicas) e remodelá-lo em uma perspectiva *ontológica*. Embora me esforce para explicar o conceito de *transcendência* da forma como ele era usado por Bion, este próprio termo pode ser enganador, a menos que se leve em consideração que a meta intrínseca da psicanálise é ajudar o analisando a transcender os véus de ilusão (imagens e símbolos sensoriais que *representam* o outro) que se interpõem entre ele e o Outro e entre ele e seu Ser-em-si – seu *"Dasein"* – bem como seus *desejos*. Portanto, a aparente "ulterioridade" da transcendência significa estar logo além do véu de ilusão em nosso caminho para o desconhecido que está imediatamente próximo, tanto dentro como fora.

Colocado de outra forma, o que comumente chamamos de realidade é em si uma ilusão de dissimula o Real (O). Bion transpôs o véu de um modernismo constritivo, caracterizado como foi pela certeza determinista, e introduziu-nos ao relativismo, à intersubjetividade e ao inefável. Para Bion, O é a questão atrás da questão que complica toda resposta. Contudo, ao mesmo tempo, O é a resposta não conhecível. Novamente lembro o leitor que, quando uso o termo "transcendência", não o estou usando no sentido religioso, mas para denotar imanência. Colocado de outra forma, nossa transcendência potencial está localizada em nós como O. Quando, como resultado de passarmos por experiências emocionais nos "tornamos" estas, nossa imanência (a divindade) torna-se encarnada e realizada, e nos tornamos autotranscendentes – ou seja, evoluídos.

BREVE VINHETA CLÍNICA COM SONHO DEMONSTRANDO TRANSCENDÊNCIA

O seguinte é um breve trecho de uma sessão com um paciente analítico:

> No início do sonho, estou em um *schule* [templo judaico de adoração– JSG] com meu pai. Coloco um *talit* [xale de oração] áspero. O pai me diz para colocar um mais fino. Eu digo, "Não, eu gosto deste. Este é quem eu sou.". O culto então começa. Eu digo, "Não é aqui que o culto verdadeiro está acontecendo." Então inicio uma peregrinação para encontrar o culto verdadeiro. Uma mulher e um estranho misterioso me acompanham. Vagamos por um longo tempo, como fazem os peregrinos – comendo grãos, caminhando pelos campos, dormindo pelo caminho. Então chegamos a algum lugar onde estão disponíveis cristais e óleo para o corpo. A mulher toma um banho de espuma. Nesse meio tempo, os vários grãos que estivéramos comendo fizeram a mulher desenvolver uma doença do trato urinário. Ela não pode mais viajar conosco. Eu continuo sozinho,

gozando deste reconhecimento, *seguindo as ordens de uma consciência maior do que aquela na minha mente* [itálico acrescido].

As associações do paciente:

A peregrinação é apenas uma fração de nossas preocupações. Todos temos que lidar com essa cotidianidade. Existe uma Superalma (Emerson) que faz uma peregrinação de nossas vidas, mas presume-se que não temos consciência dela. Há tantos cenários acontecendo em nossas vidas. A mente transcende o corpo. A mulher deixou a peregrinação universal por uma menor. Eu decidi avançar, a despeito de minhas ansiedades. Um carro é apenas um modo simbólico de transporte. Eu viajo em uma dimensão diferente. Nós permitimos que a imaginação adormecesse. Agora é hora de permitirmos que ela acorde. A novela é o representante do novelista. Ficamos distraídos por um processo de literalização que confundimos com o real. Não temos obrigação de saber disso.

O é a catedral-e-inferno-sem-paredes Kantiana numênica que é intuída de seus derivativos fenomenais, o contato gradual, mas progressivo, com o qual é manifestada a experiência de aproximar-se e então de ficar sozinho ("comunhão") com O. Cada um de nós é *O*, mas nossa O-dade é normalmente irreconhecível para nós mesmos porque somos "civilizados" e "refinados" em K. Nossa O-dade é alcançável apenas através de, por e para o outro. Somos O incógnitos e fadados ou torturantemente destinados a nos tornarmos realizados na intuição disciplinada, dedicada do olhar desfocado do outro. Somos O e somos aterrorizados por ele – portanto, a necessidade de "óculos de sol" dirigidos para o interior, que permitam menos iluminação e disfarce. O *é* o Real. O que acreditamos que experienciamos é uma "realidade virtual" – uma Realidade que se tornou "virtuada" ("lavada") pelas refrações da fantasia, da imaginação, da ilusão e da simbolização, deixando-nos com um "Real" "cozido" (O), adequado para nossa tímida digestão.

Os "pensamentos sem um pensador" são filhos de O. Eles são os "não nascidos", as "intimações de imortalidade" que aparentemente experienciamos como se estivessem localizados dentro de nosso cosmo interior, mas eles não têm um lugar, não são localizáveis: eles não podem ser encontrados, porque nunca podem ser o objeto – eles são o sujeito sempre-emergente. A estética, talvez o mais satisfatório dos vértices, constitui o padrão orgânico, vivo, variável/invariável de O e de todas as formas amorfas de O movendo-se por uma paisagem galáctica (aparentemente) interior em uma infinitude estonteante de padrões discretos que são tanto implicitamente complexos *quanto* holísticos – transitória e sedutoramente revelando-se por preciosos semimomentos, apenas para desaparecer novamente em seu vapor numênico, místico.

Na concepção de Bion de O e sua associação com "pensamentos sem um pensador" esperando por uma mente para pensá-los, somos apresentados à possibilidade de uma concepção de atividade mental que pode, talvez, transcender o que é comumente denotado por "pensar." A fim de alcançar este estado, devemos estar abertos – ou exploratoriamente curiosos ou passivamente não saturados, mas, em qualquer caso, abertos e prontos para o inesperado. Uma vez que o encontramos – talvez seja melhor dizer, uma vez que somos encontrados pelo "inesperado" – e somos capazes de permitir-lhe ingresso por nossa prontidão em tolerá-lo (porque somos capazes de atenuar nossos medos de seu terror potencial e somos, portanto, compensados de nos tornarmos estátuas de sal por sua confrontação), nós o processamos. De fato, inconscientemente o estampamos com a aprovação (imprimatur) de nossa pessoalidade (autoctonia): ou seja, permitimo-nos "criá"-lo imaginativamente antes de "descobri"-lo, e então permitimos que ele seja internalizado e penetre na alquimia digestiva da transformação. Deve ser observado que o "pensar", para Bion, não é necessariamente um ato consciente, intencional.

Ao permitir familiaridade com o estranho, estamos permitindo que pensamentos sem um pensador sejam pensados por uma mente receptiva, que percebe a presença de sua metade-eco perdida; contudo, lembrada de seu futuro, que agora tem uma casa-mente na qual ele pode brincar* e ser brincado com – ponderadamente – no pré-consciente. Portanto, August Von Kekulé pôde descobrir o anel hexagonal das moléculas de carbono ainda desconhecido e insuspeitado que definiu a série aromática das substâncias químicas – mas não através do pensamento consciente. Ele somente pôde inconscientemente antecipar de forma intuitiva e, desse modo, convocar este pensamento sem um pensador. Foi em um sonho que esta realização foi capaz de fazer sua epifania dramática e histórica.

O Gnóstico dentro de mim pressupõe um conceito, aqui, que Bion quase expressou: que parece existir um "pensador" numênico dos "pensamentos sem um pensador ('reconhecido')", e este "pensador" – na realidade, "criador" de "conjecturas imaginativas" – é o *"sujeito inefável do inconsciente", O*, que é o autor da narrativa representada (*enacted*) por sua contraparte O, o *"sujeito imanente"* ou *"sujeito fenomenal da psicanálise"*, que Bion chama de o "objeto psicanalítico" (Grotstein, 2000a). Desta perspectiva, consequentemente, O busca eternamente seu encontro com O através do canal de K humano – ou seja, a trajetória de O é cíclica. O professor Chaim Tadmor, da Universidade de Jerusalém, talvez a maior autoridade mundial sobre a Assíria antiga nos tempos de Assurbanipal e Tiglath Pileser, informou-me que os antigos assírios acreditavam que os sonhos constituíam a linguagem divina sagrada – que

---

* N. de R.T. ... *play and be played with – thoughtfully – in the pre-conscious*., no original.

os deuses se comunicavam uns com os outros através do canal dos seres humanos, de seus sonhos. Os seres humanos tinham que considerar os sonhos sagrados e resistir à tentação de entendê-los. O "pensador que pensa os pensamentos" é essencialmente semelhante ao "sonhador que sonha o sonho" e ao "sonhador que entende o sonho" (Grotstein, 1981d, 2000a). O "pensador que entende os pensamentos" é o companheiro interno, constantemente expectante, deste pensador inconsciente não saturado, disciplinado. Juntos, eles pacientemente aguardam a entrada, desde o futuro, de seu "pensamento sem um pensador" há tanto tempo exilado, não conhecido, mas sempre suspeitado, que é trazido pelas "memórias do futuro".

A questão é que os pensamentos, do ponto de vista do associacionismo, parecem pensar a si mesmos, se formos idealmente capazes de permitir-lhes seu intercurso em nossos continentes receptivos. Ao mesmo tempo, mas de outra perspectiva, eles são pré-pensados e pensados por um sujeito-pensador inefável, que arrogantemente reivindicamos como sendo nós mesmos e com o qual buscamos nos identificar, mas que realmente é Outro para nós, estando dentro de nós. Talvez o que chamamos de pensar, consequentemente, constitua os pós-pensamentos e derivados "descarnados" de um casal pensante numênico.

O EMPENHO DE BION

A questão que Bion enfrentou foi *como formatamos (antecipamos) os eventos que enfrentamos a fim de convertê-los (transformá-los) primeiro em experiências pessoais e então em experiências objetivas?* Ele tinha consciência de que o empreendimento racionalista requeria considerações *transcendentais*[4] *(a priori)*, além das pulsões que poderiam responder pela singularidade de como formatamos nossas experiências – ou seja, preparar um *continente* adequado que possa antecipar seus conteúdos futuros. Ao considerar essas categorias *a priori*, ele tomou emprestado o conceito das Formas Ideais de Platão e as denominou "preconcepções inerentes" (ou "memórias do futuro"), que, juntamente com o aparato sensorial (como o "senso comum"), continente ↔ conteúdo, vínculos L, H e K e intuição, tornaram-se os instrumentos de apreensão do "objeto psicanalítico" e de ressonância com O (Verdade Absoluta, Realidade Última).

Em sua peregrinação epistemológica, Bion retraçou as contribuições filosóficas dos principais pensadores do passado, incluindo Platão, Aristóteles, Meister Eckhart, Hume e, em particular, Kant. Ele também consultou matemáticos como Poincaré e Georg Cantor. O objetivo de recorrer à matemática foi chegar a instrumentos para o entendimento que não estivessem saturados com significados preconcebidos. Seu empenho era descobrir o que é inerente em nós que nos permite apreender, processar e internalizar nossas experiências a fim de podermos evoluir a partir delas – *tornando-nos* elas, muito parecido com a forma como fisicamente nos tornamos o que comemos. Finalmente, ele encontrou O e *intuição*, o primeiro sendo, no sentido Kantiano, uma entidade *transcendente*, e, a última, uma entidade *transcendental (a priori)* que nos permite profetizar o além desde o além dentro de nós (Bion, 1965, 1970, 1992).

Essas conquistas são difíceis de superestimar. Elas constituem uma metateoria metapsicológica epistêmica e ontológica que elegantemente estende e honra o empreendimento de Klein, transcendendo o de Freud. Esta metateoria, especialmente com a Verdade[5] da experiência emocional como sua peça central, a Fé como sua guardiã e presença flutuante,[6] e O como sua iniciadora e realização, introduz não apenas teoria epistêmica e ontológica na psicanálise, mas também teleologia e especialmente transcendência, como espero demonstrar. O foco aqui é na capacidade de experienciar[7] O, o Sujeito dos Sujeitos que, como a concepção de Deus, nunca pode ser o objeto dos sentidos ou de contemplação. A capacidade de experienciar O é o privilégio do sujeito inefável da psicanálise (Grotstein, 1997a, 2000a), o "Man of Achievement". É minha crença que o sujeito inefável da psicanálise, o aspecto inconsciente de nós mesmos que experiencia *ser* O, é apresentado ao paciente como o que Bion (1963) denomina o "objeto psicanalítico", como sintomas, sonhos e associações livres, especialmente no que se refere a ele ser o anfiteatro de significativas *"conjunções constantes"* de elementos que, quando unidos, denotam significado único. É minha crença que aquele aspecto do analisando que experiencia O e aguarda a realização ou encarnação com a interpretação do analista é o sujeito inefável do inconsciente, uma entidade numênica que também pode ser conhecida como o "uma-vez-e-para-sempre-bebê-do-inconsciente" (Grotstein, no prelo-a).

Através da autoabnegação (abandono do ego), de acordo com Bion, nós *nos tornamos* O.[8] Ao fazê-lo, tornar-se O representa a conquista, embora transitória, do que eu proponho seja a *"posição transcendente"* – a capacidade do indivíduo, que se desenvolve gradualmente da infância (ou talvez mesmo da vida fetal) em diante, de tolerar (sofrer) e, portanto, de ressoar com O, a realidade última de nada e de tudo. Esta capacidade, portanto, existe antes, durante e depois, flutua sobre, cerca, inclui e está além (em toda dimensão e perspectiva) das posições esquizoparanoide e depressiva, ambas as quais constituem, acredito, uma "camada de ozônio", uma lente protetora ou filtro emocional e epistêmico contra a iluminação cegante do Absoluto,[9] o *nom de plume* de O. Conforme mencionado anteriormente, O nada mais é do que outro nome para "Ser ou Existência-em-si" (*Dasein*) – sem disfarce e o que o Ser experiencia pura e significativamente. Ele é *"aleteia"* ["sem encobrimento"] (Heidegger, 1927).

ADVERTÊNCIAS

Algumas advertências devem ser feitas antes que eu prossiga. Primeiro, uso o termo "transcendente" ou "transcendendo" como uma forma de aproximação ao episteme puro de Bion, e, embora possa parecer ter implicações religiosas/espirituais/"místicas", bem como um uso paralelo na psicologia analítica (Jung, 1916), meu uso limita-se aos vértices psicanalítico e epistemológico, mesmo quando aplicado ao próprio misticismo. O conceito de uma posição transcendente não constitui uma expedição caprichosa ao abandono altivo, etéreo, nem necessariamente valida religião, espiritualidade ou crença em Deus, exceto como a necessidade em resposta à qual os seres humanos tentam fechar a boca do inefável com um nome universal. Ele não está em Larry Darrell, de W. Somerset Maugham, que buscou a "iluminação" no topo do Himalaia em *O Fio da Navalha* (1945). Em outras palavras, ele não é um feliz "enclave autista". O é a própria realidade da pessoa, sem fingimento ou distorção. Esta realidade pode ser um sintoma, a dor de ver as lindas folhas de outono, contemplar a mística da Mona Lisa de la Gioconda, contemplar o horror de Ypres (para Bion), tentar lembrar Hiroshima, Nagasaki, Auschwitz, Vietnã ou Iraque, ou repousar confortavelmente ao lado de nosso(a) companheiro(a) tentando contemplar a perfeição e a inefabilidade do momento.

Transcendência é o "Outro" mudo que se situa "exatamente além, dentro e ao redor" de onde estamos. É o centro de nosso próprio Ser-em-si. O místico[10] ou gênio é aquele aspecto de nós que é potencialmente capaz de estar de acordo (*at one*) com a transcendência como O – mas apenas após termos "esclarecido" com P-S e D. *O místico, de acordo com Bion, é aquele que vê as coisas como elas realmente são – através da ilusão ou camuflagem das palavras e dos símbolos.* É fascinante como o termo "misticismo" adquiriu tamanho preconceito. A conotação geralmente temida de "misticismo", de acordo com Bion, resulta da identificação projetiva de "místico", neste termo, por aqueles que temem a verdade e, portanto, mistificam sua clareza.

O termo transcendência carrega em seu âmbito uma tradição epistemológica que começou entre os filósofos pré-socráticos, floresceu com Platão, continuou em outras formas nos chamados mistérios (Órfico, Eleusiniano e outros), atravessou os místicos hebreus antigos e os primeiros cristãos, tornou-se proeminente nos Gospels Gnósticos e no Zoroastrianismo e, posteriormente, com os chamados escritores místicos apofáticos como Meister Eckhart, Ibn'Arabi, John Scotus Eriugena, Marguerite Porete, Plotino, emergiu novamente na Cabala de Zohar, foi empalidecido pelo brilho do Iluminismo e rejeitado pela certeza e determinismo orgulhosos do positivismo lógico, emergiu brevemente com o movimento transcendentalista de Carlyle e Emerson, no século XIX, e ressurgiu em ainda outra forma nas obras místicas de Kierkegaard. Em outra parte, ele surgiu como um *revival* Zoroastriano nas obras de Nietzsche e ocupou uma posição proeminente no *Denkwürdigkeiten* de Schreber (1903).

A semente mística então criou raízes na metafísica. Ela apareceu como tal em Hegel e, especialmente, em *Crítica da Razão Pura,* de Kant, como a busca epistemológica pelo transcendente – um conceito que veio a encontrar sua expressão consumada na literatura existencial, tal como em Sartre e, particularmente, nas obras de Heidegger, que nos deixou o legado de sua obsessão pelas nuanças implícitas na subjetividade do Ser – em comparação com o legado de Hegel do objeto. Jung foi o primeiro psicanalista a valorizar sua importância.

O misticismo há muito tem sido reivindicado tanto pela religião como pela epistemologia. O espiritualismo engloba ambas as áreas. Lacan tinha o mais profundo respeito pelo misticismo, e a totalidade de suas obras pode ser lida como uma valorização de sua importância na vida mental. Bion tinha profundo respeito pela presença, no homem, do que ele denominava o "instinto moral ou religioso". Não sendo formalmente religioso, Bion foi um dos místicos seculares mais profundos de nosso ou de qualquer tempo – certamente dentro da psicanálise – bem como seu primeiro epistemólogo em geral – e isto inclui Freud. Em resumo, as obras de Bion representam uma destilação completa da sabedoria coletiva das civilizações Ocidental e Oriental e estão focalizadas no episteme de como o homem busca e se esconde do inefável. A realidade tornou-se tão saturada que encolheu para um enclave positivista. A realidade do *outro* contrasta com o mistério, a Alteridade* do outro.

UMA RECONSIDERAÇÃO DAS POSIÇÕES DE KLEIN À LUZ DA POSIÇÃO TRANSCENDENTE

A posição esquizoparanoide, de acordo com esta formulação, constitui um primitivo modo digitalizador que reduz a complexidade caótica, infinita, não linear de O a objetos míticos bons e maus, maniqueístas, lineares, quimeras fantásticas com as quais podemos viver em nossa faixa de onda, sempre tão limitada, de tolerância perceptual e aperceptual, até estarmos prontos para a posição depressiva, em cujo modo poderemos processar mais esses elementos de pensamento em *real*izações dentro da faixa de onda de objetividade. O conceito Kleiniano da posição depressiva foi ancorado firmemente a sua origem no instinto de morte, e tanto P-S como D permanecem constitutivos da teoria de Klein da *neurose infantil* (na realidade, como posições "psicóticas", devido à *onipotência* que caracteriza suas operações e sua visão de mundo). Com O como a peça central desta nova metapsicologia, P-S e D podem então ser entendidas como defesas paranoides, maníacas e/ou depressivas adaptativas (normais) contra a emergência inexorável de O. Além disso, a ansiedade atávica presa-predador torna-se sexualizada e agressivizada e, portanto, personalizada como categorias de subjetividade e atividade autóctones.

---

* N. de R.T. ... the *Otherness* of the other, no original.

A síntese da reavaliação acima das posições é a seguinte: com O como uma nova consideração, podemos agora distinguir entre *terror (medo)* e *perseguição* e *culpa* ou, colocado de outra forma, entre *catástrofe infantil* e a *neurose infantil (psicose)*. Colocado ainda de outra forma, o terror ou medo último determina a experiência da ausência de sentido impessoal de O, enquanto a perseguição é nossa tentativa de personalizar O para controle.

P-S medeia O por subjetivação primária (personalização), pela qual o O sem nome é "batizado" com um selo subjetivo *personalizado* de "perseguidor", deixando de ser o "terror" sem nome e difusamente à deriva. A esperança que inconscientemente subjaz tanto P-S como D é que o caos (O) *seja* organizado por um "seletor de fato" ("atrator estranho") que lhe dê uma coerência a si mesmo, antes que nossa própria função α possa conferir significado pessoal e objetivo a ele. Como já descrevi, acredito – e penso que Bion sugeriu – que a posição esquizoparanoide não é primária; antes, ela foi estabelecida como um filtro operacional para conter e processar (triagem) o caos, a infinitude, a aleatoriedade, a *Ananke* de O, que também pode estar associado com Destino. O outro filtro é a posição depressiva. Este conceito de filtro requer mais desenvolvimento, e devo ocupar-me desta ideia mais tarde. As questões teóricas e a experiência clínica me dizem que, não obstante se considere que o luto, a capacidade essencial que é alcançada na posição depressiva, nunca termine, de fato, isso acontece e deve acontecer, a despeito da probabilidade de que reparações e tentativas de restauração possam normalmente continuar durante toda a vida. As feridas saram, e a necessidade de continuar o luto após seu tempo adequado torna-se patológica, como o *Talmud* nos adverte. Colocado de outra forma, embora a *capacidade* para o luto se torne o legado, como um *traço da personalidade*, de ter *alcançado* a posição depressiva, a continuação do "luto" como um *estado clínico* seria uma indicação da *presença* e da *continuação* de *doença depressiva clínica* (melancolia) ainda não resolvida.

Esta contribuição diz respeito a uma transcendência que existe antes, além, durante e após as posições esquizoparanoide *e* depressiva. Estou simplesmente sugerindo que há um *"além" da posição depressiva*. O mesmo princípio aplica-se à *posição esquizoparanoide*. Uma posição – devo dizer um "posicion*ando*"? – de não linearidade paira sobre o microcosmo de nosso *Weltanschauung* linear limitado. Além disso, em relação a P-S, não é verdade que o próprio nome explica duas funções defensivas importantes, "esquizoide" (cisão) e "paranoide" (identificação projetiva), que, juntas, ajudam o bebê a restabelecer o "ego do prazer purificado" (Freud, 1911b, p. 222)? Através do uso do conceito de posição transcend-ente (-*endo*), se é capaz de interpor um posicionamento que existe com, antes, durante e após as outras posições, que as interpenetra e transmite o tema supraordenado de transcender o O impessoal para chegar a P-S, de transcender P-S para chegar a D, de transcender D para chegar ao O pessoal. Colocado de outra forma, é como se nós, indivíduos humanos, desde o início e com a ajuda benignamente conivente de nossos objetos, devêssemos estabelecer um pacto contínuo e sempre variante com a Verdade Absoluta sobre a Realidade Última – de modo a gradualmente chegar à paz com ela, finalmente como *nosso* O. Seu nome original é "turbulência emocional" (Bion, 1962b, 1963), o estado que inevitavelmente se desenvolve quando dois indivíduos se encontram.

RUMO AO CONCEITO DA POSIÇÃO TRANSCENDENTE: TRANSCENDÊNCIA (EVOLUÇÃO DO *SELF*)

Com relação a transcendência, Bion declara:

> Meu objetivo é mostrar que certos elementos no desenvolvimento da psicanálise não são novos ou peculiares à análise, mas, na verdade, têm uma história que sugere que eles *transcendem* barreiras de raça, tempo e disciplina, e são inerentes ao relacionamento do místico com o grupo. [1970, p. 75]

e:

> Um resultado da separação [do Establishment] não é o acesso direto do indivíduo ao deus com quem ele anteriormente costumava ter relações familiares [como no conceito Homérico de relacionamento do homem com seus deuses]. Mas o deus sofreu uma mudança como parte do processo de discriminação. O deus com quem ele tinha familiaridade era finito; o deus de quem ele está agora separado é *transcendente* e infinito. [1970, p. 75-76]

Conforme mencionado acima, compreendo por que Bion empregou tanto *transcendência* como *transcendentalismo (a priori)* em seu episteme. O primeiro inclui seu conceito de O, enquanto o último inclui seu conceito de intuição, vínculos L, H e K, continente ↔ conteúdo e preconcepções inerentes. Sua teoria de transformações em e a partir de K e O representa o epítome do fenômeno da *transcendência*, talvez o que eu poderia agora também chamar de "transcendental*idade*."

A TEORIA DE KANT DE TRANSCENDÊNCIA E TRANSCENDENTALISMO

Minha releitura de *Crítica da Razão Pura,* de Kant (1787), sugere-me que o conceito de Kant de *"a priori"*, incluindo as categorias de raciocínio, juntamente com o númeno ou a coisa-em-si, constituía o que ele queria dizer por "transcendental", as *estruturas profundas* da mente. A elas eu acrescentaria O (o "Real"). Acredito que isto está configurado da seguinte forma: O tem dois braços – *um braço* é o analítico transcendental, as estruturas profundas dentro de nosso inconsciente não reprimido (inerente). O *outro braço* é a própria experiência sensorial bruta interna e/ou externa. O indivíduo é premido entre os dois braços de O, e deve *tornar-se* a experiência do O indiferente bruto personalizando-o no O pessoal por meio de sua transformação através do sonhar – ou seja, função α – do primeiro braço.

Portanto, a natureza fundamental do conceito psicanalítico de realidade psíquica é basicamente *"transcendental",* na medida em que depende de suposições *a priori*.[11] Em contraste, entretanto, a progressão do desenvolvimento infantil – digamos, da oralidade para a analidade, ou da posição esquizo-paranoide para a posição depressiva – pode ser considerada *"transcendente"* (minha visão, bem como a de Jung, 1916). O próprio Kant diferencia entre *"transcendental"* e *"transcendente"* atribuindo a noção de *a priori* ao primeiro e expansão especulativa além da razão ao último – ou seja, especulações que até agora não foram justificadas pelo raciocínio lógico. É nesta junção que minhas próprias visões – e, por associação, as de Bion – diferem um pouco das de Kant. Em seu *Prolegomena* (Kant, 1783), ele responde ironicamente a uma crítica à primeira edição de seu *Crítica da Razão Pura* (Kant, 1787). Após citar a avaliação de um crítico não identificado de que seu trabalho "é um sistema de Idealismo transcendente (ou, como ele traduz, superior)", Kant então declara em uma nota de rodapé:

> De maneira alguma *"superior"*. Altas torres e homens metafisicamente grandes lembrando-as, em torno dos quais há comumente muito vento, não são para mim. Meu lugar é o produtivo *bathos,* as terras baixas da experiência; e a palavra transcendental, cujo significado é tão frequentemente explicado por mim, mas nem uma vez entendido por meu revisor... não significa alguma coisa indo além de toda experiência, mas alguma coisa que, na verdade, a precede *a priori*, mas que visa simplesmente a tornar a cognição da experiência possível. Se essas concepções ultrapassam a experiência, o emprego delas é chamado de transcendente, uma palavra que deve ser diferenciada de transcendental, esta sendo limitada a uso imanente, ou seja, a experiência. [Kant, 1787, p. 150-151]

Minha reconciliação entre minhas visões e aquelas que acredito serem de Bion e de Kant em relação ao "transcendente" como "alguma coisa indo além de toda experiência" é que O não é "experienciado" *per se* – ou seja, como um *objeto* da experiência. O, como o Deus de Moisés no *Êxodo* ("Eu sou o que eu sou"), é o *sujeito*, alguma coisa com a qual se pode apenas subjetivamente ressoar – ou seja, "tornar-se". Colocado de outra forma, não se *experiencia* O realmente; experiencia-se *sendo* O.

Em *Cogitations,* Bion (1992) intitulou um capítulo de "Reverência e Admiração" (*Reverence and Awe*). Logo que o li, não pude deixar de me perguntar se ele tinha a mim em mente ao discutir o paciente que tinha propensão à reverência e à admiração em relação a um objeto que não podia ser apreendido (pelos sentidos). Acredito que reverência, admiração e o vértice estético são ainda outras manifestações de O. Naquele sentido, deve ser mencionado que Neil Maizels, um analista australiano, simultaneamente comigo, encontrou inadequações na formulação Kleiniana da posição depressiva (a questão entre "alcançar" e "transcender") e concebeu independentemente a *"posição espiritual"* (Neil Maizels, comunicação pessoal, 1990). Devido ao nosso interesse comum no tema, decidimos iniciar uma reavaliação da concepção da posição depressiva.

NOTAS

1. Britton (2006) propõe o conceito do "princípio da incerteza".
2. Sou grato a O.H.D. Blomfield (comunicação pessoal, 1995) por esta ideia e sua fonte em Ricoeur (1970).
3. Heidegger declara: "Toda doutrina filosófica – ou seja, refletida – da natureza essencial do homem é *por si só* uma doutrina do Ser dos seres [i.e., o que significa ser, para um ser]. Toda doutrina do Ser é *por si só* uma doutrina da natureza essencial do homem" (1968, p. 79).
4. Ao final deste capítulo, cito a diferença entre *transcendental e transcendente*, feita por Kant em seu *Prolegomena* (1783).
5. Sou grato a Elizabeth de Bianchedi (1993, 1997) por seu profundo entendimento das ideias de Bion sobre verdade, mentiras e falsidades.
6. Por "presença", tenho em vista meu conceito da presença de pano de fundo (*background*) da identificação primária (Grotstein, 1978).
7. No ponto onde K é transformado para O, o verbo "experienciar" muda de um verbo transitivo para um verbo de ligação. Minha leitura da concepção de Bion de O é que ele é o Sujeito consumado e nunca o objeto.
8. Embora pareça que introduzi anteriormente uma contradição ao dizer que Bion sugere que O é o Sujeito, enquanto agora o cito como declarando que O é o "objeto" psicanalítico, devo, com a maior humildade, discordar de Bion neste ponto. Para mim, O nunca é um objeto. Ele escapa a todos os verbos, exceto a verbo de ligação *"tornar-se"*. O elemento-β é o objeto.
9. Aqui, novamente, a ideia do Absoluto poderia ser "negociada" por alguma coisa como *"Absolutindo"*, mas esse gerúndio é desastrado.
10. Enquanto *escrevia* essas linhas, não pude deixar de pensar qual era o relacionamento entre o místico *qua* místico e sua função α: como ela o afetou?
11. Neste sentido, Freud (1915e) declara: "Assim como Kant nos advertiu a não ignorarmos o fato de que nossas percepções são subjetivamente condicionadas e não devem ser consideradas idênticas ao que é percebido, embora não conhecível, da mesma forma a psicanálise nos adverte a não equipararmos percepções por meio da consciência com os processos mentais inconscientes que são seu objeto. Como o físico, o psíquico não é necessariamente na realidade o que nos parece ser." (p. 171). Em outras palavras, o mundo interno é *transcendental*, se não também *transcendente*.

13

A busca da verdade – Parte A: a "pulsão por verdade" como a ordem oculta da metateoria de Bion para a psicanálise

Freud (1915e) concebia o inconsciente como um "caldeirão fervente" devido à constante irrupção das pulsões instintuais que ele propunha, principalmente a pulsão libidinal, ao que Klein (1935) acrescentou a importância primária da pulsão de morte. Para Bion, o inconsciente constituía um caldeirão fervente porque era a sede essencial da incerteza infinita, inefável, que ele designava como O, seu sinal arbitrário, não saturado para a *Verdade Absoluta* sobre a *Realidade Última*. Recentemente, tentei amplificar, estender e sintetizar as ideias de Bion sobre os aspectos ameaçadores da verdade, propondo que ele sugeriu, mas nunca disse o que eu agora digo por ele e em seu nome: que existe um implacável instinto por verdade na psique, que Freud confundiu com o instinto libidinal e Klein com o instinto de morte (Grotstein, 2004b).

Bion, o polímato e antigo aluno de Oxford, foi além de Freud e Klein ainda de outra maneira. Freud referiu-se brevemente às ideias de Immanuel Kant, mas nunca explicou suas ideias, ou, neste sentido, as de Platão ou Hegel, com relação a eles como fonte adequada para a psicanálise. Bion o fez. As Formas Eternas de Platão (preconcepções inerentes, arquétipos, "memórias do futuro") e as categorias primária e secundária e os números (coisas-em-si) de Kant encontraram uma recepção entusiasmada no pensamento de Bion.

Sucintamente colocado, a causa primeira e suas sequelas são para Bion como segue: O em evolução, que não apenas constitui a Verdade Absoluta sobre a Realidade Última,[1] mas é também a indicação da constante imposição da vida (interior e exterior) sobre nós como um estímulo sensorial, choca-se com nossa fronteira emocional e torna-se registrado como um elemento-β. A função α do indivíduo então o intercepta[2] e o transforma em um elemento-α,[3] que é capaz de mentalização para se tornar pensamentos oníricos, memórias e/ou reforços para a barreira de contato, a qual separa a consciência da inconsciência,[4] a fim de garantir nossa capacidade de dormir, de ficar acordado e de pensar.

Antes de esses estímulos fenomenológicos (elementos-β) sofrerem transformação pela função α, entretanto, eles instantaneamente recrutam e combinam-se com elementos do inconsciente não reprimido – ou seja, preconcepções inerentes, arquétipos, númenos. Esta é uma contribuição significativa de Bion, mas pouco noticiada. Consequentemente, os pensamentos inconscientes nunca-pensados, que Bion excentricamente denomina de "pensamentos sem um pensador", aguardando um pensador (mente) para pensá-los, incluem os resultados da imposição da circunstância bruta (O), que se torna registrada como um elemento-β e, na instância seguinte, torna-se combinada pelos conjuntos infinitos de categorias de preconcepções inerentes e númenos, que equivalem a todas as possibilidades simétricas concebíveis e inconcebíveis que podem se ligar com o novo estímulo (elemento-β) a fim de antecipá-lo e de formatar a mente para se preparar para ele.

O problema é que este formato emerge da infinitude e é experienciado como caos. Ele requer a função α, para fazer a transdução para inteiros finitos, e sonhar para compreensão final. É aqui que a mãe continente entra em cena pelo bebê e onde finalmente a mente assume seu posto, pelo que a mãe pode ser considerada como precursora ou como facilitadora e promotora do desenvolvimento da mente incipiente do bebê. Parte do processo de triagem materna ou analítica consiste de uma transdução da infinitude e de conjuntos infinitos da Verdade Absoluta sobre a Realidade Última para o significado finito, tolerável, pessoal – e, posteriormente, objetivo. Outro, de acordo com Bion, é aprender o que *não* é a verdade significativa implícita na comunicação, desse modo gerando alívio em relação ao que tinha sido inicialmente ansiosamente antecipado como uma premonição profética (uso da Coluna 2 da Grade).

Bion, portanto, revisou sutilmente os conceitos psicanalíticos da causa primeira (estímulo emocional em oposição a pulsão libidinal ou pulsão de morte), sugeriu, mas não especificou, uma pulsão por verdade e relegou a pulsão libidinal (L) e a pulsão agressiva (H), em uma nova conjunção com a pulsão epistemofílica (K), à condição de vínculos emocionais entre *self* e objetos: em outras palavras, conhecemos (K) um objeto pela forma como nos sentimos (L e/ou H) em relação a ele. Consequentemente, os vínculos L, H e K unem-se à função α pra atribuir categorias (emocionalmente codificadas) a elementos-β à medida que eles se tornam elementos-α.

A "DIVINDADE" ("DEIDADE" OU "SANTIDADE") IMANENTE NO HOMEM

Levaria algum tempo antes que psicanalistas e psicoterapeutas fossem capazes de compreender a profunda importância da mudança de paradigma de Bion. Esse tempo ainda não chegou, mesmo agora, mas sinais dele estão começando a surgir (Grotstein, 2004a, 2004b). Nesse meio-tempo, resistências a suas ideias começaram a se desenvolver em torno do que é comumente considerado suas inclinações religiosas, espirituais e místicas. O próprio Bion não era religioso, mas ele observava atentamente a natureza religiosa da humanidade. Ele frequentemente mencionava, para mim, que Freud parecia ter negligenciado o poder da religião, e o quanto era importante o instinto religioso para a humanidade. Ele estava interessado não apenas na teologia em geral, devido a seus muitos paralelos com a psicanálise, mas especialmente na espiritualidade dos místicos, Cristãos, Hebreus e Islâmicos em proporção igual. De fato, ele fez algo muito audacioso. Tendo lido a obra mística de Meister Eckhart, ele tomou emprestada a distinção herética de Eckhart entre as ideias de um "deus" imanente e uma "divindade" transcendente[5] como o Deus de Essência e colocou a "divindade" transcendente dentro do homem, como imanente e como um cognato de O. É minha crença que outra leitura do significado de "divindade", para Bion, era a Gnóstica, na qual divindade é equiparada com o pensamento puro – ou seja, inteligência pura, no sentido neo-Platônico das Formas Ideais. Esta divindade é uma essência pura, e não deve ser confundida com Deus, o Criador.

Bion (comunicação pessoal, 1977) acreditava que o homem tem um instinto para a adoração e deve criar um deus para justificá-lo, e que a teologia e a psicanálise seguem cursos paralelos, de modo que, grosseiramente falando, sempre que um teólogo fala de "Deus", um psicanalista poderia substituir pelo inconsciente ou por O. Se Bion tivesse um dia que ter aderido a uma religião, penso que teria sido ao "Gnosticismo agnóstico". Quanto a Bion, o místico, como declarei anteriormente, o místico não necessita de K para experimentar O. Ele é aquele que vê o óbvio na complexidade, e a complexidade no óbvio.

O significado mais profundo do "experimento perigoso"* de Bion com a deidade está, como mencionado anteriormente, no espírito de Prometeu: permitir que o homem seja apresentado a – seja encarnado por – sua "deidade", o termo arquétipo composto que inclui O e cujo ato designa o homem tornando-se O, que significa transformar o O indiferente, impessoal, em O pessoal, na posição transcendente (Grotstein, 1993a, 2004b). Pode-se agora começar a ver que Bion estava introduzindo uma visão muito diferente, tanto do inconsciente como da luta humana, isso sem contar uma visão muito diferente da psicanálise, que milagrosamente permanece dentro das fronteiras clássicas e apenas por um triz escapa de ser herética, exceto nas mentes de alguns.

---

* N. de R.T. "*Experiment Perilous*" alude a um filme *noir* de 1944 baseado em um romance de Margaret Carpenter e dirigido por Jacques Tourneur.

NOTAS

1. Bion (1965, 1970) atribui posições separadas para "Verdade Absoluta" e "Realidade Última", dividindo-as com uma vírgula; eu as uno causalmente com a premissa de que a verdade sempre pressupõe a aceitação da realidade.
2. Quando o adulto era um bebê, a função α de sua mãe, em sua ação de continência, iniciou esta função de transformação, translação, conversão.
3. Deve-se lembrar que "função α", 'elementos-α" e "elementos-β" são *modelos* de Bion para explicar uma suposta função na mente. Eles não existem por si só; eles são modelos análogos construídos.
4. Bion trata inicialmente de uma presença de consciência e do inconsciente; logo ele substituirá esta dialética por aquela de infinitude *versus* finitude.
5. Parece estranho que Bion deixasse de citar aquele que é, na minha visão, seu *Doppelgänger*[*] – Spinoza, que também concebeu a divindade imanente, em oposição à transcendente.

---

[*] N. de R.T. Seu duplo.

14

A busca da verdade – Parte B: curiosidade sobre a verdade como o "sétimo servo"

Após inúmeras leituras da totalidade das obras publicadas de Bion, fiquei finalmente impressionado pelo que, para mim, tornou-se um "fato selecionado": que o fio de Ariadne que parece permear todas as suas obras e essencialmente defini-las é a sua concepção da "busca da verdade" (curiosidade) (Bion, 1970, p. 46), que reinterpretei como o "instinto ou pulsão por verdade" (Grotstein, 2004a, 2004b). Esta busca da verdade (ou a verdade como uma pulsão instintual) fundamenta toda a sua noção de transformações e a teoria do O. Em outras palavras, a função da transformação é transformar a Verdade Absoluta sobre uma Realidade Última indiferente e impessoal em verdade pessoal, subjetiva sobre a realidade. Bion lista "Verdade Absoluta" ao lado de "Realidade Última" como incluindo O, juntamente com "númenos", "divindade" e "elementos-β".

As transformações operam na Verdade Absoluta sobre a Realidade Última e em suas [da Realidade Última] séries infinitas e continente infinito para fazer suas transduções, por meio da função α, de seu *status* indiferente, impessoal e infinito para um significado pessoal, subjetivo. Inicialmente isto se dá na forma de oposições binárias, no que Klein denomina a "posição esquizoparanoide", na qual elas são codificadas como fantasias inconscientes, consistindo de objetos internos como "equações simbólicas" (Freud, 1924d, p. 179[1]; Segal, 1957, 1981) na forma de opostos, como bom *versus* mau, dentro *versus* fora, e assim por diante, sendo então enviadas adiante para a posição depressiva (P-S ↔ D) como símbolos de objetos inteiros, para mais objetivação.

Proponho que a pulsão por verdade pode ser atribuída ao que Freud (1911b) chamava de "consciência", que constitui "o órgão sensorial para a percepção de qualidades psíquicas" (Freud, 1900a, p. 615, citado em Bion, 1962, p. 4) ("... Das coisas invisíveis à visão mortal"). Penso na "consciência" – e especialmente na "curiosidade" dentro da consciência – como o *"sétimo servo"* de Bion (1977):

Os Sete Pilares da Sabedoria são:
"Tenho comigo seis servos leais
(Que me ensinaram tudo que aprendi);
Seus nomes são O Que e Por Que e Quando
E Como e Onde e Quem.
Eu os enviei por terra e mar,
Os enviei de leste a oeste;
Mas depois de terem trabalhado para mim,
Dei a todos um descanso."
O que falta completa o sete. [Bion, 1977, *Sete Servos,* Introdução (poema *Just So Stories* de Rudyard Kipling); itálico acrescido]

É minha impressão que o "sétimo servo", a consciência que é responsiva às qualidades psíquicas (mundo interno), funciona complementarmente à outra consciência, aquela que representa os órgãos sensoriais que são responsivos às qualidades externas ("o que", "por que", "quando", "como", "onde" e "quem"). Além disso, proponho que ele está ligado à "busca da verdade" de Bion. Juntas, elas contêm a *curiosidade*.

"Como quem vai, com medo e com temor,
Por deserto lugar,
E, tendo olhado à pressa para trás, prossegue
Sem nunca mais olhar
Porque bem sabe que um demônio assustador
Pisa em seu calcanhar."
O "demônio assustador" representa indiferentemente a *busca da verdade* ou a defesa ativa contra ela. [Bion, 1970, p. 46; itálico acrescido]

Considero o uso de Bion desta passagem de "A Balada do Velho Marinheiro", de Coleridge, um suporte à noção de uma pulsão por verdade (Grotstein, 2004a, 2004b) como uma implacável e apaixonada *"busca da verdade"*. Bion continua:

Supondo que existe algum padrão pelo qual se pode distinguir o que é verdade do que não é, ou seja, que existe algum tipo de *função da verdade,* é difícil acreditar que eu, como o objeto de investigação, provavelmente lhe dê uma resposta correta (verdadeira) quanto ao que eu sou ou contenho. [1973, p. 59; itálico acrescido]

Portanto, Bion parece equiparar "sétimo servo", "função da verdade", "busca da verdade" e a "consideração pela verdade" com a curiosidade e seus perigos (Bion, 1992, p. 126). Gostaria de coletivamente nomeá-los como um *"princípio da verdade",* que acompanha os princípios da realidade, do prazer e da incerteza (Britton, 2006) e predomina em relação a eles.

Bion fala frequentemente sobre a verdade ao longo de suas obras. Alguns exemplos podem ser encontrados em *Learning from Experience* (1962b, p.ex., p. 11, 56, 100-101); em *Transformations* (1965, p.ex., p. 37, 38, 147); em *Attention and Interpretation* (1970, p.ex., p. 29-31, 59, 97, 99, 102-104, 117-118); e em *Cogitations* 1992, p.ex., p. 99, 114, 117-118), entre muitas outras obras. A verdade era um conceito muito importante para Bion, um conceito que é proeminente em seu pensamento. Também deve ser enfatizado que, para Bion, verdade significava *verdade emocional* sobre a própria pessoa e sobre seus relacionamentos com seus objetos. Ele parece pensar na verdade como alguma coisa que vai além da integridade moral, alguma coisa que é "científica", um respeito pelo inegável. Seu conceito de *Fé* está estreitamente relacionado a ela. Poderia ser dito que a fé é uma função da verdade.

A CURIOSIDADE E SEUS PERIGOS

Bion frequentemente fala sobre os supostos perigos da curiosidade. Ele encontrou proibições contra a curiosidade mesmo quando criança, de seus pais e do "Arf Arfer" ("Nosso Pai que está no Céu") (Bion, 1982). Ele também lista o mito do Jardim do Éden, o mito da Torre de Babel e o mito de Édipo como mitos nos quais a curiosidade é proibida pela divindade. Além disso, ele sugere que Édipo era culpado de húbris [excesso] ou arrogância ao estar determinado a saber a verdade sobre a tragédia na qual ele, sem saber, participou.

Tendo considerado a formulação de Bion em relação a uma conjunção constante normalmente entre curiosidade e arrogância e, patologicamente, entre essas duas e estupidez (1967c), os seguintes pensamentos especulativos surgiram:

a) A "divindade" representa O, e o investigador curioso deve contar com o perigo de *ativamente* – ou seja, *sacrílega e invasivamente* – *penetrar a barreira de contato* entre o O infinito, que está associado com a divindade (deidade), e a consciência. Em outras palavras, o homem – ou seja, a curiosidade do homem – não deve invadir egoisticamente (como Fausto, ou o que Bion atribuía a Édipo e eu atribuo a Prometeu) invadir o santuário dos santuários (o inconsciente, o corpo da mãe, a divindade). O homem deve desenvolver paciência – ou seja, capacidade negativa – a fim de que a divindade (as Formas Eternas, preconcepções inerentes, as coisas-em-si, números) possa espontaneamente penetrar no homem quando adequadamente convocada pela circunstância, O. É como se o inconsciente trabalhasse como um produtor de Hollywood que poderia caracteristicamente dizer a um ator candidato a um papel: "Não nos telefone! Nós lhe telefonaremos!". É desse modo que as Formas Eternas, O, a divindade tornam-se realizadas na experiência humana como uma concepção. A curiosidade deve aprender a ser humilde! As recompensas são enormes. Colocado de outra forma, quando Bion fala da proibição da divindade contra a curiosidade, ele está ligando o mito das divindades pagãs sentinelas de antigamente, que serviam como deuses dos portais para proteger o que era sagrado – o mezuzah hebraico, o Hermes grego, o Troll Dahl nórdico, e assim por diante. Finalmente, a proibição contra a curiosidade deve tornar-se a barreira de contato que protege e garante a integridade do Sistema *Ucs.* com relação ao Sistema *Cs.* – e vice-versa.

b) A outra interdição contra a curiosidade deve-se às consequências de ela ser satisfeita. A curiosidade é uma função de um *self* em desenvolvimento que se tornou epistemologicamente ambicioso. Toda satisfação da curiosidade impõe um senso crescente de responsabilidade sempre em expansão para o *self* em desenvolvimento. Em outras palavras, ela cria cada vez mais assimetria evolutiva, separação e um senso maior de vulnerabilidade em termos de responsabilidade. Portanto, *curiosidade* está constantemente associada com *ansiedade catastrófica*.

Bion frequentemente refere-se à arrogância de Édipo ao buscar a verdade. Isto requer discussão. Édipo, o designado tirano de Tebas, devia à população de Tebas uma solução para a questão da praga que assolava a cidade. Sua curiosidade era, portanto, responsável, não necessariamente onipotente, em minha opinião. Por outro lado, poderia ser dito que ela pode ter sido um sinal de ilusões de onipotência, por Édipo acreditar que poderia tolerar as verdades últimas que sua curiosidade revelasse. Mas outra fonte de húbris pode estar localizada nos pés de Édipo. Dodds (1965) indica que as três peças de Édipo de Sófocles, *Édipo Rei* (Tyrannus), *Édipo em Colona* e *Antígona*, parecem ter sido peças moralistas. Greenberg (2005), em seu estudo da "voz média" da Grécia antiga, afirma que a húbris de Édipo está em ele ter decifrado o enigma da esfinge com sua própria sabedoria – sem reconhecer a sabedoria dos deuses que o ajudaram. Para apoiar esta ideia, ele reconhece suas fontes nas obras de estudiosos dos gregos como Dimock (1989), Vernant (1990), Fagles (1991) e Lebow (2003).

Bion escreve frequentemente sobre a curiosidade e sua proibição pela divindade. Ele então cita os seguintes mitos para apoiar sua tese: O Jardim do Éden, a Torre de Babel e os mitos de Édipo. Ele também poderia ter citado o mito de Prometeu. A questão que eu proponho é: Quem é a "divindade" que se opõe à curiosidade? É a divindade, "deus" → deidade (O) ou é uma outra dimensão da divindade? Sugiro que a resposta está no conteúdo latente do mito do Jardim do Éden. Se considerarmos Deus, naquele mito, como uma versão do bebê recém-nascido que, como um deus, acredita que *criou* tudo e todos, ele abre seus olhos para eles à medida que os *descobre*, incluindo ele mesmo, então o seguinte cenário é concebível: o deus-bebê é seu próprio criador e também o criador de seus pais, Adão e Eva. Quando ele fica sabendo que foi a relação sexual dos pais que o criou, ele é expulso de seu paraíso Edênico de onipotência e torna-se um bebê dependente normal, que agora inveja a cena primária parental da qual está excluído. Em sua amargura, sua curiosidade busca observar e, portanto, "conhecer" a cena primária, da qual até sua curiosidade deve ser excluída em respeito à "lei do pai".

A TRANSFORMAÇÃO INTERMEDIÁRIA DA VERDADE ABSOLUTA SOBRE A REALIDADE ÚLTIMA (O) PARA A VERDADE TOLERÁVEL (K) E SEU RETORNO CÍCLICO A O

Aprender com a experiência

Bion considerava que toda experiência emocional aceita, processada e transformada é acompanhada por realizações inconscientes de Formas Ideais e/ou númenos emergentes – ou seja, preconcepções inerentes ("pensamentos sem um pensador") –, desse modo permitindo que o recipiente "aprenda com a experiência" e evolua como um *self* e como uma alma. Ao propor esta linha de pensamento, Bion impregnou a psicanálise com a epistemologia e o misticismo do Iluminismo antigo e ocidental para criar uma ontologia epistemológica psicanalítica semelhante à de Heidegger e Sartre (C. Williams, 2006).

Vinheta clínica

Uma analisanda estava expressando seus sentimentos sobre minha próxima partida para minhas férias de verão. Ela primeiro expressou consternação sobre como seu marido desempregado, agora "dono de casa", a estava decepcionando por colocar a responsabilidade do sustento nela. Fui capaz de ajudá-la a ver que, por analogia, ela também estava me percebendo como um parceiro-analista brevemente desempregado que a estava deixando sozinha com a carga de cuidar de si mesma, bem como de sua família. Primeiro, interpretei-lhe que ela acreditava estar sendo, agora, abandonada por mim-marido em retaliação por ela ter se "divorciado" (um elemento-chave em sua história) de sua família da infância. Ela ficou pensando sobre esta ideia e achou que poderia ser correta, mas isto não a aliviou suficientemente. Ela então começou – como os analisandos têm feito desde os primeiros dias da psicanálise – a especular sobre uma outra razão para eu estar saindo. Como é o caso com tantos analisandos, ela se perguntava se eu estava saindo, neste momento em particular, porque ela tinha me esgotado devido a sua excessiva carência ultimamente. Embora considerando que *ela* acreditava que aquela fantasia podia ter tido valor, eu estava impressionado com seus clichês e, então, respondi a ela: "Suponha que esta não seja a razão. Suponha que minha saída não tenha nada a ver com você e sua carência." Sua resposta foi instantânea e animada. "Meu Deus! Isso seria terrível, impensável. Isto tem que ter a ver comigo, caso contrário eu não sou nada para você e, portanto, nada para mim mesma. Pelo menos eu tenho uma ligação e uma identidade se eu posso ter afastado você para suas férias!"

Relato a cena analítica acima como um modelo, para demonstrar o que acredito que seja a universalidade da necessidade por uma fantasia inconsciente para acompanhar a percepção e a concepção do analisando de um evento real – neste caso, na transferência. Ao desenvolver uma fantasia, neste caso, uma fantasia inconsciente da qual ela foi capaz de tornar-se consciente (deve ser salientado que, em ocasiões anteriores, isto já havia sido interpretado para ela como uma fantasia inconsciente), de seu próprio suposto senso de responsabilidade com relação a um evento externo, ela foi capaz de tornar-se a autora, naquele momento, de seu próprio cenário de vida com um objeto (eu) e de alcançar um senso de identidade como uma força motriz: "Eu fiz isso acontecer, portanto, eu existo." Fiz referência a este fenômeno anteriormente como "autoctonia", a fantasia inconsciente de auto-criação e criação da ordem do próprio mundo ("cosmogonia") pelo *self* – ou seja, autocriação e auto-organização (Grotstein, 1997c, 2000a). Também sugeri, então, que o trauma pode ser entendido como sendo a ocorrência de um evento real, antes que a pessoa tivesse a oportunidade de tê-lo "criado" antecipadamente (mesmo que por microssegundos) na fantasia inconsciente.

Esta fantasia, como todas as outras, origina-se das operações dos processos primários, de acordo com Freud (1911b) e da função α ou do trabalho do sonho-α (*dream-work-*α), de acordo com Bion (1962b, 1963, 1992), que discorda da separação que faz Freud dos processos primário e secundário e, em vez disso, os une como processos gradientes adjacentes, como função α. Bion, em consequência disso, revisou os conceitos de Freud não apenas dos processos primário e secundário, mas também sobre sonhos e sonhar e sobre o aparato psíquico.

Retorno à discussão da extensão e revisão radical que Bion fez de Freud e Klein posteriormente. Por enquanto, permitam-me revelar uma ideia que Bion sugere: *toda percepção, concepção ou ato na realidade externa deve ser "sonhado" a fim de tornar-se uma parte do inconsciente, bem como tornar-se consciente, como resultado do processamento inconsciente inicial.* Colocado de outra forma, *toda percepção, concepção ou ato na realidade externa ou interna deve ser acompanhado pela criação de uma fantasia inconsciente correspondente* (Bion não parece diferenciar entre sonhos, fantasias e mitos).

POR QUE (COMO) AS INTERPRETAÇÕES PRODUZEM ALÍVIO?

Freud (1911b) discute o conflito entre o princípio do prazer e o princípio da realidade e afirma que o primeiro origina-se mais cedo, é predominante na realidade psíquica e organiza os processos primários. Quando um analisando sente-se aliviado por uma interpretação, é porque ele alcançou uma capacidade suficiente para o teste de realidade e para o prazer em entender à medida que o prazer da satisfação do desejo foi transcendido? Esta é a teoria, se eu não me engano, que inspira o pensamento psicanalítico tradicional.

Minha própria visão atual, acompanhando Bion, é como segue: Quando o analisando aceita uma interpretação (que é presumivelmente correta), diversos eventos ocorrem:

1. A função α (o sonhar) do analista capacita, intensifica e fortifica a própria função α e o trabalho do sonho do analisando, até então prejudicados, para reconstituir-se ligando as catexias soltas de processos primários iminentes (Freud, 1911b), ou transformando "elementos-β" perturbadores, O (Bion, 1965, 1970), em símbolos mais tranquilizadoramente manipuláveis, K (conhecimento).
2. Com uma transformação de O para K, também ocorre uma transformação simultânea e antecipada de elementos-β de O para o "P" correspondente (fantasias inconscientes). Ou seja, fantasias (ou sonhos diurnos e noturnos) que combinam fantasmaticamente com sua contraparte no pensamento simbólico. Esta última ideia, que devo discutir posteriormente, corresponde a uma aplicação do conceito de Bion (1965) de "visão binocular" – a necessidade de estabelecer e de reparar o pavimento de sonho-fantasia da psique para dar suporte à realidade simbólica.
3. Mas, ao mesmo tempo e em outro nível, acredito que a própria presença do analista, bem como sua coragem e o efeito de sua atividade interpretativa, oferecem uma profunda tranquilização ao analisando, que, em suas raízes mais profundas, pode ser considerada como estando próxima da operação do princípio do prazer.

Sei, por todas as análises que conduzi, bem como por minhas próprias análises pessoais, que o próprio ato de estar com o analista oferece sentimentos de satisfação de desejo, tais como esperança e alívio por ser escutado, pela ilusão de justiça no mundo e, especialmente, por ter a oportunidade de compartilhar os próprios sentimentos com um analista, cujo papel é o de um "tabelião" muito particular (Grotstein, no prelo-c) para nossa vida mais interior. Portanto, pode-se conceber uma trajetória dupla entre a operação dos processos primário e secundário, ou do trabalho do sonho, na qual a realidade psíquica trabalha junto, como em oposição binária (não necessariamente em conflito) com a realidade externa (poderia ser usada a analogia de irmãos siameses, que estão separados e fundidos ao mesmo tempo).

Conclusão: O instinto por verdade é o agente operante da curiosidade, que constitui o "sétimo servo".

NOTAS

1. Sou grato a Thomas Ogden pela referência de Freud sobre a "equação simbólica".

15

Mentiras, "mentiras" e falsidade

Elizabeth Tabak de Bianchedi (1993) e seu grupo de estudo de longo prazo (De Bianchedi et al., 2000) estudaram O durante muitos anos, "as várias faces das mentiras" na obra de Bion e no trabalho de outros autores. Após considerável deliberação, eles foram capazes de formar um sistema categórico de inverdades ao longo de um gradiente: falsidades ou inverdades → mentiras → Mentiras. (Note que a primeira "mentira" é escrita com um m minúsculo e a segunda com um M maiúsculo a fim de diferenciar significativamente entre as duas.) Bion parece ter sido o único – ou pelo menos o primeiro – analista desde Freud a tratar dos aspectos teóricos e clínicos das prevaricações, incluindo a questão de se os mentirosos podiam mesmo ser analisados. Bion, ao contrário de Klein, acreditava que eles podiam.

De Bianchedi e seus colegas também traçaram a história do encontro de Bion com o tema de falsidades e mentiras, como aqui:

> "O que é verdade", disse gracejando Pilatos... e não esperou por uma resposta... Provavelmente não podemos esperar por uma resposta porque não temos tempo. Contudo, é com isso que estamos preocupados... inescapável e inevitavelmente – mesmo se não tivermos ideia do que é verdade e do que não é. Visto que estamos lidando com caracteres humanos, também nos preocupamos com mentiras, fraudes, evasivas, ficções, fantasias, visões, alucinações – na verdade, a lista pode ser prolongada indefinidamente. [Bion, 1977b, p. 41, 42]

Bion também podia ter acrescentado sonhos. No início de seu trabalho (até *Transformations*, 1965), Bion compara a verdade com sua contraparte, a falsidade, de acordo com de Bianchedi (1993), que então continua para mostrar como ele alterou significativamente esta distinção quando desvelou O, a Verdade Absoluta sobre uma Realidade Última, um domínio que deve permanecer para sempre inefável e inalcançável pelo conhecimento humano. Ao desvelar este conceito de Verdade Absoluta e Realidade Última, Bion transcendeu a noção positivista de realidade por sua precursora última, não conhecível, pela invocação da Verdade não conhecível, aquela que é necessária para enfrentar esta Realidade. Bion então postulou a operação, nos seres humanos, de operações transformadoras/transdutoras: a função α e, posteriormente, o sonhar, os quais convertem a Verdade Absoluta – indiferente, impessoal – em verdade pessoal, emocional, subjetiva, uma entidade que nos permite pensar, sentir, crescer mentalmente; em outras palavras, nos capacita a "aprender com a experiência" por ser capaz de converter a Experiência Absoluta em experiência pessoal, que pode ser sentida e pensada (refletida). Nesse meio-tempo, a polarização mais antiga de Bion entre verdade e falsidade teve que ser alterada em favor de um gradiente, Verdade → verdade → falsidade → mentira, a cujo gradiente de Bianchedi e seu grupo acrescentam mentira → Mentira. Eles assim diferenciam mentira de Mentira:

> [Nós]... diferenciamos a "mentira" (com letra minúscula), relacionada a mecanismos de defesa, da "Mentira" (com letra maiúscula), especificamente relacionada ao mentir consciente e revelador". [de Bianchedi et al., 2000, p. 224]

Em *Attention and Interpretation,* Bion discute verdade e mentiras:

> Para sua satisfação, o mentiroso necessita de uma plateia; isto o torna vulnerável, visto que sua plateia deve estabelecer um valor a suas fabricações. Portanto, é *necessário que o analista-vítima deva agregar importância às declarações do paciente como formulações de uma verdade.* Deve ser possível observar elementos incoerentes e detectar um padrão que una os elementos discrepantes, mostrando uma coerência e um significado que eles não tinham sem ele... A reação Ps ↔ D revela uma situação completa que parece pertencer a uma realidade que preexiste ao indivíduo que a descobriu. *A descoberta da mentira não possui a austeridade espontânea do genuíno Ps ↔ D. A mentira requer um pensador para pensar. A verdade, ou pensamento verdadeiro, não requer um pensador – ele não é logicamente necessário...* Provisoriamente, podemos considerar que a diferença entre um pensamento verdadeiro e uma mentira consiste no fato de que um pensador é logicamente necessário para a mentira, mas não para o pensamento verdadeiro. *Ninguém precisa pensar o pensamento verdadeiro: ele espera o advento do pensador que alcança significância através do pensamento verdadeiro. A mentira e seu pensador são inseparáveis. O pensador não tem importância para a verdade, mas a verdade é logicamente necessária para o pensador... Os únicos pensamentos aos quais um pensador é absolutamente essencial são as mentiras... O estado esquizoparanoide pode, então, ser visto como peculiar ao pensador que está em um estado de perseguição por pensamentos que pertencem a um sistema não humano, o domínio de O.* [1970, p. 102-103; itálico acrescido]

Para esclarecer os comentários em itálico acima:

- *"É, portanto, necessário que o analista-vítima deva agregar importância às declarações do paciente como formulações de uma verdade"*: Considero que isto significa que o analista deve considerar o mentiroso como empregando inadvertidamente o equivalente ao trabalho do sonho, se não, realmente usando o trabalho do sonho para disfarçar a verdade (Verdade) que ele teme. Colocado de outra forma, a mentira do mentiroso pressupõe a verdade disfarçada – como os sonhos.
- *A descoberta da mentira não possui a austeridade espontânea do genuíno Ps ↔ D"*: Meu entendimento desta citação é que o analista pode detectar uma diferença emocional entre a forma como a pessoa conta a verdade e a mentira.
- *A mentira requer um pensador para pensar. A verdade, ou pensamento verdadeiro, não requer um pensador – ele não é logicamente necessário"*: Entendo que o mentiroso deve pensar – defensivamente – para proteger a "verdade (consistência) da mentira", o tempo todo sabendo que ela é inverídica.
- *"Ninguém precisa pensar o pensamento verdadeiro. A mentira e seu pensador são inseparáveis. O pensador não tem importância para a verdade, mas a verdade é logicamente necessária para o pensador"*: A verdade simplesmente é, e aguarda seu pensador, mas não depende deste para pensá-la. O "pensador verdadeiro" (em oposição ao mentiroso que pensa) deve buscar a verdade, embora em vão, apenas sendo capaz de abordá-la oblíqua ou tangencialmente, devido a seu "brilho cegante".
- *"O estado esquizoparanoide pode então ser visto como peculiar ao pensador que está em um estado de perseguição por pensamentos que pertencem a um sistema não humano, o domínio de O"*: Considero que esta última afirmação é incomumente profunda e explanatória para todas as afirmações anteriores. Do ponto de vista Kleiniano positivista, P-S constitui a reação do bebê à experiência de suas pulsões, tanto vindas de dentro como, então, de fora, por meio de identificação projetiva e então introjetiva. Em outras palavras, as pulsões constituem a causa primeira. Na revisão radical de Bion da metateoria psicanalítica, P-S é nossa primeira defesa contra a indiferença, impessoalidade e caráter absoluto de um sistema cósmico não humano ainda a ser "humanizado e personalizado pela função α e pelo sonhar, o infinito, inefável e numênico domínio de O, a nominação de Bion para a causa primeira.

Também passei a acreditar que uma das diferenças significativas entre o "mentiroso" e o "Mentiroso" está no caráter. Caracteres fracos (mentirosos) podem ser propensos a mentir quando situações difíceis surgem, enquanto os Mentirosos (aqueles que são chamados de "mentirosos patológicos") parecem mentir caracterologicamente – mesmo quando não é necessário. Eles parecem incapazes de evitá-lo. É minha crença que esses Mentirosos caracterológicos são dominados por uma organização patológica ou recuo psíquico (Grotstein, no prelo-c; Steiner, 1993).

Por outro lado, acredito que é importante considerar o reverso da situação: nós analistas somos imbuídos de respeito pela verdade, tanto do analisando como de nossa própria, que tendemos a moralizar contra as mentiras, Mentiras, falsidades e os mentirosos que as apresentam. Os próprios termos são pejorativos. As mentiras revelam a desventurada paixão e angústia do analisando ao contrário – como verdade no negativo, à medida que ela é transmitida por um porta-voz por um recuo psíquico supostamente protetor. As mentiras nada mais são do que um modo alternativo de revelar a verdade: "Para dizer a verdade, eu não posso tolerar a verdade, exceto através do filtro ou lente de uma mentira!" (Grotstein, no prelo-c).

16
O continente e o conteúdo

AS ORIGENS DO CONCEITO

Das inúmeras contribuições de Bion, certamente seu desenvolvimento do conceito de *continente* ↔ *conteúdo* ocupa o primeiro lugar como o mais conhecido e mais amplamente usado, tanto na teoria como na técnica (ver Capítulos 4 e 5). Ele parece ter estado incubando por algum tempo nas observações que Bion havia feito sobre pacientes psicóticos. Encontramos o primeiro esboço do conceito em "Development of Schizophrenic Thought" ("Desenvolvimento do Pensamento Esquizofrênico"):

> Na fantasia do paciente, as partículas expelidas do ego levam a uma existência independente e incontrolada fora da personalidade, mas *contendo* ou *contidas* por objetos externos onde elas exercem suas funções, como se a provação à qual foram submetidas tenha servido apenas para aumentar seu número e provocar sua hostilidade para com a psique que as expulsou. [1956, p. 39; itálico acrescido]

O "CONTINENTE NEGATIVO"

Podemos deduzir deste e de outros trechos que Bion parece ter se deparado com a ideia de um "continente negativo" ou patológico antes de sua posterior formulação de um "continente positivo". Em um ensaio subsequente, "On Arrogance", ele declara:

> Parece que emoções esmagadoras estão associadas com a suposição, pelo paciente ou analista, das qualidades requeridas para perseguir a verdade e, em particular, uma capacidade de tolerar os estresses associados à introdução de identificações projetivas de outra pessoa. Posto em outros termos, a meta implícita da psicanálise de perseguir a verdade a qualquer custo parece ser sinônimo de uma pretensão a uma capacidade

de *conter* os aspectos descartados, cindidos de outras personalidades, enquanto retém uma aparência de equilíbrio. [1957a, p. 88-89; itálico acrescido]

Algumas páginas adiante, Bion observou que o paciente acreditava

1. que Bion não podia tolerar suas comunicações e
2. que, ao insistir na comunicação verbal entre o paciente e ele próprio, ele estava atacando a forma de comunicação do paciente – ou seja, a identificação projetiva:

> Nesta fase, meu emprego de comunicação verbal foi sentido pelo paciente como um ataque mutilador a *seus* métodos de comunicação. Deste ponto em diante, foi apenas uma questão de tempo demonstrar que *a ligação do paciente comigo era sua capacidade de empregar identificação projetiva...* Disso dependia uma variedade de procedimentos que eram sentidas como assegurando experiências emocionalmente gratificantes como... *a capacidade de colocar sentimentos maus em mim e deixá-los lá o tempo suficiente para eles serem modificados por sua estada em minha psique*, e *a capacidade de colocar partes boas de si mesmo em mim, desse modo sentindo, como resultado, que estava lidando com um objeto ideal. Um senso de estar em contato comigo estava associado com essas experiências. Estou inclinado a acreditar que esta é uma forma primitiva de comunicação que fornece uma base da qual, no fim, a comunicação verbal depende.* Por seus sentimentos em relação a mim quando *eu estava identificado com o objeto obstrutivo,* fui capaz de deduzir que o *objeto obstrutivo* estava curioso sobre ele, mas *não podia suportar ser o receptáculo para partes de sua personalidade* e, consequentemente, fez ataques destrutivos e mutiladores, basicamente através de estupidez, a sua capacidade para identificação projetiva. [1957a, p. 91-92; itálico acrescido]

Aqui vemos Bion, o gênio, trabalhando: sua observação extraordinariamente perspicaz da interação do paciente com ele, e sua capacidade de desconstruir (abstrair) os resultados de sua observação em seus elementos e reconstruí-los, ou reconfigurá-los, em entidades mais significativas. Em resumo, Bion submeteu suas abstrações ao sonhar (pensamento de vigília) e, desse modo, "permaneceu de pé sobre um pico em Darién".*

---

* N. de R.T. Alusão a *"O Homero de Chapman à primeira vista"*, de John Keats: "... Então me senti como um observador dos céus /Quando um novo planeta desliza para o seu campo de vista;/Ou como o resoluto Cortés quando com olhos de águia / Contemplou o Pacífico – e todos os seus homens /Entreolharam-se com um alucinado presságio – Em silêncio, sobre um pico em Darién."

O OBJETO OBSTRUTIVO E O "SUPER"EGO COMO UM CONTINENTE NEGATIVO PERSECUTÓRIO (PROJEÇÃO REVERTIDA)

Foi nesses primeiros trechos – reconhecido por nós retrospectivamente – que Bion lançou as bases para sua posterior concepção de continente e conteúdo. Ele, portanto, primeiro associou o desenvolvimento da continência, em sua forma negativa ou patológica, com uma "catástrofe primitiva" (Bion, 1967c) que ocorrera na infância de seus pacientes psicóticos; a partir disso, ele formulou a ideia do continente positivo, na mãe, como a função crítica que estava faltando. Ele deduziu, ainda, que este continente negativo era caracterizado, quando internalizado, por

1. um *objeto obstrutivo* (interno), o qual representa um amálgama de

    a) *uma mãe real* que não pode tolerar as efusões (projeções) emocionais de seu bebê, além de seu ódio do bebê por expressar suas emoções exageradamente, e que projeta ao reverso;

    b) o ódio do bebê dela por sua rejeição dele, que o bebê projeta em sua imagem dela; e

2. um bebê que *somente* pode comunicar suas emoções por meio de identificação projetiva por não possuir ainda a capacidade para comunicação *verbal*.

Bion continuou este mesmo tema do "objeto obstrutivo" em seu trabalho seguinte, "Attacks on Linking" (1959), em "A Theory of Thinking" (1962a), bem como em "Commentaries" (1967a) em *Second Thoughts* (1967c), no qual ele lhe dá a posição central na primeira contribuição sobre sua metateoria psicanalítica radical, uma epistemologia ontológica e fenomenológica, produto de suas experiências no tratamento de pacientes psicóticos.

Em *Learning from Experience,* Bion refere-se a este objeto obstrutivo como um "super"ego muito (irracionalmente) moralista:

> Em primeiro lugar, posso apenas descrever sua característica predominante como "ausencia-lidade" (*without-ness*). É um objeto interno sem um exterior. É um canal alimentar sem um corpo. É um superego que praticamente não tem as características do superego conforme entendido na psicanálise: é "super" ego. É uma afirmação invejosa de superioridade moral, sem qualquer moral. Em resumo, é resultante de um desnudamento ou esvaziamento invejoso de todo o bem, e está ele próprio destinado a continuar o processo de desnudamento..., como existindo, em sua origem, entre duas personalidades. O processo de desnudamento continua até que $-♀-♂$ representem pouco mais do que uma superioridade-inferioridade vazia, que, por sua vez, degeneram para nulidade.

> No que diz respeito a sua semelhança com o superego – (♀♂), mostra-se como um objeto superior afirmando sua superioridade ao encontrar falha em tudo. A característica mais importante é seu ódio de qualquer novo desenvolvimento na personalidade, como se o novo desenvolvimento fosse um rival a ser destruído. O surgimento, portanto, de qualquer tendência a buscar a verdade, a estabelecer contato com a realidade e, em suma, a ser científico, mesmo que de forma rudimentar, é recebido por ataques destrutivos à tendência e pela reafirmação da superioridade "moral". Isto sugere uma afirmação do que, em termos sofisticados, seria chamado de lei moral e de um sistema moral como superiores à lei científica e a um sistema científico. [1962b, p. 97-98]

Talvez sem dar-se conta, Bion parece ter reconfigurado o papel deste "super"ego primitivo, não meramente como o agente patológico que toma o lugar da formação do ego com seu sistema moral severo, hipócrita, mas também como um agente patologicamente "protetor" para o bebê, agora desmoralizado, a quem é negado um continente-mãe razoável no qual projetar. A própria severidade e rigor deste "super"ego oferece, através de sua onipotência e resistência,[1] uma segurança sádica ao bebê, agora masoquista, que passa a depender desta segurança ausente. Em outra parte, referi-me a este fenômeno como o "pacto Faustiano com o diabo" (Grotstein, 1979, 2000a). O bebê desmoralizado deve então, de acordo com Fairbairn (1943), introjetar seletivamente a perversidade dos aspectos intoleráveis do objeto necessitado, identificar-se com eles e, desse modo, preservar a ficção de um objeto confiável. Isto também equivale a uma identificação com o agressor (A. Freud, 1936).

É muito interessante observar, em retrospecto, que Bion encontrou este padrão do continente negativo nos psicóticos. Penso que, estivesse ele vivo hoje, sem dúvida veria sua relevância para os transtornos traumáticos, para os quais é altamente adequado (Brown, 2005, 2006; Grotstein, no prelo-c). Hoje os clínicos tratam transtornos de estresse pós-traumático resultantes de crescer em uma família disfuncional. Também é minha opinião que o continente negativo – que, como já mencionei, absorve o conceito anterior de Bion do objeto obstrutivo e sua ideia posterior do "super"ego maligno – pode constituir o alicerce das organizações patológicas ou dos refúgios psíquicos (Steiner, 1993), isto para não mencionar as estruturas endopsíquicas (Fairbairn,1940; Grotstein, 2002, 2005). Mais recentemente, tracei um paralelo entre o continente negativo e o refúgio psíquico (Grotstein, no prelo-c; Steiner, 1993).[2]

CONTINENTE ↔ CONTEÚDO

A experiência intersubjetiva fundamental de comunicação emocional entre bebê e mãe, e entre analisando e analista, introduziu dois novos temas à psicanálise, particularmente à análise Kleiniana da época:

1. a importância do relacionamento continente ↔ conteúdo, e
2. a importância primária dos relacionamentos como o fator *sine qua non* e irredutível no desenvolvimento do bebê.

Ela também antecipou desenvolvimentos subsequentes no desenvolvimento do bebê e na pesquisa do apego (Bowlby, 1969), bem como a ascensão do pensamento intersubjetivo em outras escolas analíticas – embora Bion não estivesse sozinho. Em outra parte, declarei que o conceito de continente ↔ conteúdo, bem como as posições de Klein (P-S ↔ D), constituem o padrão inconsciente para fenômenos de apego (Grotstein, 2005, no prelo-a):

> Um bebê dotado de marcada capacidade para tolerar frustração poderia sobreviver à penosa experiência de uma mãe incapaz de rêverie e, portanto, incapaz de suprir suas necessidades mentais. No outro extremo, um bebê marcadamente incapaz de tolerar frustração não pode sobreviver, sem colapso, mesmo à experiência de identificação projetiva com uma mãe capaz de rêverie... Portanto, aproximamo-nos de uma vida mental não mapeada pelas teorias elaboradas para o entendimento da neurose. [Bion, 1962b, p. 37]

Podemos concluir do conceito de continente ↔ conteúdo de Bion, consequentemente, que *ele é a contraparte adequada ao conceito de apego e constitui seu padrão inconsciente*. Eu postularia, ainda, que há uma relação entre o vínculo continente ↔ conteúdo e um *pacto* vivo entre os parceiros no relacionamento, cada um dos quais possuindo uma parcela da responsabilidade por seu bem-estar. Além disso, este pacto torna-se *sine qua non* para o desenvolvimento da experiência de *fé* em seus objetos (Bion, 1965, p. 159).

Bion frequentemente usa ícones – ♀♂ – para designar o continente ↔ conteúdo. Ele pode ter tido muitas razões para isto, que ele nunca relevou. Uma possibilidade que me vem à mente é que Bion acreditava que o seio, a vagina e o pênis constituíam *órgãos de ligação* entre objetos, e que um dos maiores desafios que o bebê deve enfrentar é a cena primária, que este ícone belamente simboliza e que representa o ato criativo original.

A MUDANÇA DE PULSÕES PARA EMOÇÕES E COMUNICAÇÃO EMOCIONAL

A mudança de Bion da hegemonia das pulsões instintuais para emoções e comunicação emocional é notável e, em última análise, alcançaria a realização em cinco estágios sucessivos de suas teorizações:

1. a formalização do conceito de *"continente ↔ conteúdo"* (1962b, p. 99);

2. o modelo da *"função α"* como a qualidade necessária do continente materno;
3. *"transformações"* de elementos-β (impressões sensoriais não mentalizadas da experiência emocional) em elementos-α (elementos mentalizados adequados para subsequente pensamento, memória, sonhar, etc.) pela função α do continente (ver Capítulo 7, nota 1);
4. a formulação da *"atenção"* como uma versão especializada da "consciência" enquanto um órgão sensorial responsivo a qualidades psíquicas (consciência inconsciente, intuição, *nous*[3]; e
5. a apoteose final a sua metateoria, O, aquele que representa a culminação de e o "fato selecionado" organizador, definidor em relação a todas as suas conceitualizações anteriores. Com as duas últimas dessas contribuições, e particularmente com "transformações em O", encontramos, ainda, uma sexta concepção essencial, que ainda é psicanaliticamente "herética" entre os Kleinianos de Londres:
6. o conceito de *"verdade"* (verdade emocional) na medida em que ela descende transformativamente de O, a Verdade Absoluta (indiferente, impessoal) sobre a Realidade Última, para verdade pessoal tolerável (aceitável).

AS FUNÇÕES COMPONENTES DO CONTINENTE

Conforme mencionado anteriormente, Bion conceitualizou primeiro um objeto- continente *negativo* como a questão de seu tema original do objeto interno obstrutivo que ataca o pensamento e a ligação com outros objetos, e então objetos-continentes *positivos*, que constituem um elemento necessário no ato de pensar: o bebê projeta suas protoemoções brutas – elementos-β, "pensamentos sem um pensador" – em seu continente materno, que, em um estado meditativo de rêverie, (1) absorve, (2) seleciona (classifica, prioriza), (3) desintoxica, (4) faz a transdução dos elementos-β de infinitude para finitude (bom *versus* mau, etc.), (5) reflete sobre essas comunicações emocionais projetadas e (6) permite-lhes incubar dentro dela, enquanto, ao mesmo tempo, ela (7) lhes permite ressoar com suas próprias emoções nativas, autóctones e seu repertório de experiências (memória) conscientes e inconscientes. Desta incubação e intercâmbio ressonante, emerge espontaneamente um "fato selecionado"[4] que dá coerência à totalidade da comunicação. Enquanto isso, (8) os elementos-β (protoemoções) originais do bebê foram transformados em elementos-α adequados para *mentalização*. A mãe então (9) responde adequadamente a ou informa a seu bebê (interpretação) o que ele está sentindo. Ela também pode (10) reter o que absorveu para um futuro retorno protelado (a base para repressão). A analogia com diálise renal é notável. É importante perceber que o continente não é meramente o processador das protoemoções do bebê; ele também é o gerador de pensamento independente, em resposta aos elementos-β (co-criação) do bebê. O ato de continência envolve a reconfiguração transformativa das protoemoções (elementos-β) brutos, não processados do bebê/analisando em elementos-α (fantasias inconscientes, mitos, reconstruções, mudança de perspectiva) a fim de obter significado *pessoal* a partir da *impessoalidade* de O e finalmente alcançar o "controle do dano". De um ponto de vista mais simplificado, entretanto, a função do continente pode ser vista genericamente como a capacidade de um indivíduo (bebê, analisando, qualquer um) de *compartilhar* suas experiências emocionais com outro indivíduo interessado, cujo próprio ato de *cuidar* age para *circunscrever* o momento emocional para o bebê/paciente perturbado.

Há ainda outro aspecto da função de continente ↔ conteúdo que precisa ser tratado: (11) O conceito de continente ↔ conteúdo foi, desde seu princípio, considerado, juntamente com a identificação projetiva comunicativa, a base para a intersubjetividade entre bebê e mãe e entre analisando e analista. Neste processo, o bebê, como o analisando, está comunicando-se consigo mesmo – ou seja, com seu próprio inconsciente – através da função intermediária da mãe (ou analista) como o *canal* entre o bebê/paciente e a mãe/analista. Bion acredita que, subsequentemente, o bebê introjeta esta experiência da operação bem-sucedida do continente em seus conteúdos e é, portanto, capaz de projetar em seu próprio continente internalizado, desse modo estabelecendo a origem de seu próprio pensar espontâneo, autônomo. Em outras palavras, o bebê pode agora começar a mentalizar dentro de si mesmo (o início do pensar). É minha crença, entretanto – e aqui discordo de Bion –, que o bebê nasce com sua própria função α autóctone como uma categoria primária Kantiana, essencialmente semelhante à "gramática generativa transformacional" inata de Chomsky (1957). Em outras palavras, o bebê nasce pronto para comunicar-se com uma linguagem pré-léxica (sensorial).

O continente funciona não apenas como um *tradutor comunicativo*, mas também (12) como um *mediador, filtro* (desintoxicador) e *transdutor* de estados de energia emocional dos domínios inconteníveis da infinitude para as dimensões contentíveis da realidade comum. Além disso, o ato de continência do continente também pressupõe que ele não apenas traduz comunicação emocional e transduz volume ou valência emocional, mas também *retém* um pouco do que contém, às vezes indefinidamente. Este ato constitui a função de *repressão* e está associado com o que Freud (1896b, p. 169) chamou de "o retorno do reprimido" e Klein (1929, p. 222) de "ansiedade persecutória". A parte infantil da personalidade começa a experimentar o retorno da ansiedade persecutória reprimida quando encontra – ou é encontrada pelo – limiar da posição depressiva, que sinaliza o regresso ao lar de identificações projetivas prévias em sua permanência temporária nos objetos. Embora Bion nunca tenha declarado abertamente, ele com certeza insinuou que *objetos internalizados, incluindo aqueles que foram reprojetados em outros objetos, constituem essencialmente continentes malsucedidos de elementos-β – ou seja,* O *não transformado* (Grotstein, 2000a). Na psicanálise, outra função do continente – a de *estimulação* – se manifesta. O silencio relativo do analista automaticamente encoraja (estimula) o analisando a associar livremente – e, desse modo, a regredir. Esta regressão pode ser vista como a atração, para a superfície, de reservatórios profundos de emoções e memórias. Além disso, o continente e o conteúdo podem inspirar um ao outro a um funcionamento superior.

IMPLICAÇÕES CLÍNICAS E TEÓRICAS

As implicações clínicas, se não as teóricas, dessas conclusões são vastas. Klein – e, no princípio, Bion – enfatizava a importância clínica da experiência, da intolerância e da subsequente projeção do bebê de seu instinto de morte em seus objetos, desse modo criando autoctonamente, primeiro, objetos externos e, então, por internalização, objetos internos que foram transformados pela projeção. Com o conceito de continente ↔ conteúdo, Bion abriu o envelope unidimensional do solipsismo Kleiniano para a terceira dimensão da intersubjetividade, enfatizando a *importância primária* da função do continente materno – e paterno. Tendo declarado isso, apresso-me a acrescentar que, clinicamente, aderi a e apoio – como, na verdade, fez Bion – o foco Kleiniano na autoctonia: ou seja, não o que *realmente* pode ter acontecido ao bebê em termos de continência insatisfatória ou inadequada, mas como o bebê, em sua fantasia inconsciente, *explica* seu papel em danificar a mãe de forma a tê-la tornado um continente inadequado. Tendo dito isso, entretanto, a descoberta de Bion da modificação intersubjetiva dos resultados da identificação projetiva constituiu uma mudança de paradigma para a psicanálise Kleiniana, e introduziu o fato clínico da intersubjetividade.

ALTERNANDO CONTINENTE E CONTEÚDO
♂ ↔ ♀

O relacionamento entre o continente e o conteúdo é geralmente retratado unilateralmente – ou seja, o bebê ou o analisando/paciente como o conteúdo, e a mãe ou analista como o continente. Não é surpresa, tenho certeza, que o processo avance nos dois caminhos – rapidamente, alternativamente – em níveis diferentes: enquanto o analista está escutando a seu analisando e tentando entender o que está ouvindo, ele age como um continente. Tão logo o analista apresenta uma interpretação, ele torna-se o conteúdo que está dirigindo-se ao analisando, que, por sua vez, tornou-se o continente (por enquanto). Essencialmente, entretanto, o conteúdo do bebê (do analisando, do paciente) é primário, e o da mãe/analista torna-se um derivativo. Idealmente, o que o conteúdo que a mãe/analista devolve ao bebê/analisando/paciente, agora como continente *ad hoc*, é uma modificação de seu conteúdo original. Em termos práticos, o conteúdo devolvido pode ser misturado, muito frequentemente, com a personalidade (boa e má) do continente original (mãe/analista), de forma que ao bebê/analisando/paciente resta a tarefa de "continência secundária". Ou seja, a seleção daqueles aspectos que foram devolvidos como alimento para o pensamento ou interpretações que se ajustam ou combinam com suas necessidades autênticas e reconhecidas, e a separação e descarte daqueles aspectos devolvidos que são, após reflexão, idiossincrásicos ao continente-mãe-analista e não são adequados para o bebê/analisando/paciente. Hanna Segal (comunicação pessoal, 1970) afirmou concisamente que o bebê é responsável por obter maternidade boa de uma má mãe, e o analisando, uma análise boa de um analista ruim.

CONTINENTE ↔ CONTEÚDO, CONSTRUTIVISMO E AUTO-ORGANIZAÇÃO

A função de continente do bebê/analisando/paciente funciona de acordo com o princípio de *auto-organização* ou *autogênese* (Grotstein, 2000a, p. 50; Schwalbe, 1991), que antecipa o "construtivismo social" (Hoffman, 1992, 1994). Colocado de outra forma, bebês/analisandos/pacientes, através de sua própria função de continente, sempre tomam para si como "coconstrução" a responsabilidade pelo que experimentam. Se eles incorporam alguma coisa que é inadequada a sua natureza básica, eles traumaticamente desenvolvem uma dicotomia "verdadeiro *self*/falso *self*" (Winnicott, 1960a); se eles incorporam alguma coisa do outro que é agradável a sua verdadeira natureza, eles metaforicamente a "mastigam" até ela ser deles (com sua própria "saliva" nativa) e ela torna-se uma parte natural deles.

CATEGORIAS DE RELACIONAMENTOS DE CONTINENTE ↔ CONTEÚDO

Bion define as categorias do inter-relacionamento entre o continente e o conteúdo deste modo:

> A teoria é que um objeto é colocado dentro de um continente de tal forma que o continente ou o objeto contido é destruído. Em termos pictóricos, o continente é representado por uma boca ou vagina, o conteúdo por seio ou pênis. O relacionamento entre esses objetos, que represento pelos sinais de masculino e feminino ♀ e ♂, pode ser comensal, simbiótico ou parasitário. Por "comensal", quero dizer um relacionamento no qual

dois objetos compartilham um terceiro em benefício de todos os três. Por "simbólico", entendo um relacionamento no qual um depende do outro em benefício mútuo. Por "parasitário" quero representar um relacionamento no qual um depende do outro para produzir um terceiro, o qual é destrutivo de todos os três. [1970, p. 95]

Ao usar ♀ e ♂, Bion está fundindo o relacionamento bebê-mãe ao seio (alimentação) com o complexo de Édipo (sexual, criativo). O relacionamento comensal tem, como seu modelo, a experiência feto-útero; o simbiótico, o relacionamento boca-seio e, no parasítico, há a intromissão de patologia no relacionamento, seja por má continência pela mãe e/ou por um tiroteio muito intenso das identificações projetivas do bebê e/ou a invocação de ataques invejosos à bondade residual da mãe.

A esses poderíamos acrescentar outros relacionamentos icônicos geométricos. Primeiro, imagine o bebê (conteúdo) e a mãe (continente) iconicamente como irmãos siameses – ou seja, cabeças separadas, mas um corpo só, como na simbiose (emocionalmente unidos, mas perceptualmente separados). Então, imagine todas as possíveis configurações geométricas que podem ocorrer entre eles:

1. mãe atrás com bebê em seu colo,
2. mãe na frente com bebê atrás dela,
3. bebê e mãe lado a lado e
4. bebê e mãe juntos, mas olhando para direções opostas, como na configuração da face de Janus.

Em seguida, imagine os tipos de relações objetais que derivariam de cada uma dessas configurações. No primeiro, a mãe-continente é uma presença de pano de fundo ou objeto de sustentação (*holding*), que incluiria apego, vínculo e toda a função *self*objetal de espelhamento de Kohut. O segundo tipifica a função *self*objetal idealizadora de Kohut (da mãe ou do pai pelo bebê). O terceiro designa a função *self*objetal gemelar de Kohut; e o quarto, uma complementaridade de funções ("Você olha por mim, e eu olharei por você") ou uma função *self*objetal oposicional.

O que também se destaca nas formulações do continente ↔ conteúdo de Bion é sua ênfase na irredutibilidade dos *relacionamentos* entre *self* e objetos e entre objetos, em vez de no *self* ou no objeto independentemente. Bion era, evidentemente, um intersubjetivista e um relacionista, tendo sido profundamente influenciado pela teoria da relatividade de Einstein e pela teoria da incerteza de Heisenberg. Portanto, a teoria do continente ↔ conteúdo veio a constituir um padrão ou modelo para todos os relacionamentos em todos os níveis, normal e/ou patológico.

CONTINENTE ↔ CONTEÚDO E SUAS ASSOCIAÇÕES

O pensamento de Bion, como sua escrita, era mais associativo do que algorítmico. Ele associava o conceito de continente ↔ conteúdo com a função α, com sonhar, com a cesura e com a barreira de contato. Ao fazê-lo, ele estava criando o análogo de uma *rede* emocional-epistemofílica de funções encadeadas. O continente funciona idealmente quando a barreira de contato mantém a separação protetora entre os Sistemas *Ics.* e *Cs.* Mas um ciclo ou um circuito fechado está envolvido. O continente, seja dentro da mãe/analista, seja dentro do bebê/analisando, deve produzir elementos-α a partir dos elementos-β a fim de reforçar a barreira de contato, que deve idealmente garantir o funcionamento do continente. O sonhar permite que os elementos-α que são produzidos pelo continente sejam esteticamente arranjados e configurados em imagens narrativas. Essas imagens narrativas tornam-se sonhos e/ou fantasias inconscientes que medeiam (modificam, transformam) a mensagem original de O em evolução, primeiro como elementos-β, depois como elementos-α mentalizados, e então como sonhos ou fantasias a fim de processar e posteriormente transmitir a Verdade de O e transformá-la em "ficção verdadeira", por meio da qual a indiferença e a impessoalidade da Verdade Absoluta é traduzida em uma *verdade* misericordiosa e pessoalmente tolerável e *significativa* mas *fictícia* – contudo, como em toda boa arte, enfatizando ainda mais a verdade por sua reconfiguração estética, fictícia.

Resumidamente, o retrato de Bion dos seres humanos é o seguinte: o indivíduo nasce dividido entre seu *self*-divindade-infinito e seu *self* mortal limitado, como o próprio Freud (1914d) tão intuitivamente esboçou a respeito do relacionamento entre o ideal do ego e o ego. A cesura que *seletivamente* divide o feto do bebê evolui para uma membrana metafórica, a barreira de contato, que seletivamente divide o Sistema *Ics.* (que pode corresponder ao feto) do Sistema *Cs.* (que pode corresponder ao *self* consciente experienciado). Esta membrana metafórica torna-se coextensiva com a função α, e todo o precedente torna-se coextensivo com o continente ↔ conteúdo. Um se funde inconsutilmente ao outro. O objeto externo, cuja tarefa é tornar-se o continente, pode ser imaginado como uma "coenzima" humana em um ciclo transformacional começando com o O impessoal, indiferente e terminando por um momento transitório em O pessoal, humano, apenas para retornar a seu ciclo seguinte. Enquanto isso, necessitamos de continentes suficientemente bons – e quero dizer *realmente* suficientemente bons – para facilitar o retorno ao lar de nossas identificações projetivas, atrás de cujo ato está nossa reunião com nosso *self* cósmico infinito e sua encarnação de nós, à medida que ele se torna uma realização em nós na experiência emocional.

CONTINENTE ↔ CONTEÚDO E O AMBIENTE DE SUSTENTAÇÃO (*HOLDING*)

Diferenciação entre "continência" e "sustentação"

As palavras "contenção" e "sustentação" são tão simples e cotidianas que, à primeira vista, se pensaria que elas abrangem a mesma função. Na verdade, não. O conceito de Winnicott de "sustentação"(*holding*) implica um objeto de pano de fundo (Grotstein, 1981a, 2000a) que (quem) *facilita* o amadurecimento do bebê sem estar envolvido em uma interação "Eu-Tu" direta. É como se o objeto de sustentação (ambiental) fosse percebido mais como um "treinador desenvolvimental", como um adjuvante importante ao desenvolvimento autônomo do bebê, comparado com o bebê "que usa o objeto", aquele que reconhece suas necessidades instintuais e sintonizadas ao afeto e ao objeto que as satisfaz.

O conceito de Winnicott (1960b) do "ambiente de sustentação" é usado frequentemente como sinônimo do conceito de "continente ↔ conteúdo" de Bion. Embora possa haver muita sobreposição em suas respectivas funções, uma leitura cuidadosa de cada autor leva, acredito, à seguinte diferenciação. Winnicott (1960b, 1963) desenvolveu o conceito de dois protótipos do bebê, enquanto Klein aderiu a apenas um. O bebê Kleiniano nasce separado e carente de um seio-mãe nutritivo desde o início. Winnicott reconhecia o "bebê Kleiniano" como o "bebê ativo" que busca o seio. O outro bebê que ele postulava era o "ser bebê" (*being infant*), que estava associado ao objeto de sustentação ambiental. Embora haja comunicação entre o primeiro par, não há qualquer uma entre o último par, porque nenhuma comunicação é necessária. A mãe objeto-de-sustentação é uma mãe intuitiva, que lê as necessidades de seu bebê – mas, mais precisamente, ela funciona como um objeto de pano de fundo que está preocupado em facilitar o desenvolvimento autônomo de seu bebê. Meus termos para ela são: "treinadora existencial" e "presença de pano de fundo de identificação primária". O conceito de continente de Bion refere-se inicialmente a uma mãe que tolera e absorve os estados emocionais de seu bebê, os transforma e os "interpreta" para seu bebê. Ela é, na verdade, uma instrutora emocional para ele.

O SIGNIFICADO MAIS AMPLO DE CONTINENTE ↔ CONTEÚDO

Conforme mencionado anteriormente, o conceito de continente ↔ conteúdo imediatamente transformou a psicanálise, em especial a análise Kleiniana, em intersubjetividade irredutível. Outras escolas psicanalíticas também estiveram envolvidas com o fator interpessoal ou com o fator intersubjetivo, mas nenhuma foi tão sistemática quanto a de Bion, em minha opinião, e elas negligenciaram a função transcendente do continente, pela qual o sujeito bebê é capacitado a conversar através do meio (canal) da mãe/analista com seu próprio outro *self*, seu *self* inconsciente, infinito.

Bion formulou outras facetas da função do continente, tais como rêverie materno, função α, sonhar e fantasiar. As três últimas constituem o conjunto de transformação, cujo funcionamento é facilitado pelo estado de rêverie materno. Se acompanharmos as implicações da teoria de Bion, chega-se inevitavelmente à conclusão de que saúde mental, por um lado, e psicopatologia, por outro, são funções diretas da atividade do continente, primeiro externo e depois interno. O, em vez das pulsões – exceto pela pulsão por verdade (Grotstein, 2004a, 2004b) – torna-se a *"causa primeira",* e tudo depende do resultado da interação entre O e o continente.

Gostaria agora de revisitar a experiência de Bion (1967) do tratamento de pacientes psicóticos e reportar-me a duas de suas observações. Bion observou que os psicóticos, quando bebês, não tiveram a oportunidade de ter mães que podiam conter suas projeções. Outra observação foi que eles não podiam tolerar frustração e, como consequência, cindiam e projetavam, não apenas suas experiências emocionais, mas também suas mentes, que as experimentavam. Portanto, incapazes de tolerar frustração – ou seja, a experiência do que Bion (1965, p. 54) chama de "não-seio" (a presença da *experiência* do seio-mãe *ausente*) –, o bebê que está destinado a tornar-se psicótico deve livrar-se de suas emoções e de sua mente porque lhe falta a experiência de um continente *externo* suficientemente bom e, subsequentemente, de um continente *interno* suficientemente bom (com sua função α, sonhar e fantasiar) com o qual regular e mediar suas emoções. Sem este continente interno, consequentemente, o psicótico carece do equipamento transformacional e deve então declarar um estado de falência emocional/mental e jogar fora o resto de mente que ele ainda possuir, juntamente com seus pensamentos, em seus objetos, incluindo seu corpo. A falha da mãe em ser um continente suficientemente bom resulta, frequentemente, na projeção reversa da mãe para o bebê, bem como nela receber projeções violentas de seu bebê – na ausência de um continente bom – e desse modo ser transformada em um objeto obstrutivo, que ataca os vínculos, um "super"ego hipermoralista. Este objeto torna-se o núcleo, em minha opinião, do refúgio psíquico, e é a marca registrada do trauma (Grotstein, no prelo-c).

Anteriormente, falei da importância que Bion atribuía à capacidade do bebê de tolerar frustração e de suportar a experiência de "não-seio", um vazio ou um nada que significa onde o seio um dia esteve – com a crença (fé) de que o seio reocupará esta posição. O bebê – ou a porção infantil da personalidade – que pode suportar esta experiência alcança a capacidade de pensar e refletir: ou seja, desenvolveu um espaço psíquico no qual acumular pensamentos e a capacidade de pensá-los (refletir sobre eles), de experienciá-los reflexiva e significativamente e aprender (evoluir) a partir daquelas experiências. Colocado de outra forma, o bebê suficientemente tolerante *torna-se* suas experiências emocionais e, portanto, evolui como um *self*. Esta capacidade de tolerar a frustração da ausência do seio requer o desenvolvimento de *fé* (Bion, 1965, p. 159). O desenvolvimento de fé depende fundamentalmente da experiência do bebê do padrão de ausência materna vir a ser constantemente associado com o retorno da mãe – ou seja, a trajetória do círculo ("o sol também *nasce*" – depois que se põe).

À medida que o bebê, em seu papel de conteúdo, torna-se emocional e epistemologicamente sintonizado por sua mãe continente, não é apenas conhecimento que ele recebe do continente materno. O bebê olha para sua realidade externa e interna através do periscópio dos olhos de sua mãe. Se a mãe puder tolerar e mediar os elementos-β de O do bebê, então automaticamente isto significa que ela pode tolerar seu próprio O e, desse modo, introduzir, para o bebê, uma atmosfera de equanimidade em relação a si mesma e de segurança em relação ao mundo.

Um derivativo da teoria do continente ↔ conteúdo é o conceito de Bion do *sonhar*. Ao contrário de Freud, Bion acreditava que sonhamos de noite e de dia, e que sonhamos O, a realidade que invade nossa fronteira sensorial-emocional. Esta realidade pode resultar de um estímulo externo ao qual devemos nos ajustar ou acomodar. O sonhar é nossa forma de acomodação – ou seja, de tornar a experiência inconsciente e permitir que aspectos seletivos da experiência voltem ao nosso consciente através da barreira de contato seletivamente permeável (Grotstein, 2002). Em termos da situação analítica, o analista deve sonhar a sessão analítica, de acordo com Bion (1992, p. 120). A ideia de que o analista deve "sonhar" a sessão analítica – "abandonando memória e desejo" – tornou-se uma extensão importante de sua teoria intersubjetiva da identificação projetiva, e uma modificação crítica do conceito de contratransferência como um instrumento analítico.

Outro derivativo, ainda, do conceito de continente ↔ conteúdo foi o conceito de Bion (1962b, p. 54) de *"pensamento binocular"*, que ele aplicou de inúmeras formas. O relacionamento continente ↔ conteúdo era, ele próprio, um exemplo, na medida em que ele envolvia a interação de dois indivíduos. Outro exemplo é sua ideia de que a consciência e o inconsciente, *Cs.* ↔ *Ucs.*, em vez de estarem em conflito, como Freud sugere, estão em oposição binária (cooperativa), triangulando O. Além disso, ele postula algo semelhante para o relacionamento entre as posições esquizoparanoide e depressiva, "P-S ↔ D", que também cooperativamente triangulam O.

EPÍLOGO

O leitor notará que minha escrita deste capítulo, bem como dos outros capítulos, lembra o próprio trabalho de Bion pelo menos em um sentido: ela é holográfica – cada capítulo neste livro, como cada assunto dentro do capítulo, recapitula a essência das obras de Bion em um ou outro grau.

Desejo acrescentar aqui alguns comentários finais sobre aspectos do conceito de continente ↔ conteúdo que ainda não tratei:

a) O que o continente essencialmente contém? São identificações projetivas, emoções, experiências ou impulsos? Digamos que são todos estes – e mais. O que o continente essencialmente contém, o que a função α essencialmente transforma, o que o sonhar essencialmente sonha, o que a transformação essencialmente transforma, o que fundamenta todas as identificações projetivas, o que é inerente em todas as experiências é – a *verdade*! Acredito que a "divindade", O, *é* a Verdade que necessita incipientemente ser *contida* como *emoção* à medida que ela entra no ciclo de transformação para verdade pessoal no processo conhecido como "continente ↔ conteúdo".

b) Quando se considera as funções do continente com relação ao conteúdo, começa-se a ver semelhanças notáveis entre ele e a função α, isto sem mencionar a barreira de contato, o sonhar e a Grade. Vejo agora todas essas funções como idênticas, sobrepostas e/ou cognatas umas às outras.

c) Bion acredita que o bebê projeta seus elementos-β (protoemoções) no continente materno, que a função α dela os transforma em elementos-α úteis, mentalizáveis, e que no seu tempo, após muitas repetições, o bebê introjeta a função α da mãe, então começa a projetar nela e, consequentemente, começa a pensar *dentro* de si mesmo e *por* si mesmo. Conforme declarei anteriormente, minha própria versão – que é uma modificação da de Bion – é a seguinte: o bebê nasce com sua própria capacidade inerente de função α, que constitui uma categoria inata Kantiana, semelhante ao conceito de Chomsky (1957, 1968) da "gramática generativa transformacional" inerente. Ou seja, o bebê nasce com a capacidade sintática de entender e de gerar linguagem, apenas necessitando desenvolver a capacidade verbal para gerar e entender a linguagem verbal. Entretanto, a pesquisa sobre o desenvolvimento infantil nos diz que o bebê é capaz não apenas de projetar, mas de *comunicar significado* em uma linguagem pré-léxica de gestual sensório-motor (Schope, 2003a, 2003b, comunicação pessoal, 10 de junho de 2006). Consequentemente, *eu postulo que o bebê, sob circunstâncias normais e apropriadas, possui uma função α rudimentar própria e comunica-se com sua mãe desde o início. Apenas quando rupturas significativas ocorrem no relacionamento de apego entre eles é que o bebê é compelido (uma das palavras favoritas de Bion) a empregar a identificação projetiva como uma alternativa urgente.*

d) A continência ameniza a ansiedade que acompanha o rastro da enteléquia desatrelada – a ativação da totalidade do potencial inato e também da premonição de sua iminência. O medo de morrer do bebê é, em parte, o medo da enteléquia e de demônios maus das preconcepções inerentes.
e) O continente-mãe deve estar em contato simbólico com seu marido (pai).
f) As emoções são continentes de elementos-β, significando a Verdade Absoluta sobre a Realidade Última. O medo das emoções deve-se ao senso inconsciente sobre a confiabilidade do continente e a Verdade que ele contém.
g) O continente não sonha o bebê ou paciente: ele sonha o sonho do paciente/bebê. Ele completa o sonho.
h) Uma das funções mais importantes do relacionamento continente ↔ conteúdo é a de constituir uma ponte ou canal entre o bebê e seu inconsciente (*self* infinito), que ele projetou em sua mãe, como o paciente analítico faz com o analista.

NOTAS

1. Lembramo-nos aqui do conceito de Tustin do "objeto duro" usado por pacientes autistas para tampar seus buracos (metaforicamente) (Tustin, 1981, p. 61).
2. Enquanto dou os retoques finais neste livro, uma guerra no Oriente Médio está sendo travada. Não posso deixar de pensar que membros fanáticos do Hamas e do Jihad são vítimas de e estão sendo conduzidos por um objeto obstrutivo altamente onipotente e supermoral – o qual se tornou o superego de fanatismo e maldade.
3. Para mais desenvolvimentos deste conceito ver Grotstein (2004a, 2004b) e Capítulo 22.
4. O conceito do fato selecionado é complexo. Bion o tomou emprestado do matemático Henri Poincaré. Que ele *parece* emergir imprevisível e espontaneamente desmente o fato de que, desde o início, ele sempre pertenceu à comunicação total e, portanto, sempre foi uma parte dela. O observador captar sua "chegada" é, entretanto, outra questão: pode constituir um aspecto independente (preconcepção ou mesmo premonição) do fato selecionado.

17

"*Trans*identificação projetiva": uma extensão do conceito de identificação projetiva

"Constitui fato marcante que o *Ics*. de um ser humano possa reagir ao de outro, sem passar através do *Cs*."

Freud (1915e)

IDENTIFICAÇÃO PROJETIVA: RESUMO DA NATUREZA DO PROBLEMA E UMA SOLUÇÃO PROPOSTA

De suas muitas contribuições à psicanálise, a revisão e extensão de Bion do conceito de identificação projetiva foi uma das primeiras e estava destinada, juntamente com o continente ↔ conteúdo, a tornar-se a mais famosa. No texto que se segue, exploro as origens e as concepções variadas sobre identificação projetiva de diferentes perspectivas, mas essencialmente tendo em mente a tarefa de revelar as ideias de Bion, bem como minha própria extensão destas sobre o assunto.

A identificação projetiva tornou-se um conceito amplamente usado no campo da saúde mental, mas ainda experimenta uma confusão categórica em sua utilização. As principais confusões são as seguintes:

1. A questão da diferença, bem como das semelhanças, do conceito original de Klein (1046, 1955) como uma fantasia defensiva estritamente intrapsíquica, onipotente e inconsciente, e a extensão "realística", comunicativa, intersubjetiva dele por Bion (1962b): os dois usos respectivos deles são contínuos, descontínuos e/ou ambos, ou poderiam ser complementares?
2. Há uma diferença entre projeção e identificação projetiva?
3. Quando um paciente usa identificação projetiva, ele realmente projeta-se no objeto ou em sua *imagem* interna do objeto e, neste último caso, como podemos explicar a resposta do objeto à identificação projetiva?

Há algum processo, além da identificação projetiva, que permite que ela se torne comunicativa para outra pessoa? Colocado de outra forma, no nível *metapsicológico*, em oposição ao nível *experiencial*, o sujeito pode apenas projetar-se em uma imagem ou representação do objeto, não no objeto externo *per se*. O sujeito, ao projetar, entretanto, *experiencia* o objeto externo como contendo as projeções, e, além disso, este também pode *experienciar* contê-las.

Tentarei explicar como isto poderia acontecer. Sugiro que o conceito de Bion (1959) de identificação projetiva normal, comunicativa (de duas pessoas) é fundamental e inclui o modelo de uma só pessoa de Klein (1946, 1955), que pressupõe ter sempre, como seu componente, a fantasia intrapsíquica, onipotente, inconsciente.

Colocado de outra forma, *na experiência teoricamente perfeita de continente ↔ conteúdo não haveria fantasia intrapsíquica onipotente de identificação projetiva*. Além disso, as versões anteriores de Klein tratam de como o objeto veio a ser alterado na mente do sujeito em virtude das identificações projetivas, mas, ao contrário de Bion, não levavam em consideração como as identificações projetivas, no objeto, eram continuamente modificadas pelas respostas do objeto como continente (Bion, 1962b). Enquanto, com Klein, entende-se a identificação projetiva como sendo evacuativa, agressiva, invasiva e possessiva, com a versão de Bion, entende-se o bebê como comunicando – mesmo implorando – suas emoções ao objeto para este conter e mediar.

Contudo, também acredito que Bion fundiu dois aspectos da identificação projetiva, que eu agora chamo de *trans*identificação projetiva, em sua conceitualização revisada do conceito de Klein. Esses dois aspectos, já referidos no Capítulo 13, são

1. *comunicação normal* – função α (bebê) para função α (mãe);
2. *comunicação anormal*, quando a comunicação normal colapsa, em cujo caso o bebê é compelido, pela falha, a empregar transidentificação projetiva na mãe.

Um dos problemas de movimentar-se entre as versões de Klein e de Bion é o de

1. considerar a versão intrapsíquica de Klein como incluída pela versão intersubjetiva de Bion, em vez de ser ortogonal a ela e, ainda,
2. manter uma distinção entre os dois processos e, ao fazê-lo, ser capaz de nomeá-los, e/ou
3. acrescentar uma terceira possibilidade, que sugeriria que duas outras funções devem ser acrescentadas aos conceitos de Klein ou de Bion para dar conta da efetivação da comunicação, pressupondo que a

identificação projetiva, na versão de Klein ou na versão de Bion, ainda constitui uma fantasia inconsciente intrapsíquica.

Como Bion diz:

> A teoria de Melanie Klein é que os pacientes têm uma fantasia onipotente... o paciente sente que pode separar certos sentimentos desagradáveis e indesejados e pode colocá-los no analista. Não estou seguro,... de que é *apenas* uma fantasia onipotente... [Quando] o paciente parece estar envolvido em uma identificação projetiva, isso *pode* fazer eu me sentir perseguido... *Se isto estiver correto, ainda é possível sustentar a teoria de uma fantasia onipotente; mas, ao mesmo tempo, poderíamos considerar se não haveria alguma outra teoria que explique o que o paciente faz ao analista que faz com que este se sinta daquela maneira...* [1973, p. 105-106; itálico acrescido]

Sugiro, consequentemente, que:

1. A versão comunicativa bimodal de Bion (como referido acima) inclui a versão intrapsíquica de Klein e acrescenta a dimensão intersubjetiva do papel do objeto em conter e, assim, modificar a experiência última do sujeito do que ele projetou.
2. Visto que o modelo intrapsíquico de Klein ainda persiste no modelo de Bion, de qualquer modo chegamos à consideração problemática de que o sujeito pode apenas projetar em sua *imagem* pessoal do objeto, não no objeto *per se*.
3. Agora seguimos a noção de Bion de "considerar se não haveria alguma outra teoria que explique o que o paciente faz ao analista que faz com que este se sinta daquela maneira".

Acredito que há uma. Minha teoria de *trans*identificação projetiva inclui ainda dois outros processos:

1. um sensório-motor – do gesto, da estimulação, da ativação por parte do sujeito que está projetando – e
2. simulação empática espontânea dentro do objeto otimamente receptivo.

Proponho, ainda, que o sujeito que está projetando e o objeto de sua projeção constituem *dois sistemas autoativadores independentes* (Llinàs, 2001) com *representações compartilhadas* (Decety e Chaminade, 2003). O fenômeno do "neurônio espelho" também está ligado à categoria precedente, e constitui a base neurofisiológica para a empatia (Gallese e Goldman, 1998).

DEFINIÇÃO DE IDENTIFICAÇÃO PROJETIVA

Ao definir identificação projetiva, Klein declara:

> Os ataques violentos fantasiados sobre a mãe seguem duas linhas principais: uma é o impulso predominantemente oral de sugar até secar, morder, esvaziar e despojar o corpo da mãe de seus conteúdos bons... A outra linha de ataque deriva dos impulsos anais e uretrais e envolve expelir substâncias perigosas (excrementos) para fora do *self* e para dentro da mãe. Junto com esses excrementos nocivos, expelidos com ódio, também são projetadas partes cindidas do ego, incluindo objetos internos e mesmo o superego,... *para dentro* da mãe. Esses excrementos e partes más do *self* visam não apenas ferir, mas também controlar e tomar posse do objeto. Conforme a mãe vem a conter as partes más do *self*, ela não é percebida como um indivíduo separado, mas como o *self* mau... Isto leva a uma forma particular de identificação, a qual estabelece o protótipo de uma relação objetal agressiva. Eu sugiro para estes o termo "identificação projetiva". [Klein, 1946, p. 300]

Ela prossegue:

> Entretanto, não são apenas as partes más do *self* que são expelidas e projetadas, mas também partes boas do *self*. Os excrementos, então, têm o significado de presentes... [p. 301]

Ela também diz:

> Desde o início, o impulso destrutivo é voltado contra o objeto e é primeiro expressado em ataques oral-sádicos fantasiados ao seio da mãe... Os medos persecutórios que surgem dos impulsos oral-sádicos do bebê de despojar o corpo da mãe de seus conteúdos bons, e dos impulsos anal-sádicos de colocar seus excrementos dentro do dela... são de grande importância para o desenvolvimento da paranoia e da esquizofrenia. [p. 293]

Nesta última citação, Klein explicita a conexão entre os impulsos oral e anal-sádicos fantasiados do bebê de se projetar no objeto e, como consequência, seu medo de retaliação, pelo objeto, na forma de ansiedade persecutória. Somos, na verdade, hipnotizados pelo que e por quem projetivamente re-identificamos no objeto. As partes más do *self* que estão envolvidas na identificação projetiva incluem impulsos oral e anal-sádicos, além de objetos internos persecutórios. Embora o sujeito, daí em diante, rejeite odiosamente a propriedade desses aspectos cindidos do *self*, incluindo objetos internos, esses aspectos alienados, agora todos os objetos (os quais ainda mantêm inconscientemente sua identificação com o sujeito que está projetando), tornam-se personificados (Klein, 1929) e, na fantasia inconsciente do sujeito que está projetando, *não* rejeitam *sua* ligação com o sujeito. Como afirma Klein, o objeto transformado é tratado como se fosse parte do *self*. Em outras palavras, as defesas de cisão e identificação projetiva não operam completamente.

Finalmente, o indivíduo que está projetando, e seus objetos projetados não podem rejeitar totalmente seu contato um com o outro. Cisão e identificação projetiva estão associadas com uma des-integração do *self*, enquanto a tendência à integração impõe um retorno (um recuo) das projeções. A atração inconsciente entre o sujeito que projeta e os conteúdos do que ele projetou é a fonte do que Klein (1946) denomina "ansiedade persecutória" (p. 296): ou seja, o medo de retaliação pelo objeto, que agora contém aspectos projetados do *self*. Além disso, o sujeito que está projetando pode, na fantasia, onipotentemente adquirir controle sobre o objeto a fim de evitar a ansiedade de separação.

Também dignos de atenção, na definição de Klein, são os seguintes: a identificação projetiva constitui o protótipo de um relacionamento objetal agressivo, e a porção infantil da personalidade que o emprega visa ferir, possuir e/ou controlar o objeto. Entretanto, também podem ser projetados, no objeto, aspectos bons de si mesmo. Na identificação projetiva normal ou não-defensiva, o sujeito que está projetando pode estender-se para sua imagem do objeto, mas sem onipotência ou cisão – como na empatia (colocar-se na situação de outra pessoa), no planejamento ("pensar à frente"), na externalização (Novick e Kelly, 1970), e assim por diante (Grotstein 1981a, p. 213). Outro aspecto normal da identificação projetiva é seu papel no desenvolvimento da sexualidade – ou seja, como um *Primórdio* (*Anlage*) da capacidade de contemplar a invasão amorosa e apaixonada de outro indivíduo, isso sem mencionar a sedução e todas as outras formas de tentativas de influência.

Posteriormente, Klein ampliou a natureza evacuativa-manipulativa do conceito para incluir aspectos fusionais. No primeiro modo, *partes* do *self* são cindidas (*split off*) e projetadas no objeto (Klein, 1946). No segundo modo, o *self-qua-self* entra em um estado de identificação com o objeto para *tornar-se* o objeto e, através da *imitação* inconsciente, desaparece passivamente em um grau ou outro (Klein, 1955) ou (e), no outro extremo, pode buscar agressivamente assumir completamente a identidade do objeto – como no romance de Julian Green (1947), *If I Were You*, no qual o segundo trabalho de Klein foi largamente baseado. As consequências deste tipo de identificação projetiva variam de estados de confusão e desorientação à grandiosidade.

Seguindo Klein, importantes avanços em nosso entendimento do conceito foram feitos por Rosenfeld e Bion. Rosenfeld (1971) separou as funções evacuativa (defensiva) da comunicativa (não defensiva) da identificação projetiva; Meltzer (1992) diferenciou entre o "claustro" e o "continente ↔ conteúdo", o primeiro designando identificação projetiva defensiva e sua consequência – encarceramento no objeto que, na fantasia inconsciente, foi invadido – e o último, comunicação (p. 61). Britton (1998) dividiu a identificação projetiva nos tipos "aquisitivo" ("você é eu") e "atributivo" ("eu sou você"), dependendo da suposta intenção do sujeito que projeta (p. 5).

Spillius (1988), seguindo Rosenfeld, resume os motivos para o uso da identificação projetiva: comunicação, empatia, evitar separação, evacuação de sentimentos desagradáveis ou perigosos, tomada de posse de certos aspectos da mente do outro (p. 62). Sua forma de diferenciar entre as formas exclusivamente intrapsíquicas e as formas comunicativas de identificação projetiva é chamar a primeira de identificação projetiva "não evocativa" e a última de "evocativa" (p. 81-86). Ela também declara:

> Portanto, ao contrário de Klein, nós [Kleinianos modernos de Londres – JSG] estamos agora explicitamente preparados para usar nossos próprios sentimentos como uma fonte de informação sobre o que o paciente está fazendo, embora com uma consciência de que podemos entender errado, que o processo de entendimento de nossa resposta ao paciente impõe uma constante necessidade de trabalho psíquico pelo analista... e que confundir nossos próprios sentimentos com os do paciente é sempre um risco... A meta do analista é permitir-se experienciar e responder internamente a essas pressões do paciente suficientemente para tornar-se consciente da pressão e de seu conteúdo, a fim de poder interpretá-lo, mas sem ser incitado à atuação flagrante... [Spillius, 1992, p. 62-63]

HÁ DIFERENÇA ENTRE PROJEÇÃO E IDENTIFICAÇÃO PROJETIVA? O PAPEL OBRIGATÓRIO DA IDENTIFICAÇÃO NA PROJEÇÃO

Tem havido considerável debate com relação ao papel da identificação no processo de identificação projetiva. As questões incluem: Pode haver projeção sem identificação? Quem faz a identificação – o sujeito que projeta ou seu objeto? Uma razão para esta confusão pode ser que a projeção era originalmente usada como um mecanismo que era separado – embora localizado dentro da mente – do sujeito. Klein parece ter fundido o aspecto mecanicista da projeção com sua condição de fantasia inconsciente *e* de relacionamento objetal. Se entendido como o último, o termo "identificação projetiva" parecia mais apropriado. O próprio ato de projetar implica uma mudança no estado da identidade dentro do projetor – ou seja, na percepção, algum aspecto (identidade) do mundo interno do sujeito está sendo atribuído à imagem percebida do objeto. Como mecanismo de defesa, algum aspecto está sendo des-identificado do sujeito e re-identificado no objeto (Sodré, 2004, p. 56).

Klein primeiro sugeriu (1946), e posteriormente explicou (Klein, 1955), que a identificação projetiva não era *apenas* um mecanismo mental: constituía-se fundamentalmente em uma fantasia inconsciente sobre relacionamentos objetais internos e externos. Podemos ver aqui a transição sutil da conceitualização de projeção de Klein a partir da noção freudiana clássica de um "mecanismo" de defesa supostamente autônomo, como já tinha sido formulado por Anna Freud (1936), para uma na qual a projeção, como outros "mecanismos" de defesa, veio a ser transformada tanto em uma *fantasia inconsciente* por si só, mas também em um *relacionamento objetal* (interno, bem como externo). Esta transição sutil tornou-se fundamental, em minha opinião, na transformação de "projeção" em "identificação projetiva". Colocado de outra forma, visto que o conceito kleiniano de "mecanismo" de defesa sempre pressupõe uma fantasia inconsciente sobre um relacionamento objetal e é sempre dedicado ao objeto, a "identificação" *ipso facto* torna-se o *sine qua non* para a operação da projeção – ou seja, a transferência de identidades.

Quando o objeto externo *parece* identificar-se com a projeção, entretanto, a "*trans*identificação projetiva" (meu termo para a forma intersubjetiva de identificação projetiva) está em operação. Em minha opinião, a identificação projetiva *per se* é realizada, não entre o sujeito e o objeto externo, mas entre o sujeito e sua própria *imagem objetal interna* (representação) do objeto. Vim a perceber isso ao ler, em *Cogitations*, de Bion (1992), sobre as limitações impostas ao nosso entendimento da realidade quando dependemos dos sentidos: ou seja, que não podemos realmente *conhecer* o objeto pelo veredito de nossos sentidos e, portanto, um objeto internalizado constitui uma imagem baseada em nossas impressões sensoriais, incluindo o que nós projetivamente atribuímos a ele (p. 118).

Similarmente, na identificação projetiva intersubjetiva, o objeto, agora um cossujeito, também forma sua própria imagem do sujeito projetador. *Essencialmente, uma ressonância mutuamente indutiva transpira entre as duas imagens*, cuja natureza discuto posteriormente. A porção infantil da personalidade pode, como resultado de identificação projetiva, perceber o objeto erroneamente como o *self* ou projetar na realidade suspeitada ou percebida do objeto, e sutilmente induzir ou pressionar o objeto a comportar-se em conformidade com a projeção.

CONTRIBUIÇÕES DE BION

Embora isso já tivesse sido insinuado por Klein, Bion diferenciou ainda mais claramente entre identificação projetiva desenvolvimental normal e identificação projetiva patológica (defensiva) *e* entre seus modos intrapsíquico e intersubjetivo. Extrapolando de suas experiências com pacientes psicóticos, Bion (1959, 1962a, 1962b, 1967c) concluiu que, quando bebês, faltou-lhes a experiência de ter tido um objeto materno no qual eles pudessem projetar normalmente suas emoções (1959, p. 104). Consequentemente, ele propôs que o bebê normal necessitava de uma mãe como um "continente" no qual emoções intoleráveis pudessem ser projetadas (1962b, p. 90). Assim, ele ampliou o conceito de uma fantasia exclusivamente onipotente, intrapsíquica, inconsciente para *in*cluir, *aparentemente*, dimensões interpessoais e comunicativas, bem como epistemológicas muito reais, mas sem *ex*cluir a noção da fantasia onipotente intrapsíquica. Ele postulou que, quando o bebê projeta na mãe, esta, em um estado de rêverie, emprega sua "função α". Bion (1962) designa a "função α" para representar uma contraparte a uma variável matemática que opera como uma alternativa para ambos os processos primário *e* secundário de Freud (1911b, p. 3), coletivamente, para absorver, desintoxicar e refinar as projeções em preparação para uma resposta significativa e adequada ao bebê: ou seja, fornecendo o nome do *sentimento* (Damásio, 2003) ou o gesto que serve como a interpretação do estado interno do bebê que corresponde à *emoção* (Ogden, 1994b).

Deve ser observado que a função continente ↔ conteúdo muda, invertendo-se de modo que a mãe, então, torna-se o projetor e, o bebê, o continente, como no diálogo normal.

Ao atribuir este processo à comunicação básica entre mãe e bebê, Bion (1970) desenvolveu uma epistemologia única, na qual o processo incipiente de pensar começa com a identificação projetiva dos "pensamentos (emoções) sem um pensador" do bebê (p. 104) em sua mãe-enquanto-continente, cujo rêverie e função α transformam-nos em pensamentos pensáveis, sentimentos, pensamentos oníricos e memórias. Quando a função α do bebê amadurece neste ambiente, ele começa a pensar por si mesmo, projetando em seu próprio objeto interno-continente com sua própria função α. A formulação de Bion não apenas ampliou e estendeu a versão de Klein; ela também, em minha opinião, antecipou-a, de certa forma, ao postular a "equipe bebê-mãe projetor-continente" como um modelo irredutível de duas pessoas, do qual o modelo de Klein tornou-se uma consequência padrão em falha de continência. Enquanto o modelo de uma só pessoa, de Klein, propunha um efeito estático, único sobre o objeto, na identificação projetiva, o modelo de duas pessoas, de Bion, permitiu múltiplas mudanças dinâmicas no *relacionamento* com o objeto, dependendo de quão efetivo o objeto era como continente para as identificações projetivas. Bion afirma: "o paciente faz alguma coisa no analista e o analista faz alguma coisa no paciente; não é *apenas* uma fantasia onipotente" (1980, itálico acrescido).

Spillius resume as três formas nas quais os kleinianos britânicos modernos usam a identificação projetiva:

> Na Grã-Bretanha... penso que há o que se poderia chamar de três "modelos" clínicos de identificação projetiva: o próprio uso de Klein, no qual o foco está no uso que faz o paciente de identificação projetiva para expressar desejos, percepções, defesas; a formulação do continente/conteúdo de Bion; e o uso de Joseph, próximo ao de Bion, no qual o analista espera que o paciente constantemente aplique pressão sobre

o analista, às vezes muito sutilmente, às vezes com grande força, para conseguir que o analista atue de maneira consistente com a projeção do paciente. [Spillius, 1992, p. 63]

VERSÕES NORTE-AMERICANAS DE PROJEÇÃO E IDENTIFICAÇÃO PROJETIVA

Na época em que o conceito de identificação projetiva chegou à América, eu expressava a visão mais tradicionalmente Kleiniana, enquanto Kernberg (1987) e Ogden (1982) diferenciavam entre projeção e identificação projetiva em modificações – diferentes – da versão de Bion (Grotstein, 1981a). Curiosamente, parece que a versão de Bion tornou-se a mais conhecida e mais frequentemente usada clinicamente.

Kernberg (1987) definiu identificação projetiva como:

a) projeção de aspectos intoleráveis da experiência intrapsíquica no objeto,
b) manutenção de empatia com o que é projetado,
c) tentativa de controlar o objeto como uma continuação dos esforços defensivos contra a experiência intrapsíquica intolerável, e
d) indução inconsciente no objeto do que é projetado na interação real com o objeto.

[Kernberg, 1987, p. 94]

Até aqui, a definição de Kernberg está de acordo com a de Klein (1946) e com a minha (Grotstein, 1981), mas então ele – ao contrário de Klein e de mim mesmo – diferenciou projeção de identificação projetiva.

Identificação projetiva... difere de projeção, que é um tipo mais maduro de mecanismo de defesa. Projeção consiste de

a) repressão de uma experiência intrapsíquica inaceitável,
b) projeção daquela experiência em um objeto,
c) falta de empatia com o que é projetado, e
d) distanciamento ou alienação do objeto...

[Kernberg, 1987, p. 94]

Por "falta de empatia", Kernberg refere-se à diferenciação entre se o sujeito mantém ou não contato com a projeção. Ele falha em reconhecer que, inconscientemente, o que é projetado sempre mantém contato com o sujeito.

É prontamente aparente que – com exceção de sua alusão à empatia – ambas as suas definições estão de acordo com o que Klein e seus seguidores incluem como apenas identificação projetiva. Pode ser que, na época em que Kernberg apresentou essas distinções, ele estivesse preocupado em diferenciar a personalidade e a síndrome *borderline* de condições neuróticas e, portanto, teria moldado de acordo com isto suas distinções entre identificação projetiva e projeção. Em termos de empatia, ele a considera ausente na projeção, enquanto

> A identificação projetiva... assegura a capacidade de empatia sob condições de ódio, de uma forma paralela ao desenvolvimento de empatia como um concomitante da diferenciação de representações de *self* e objeto sob experiências de afeto máximo prazerosas que levam a introjeção. [Kernberg, 1987, p. 100]

Ogden, por outro lado, declara:

> Uma distinção deve ser feita entre o modo de pensamento projetivo envolvido na identificação projetiva e aquele envolvido na projeção como um processo independente. No primeiro, o projetor experimenta subjetivamente sentimentos de unidade com o recipiente com relação ao sentimento, ideia ou autorrepresentação expelido. Em contraste, na *projeção*, o aspecto do *self* que é expelido, na fantasia, é rejeitado e atribuído ao recipiente. [Ogden, 1982, p. 34]

A diferenciação de Ogden entre identificação projetiva e projeção difere da de Kernberg, descrita acima, e recapitula a distinção que Klein fez em suas duas contribuições sobre o tema. Para ele, "identificação projetiva" corresponde à segunda contribuição dela (Klein, 1955) e "projeção" à sua primeira (Klein, 1946). Portanto, Kernberg e Ogden diferenciam entre identificação projetiva e projeção, mas cada um a sua própria maneira – e suas diferenças são todas incluídas na definição de Klein de identificação projetiva exclusivamente. Ogden (1994a) também tinha estado trabalhando em sua concepção do "terceiro sujeito analítico": ele enfatizou um "terceiro sujeito intersubjetivo" (p. 37) e, portanto, raciocinava – ao contrário de Kernberg – que identificação projetiva era uma relação objetal intersubjetiva, enquanto projeção era um relacionamento não intersubjetivo. Em outras palavras, Ogden estava tentando diferenciar entre o primeiro (1946) e segundo (1955) usos de Klein de identificação projetiva. Embora eu pessoalmente me mantenha fiel à visão kleiniana de que projeção e identificação projetiva são idênticas, e que o termo inclui ambas as visões de Klein, acredito que o conceito de Ogden do "terceiro sujeito intersubjetivo" é uma forma interessante e valiosa de expressar a versão intersubjetiva de Bion da identificação projetiva (Ogden, 1994a).

Outras contribuições norte-americanas incluem aquelas de Schore e Seligman. Schore (2003a) estudou a identificação projetiva na pesquisa sobre apego, e acredita que mães e bebês se comunicam por meio de identificação projetiva entre os hemisférios cerebrais direitos um do outro (p. 77). Seligman (1993) estudou a identificação projetiva pesquisando bebês e, na pesquisa sobre apego, e também tentou integrá-la com psicoterapia mãe-bebê (Seligman, 1994).

A IMPORTÂNCIA DA IMAGEM INTERNA (OBJETO) NA IDENTIFICAÇÃO PROJETIVA

Klein afirmou que a identificação projetiva era dirigida *para o interior do* objeto pelo sujeito projetor. Postulo que não se pode – a despeito de Freud, Klein e Bion – projetar *para o interior de* um objeto *externo*. Sou da opinião de que se pode apenas projetar na *imagem* (isto é, fantasia, representação, construção – como um objeto interno) do indivíduo. Esta ideia está implícita na descrição de Klein do processo *como uma fantasia inconsciente*. Bion, enquanto formulava os aspectos comunicativos realísticos, nunca considerou a *identificação projetiva* como realmente ocorrendo no objeto – apenas que o objeto era *afetado*.

O conceito de transferência pressupõe que formamos imagens internas subjetivamente modificadas de objetos reais, e que confundimos estes com aquelas. Na identificação projetiva, o sujeito que projeta cria dentro de sua mente uma imagem do objeto para re-presentar. Na identificação projetiva manipulativa, o sujeito, em sua fantasia inconsciente, magicamente (onipotentemente) manipula a *imagem* do objeto (que é identificada com o objeto externo) a fim de controlá-lo (ação a distância, Magia por simpatia*).

Os sujeitos que usam identificação projetiva defensiva têm uma fantasia inconsciente onipotente, na qual eles acreditam, de que não mais possuem aqueles aspectos particularmente dolorosos de si mesmos, e sentem que o objeto – seja interno ou externo – agora os possui. Esses abrangem:

1. aspectos bons ou maus de si mesmos, que incluem emoções boas e/ou más, como amor e/ou ódio, impulsos e objetos internos, incluindo o superego;
2. modos de relacionamento, como sadismo, masoquismo, ódio, agressão, voyeurismo, exibicionismo, etc.;
3. expectativas onipotentes ou obrigações de *role-responsiveness* (responsividade de papel) impostas ao objeto para satisfazer as necessidades do bebê (J. Sandler, 1976), com concomitantes atribuições de papel concordante e/ou complementar (Racker, 1968);
4. onipotência (como uma transformação do senso do bebê de urgência infinita); e

---

*N. de R.T. *Sympathetic magic*: magia baseada nas conexões entre as coisas; na crença de que algo ou alguém pode ser afetado de forma sobrenatural por algo feito a um objeto que representa a pessoa ou a coisa.

5. atribuições de animismo e/ou personificação (Klein, 1929) ao objeto, de modo que ele assuma uma força vital sobrenatural. Além disso, a imagem do objeto é investida com a qualidade de
6. intencionalidade (vontade, ação, propósito ou determinação). As qualidades de expectativa, onipotência, intencionalidade, animismo e personificação prefiguram o futuro papel do objeto por internalização pelo sujeito como
7. um superego primitivo onipotente e determinado (voluntarioso). Tendo exportado sua onipotência e intencionalidade para o (a imagem do) objeto, o sujeito que está projetando é deixado em desolado vazio e empobrecimento.

O sujeito pode então re-projetar um superego exigente *e/ou* um mutilado *self*-objeto (no ego) no mesmo ou em outro objeto externo – na imagem dele – levando ao aparecimento de *ansiedade claustrofóbica* (ficar preso dentro do objeto). O objeto externo é então sentido como muito exigente, contudo desvalorizado (pela dupla projeção), e o sujeito necessita espaço a fim de resistir contra ser sufocado pelo objeto projetivamente comprometido. No ato fantasiado de tentar controlar o objeto penetrando-o por meio de identificação projetiva, o sujeito sente-se preso dentro do objeto. A identificação projetiva está envolvida clinicamente na diferenciação entre *inimigos* e *perseguidores* – os primeiros sendo independentes do sujeito e os últimos constituindo identificações projetivas originando-se no sujeito.

HIPÓTESES PROPOSTAS

a) A identificação projetiva intersubjetiva constitui a operação não apenas da teoria de Klein da identificação projetiva como uma fantasia intrapsíquica inconsciente, onipotente (ocorrendo apenas dentro do inconsciente do sujeito projetador), mas, além disso, com relação à versão de Bion, de dois outros processos:

1. modos consciente e/ou pré-consciente de indução sensório-motora e/ou técnicas de evocação ou de estimulação ("cutucada" mental, corporal, verbal, postural ou *priming*) por parte do sujeito projetador, seguidos por
2. simulação empática espontânea no objeto receptivo da experiência do sujeito, que já é inerentemente equipado (programado) para empatizar com ela.

Até aqui discuti identificação projetiva na *teoria* metapsicológica. Do ponto de vista da *experiência*, entretanto, o sujeito projetador sente que se livrou de conteúdos emocionais maus (ou bons), e agora acredita que o objeto *é* o *self* ou é indistinguível dele com respeito às partes projetadas – e experiencialmente, o objeto pode concordar que veio a ser afetado.

b) O sujeito projetador *e* o objeto de projeção constituem *dois sistemas autoativadores separados*, e o processo interpessoal deve, consequentemente, ser renomeado de *"*trans*identificação projetiva"* para designar seu modo transpessoal único a fim de diferenciá-lo da fantasia inconsciente da própria identificação projetiva intrapsíquica.

c) Um corolário da visão precedente é que nunca se pode projetar em outro indivíduo *per se*, apenas na *imagem* (representação objetal interna) dele – e então tentar manipular aquela imagem na fantasia inconsciente, como se *fosse* o objeto externo que estava sendo manipulado. Esta ideia nada mais é do que outra maneira de afirmar que os objetos que encontramos em nossas vidas diárias estão carregados de transferência pessoal de nosso inconsciente.

d) Consequentemente, a transidentificação projetiva funcionaria pelo estabelecimento de uma ressonância indutiva entre, por um lado, as imagens objetais internas formadas pelo sujeito projetador e, por outro lado, aquelas imagens duplicadas, formadas pelo objeto externo do sujeito.

e) A identificação projetiva na imagem do objeto é seguida por uma introjeção, pelo sujeito projetador, da imagem do objeto agora projetivamente transformada, a qual, por introjeção, finalmente pousa no superego e no ego do sujeito. Se foi projetado ódio, o sujeito experimenta um superego odioso e um ego odiado, respectivamente.

f) Projeção, dos pontos de vista Kleiniano/Bioniano, é inseparável e idêntica à identificação projetiva, mas, na visão norte-americana prevalente, elas diferem em vários aspectos.

g) Ao pensar em (trans)identificação projetiva comunicativa (intersubjetiva), deve-se distinguir entre comunicação pré-léxica normal e a urgente (trans)identificação projetiva por falha.

h) Acredito que a identificação projetiva (versão Kleiniana) tem ainda outra função: a de um *"instinto de volta ao lar"*, uma necessidade instintual de retroceder a suas raízes.

i) As ideias acima apareceram em minha publicação de 2005. Agora vejo conveniência em modificá-las à luz dos estudos sobre o apego. Acredito agora que *o bebê comunica-se normalmente com sua mãe, e o analisando com seu analista, com função α e elementos-α desde o início – eles apenas apelam para o uso de transidentificação projetiva quando há uma ruptura entre mãe e bebê e entre analisando e analista.*

AS OPERAÇÕES DA TRANSIDENTIFICAÇÃO PROJETIVA: UMA EXPLICAÇÃO DO MODELO DE BION

Quero explicar o modelo intersubjetivo de Bion de duas formas:

1. de uma perspectiva experiencial (fenomenológica) e de
2. uma perspectiva metapsicológica.

Experiencialmente, o sujeito projetador *parece* projetar no objeto. Se o objeto responde, é experiencialmente devido

1. a contraformação, no objeto, de um sítio receptor para a projeção, que consiste da imagem que o objeto tem do sujeito projetador;
2. o objeto que está recebendo uma forma de projeção que Money--Kyrle (1956) sugere que seja "contratransferência introjetiva" (contraidentificação), à qual podem ser acrescentados aspectos projetivos da própria neurose infantil do objeto, desse modo constituindo o que Grinberg (1979) chama de "contraidentificação projetiva".

Neste modelo experiencial, a imagem que o sujeito projetador tem do objeto e a imagem que o objeto tem do sujeito projetador estão em *ressonância* ativa, comunicativa.

Metapsicologicamente, entretanto, o sujeito pode apenas projetar em sua imagem do objeto. O analisando e o analista são concebidos como *dois sistemas autoativadores separados* (Llinàs, 2001). Se este for o caso, então como o objeto vem a ser afetado? Minha explicação é que *dois fatores ou funções adicionais devem ser acrescentados ao conceito de identificação projetiva afim de torná-la transidentificação projetiva:*

1. No caso do sujeito projetador, devemos acrescentar a capacidade para um poder, semelhante à hipnose, de induzir transformação no objeto, o qual deve sua origem à "retórica corporal", ou seja, estimulação, gesto, *priming*, "cutucada", prosódia e outros modos semelhantes, todos sendo modos originadores sensório-motores de induzir respostas em ou de influenciar o objeto (Bråten, 1998, Damásio, 2003; Geatrex, 2002; Helm, 2004; Kristeva, 1989; Modell, 1980; Stern, 2004).
2. No caso do objeto ativamente responsivo, devemos acrescentar a capacidade para uma sensibilidade inerente – uma capacidade de ser empático e de estar sintonizado ao estado emocional do sujeito – uma sensibilidade que Stern (2004), seguindo Bråten (1998), chama de "participação altero-centrada".

"Damásio (1999) acredita que somos 'ligados' ('*wired*') para responder às emoções do outro de uma forma pré-organizada quando recebemos certos estímulos no mundo ou em nossos corpos..." (Greatrex, 2002, p. 191).

Em outras palavras, existe um sistema de autoativação bilateral no qual o *sujeito projetador evoca alguma coisa já existente e adormecida dentro do objeto externo*, cuja capacidade latente para ressonância empática com as identificações projetivas intrapsíquicas do sujeito pode ser evocada. Sob a rubrica da perspectiva metapsicológica, incluo a distinção, de que tratei anteriormente, entre comunicação bebê-para-mãe e (trans)identificação projetiva de bebê-para-mãe. O inconsciente do analista já é inerentemente formatado ("*hard-wired*") para antecipar e ressoar com a "retórica corporal" do analisando – ou seja, indução sensório-motora (Bråten, 1998; Greatrex, 2002; Stern, 2004). Para citar a visão de Daniel Stern do conceito de Stein Bråten de "participação altero-centrada":

> *Participação altero-centrada*... é a capacidade inata de experienciar, geralmente sem ter consciência, o que outro está experienciando. É um ato não voluntário de experienciar como se seu centro de orientação e perspectiva estivesse centrado no outro. Não é uma forma de conhecimento sobre o outro, mas, antes, uma participação na experiência do outro. É a capacidade intersubjetiva básica que torna possível a imitação, a empatia, a simpatia, o contágio emocional e a identificação. Embora inata, a capacidade aumenta e torna-se refinada com o desenvolvimento. [Stern, 2004, p. 241-242]

Joseph (1989) sugere que o analisando "cutuca" o analista a agir de uma maneira consistente com as projeções do analista (em Spillius, 1992, p. 63). Eu sugiro que esta "cutucada" está relacionada à indução originadora sensório-motora, que pode incluir *priming*, evocação, fala, sugestão ou atitude, todos as quais pertencem a estímulos observáveis ou subliminares do analisando. Esses fenômenos poderiam incluir tom de voz ou humores, que formam a identificação projetiva inicial do analisando e a transformam em *trans*identificação projetiva. Os dois processos, juntos, constituem um processo influenciador cujo efeito final situa-se na vulnerabilidade e na capacidade empática do recipiente, agora ativada e já constituída.

Ao postular que um sujeito não pode projetar diretamente em um objeto, já aludi a outro problema. Minha hipótese de indução (que inclui ressonância, evocação, provocação, *priming*, estimulação e/ou gestos do sujeito e empatia espontânea de dentro do objeto) é totalmente compatível com as conceitualizações de Bion, e sugiro que ele a esboçou em suas "transformações em O" (1965, p. 160). Resumidamente, o analista, ao receber as projeções do analisando – que são equiparadas inicialmente com elementos-β não processados, impressões emocionais de O (Bion, 1962b, p. 7), o desconhecido e não conhecível – é capaz de conter: ou seja, passar por uma transformação em O, e transformá-las em K (conhecimento sobre suas emoções). A fonte de transformação do analista é de dentro de seu próprio repertório de experiências e emoções, que ele busca parear (simular) com as do analisando e *tornar-se* o O (a verdade desconhecida e não conhecível) da sessão (Bion, 1965, p. 146). Meu entendimento do que Bion quer dizer com isto é que o analista deve recrutar sua própria simulação autoativada da experiência do analisando e *tornar-se* ela o mais completamente possível. Portanto, a fonte de informação do analista é basicamente de dentro dele mesmo, mas é minha opinião que ela também surge do mistério do processo de transmissão projetiva-introjetiva detalhado anteriormente. O conceito de "tornar-se" é um exemplo da "voz média" grega antiga (Greenberg, 2005), na qual as vozes passiva e ativa coincidem.

Em apoio a esta última ideia, cito Damásio:

> Os padrões neurais e as imagens mentais correspondentes dos objetos e dos eventos fora do cérebro são criações do cérebro relacionadas à realidade que estimula sua criação, mais do que imagens de espelho passivas refletindo aquela realidade. [Damásio, 2003, p. 198-199]

Portanto, de acordo com Damásio, herdamos a capacidade de criar empaticamente dentro de nós virtualmente os mesmos sentimentos e emoções experimentados pelo paciente (também comunicação pessoal, 6 de fevereiro de 2004). Assim, Damásio e Llinàs nos levam a crer que pode existir outro mecanismo, além da introjeção, que explique como o objeto torna-se suscetível ao sujeito, e esta teoria é apoiada pela afirmação de Bion (1961) de que não existe um instinto gregário ou psicologia de grupo, apenas psicologias individuais em um grupo (p. 169).

INDUÇÃO POR GESTO E VOZ

Gostaria de desenvolver mais o tema de indução tipo-hipnose. O analisando, como o bebê, pode empregar níveis manifestos ou sutis de linguagem incluindo a de *gestos* e/ou *voz* (prosódia), ou sutis comunicações interpessoais corporalmente evocadas (*"Le sémiotique"* [semiologia pré-verbal] – Kristeva, 1989, p. 62), ou *priming* (Helm, 2004, Modell, 1980; Ogden, 1994b), nas quais bebê e mãe, bem como analisando e analista, leem os *gestos* um do outro. O *priming*, de acordo com Helm, inclui todas as transações subliminares de informação que entram no sistema de memória implícita e, com relação à situação psicanalítica, inconscientemente afetam o analista e o analisando. Modell (1980) acredita que o *priming* constitui um modo manipulativo de comunicar afetos (p. 260). O ato de apontar representa um primeiro marco do desenvolvimento para o bebê. Ao apontar, o bebê está tanto gesticulando para indicar seu interesse em um objeto – com, compreensivelmente, um desejo de compartilhar o momento com sua mãe – *como* desejando, também compreensivelmente, na fantasia inconsciente, magicamente obter o objeto para o qual ele está apontando.

Se o que declarei acima for realmente verdadeiro, a linguagem de voz e gesto, que associo com indução tipo-hipnótica, evocação, provocação, estimulação e *priming*, difere significativamente da identificação projetiva propriamente dita, mas está incluída dentro do processo de *trans*identificação projetiva e pode constituir, ainda, outro fator comunicativo na vida mental incipiente. Frazer (1922) se referiu a esse processo como "magia por simpatia".

Minha versão modificada deste processo, conforme referido acima, é que a porção bebê ou infantil da personalidade, sob a pressão do estresse emocional acumulado, *induz* um estado simétrico na mãe (ou analista) vulnerável-porque-desejante, de modo que a mãe/analista inconscientemente examina (autoativa) seu próprio inventário de experiências passadas reais ou possíveis, dentro de seu *self* consciente e inconsciente, recruta seletivamente as mais pertinentes delas para consideração consciente, e então *gera* pensamentos e/ou ações (interpretações) para abordar o sofrimento no bebê ou analisando.

O que a mãe ou o analisando contém, consequentemente, não é realmente as projeções do bebê (ou do analisando), mas, antes, os resultados emocionais do correspondente recrutamento inconsciente das próprias experiências da mãe, que constituem sua reconstrução subsequente da experiência do bebê, à qual elas ressonantemente correspondem. Elas permanecem autocontidas na presença da indução emocional pelo bebê/analisando. Em outras palavras, a mãe/analista e o bebê/analisando contêm cada um *"representações compartilhadas"* (Decety e Chaminade, 2003). Minha hipótese é que este processo corresponde mais estreitamente ao que Bion (1965) realmente queria dizer pela necessidade do analista de "tornar-se o analisando" (p. 146). *O analista deve ainda mais profundamente "tornar-se" aqueles aspectos de si mesmo que correspondem (simulam) mais relevantemente aos do analisando.*

IDENTIFICAÇÃO PROJETIVA, TRANSFERÊNCIA E CONTRATRANSFERÊNCIA

A meu ver, a identificação projetiva é o denominador comum subjacente a todas as transferências, seja o deslocamento de catexias objetais passadas ou as identificações projetivas de representações mentais atuais. Os analisandos podem tentar projetar no (na imagem do) analista como um apelo, ou a fim de influenciar, manipular, seduzir, corromper, imitar ou fundir-se com o analista. Quando eles o fazem, inconscientemente manipulam a *imagem* do analista dentro de si mesmos e *tentam forçar o analista por indução ou priming (gestos) a moldar-se a esta imagem.*

Minha posição é que a *contratransferência* é a contraparte obrigatória à transferência e inclui toda a gama do repertório de sentimentos e emoções do analista na situação analítica, enquanto *rêverie* (Bion, 1962b, p. 36) designa estritamente o estado mental intencionalmente dirigido e induzido do analista que "abandona memória e desejo" (Bion, 1967a, p. 143) a fim de ser idealmente intuitivo e receptivo a seu próprio *vis-à-vis* inconsciente com o analisando. Quando o analista parece identificar-se com a imagem criada pelo analisando, aquela identificação pode ser uma *identificação experimental* ou *parcial* (Fliess, 1942, p. 213), funcionando como um instrumento analítico intuitivo. Eu pensaria que identificação total corresponderia à contratransferência, e identificação parcial ao rêverie.

Mason (1994; comunicação pessoal, 2003) denomina o fenômeno do analista sendo afligido por contágio do analisando de "hipnose mútua", ou *"folie à deux"*. O raciocínio de Mason é o seguinte: para que o objeto (isto é, o analista) seja afetado pela fantasia inconsciente projetada do analisando, o analista deve, ele próprio, inconscientemente alimentar a mesma fantasia inconsciente onipotente e deve inconscientemente buscar preservar sua ficção, sendo conivente desse modo, com o analisando para preservar sua crença mútua – ou seja, a *folie à deux*. Eu não apenas concordo com a visão de Mason, mas sugiro que a *folie à deux* tem uma função normal e constitui a base para intuição e empatia. O próprio inconsciente do objeto é inerentemente estruturado para combinar com a disposição do sujeito (Stern, 2004, p. 85).

Na transidentificação projetiva, o analista, ao experienciar o estímulo de indução evocativo ou provocativo (sensorial, ultrassensorial ou mesmo extrassensorial) do analisando, reúne dentro de si aquelas fantasias simétricas correspondentes que combinam com a experiência do analisando. É assim que a mãe funciona no rêverie materno, quando está atendendo a seu bebê. Portanto, quando o analista *parece* agir como um continente para as experiências relatadas do analisando, eu postulo que o analisando inconscientemente *identifica projetivamente* seu estado emocional com a sua *imagem* do analista, na esperança de livrar-se da dor e de *induzir* este estado no analista, através da manipulação de sua imagem dele. O analista, que está disposto a ser um coparticipante útil nesta sociedade, torna-se aberto e receptivo ao influxo do analisando *por meio de um estado de ressonância empática*. Esta ressonância resulta na contracriação, pelo analista, de sua própria imagem das projeções (elementos-β) do analisando. Stern (2004) descreve a disposição do outro (*other-mindedness*) assim: "Os bebês nascem com mentes que estão especialmente sintonizadas com outras mentes, conforme manifestado através de seu comportamento" (p. 85).

Na prática clínica, permitimo-nos a liberdade de usar a expressão taquigráfica, "você está projetando seus sentimentos em mim", porque é prático fazê-lo e retrata concretamente a *experiência* real. Minha posição é a de que, embora isto *pareça* funcionar, simplifica excessivamente os processos intermediários que, quando considerados, sugerem uma mudança de paradigma em nosso entendimento do processo global *teoricamente*. Refiro-me à concepção revolucionária de Bion (1965) do "tornar-se" (p. 146) e do sonhar por parte do analista. Quando Bion usou o termo "tornar-se", ele *não* queria dizer "identificar-se com", o que designaria uma perda do *self* – ou seja, uma perda das fronteiras do ego – com o outro. O "tornar-se" pode ocorrer apenas quando a barreira de contato (fronteira) do analista está intacta (Bion, 1962b, p. 17), de modo que o analista possa tornar-se aquele aspecto inconsciente de si mesmo que está sempre já adormecido dentro dele ressonantemente, e que sempre corresponde *potencialmente* às emoções projetadas do analisando. (Encaminho o leitor à minha revisão das teorias de Bion sobre o sonhar e o tornar-se – Grotstein, 2002, 2003; ver também Capítulo 25.)

O TERCEIRO SUJEITO SUBJUGADOR DA ANÁLISE

Klein (1946) afirmou que, na identificação projetiva, o bebê ou a porção infantil da personalidade pode projetar sua urina e fezes no objeto a fim de controlá-lo, na fantasia inconsciente (p. 300). Embora ela nunca tenha realmente explicado como as "fezes" e a "urina" exercem seu controle, Meltzer (1966) o fez. Eu entendo que ele queria dizer que o bebê primeiro equipara suas fezes e urina com o leite *e* o seio que acabou de ser engolido, em parte porque o reflexo gastroentérico ocorre rapidamente após a amamentação. Quando o bebê comprime as fezes em seu reto ou realiza masturbação anal, ele está indiretamente exercendo seu controle sobre o objeto materno, dentro dele. No curso dessas manobras, o bebê pode, na fantasia inconsciente, projetar suas fezes ou urina no (na imagem do) objeto externo, na traseira (ânus) deste, enquanto ele está se afastando, e busca entrar nele a fim de controlá-lo de dentro (colonização). Este ato fantasiado de identificação projetiva pressupõe que os ânus do objeto e do bebê estão agora fundidos e/ou conectados – ou seja, mutuamente identificados. Portanto, o bebê *e suas* fezes, agora equiparados com o seio-objeto interno por magia por simpatia (Frazer, 1922, p. 43), são capazes de controlar o objeto.

A explicação de Ogden (1994a) para este processo é diferente. Ele propõe que o relacionamento analítico entre analisando e o próprio analista constitui um terceiro sujeito, um aspecto do qual pode ser entendido como o "terceiro sujeito subjugador" (p. 101), que inconscientemente dirige as subjetividades do analisando e do analista. A formação do terceiro subjugador resulta da compactação ou coalescência intersubjetiva das subjetividades do analista *e* do analisando. É um sujeito diferente que age independentemente das subjetividades de cada um dos participantes e dirige cada uma delas no drama analítico.

Por outro lado, o engajamento pode ser descarrilado pela necessidade do analisando de arruinar a análise. Uma conivência, uma *folie à deux*, pode então ocorrer, embora ela possa tornar-se terapêutica se o analista, que estava em uma *identificação parcial* com o analisando, for capaz de retroceder e refletir sobre o que transpirou, a fim de transformar o drama em uma interpretação mutativa. A versão de Ogden é *experiencial*. Minha própria versão *metapsicológica* é que um *"dramaturgo"* (o criador-arquiteto e diretor do drama) – a presença inconsciente sobrenatural ou o demônio que está localizado apenas no inconsciente do analisando – coopta as subjetividades do analisando e do analista para criar uma peça na qual o tema inconsciente relevante é capaz de ser encenado e, portanto, conhecido (Grotstein, 2000a). O outro nome do "dramaturgo" é o *"sujeito inefável do inconsciente"* (Grotstein, 2000a, p.19). O dramaturgo dirige e orquestra as subjetividades do analisando e do analista para desempenharem papéis sugeridos por Sandler (1976), mas dentro das limitações do enquadre analítico e da garantia do continente/conteúdo (Bion, 1962b). Quando o próprio dramaturgo do analista torna-se ativado, uma encenação (*enactment*) contratransferencial substitui o rêverie. Além disso, assim como Bion acredita (1961, p. 168) que o instinto gregário não existe – há apenas a psicologia acumulada de indivíduos em um grupo – então, metapsicologicamente, pode não haver terceira intersubjetividade (exceto em fantasia mútua).

PENSAMENTOS FINAIS

Embora a identificação projetiva, como Klein a entendia, nos ajude a entender o destino do bebê em ser confrontado por objetos que estão inundados com suas projeções, a versão de Bion nos ajuda a compreender a natureza da comunicação emocional pré-léxica entre bebê e mãe, cuja complexidade justifica uma nova designação: "*trans*identificação projetiva". Sugiro que esta inclui estimulação, rastreamento ou sinalização (Couzin e Krause, 2003) ao objeto, além de identificação projetiva. Também considero que a natureza desta comunicação intersubjetiva situa-se em um *continuum,* no qual o rêverie e a intuição do objeto variam de percepção ultra ou mesmo extrassensorial, através da preocupação materna primária e transformações em O, à transidentificação projetiva.

Até agora, retratei a operação da identificação projetiva como originando-se em uma porção infantil da personalidade do sujeito projetador e ressoando complexamente dentro da personalidade do objeto. Deve ser salientado, entretanto, que, durante o processo de análise, como nas transações bebê-mãe e na vida diária em geral, os vetores da transação de transidentificação projetiva operam bilateralmente: o objeto instantaneamente torna-se um transmissor, e o transmissor projetivo originador, em razão disso, torna-se um receptor – ou seja, está ocorrendo um diálogo. Além disso, estudos mais recentes sobre identificação projetiva (que eu agora chamo de "*trans*identificação projetiva") enfatizam os efeitos, por exemplo, das projeções da mãe sobre o resultado de longo prazo do desenvolvimento da personalidade e do comportamento do bebê. Em um prolongado estudo de resultados de mães e bebês, Apprey (1987) coletou fantasias maternas inconscientes sobre seus bebês desde o estágio fetal até o terceiro ano da vida da criança, e encontrou correlações positivas significativas entre as fantasias inconscientes e o resultado, em relação à personalidade e ao comportamento da criança.

UMA OBSERVAÇÃO FINAL

Não posso deixar o tema da identificação projetiva e transidentificação projetiva sem sugerir que, talvez, o principal motivo para a primeira seja um "retorno" ao primeiro lar, o útero, tendo em vista que o bebê ainda não é capaz de aceitar totalmente o nascimento e a separação. A função da última pode ser um passo avançado, no qual ele deseja comunicar seu sofrimento em relação a deixar seu lar. Também acredito que a *trans*identificação projetiva ocorre como um padrão quando o discurso comunicativo normal entrou em colapso; e que ninguém pode jamais projetar em outro indivíduo, apenas na *imagem* interna daquela pessoa, e então buscar tratar aquela imagem como se ele fosse a pessoa real (transferência).

18
O trabalho de Bion com grupos

Meu plano neste trabalho é, primeiro, apresentar uma revisão geral das ideias seminais de Bion sobre grupos. Penso em suas contribuições como, superficialmente, um arquipélago de ideias aparentemente discrepantes, desconexas, que finalmente revelam, aos olhos do paciente, uma massa de terra oculta embaixo, que lhes dá nexo. Esta massa de terra é o valor consumado que ele concede à *verdade emocional* contraposta à enormidade e consistência do *Desconhecido*, O, dentro de e relativo a nós.

EXPERIÊNCIAS EM GRUPOS

Bion começou sua carreira investigativa com o estudo de grupos. Lá ele fez inúmeras observações significativas. Ele formulou a noção de que um grupo consiste de indivíduos que, embora cada um seja um indivíduo por si mesmo, também contém um *self* grupal. Não existe algo como psicologia grupal por si só.[1] A psicologia que aparece nos grupos expressa o agrupamento psicológico composto do aspecto grupal dos indivíduos dentro do grupo, no qual aquele [aspecto] do indivíduo tende a submergir. Bion (1992) veio, mais tarde, a expressar esta dialética como a do "socialismo contra o narcisismo" (p. 103). A outra forma de expressar esta ideia é que cada pessoa pode ser concebida como um grupo de subpersonalidades, e o grupo pode ser concebido como um indivíduo, bem como um grupo. Ele posteriormente abordou essas supostas subpersonalidades em "The Imaginary Twin" (1950) e em "Differentiation of the Psychotic and Non-Psychotic Personalities" (1957b).

Os grupos são formados para realizar uma tarefa unificada. Este grupo, unificado com este propósito, é chamado de "grupo de trabalho". À medida que o tempo passa, uma ruptura ou resistência em manter a unidade do esforço grupal se desenvolve. Essas resistências subgrupais formam agrupamentos conhecidos como subgrupos de "pressuposto básico", porque cada respectivo subgrupo é caracterizado por um pressuposto básico específico, o qual difere do pressuposto do grupo de trabalho. A resistência grupal traz algumas semelhanças interessantes com aquelas no tratamento de indivíduos. Os subgrupos resistentes têm certas características. Uma é a de "luta/fuga" – rebelião aberta ou passivo-agressiva contra o progresso do trabalho do grupo. Uma segunda forma de resistência é a de "dependência", pela qual se quer dizer dependência patológica: este subgrupo revoga seu senso de responsabilidade cooperativa de trabalhar na tarefa comum e a projeta de volta para o grupo de trabalho ou, especialmente, para o líder do grupo. Uma terceira forma de resistência é a de "acasalamento", pela qual dois ou mais indivíduos desenvolvem fantasias de relação sexual. Outro aspecto subsequente dessa fantasia é a ideia mais mística de que dois dos membros deste grupo de acasalamento se unirão e produzirão um messias ou uma ideia messiânica. Esta última ideia – que o grupo de acasalamento busca procriar um messias-filho para trazer esperança ao grupo – foi um "alcance" brilhante de Bion. Com certeza, ela não é prontamente aparente para a maioria dos observadores de grupos, mas uma vez que Bion a observou e a formulou, ela veio a ser confirmada repetidamente. Este é um exemplo do gênio em Bion.

A primeira forma de resistência grupal, luta/fuga, corresponde a sua contraparte agressiva na terapia individual, seja a agressão ativa ou passiva. A segunda, a resistência do subgrupo de dependência, corresponde ao paciente individual que dissocia seu próprio senso de responsabilidade pelo tratamento e inconscientemente a atribui (projeta) ao terapeuta, resultando em uma forma narcisista onipotente de dependência. O caso da terceira, o grupo de acasalamento, é mais complicado. O primeiro aspecto dela corresponde à sexualização da transferência do paciente individual para seu analista – como uma defesa contra experimentar a dor e a humilhação de sentimentos de dependência. A fantasia subsequente de que o par produzirá um messias que finalmente libertará o grupo de seu sofrimento também é mais complicada. Ela pode começar, na psicologia individual, como um dos resultados fantasiados do incesto, no qual o par incestuoso produzirá um filho superior[2] que transporá as limitações de sua família real. Ela também sugere um postergado parto mágico no futuro. Bion (1961, p. 164) insinua esta ideia quando declara que os processos grupais e suas resistências podem essencialmente ser remontadas ao conceito de Klein do complexo de Édipo arcaico. Em outras palavras, o menino incestuoso pode acreditar que *ele* pode produzir um *"Wunderkind"(criança prodígio)* superior no corpo da mãe – isto é, superior a um filho que seu pai pode produzir, o que inclui ele mesmo, portanto, seu futuro perpétuo.

O líder do grupo torna-se o ímã para a projeção de expectativas onipotentes dos indivíduos no grupo. O grupo progride à medida que pode reunificar e repossuir suas projeções, retornando a sua missão original, após o líder do grupo ser capaz primeiro de experienciar, então intuir e, finalmente, interpretar as ansiedades do subgrupo de pressuposto básico subjacentes a seu desvio. A ação do líder do grupo prefigurou o trabalho posterior de Bion sobre o rêverie e a continência maternos e do psicanalista. As ansiedades fundamentais subjacentes às resistências grupais de pressuposto básico eram originalmente consideradas "fenômenos protomentais" (Bion, 1961, p. 101). Estes vieram a ser os precursores do posterior conceito de Bion de elementos- -β e O. Esses fenômenos surgem quando uma personalidade encontra outra, e é produzida "turbulência emocional" (Bion, 1976). Por quê? Como é seu costume, Bion não explica, mas eu postularia que, quando dois indivíduos se unem para análise ou outro motivo, várias protoemoções – rivalidade, expectativas de perseguição ou de desaprovação, medo de vergonha, amor, ódio, dependência e muitas outras – são provavelmente experimentadas consciente ou inconscientemente por cada um.

Portanto, podemos ver os primórdios das contribuições posteriores de Bion aqui, em seus primeiros estudos de grupos. Ele enfatizou a natureza primitiva dos fenômenos grupais e foi capaz de aplicar os conceitos de Klein de identificação projetiva e os aspectos arcaicos do complexo de Édipo, conforme acabei de sugerir, aos quais ele acrescentou a noção das posições esquizoparanoide e depressiva. Ele continuou e estendeu seus achados sobre grupos ao realizar, logo depois, a psicanálise de psicóticos, e revelou o "místico".

Algumas citações de trabalhos específicos mostram como representativos terapeutas de grupo integraram o trabalho metapsicológico posterior de Bion com seus conceitos de grupo. Não comentarei sobre eles porque falam por si mesmos.

O trabalho de Gordon (1994), "Bion's post-*Experience in Groups* thinking on groups" ("O pensamento de Bion sobre grupos após-*Experience in Groups*"), integra o seminal trabalho original de Bion sobre grupos com suas ideias posteriores desenvolvidas a partir de seu trabalho individual com pacientes psicóticos, e enfatiza o contraste entre K e –K em situações grupais:

> Em resumo, para Bion, o esforço para conhecer e entender (K) ou o oposto, evasão irracional e antientendimento (–K) são tão fundamentais para a vida mental quanto o amor e o ódio. Consequentemente, tentativas de conhecer; ansiedades sobre e defesas contra o que é conhecido; perversão e obliteração da verdade podem ser tão proeminentes *em qualquer sessão de grupo* ou séries de sessões quanto os esforços para expressar amor e ódio e as ansiedades, defesas e perversões a eles relacionadas. [Gordon, 1994, p. 112; itálico acrescido]

Gordon continua descrevendo um exemplo clínico de um objeto –K em uma situação de grupo constituindo um conflito grupal. Ele, então, discute a aplicação do pensamento posterior de Bion sobre identificação projetiva interpessoal e o quanto isto é adequado para a psicologia de grupo, e prossegue dizendo:

> Bion expressou claramente, em *Learning from Experience* (Bion, 1962b, p. 99), sua visão de que as teorias clínicas desenvolvidas em seu trabalho, pós-*Experience in Groups,* com psicóticos e outros pacientes seriamente

perturbados, eram aplicáveis a grupos. Em *Attention and Interpretation,* ele discutiu isso como relacionamentos de continente-conteúdo. Entretanto, com exceção de alguns exemplos gerais de encontros entre o místico e o sistema comensais (criativos: "dois objetos compartilham um terceiro em benefício de todos os três"); simbióticos (mutuamente satisfatórios: "um depende do outro em benefício mútuo"); e parasitários (mutuamente destrutivos: "um depende do outro para produzir um terceiro que é destrutivo de todos os três") (Bion, 1970, p. 95), Bion não ofereceu material clínico de grupos de psicoterapia para ilustrar a aplicação... Penso que os intensos sentimentos de alienação, de vazio e de insignificância que acompanham uma "experiência de uma lacuna" refletem e expressam os efeitos inconscientes sobre a personalidade da catástrofe psíquica que Bion simboliza por relacionamento objetal –K. [Gordon, 1994, p. 124]

V. Schermer (2003) declara:

Há uma particular negação de Eros na psicologia de grupo de Bion, uma vez que ele retrata o grupo eternamente enredado em retornos aos estados pb [pressuposto básico–JSG], *à la* compulsão de repetição e instinto de morte. Esta desesperança não é tão dominante em seus escritos posteriores, onde ele parece ter encontrado vida no próprio pensamento e onde ele estabelece, como sua tarefa, a elaboração do que ele chama de "transformações em O", "O" sendo a "coisa em si" ou o objeto indefinível da investigação científica.... Essencialmente, os trabalhos posteriores de Bion desafiam o psicólogo de grupo a questionar, no nível mais fundamental, a função de grupos na existência humana e as metas de grupos de terapia e treinamento. [V. Schermer, 2003, p. 144]

Sutherland (1994) diz o seguinte:

Bion equiparou o problema do indivíduo ajustando-se à vida emocional do grupo como essencialmente semelhante ao do bebê em seu primeiro relacionamento, isto é, com o seio/mãe. Em seu trabalho analítico posterior, ele explicou detalhadamente a natureza da tarefa do bebê de superar a frustração, isto é, quando em vez do seio esperado havia uma situação de "não-seio". Por esta conquista, ele considerava crucial o papel da mãe como um "continente"... Poderia ser dito facilmente que, para o terapeuta de grupo, Bion defende um papel de considerável contenção. [Sutherland, 1994, p. 1179]

Finalmente, gostaria de citar duas passagens do *Experiences in Groups* (1961) de Bion, tanto porque elas são perspicazes, se não obscuras, mas também porque elas demonstram claramente um malabarista cerebral em atividade, que pode equilibrar muitas ideias simultaneamente, cada uma das quais parece afastada da natureza do empreendimento, a psicologia de grupo, até que ele as junte todas novamente.

> No plano emocional, onde os pressupostos básicos são dominantes, figuras Edípicas... podem ser reconhecidas no material exatamente como o são na psicanálise. Mas elas incluem um componente do mito de Édipo do qual pouco foi dito, e que é a esfinge. Na medida em que sou líder da função do grupo de trabalho, e o reconhecimento deste fato raramente é ausente, eu, e a função do grupo de trabalho com a qual eu me identifico, estou investido de sentimentos que seriam muito apropriados à esfinge enigmática, meditativa e questionadora da qual emana desastre... Para o grupo, sendo o objeto de indagação, ele mesmo desperta medos de um tipo extremamente primitivo. Minha impressão é que o grupo se aproxima estreitamente, nas mentes dos indivíduos que o compõem, de fantasias muito primitivas sobre os conteúdos do corpo da mãe. A tentativa de fazer uma investigação racional das dinâmicas do grupo é, portanto, perturbada por medos, e por mecanismos para lidar com eles, que são característicos da posição esquizoparanoide. [1961, p. 162]

Bion está basicamente dizendo aqui, acredito, que ansiedades grupais primitivas – aquelas que podem ser classificadas como esquizoparanoides – envolvem não apenas ansiedades reminiscentes do relacionamento da boca do bebê e o seio da mãe, mas também aquelas reminiscentes das lutas edípicas arcaicas do bebê quando ele experiencia ser deixado de fora do interior do corpo da mãe. É a esfinge, então, o objeto mãe-pai combinado, que, como uma sentinela onisciente, "sabe" que o bebê deseja invadir e explorar o interior do corpo da mãe? Em outras palavras, os impulsos sádicos e epistemofílicos do bebê, recentemente surgidos, de invadir o corpo da mãe, tornam-se projetivamente identificados com o analista ou líder do grupo que, consequentemente, torna-se uma esfinge ameaçadora e onisciente. É a esfinge, enquanto sentinela, como o minotauro (Grotstein, 2000a), que impede o analisando e/ou o grupo de entrar no corpo da mãe e derrubar a "aristocracia" (o falo paterno e os "bebês não nascidos") que lá reside.

Posteriormente, no mesmo texto, ele declara:

> Em psicanálise, considerado como parte do grupo de acasalamento, o Messias, ou a ideia do Messias, ocupa uma posição central, e o vínculo entre os indivíduos é libidinoso. A ideia do Messias trai-se na suposição de que o paciente individual merece a maior devoção do analista; como também na visão, às vezes abertamente expressa, de que, como resultado do trabalho psicanalítico, uma técnica será aperfeiçoada e, finalmente, salvará a humanidade. Em resumo, considero o uso de Freud do termo libido [para identificação do grupo–JSG] correto apenas para uma fase, embora uma fase importante, e sinto a necessidade de algum termo mais neutro que descreva o vínculo em todos os níveis de pressupostos básicos.

O vínculo no grupo de trabalho, que considero como sendo de natureza sofisticada, é mais adequadamente descrito pela palavra *co-operação*. [1961, p. 176-177; itálico acrescido]

Esta porção era de algum interesse pessoal para mim, uma vez que lembro claramente sentimentos como este, quando eu estava em análise com Bion. Embora Bion não diga muito especificamente, acredito que ele está sugerindo que o grupo de acasalamento, para o analisando individual e, indiretamente para o grupo, constitui a fantasia de uma vitória edípica arcaica. O bebê onipotente aniquilou o pênis-pai interno e agora tornou-se um "conselheiro privado" privilegiado para uma mãe idealizada, ou talvez mesmo para um objeto pais-combinados, desse modo poupando-lhe a necessidade de passar pela rivalidade e ansiedade de castração com a mãe ou o pai.

Bion estudou grupos apenas devido às extravagâncias de uma atribuição militar casual durante a Segunda Guerra Mundial, e apenas por um curto tempo. Contudo, naquele curto tempo, ele elevou-se ao topo de sua classe, por assim dizer, e foi pioneiro em chegar às raízes da psicologia de grupo, bem como em aplicar o entendimento psicanalítico, primeiro os princípios psicanalíticos de Freud e então os de Klein. Seu gênio, ali, foi devido a seus próprios poderes de observação perspicaz e a sua capacidade para "pensamentos selvagens", além de um dom para integração, especialmente entre Freud e Klein.

Outra questão interessante vem à mente. Bion cita mais referências em sua bibliografia em *Experiences in Groups* do que em qualquer um de seus trabalhos posteriores. Ele nunca abandonou o conceito de psicologia de grupo. Ele concebia o grupo como um indivíduo, e o indivíduo como um grupo. Isto é exemplificado em sua ideia da dialética (oposição binária) entre "narcisismo e socialismo" (Bion, 1992, p. 103). Deve-se a Bion, em grande parte, que analistas Kleinianos e pós-Kleinianos contemporâneos tratem o mundo interno de seus analisandos como se ele contivesse objetos internos cooperativos (grupo de trabalho), bem como dissidentes (grupos de pressuposto básico).

NOTAS

1. A rejeição de Bion da "psicologia grupal" tem vastas ramificações para a tendência atual, no pensamento psicanalítico, que defende a "coconstrução" ou "construtivismo". Dito sucintamente, *o sujeito que vem a ser influenciado por outro é individualmente responsável por ser influenciado. Colocado de outra forma, a auto-organização sempre transcende a coconstrução.*
2. A criança será superior porque ela é o produto de dois indivíduos incestuosos onipotentes.

19

Estudos de Bion na psicose

Em *Second Thoughts* (1967c), Bion reuniu oito ensaios que representavam uma crônica contínua de seu trabalho psicanalítico com pacientes psicóticos, que ele tinha apresentado ou publicado entre 1950 e 1962. Ao final do trabalho, há um "Comentário" que representa uma cesura significativa em seu pensamento sobre seu trabalho com aqueles pacientes e as conclusões que ele tirou deste. O "Comentário" deve ter sido escrito entre 1962 e 1967, e, naquele tempo, Bion aparentemente passou de "Kleiniano" para um "*Bioniano* pós-pós-Kleiniano". Ele moveu-se do positivismo lógico e da certeza do pensamento Freudiano e Kleiniano moderno, que era essencialmente baseado nas pulsões como causas primeiras, para uma posição de incerteza, O. Ele já tinha formulado os instrumentos de sua nova metateoria, que incluíam conceitos como o continente e o conteúdo, a função α, os elementos-β, a teoria das transformações, a reatribuição das pulsões para vínculos emocionais L, H e K entre objetos, a noção de que existia uma relação contemporânea, dialética, mais do que hierárquica e cronológica entre as posições esquizoparanoide e depressiva, P-S $\leftrightarrow$ D, e não P-S $\to$ D, e as transformações em e de (e para) O.

Na época da publicação, em 1967, de *Second Thoughts*, ele já tinha publicado *Learning from Experience* (1962b), *Elements of Psycho-Analysis* (1963) e *Transformations* (1965), que incluíam suas novas ideias. Devido à recusa de Bion em reeditar os ensaios originais, o leitor é forçado a lê-los sabendo que eles já são obsoletos, e é apenas no Comentário que eles são atualizados com suas novas visões radicais. Contudo, ao ler dessa maneira, tem-se a vantagem única de acompanhar Bion, primeiro passando pela experiência e, então, posteriormente, refletindo sobre ela.

RESUMO DOS TEMAS EM SECOND THOUGHTS

"O Gêmeo Imaginário"

Em "O Gêmeo Imaginário" (1950) vemos um Bion muito Kleiniano, que é um observador extraordinariamente perspicaz de um analisando labiríntico, que usa um gêmeo imaginário para confortar-se, mas também para substituir o analista. Com consumada versatilidade, Bion desmascara as muitas personas que incluem o conjunto do gêmeo imaginário, incluindo o "gêmeo não-nascido", aquele que o analisando impediu de nascer em sua fantasia inconsciente. Ele também representa o seio como um gêmeo sob seu controle.

Parecia haver um beco sem saída nos primeiros tempos das análises, até Bion tornar-se intuitivamente consciente de que um ritmo de respostas estava acontecendo entre eles. Devo mencionar o clímax do momento analítico.

Após uma discussão relativa aos sentimentos do analisando sobre a futilidade da análise e seu questionamento a Bion sobre se ele deveria sair, Bion considera a questão de muitos ângulos diferentes, e então declara:

> Voltemos ao paciente a quem deixamos em silêncio após meu resumo dos problemas...: Perguntei sobre o que ele estava pensando. Ele respondeu que estava pensando em uma mulher com dor reumática, "Ela está sempre se queixando de uma coisa ou de outra, e eu pensei", ele disse, "que ela é muito neurótica. Eu simplesmente a aconselhei a comprar Amytal e me despedi sumariamente."
>
> Isto, eu disse, foi provavelmente uma descrição compacta do tratamento que ele estava tendo de mim, de cuja eficácia ele duvidava. Minhas interpretações eram sentidas por ele como queixas vagas, às quais ele quase nem prestava atenção; suas associações eram muitas delas associações velhas, empregadas mais pelo efeito soporífico que elas compartilhavam com o Amytal do que por seu valor informativo, e visando a mantê-las empregadas sem aborrecê-lo. Mas, acrescentei, também devemos considerar como esta situação foi tornada tolerável para ele, e chamei sua atenção a peculiaridades em seu comportamento, notavelmente *o ritmo de "associação – interpretação – associação"*, que indicava que eu era um gêmeo dele que o apoiava em uma evasão jocosa de minhas queixas e, portanto, suavizava seu ressentimento. Ele podia identificar-se com qualquer um dos três papéis.
>
> Sua resposta foi surpreendente. Sua voz mudou, e ele disse, em um tom deprimido, que se sentia cansado e sujo. Foi como se, num instante, eu tivesse na minha frente, inalterado em todos os sentidos, o paciente como eu o tinha visto na primeira entrevista. A mudança foi tão repentina a ponto de ser desconcertante. [1950, p. 7-8; itálico acrescido]

Bion conclui:

> Em cada caso [ele tinha se referido a outros casos semelhantes – JSG], os poderes recentemente adquiridos foram usados para resolver um problema existente, mas revelaram ainda outros problemas que exigiam solução.... Todos os três pacientes pareciam sentir que o problema estivera lá o tempo todo, mas sua revelação dependia de uma aumentada capacidade de estar ciente.

A regressão, em cada caso, podia ser expressa como estando distante

1. do aumento na capacidade produzida por desenvolvimento psicológico,
2. dos fenômenos trazidos à consciência pela capacidade aumentada [e]
3. do desenvolvimento fisiológico associado com o desenvolvimento psicológico, que revelava a relação entre os pais.

Em cada caso, tive a impressão de que o paciente sentia que a visão produzia problemas de domínio de um novo órgão sensorial. Isto tinha sua contraparte em um sentimento de que o desenvolvimento da psique, como o desenvolvimento da capacidade visual, envolvia o surgimento da situação edípica. Com "A", a mudança... foi extremamente notável. [1950, p. 21; itálico acrescido]

O que eu penso que Bion está dizendo é que sua interpretação longa, condensada, carregada teve um efeito dramático. Por quê? Provavelmente porque, em uma investida cruel, ele identificou os componentes do objeto interno da verdadeira hidra que constituía o gêmeo imaginário, bem como a ansiedade da qual ela brotava: dano ao gêmeo não nascido, como consequência de um ataque fantasiado ao intercurso dos pais e a cada um dos pais. Ao ser capaz de dar a interpretação, Bion tornou-se um continente digno de confiança para a destrutividade do paciente, bem como um dos pais (o pai) reconstituído que podia formular "a lei do pai". O paciente tinha medo do custo mortal do desenvolvimento normal – ou seja, a ansiedade de castração.

Primeiro vemos Bion, o médico, em ação, e um prenúncio do que ele mais tarde chamou de *"objeto analítico"*, O, a ansiedade do momento no paciente. Vemos como ele detecta isto por meio da tríade de *"sentidos"* (observar o ritmo de interação da fala), *"mito"* (o mito edípico arcaico oral, bem como fálico) e *"paixão"* (sua própria paixão – ou seja, sofrer o que o paciente estava sofrendo).

Também vemos sua primeira relação com a ideia de um gêmeo fantasiado. Posteriormente, neste mesmo livro, ele aplicará o conceito à "diferenciação das personalidades psicótica e não psicótica", e ela pode também possivelmente ser a origem de seus conceitos da "visão binocular" e da "perspectiva reversível".

Outra noção interessante é a autonomia patológica que ele detectou no uso pelo paciente da visão. Posteriormente neste livro, em "Sobre Alucinação" (1958), ele demonstrará como o psicótico, ao contrário do neurótico, usa os órgãos sensoriais, principalmente a visão, como um ato projetivo em vez de introjetivo. Bion revela-se um observador hipervigilante e um defensor incansável da estrutura analítica. Ele interpreta estrita e explicitamente na transferência e implicitamente desde a contratransferência (na verdade, rêverie).

Embora mais tarde ele venha a renunciar à "memória e desejo", por enquanto pode-se ver claramente sua motivação perspicaz e determinada de encorajar – embora através de interpretações – seu paciente a separar-se e individuar-se, a evoluir da posição esquizoparanoide para a posição depressiva. Eu experienciei uma imagem C4 dele como um pastor de ovelhas e um treinador de futebol determinado enquanto lia este texto. Em trabalhos posteriores, neste livro, testemunharemos o surgimento de outro Bion, aquele que estourou a bolha do positivismo freudiano/kleiniano para descobrir o continente e o conteúdo, que, no meu entender, é a primeira maior contribuição ao entendimento da *resistência* analítica. Veremos que Bion está prestes a "atravessar o Rubicão"* e a nos levar para uma nova visão do mundo psicanalítico, cujo delineamento estamos apenas agora começando a compreender.

"NOTAS SOBRE A TEORIA DA ESQUIZOFRENIA"

Embora "Notas sobre a Teoria da Esquizofrenia" (1954) pudesse simplesmente ter sido chamado de "Notas sobre o *Tratamento Psicanalítico* da Esquizofrenia", devido à rica exibição da habilidade interpretativa de Bion, ele parece já estar se equipando para estabelecer as bases teóricas para uma epistemologia ontológica e fenomenológica em algum momento no futuro, e para analisar esquizofrênicos em seu laboratório de pesquisa.

Neste trabalho, apresentado no Congresso da Associação Psicanalítica Internacional em Londres, em 1953, ele delineia muitos defeitos formais e fenomenológicos do esquizofrênico, enfatizando as peculiaridades de seus relacionamentos objetais, seu pensamento descarrilado e sua dificuldade com o uso da linguagem.

Em determinado momento em uma sessão, seu paciente declara (resumido por Bion) que tem um problema que está tentando resolver, que, quando criança, ele nunca teve fantasias, que ele sabia que elas não eram fatos, então ele as interrompia e, finalmente, que hoje em dia ele não sonha. A interpretação de Bion é surpreendente e profética como um tema para sua futura metateoria. He declara:

> Isso deve significar que, sem fantasias e sem sonhos, você não tem os meios para resolver seu problema. [1954, p. 25]

O paciente concordou com Bion e prosseguiu mais livremente.

---

*N. de R.T. "Atravessar o Rubicão" é uma expressão que significa passar um ponto sem retorno. Refere-se a uma passagem da história de Roma, na qual Júlio César, em 49 a.C., atravessou esse rio caracterizando um ato de guerra.

No desenlace do caso, Bion enfatiza a importância da cisão e do estilhaçamento de objetos e do ego no desenvolvimento do transtorno de pensamento e de linguagem na esquizofrenia e, então, discute a reação terapêutica negativa destrutiva, quando a análise tornou-se bem-sucedida. Quando o esquizofrênico alcança o limiar da posição depressiva, ele fica preso em um torno apertado entre dois terrores. Se ele prosseguir, ele entra nos domínios da responsabilidade, do arrependimento (do que ele causou irreparavelmente a ele mesmo e a seus objetos) e do desafio (ansiedade de castração). Se ele recuar, ele terá se tornado um traidor de seu estado anterior, que agora busca persegui-lo com especial ferocidade:

> O que acontece, se o analista foi razoavelmente bem-sucedido, é o paciente dar-se conta da realidade psíquica; ele percebe que tem alucinações e delírios, pode sentir-se incapaz de obter alimento e tem dificuldade com o sono. O paciente direcionará sentimentos poderosos de ódio para o analista. Ele afirmará categoricamente que está louco e expressará com intensa convicção e ódio que foi o analista que o conduziu a esse caminho.
> ... Eu não me afastei do procedimento psicanalítico que geralmente emprego com neuróticos, tendo o cuidado de sempre tratar de ambos os aspectos, positivo e negativo, da transferência. [1954, p. 23]
> ... A evidência para as interpretações deve ser buscada na contratransferência[1] e nas ações e associações livres do paciente. [1954, p. 24]

Finalmente, Bion resume:

> As experiências que descrevi a vocês forçam-me a concluir que, no início da posição depressiva infantil, elementos do pensamento verbal aumentam de intensidade e profundidade. Em consequência, as dores da realidade psíquica são exacerbadas, e o paciente que regride para a posição esquizoparanoide se voltará, então, destrutivamente, contra sua capacidade embrionária para o pensamento verbal, como um dos elementos que o levaram a sua dor. [1954, p. 35]

Vemos aqui um *trailer* de suas teorias posteriores sobre a função do sonhar e da fantasia no pensar e na definição da fronteira entre sono e vigília – e entre sanidade e insanidade. Também vemos uma prefiguração de seu conceito mais famoso, o de continente ↔ conteúdo ("evidência buscada na contratransferência"). As observações clínicas perspicazes de Bion lhe permitiram sentir que o paciente acreditava que tinha se sentido progressivamente pior com o advento da verbalização – ou seja, à medida que ele se aproximava da posição depressiva, onde ele se sentiu mais separado do objeto, mais individuado, e mais ciente do significado de ser insano. Em outras palavras, a força crescente da personalidade não psicótica permitiu que aquele aspecto do paciente fosse ainda mais aterrorizado pela presença da personalidade psicótica. É interessante notar que Bion afirma que sua técnica para analisar psicóticos não difere de seu tratamento de pacientes neuróticos.

Resumo: Aqui Bion está mostrando corajosamenteo o quão bem-sucedida foi a sua análise de um esquizofrênico. O que deve ser notado aqui é não apenas a técnica que ele usava tão firmemente com tamanha versatilidade, mas também seu mapeamento da paisagem do mundo interno do esquizofrênico com tamanha perspicácia.

"DESENVOLVIMENTO DO PENSAMENTO ESQUIZOFRÊNICO"

Em "Desenvolvimento do Pensamento Esquizofrênico" (1956), Bion declara:

> O distúrbio esquizofrênico resulta de uma interação entre (i) o ambiente e (ii) a personalidade. Neste trabalho, *ignoro o ambiente* e focalizo a atenção em quatro aspectos fundamentais da personalidade esquizofrênica. Primeiro, está a preponderância de impulsos destrutivos, tão grande que mesmo os impulsos de amar são inundados por eles e transformados em sadismo. Segundo, está um ódio da realidade que... se estende para todos os aspectos da psique que conduzem à consciência desta. Acrescento o ódio da realidade interna e de tudo o que conduz à consciência desta. Terceiro, derivado desses dois, está um medo constante de aniquilação iminente. Quarto, está uma formação precipitada e prematura de relações objetais, entre as quais está, em primeiro lugar, a transferência, cuja fragilidade contrasta marcadamente com a tenacidade com que é mantida. [1956, p. 37; itálico acrescido]

É interessante aqui que Bion esteja esboçando suas contribuições posteriores sobre o pensamento psicótico, particularmente a diferenciação entre as personalidades normal e psicótica, não apenas nos psicóticos, mas também nos neuróticos e em todos os pacientes em geral. Também é interessante que ele exclua intencionalmente o fator ambiental. Sabemos, agora, que ele está perto de perceber este fator de uma forma importante, começando com seu trabalho "On Arrogance" (1957a) e continuando com "Attacks on Linking" (1959), quando surgem os conceitos de identificação projetiva comunicativa, continente ↔ conteúdo e função α. Bion enfatiza a importância da hostilidade, do sadismo e da destrutividade, todos propriedades do instinto de morte, os quais são voltados contra a realidade interna, bem como externa e contra os objetos que lembram daquelas realidades. Sua observação sobre a tenacidade da transferência do paciente, que contrastava com sua fragilidade, é uma observação especialmente perspicaz. Descobri que ela se aplica a todos os pacientes que tratei que se enquadram na categoria de transtornos mentais primitivos.

"DIFERENCIAÇÃO ENTRE AS PERSONALIDADES PSICÓTICA E NÃO PSICÓTICA"

Em "Diferenciação entre as Personalidades Psicótica e Não Psicótica" (1957b), Bion, com sua característica capacidade perspicaz de ver as coisas de diferentes vértices ou ângulos, aborda o problema de um paciente psicótico, um esquizofrênico, e nos mostra que o psicótico, como o neurótico, tem pelo menos duas personalidades. No caso do neurótico, a personalidade neurótica do paciente encobrirá uma personalidade psicótica subterrânea ou secreta. Em um paciente psicótico, entretanto, a personalidade psicótica é dominante e encobre a personalidade neurótica. Em ambos os casos, a personalidade subordinada supostamente constitui um perigo ou ameaça à personalidade dominante. O psicótico teme os problemas que o neurótico tem para resolver: problemas nas relações objetais contingentes à separação e à necessidade de individuação – ou seja, graus de responsabilidade cada vez maiores. O neurótico, por outro lado, teme a tendência da personalidade psicótica a romper sua barreira repressiva e a assumir o controle de toda a personalidade. A personalidade neurótica utiliza repressão, enquanto a personalidade psicótica utiliza cisão massiva (*massive splitting*) e identificação projetiva evacuatória; portanto, a última torna-se despojada e mentalmente impotente. Bion acredita que a personalidade esquizofrênica desenvolve sua patologia bem no início da vida, no começo da posição esquizoparanoide, onde as impressões sensoriais pré-verbais, os ancestrais do pensamento verbal posterior, são atacadas, porque, para o psicótico, senti-las ou mesmo sentir a passagem do tempo é experimentar frustração intolerável.

Devido ao ódio da realidade da personalidade psicótica, ela sofre cisão instantânea de seu ego e identificação projetiva violenta de suas protoemoções *e* da mente (ego), agora fragmentada, que poderia ter sentido as protoemoções como emoções. Bion, que já tinha começado a pensar em protoemoções como elementos-β, e em emoções como elementos-α, logo (1962) formularia sua concepção de "continente ↔ conteúdo" para explicar como o paciente, incapaz de tolerar frustração, priva-se de ter uma mente que pode pensar. Bion também formularia a "função α invertida" – um estado de reconstrução psicótica de um universo negativo baseado em –K. Eventualmente, Bion perceberia que a personalidade psicótica ataca, não tanto os objetos, mas os *vínculos entre objetos* (cena primitiva) e os vínculos entre o *self* e o objeto. Portanto, eles não podem formar símbolos que possam articular (p. 48).

Parenteticamente, Bion com frequência refere-se a materiais de sessões anteriores. Sua injunção de abandonar memória e desejo aplica-se *apenas durante a sessão*:

> Na última interpretação, eu estava fazendo uso de uma sessão, muitos meses antes, na qual o paciente queixava-se de que a análise era tortura, memória, tortura. [1957b, p. 56]

Mas isto é o que Bion fez com ela:

> Eu mostrei a ele, então, que, quando ele sentia dor, como evidenciado nesta sessão pelos espasmos convulsivos, ele alcançava anestesia ao livrar-se de sua memória e de tudo que pudesse fazê-lo dar-se conta da dor. [p. 56]
> Paciente: "Minha cabeça está se dividindo; talvez meus óculos escuros." Agora, há uns cinco meses eu tenho usado óculos escuros....
> Expliquei que a personalidade psicótica parece ter que esperar a ocorrência de um evento adequado antes de sentir que está de posse de um ideograma adequado para uso na comunicação consigo mesmo ou com os outros.... [p. 56-57]
> Considerando, então, que os óculos escuros aqui sejam uma comunicação verbal de um *ideograma*, torna-se necessário determinar a interpretação do ideograma. Terei que resumir, quase a ponto de arriscar a compreensibilidade, a evidência que possuo. Os óculos continham uma pista relacionada à mamadeira. Eram dois óculos, ou mamadeiras, assim lembrando o seio. Eles eram escuros, porque sombrios e irritados. Eram de vidro, para castigá-lo por tentar ver através deles quando eles eram seios. Eles eram escuros, porque ele necessita de escuridão para espionar seus pais em intercurso sexual. Eles eram escuros porque ele tinha pegado a mamadeira não para obter leite, mas para ver o que os pais faziam. Eles eram escuros porque ele os tinha engolido, e não simplesmente o leite que eles tinham contido. E eles eram escuros porque os objetos bons claros tinham se tornado, dentro dele, negros e malcheirosos. Todos esses atributos devem ter sido alcançados através da operação da parte não psicótica da personalidade. Acrescentadas a essas características, estavam aquelas que descrevi como pertencendo a elas como parte do ego que foi expelido pela identificação projetiva, isto é, seu ódio dele como a parte de si mesmo que ele havia rejeitado. [p. 58; itálico acrescido]

Cito esta passagem longamente porque ela exemplifica verdadeiramente a forma como Bion trabalhava, e continuou trabalhando em seus últimos anos. Este é o Bion que conheci como analista. Seus hemisférios cerebrais esquerdo e direito estão operando em sincronia elegante e misteriosa. Sua intuição, seu ter-se "tornado" a psicose de seu paciente, pode ser apenas deduzida. Isto é o que consegui entender deste último intercâmbio: Bion interpreta para o paciente que ele está buscando anestesia deste tormento emocional pela evacuação, na ação muscular, de suas protoemoções não processadas. O paciente responde com um significador ideográfico que denota cegueira – para substituir a anestesia destruída pela interpretação de Bion. Bion então urde uma tapeçaria fascinante, contendo uma cadeia de significadores que se estendem do "vidro" dos "óculos escuros", para o "vidro" de uma "mamadeira" e, finalmente, o "vidro" na observação voyeurística da cena primitiva parental. Seguem, então, referências anais, a contaminação do leite necessitado. A capacidade de Bion de reconhecer e, então, reconfigurar esses significadores simbólicos atesta não apenas seu gênio clínico, mas, mais importante, a integridade da personalidade não psicótica do paciente para *sonhar* a fragmentação de suas personalidades psicóticas e apresentá-la a Bion. Portanto, a capacidade de "sonhar" do paciente, que se origina em sua personalidade não psicótica, foi capaz de produzir associações "sonhadas" que permitiram a Bion sonhá-las ainda mais em interpretações.

"SOBRE ALUCINAÇÃO"

Em "Sobre Alucinação" ("On Hallucination") (1958), Bion relata seus estudos de sua experiência do tratamento de pacientes psicóticos do ponto de vista das alucinações. Mais uma vez, é notável sua capacidade extraordinariamente perspicaz de detectar padrões e nuances no comportamento de seus pacientes. Tendo descoberto que a alucinação é usada pelos órgãos sensoriais do paciente psicótico para evacuar conteúdo mental – e mesmo a própria mente do paciente – em vez de incorporá-lo em si mesmo, Bion correlaciona a tendência deles a evacuar com o uso exclusivo que fazem do princípio do prazer para obter alívio instantâneo através de ações sensório-motoras, por meio de identificação projetiva, desconsiderando o princípio da realidade devido à frustração que ele acarreta; ou seja, introjetando-o sem se apressar em alterar a situação frustrante:

> A ausência de qualquer impulso para alterar o ambiente, juntamente com o desejo por velocidade que está associado com a incapacidade de tolerar frustração, contribui para forçar um recurso à ação muscular do tipo característico da fase de dominância do princípio do prazer.... A descarga da mente pela alucinação, ou seja, pelo uso do aparato sensorial revertido, é reforçado pela ação muscular, a qual pode ser mais bem entendida como sendo um análogo extremamente complexo de uma carranca; a musculatura não altera simplesmente a expressão para uma de ódio assassino, mas produz um efeito de um ataque assassino real. O ato resultante deve, portanto, ser entendido como uma atividade ideomotora e é sentido pelo paciente como pertencendo à classe de fenômenos que descrevi como criando objetos bizarros. [1958, p. 83]

Bion nos mostra que os psicóticos podem ter dois tipos de alucinações:

1. aquelas francamente psicóticas, caracterizadas exclusivamente pela presença de objetos parciais, e
2. alucinações histéricas, que são mais saudáveis, que podem aparecer posteriormente na análise, após o paciente ter feito algum progresso,

e que são caracterizadas pela presença de objetos completos (pessoas reais), além de objetos parciais.

A capacidade para o paciente psicótico desenvolver estas últimas depende de sua capacidade de tolerar depressão. Vemos aqui especialmente invariantes propostas por Bion para o desenvolvimento de psicose: intolerância à frustração (que, posteriormente, torna-se uma função da continência negativa e reversão da função α) e o uso da identificação projetiva evacuativa dos órgãos sensoriais.

"SOBRE ARROGÂNCIA"

Anteriormente, referi-me à profética "travessia do Rubicão" de Bion. Ele inicia esta travessia em "On Arrogance" ("Sobre Arrogância") (1957a). Ele descobriu uma síndrome, em um grupo de pacientes psicóticos, na qual ele encontrou uma relação constante – um padrão – entre curiosidade, arrogância e estupidez. A arrogância parece ser a mais saliente. Ele, então, afirma que a arrogância é para o instinto de morte o que o orgulho é para o instinto de vida. Se esses três elementos forem encontrados dispersos no material de um paciente, mesmo dispersos com o passar do tempo, é evidência de que uma *catástrofe infantil* ocorreu. Bion descreve uma situação clínica:

> Eu permanecia perdido até o dia em que, em um momento de lucidez, o paciente se admirou que eu pudesse suportar. Isto me deu uma pista: pelo menos eu sabia que havia alguma coisa que eu era capaz de suportar, que ele aparentemente não podia. Ele já estava ciente que sentia que estava sendo *obstruído* em sua meta de estabelecer um contato criativo comigo, e esta força obstrutiva estava às vezes nele, algumas vezes em mim, e às vezes ocupava um local desconhecido.... O paciente já tinha deixado claro que as *forças* ou o *objeto obstrutivo* estava fora de seu controle....
>
> O que o objeto não podia suportar tornou-se mais claro em algumas sessões nas quais parecia que, conforme eu, como analista, insista na comunicação verbal como um método de tornar os problemas do paciente explícitos, eu era sentido como se estivesse atacando diretamente os métodos de comunicação do paciente. A partir disso, ficou claro que, quando eu era identificado com a força obstrutiva, o que eu não podia suportar eram os métodos de comunicação do paciente. Nesta fase, meu emprego de comunicação verbal era sentido pelo paciente como um ataque mutilador a *seus* métodos de comunicação. [1957a, p. 91]

Aqui, Bion encontrou um objeto obstrutivo, cuja origem está na interação do bebê com uma mãe rejeitadora (incapaz de autocontinência e, portanto, incapaz de conter os terrores de seu bebê, O). Esta combinação de circunstâncias leva, inexoravelmente, a uma *catástrofe primitiva*. Neste ponto crucial em seu pensamento e sua carreira, Bion está rompendo com a tradição kleiniana ao validar metapsicologicamente a importância do ambiente na saúde e na doença mental. O objeto obstrutivo, desse modo formado, oscilava entre estar localizado no paciente e em Bion. Ele assim decifrou a mensagem mais profunda embutida na interação. O paciente estava transmitindo para ele, na linguagem incipiente, inconsciente da identificação projetiva, que ele tinha experienciado uma catástrofe infantil primitiva, na qual ele tinha sido compelido a empregar arrogância (onipotência defensiva) e a abandonar seu instinto de curiosidade.

"UMA TEORIA SOBRE O PENSAR"

"Uma Teoria sobre o Pensar" ("A Theory of Thinkint") (1962a) representa um momento decisivo no episteme psicanalítico de Bion. Ele é a culminação de seu trabalho de tratar psicóticos e prenuncia claramente seu trabalho futuro sobre epistemologia emocional. Ele introduz o tema do pensar como sendo dependente, acima de tudo, da teoria de que os *pensamentos* devem ser diferenciados do *pensar*, originam-se antes do pensar e requerem uma mente para pensá-los. Ao enfatizar a diferença entre pensamentos e pensar, Bion dá uma contribuição única à epistemologia em geral, e a uma epistemologia psicanalítica especificamente. A psicopatologia pode originar-se em qualquer um dos dois. Ele delineia um curso epigenético de desenvolvimento do pensamento e os classifica como "preconcepções", "concepções" (o próprio pensamento) e "conceitos". Preconcepções são análogas a "pensamentos vazios", que são necessários para estarem disponíveis para experiências, para unir-se a elas para o registro de novos pensamentos. As concepções devem ser constantemente combinadas – permanentemente associadas com ou ligadas – a uma experiência emocional de satisfação para alcançar a condição de uma realização. Ele define "pensamento" como o pareamento de uma preconcepção com uma frustração. Colocado de outra forma, a frustração acompanha o ato de manter o espaço ausente na própria mente enquanto aguarda o pensamento emergente, que ele posteriormente denominará de um "elemento-β" buscando tornar-se "α-betizado" pela função α.

O bebê, e seu descendente adulto desenvolvido, deve ser capaz de tolerar a frustração de não saber (por exemplo, quando a mãe está voltando) a fim de preservar seu "pensamento vazio" por tempo suficiente para uma concepção preenchê-lo como uma realização. Este pensamento vazio é um "não-seio": ou seja, a capacidade de conceber a ausência do seio, em vez de, devido a uma incapacidade de tolerar frustração, prematuramente preencher o pensamento vazio com um "não-seio" concreto, que se torna um objeto interno malevolente. No primeiro caso, no qual o bebê *pode* tolerar frustração, o pensamento nasce emergindo de dentro porque o espaço vazio é dedicado a seu surgimento: ou seja, o caminho é preparado para que o aparelho de pensar pense o pensamento emergente. Bion afirma, além disso, que a evacuação de um seio mau (pelo bebê que não pode tolerar frustração) torna-se inseparável da crença do bebê de que ele introjetou um seio bom.

No caso do bebê que pode tolerar frustração, uma capacidade para dualidade (*two-ness*), de separação entre o bebê-sujeito e seu objeto, pode desenvolver-se. De outro modo, objetos maus tóxicos são projetados, por meio de identificação projetiva – ou seja, projetivamente identificados no (na imagem do) objeto –, desse modo produzindo confusão com o objeto e, portanto, não havendo separação. Contudo, ele declara:

> Se mãe e filho estão ajustados um ao outro, a identificação projetiva desempenha um papel no manejo através da operação de um senso de realidade rudimentar e frágil; geralmente uma fantasia onipotente, ela funciona realisticamente. [1962a, p. 114]

Esta afirmação marca uma mudança na concepção de Bion da identificação projetiva de um mecanismo intrapsíquico evacuativo para as origens da comunicação entre mãe e bebê. Ele, então, discute a importância da "continência" da mãe para com as protoemoções de seu bebê. Elas devem ser capazes de fazer surgir na mãe as emoções das quais o bebê deseja livrar-se. Este ato de continência materna torna-se a ancestral da repressão. Bion, subsequentemente, introduz, pela primeira vez, o conceito de "função α" – uma função mental que converte impressões sensoriais em elementos-α, os quais são adequados para dormir, acordar, sonhar e pensar. Então ele declara formalmente:

> *[O] fracasso em estabelecer, entre mãe e bebê, um relacionamento no qual a identificação projetiva normal é possível, impossibilita o desenvolvimento de uma função α e, portanto, de uma diferenciação dos elementos em conscientes e inconscientes.* [1962a, p. 115; itálico acrescido]

Posteriormente, Bion acrescenta que a falha materna em receber as projeções de seu bebê faz o bebê sentir que seu "medo de morrer" é despojado de significado. Acredito que Bion está presumindo aqui a irrupção do instinto de morte com a continência mal-sucedida pela mãe para modificação. É minha crença que Bion também pode ter concebido o medo incipiente do bebê de estar vivo sem ser contido e de não ser capaz de tolerar sua assustadora *entelequia em desenvolvimento* (percepção do potencial inerente) – ou seja, o medo do preço de estar vivo!

Quando Bion atribui a função de "tradução" do "medo de morrer" do bebê à mãe-continente, ele está sugerindo um aspecto até então não explorado da relação entre continente e tradução. Esta relação transcende àquelas de (1) *regulação do afeto* e (2) *comunicação* interpessoal ou intersubjetiva.

Há ainda outro aspecto: o do continente-mãe (analista) servindo como um *canal* entre o bebê/paciente sofredor e seu *self* infinito, sua divindade. Continente ↔ conteúdo, em outras palavras, constitui um exercício em uma *evolução transcendente* do *self*. Ao ser capaz de sofrer sua dor emocional, em vez de suportá-la, o bebê/paciente é capaz de transcender-se no ato de sofrimento devido, em grande medida, a sua disponibilidade de tornar-se encarnado por sua divindade. O conceito de Bion (1962b) da preconcepção (p. 91) (herdada ou adquirida) é bimodal. Um aspecto, psi (ψ) é saturado. O outro, ksi (ξ), é o aspecto insaturado, a parte que está disponível para aceitar experiências. Este conceito é o equivalente da formulação anterior de Bion na qual uma preconcepção – ou seja, a *ideia* do seio – busca sua *realização* do (encarnação no) seio real. Este ato constitui uma percepção *positiva*. Em outras palavras, uma preconcepção vem a ser transformada em uma concepção (percepção positiva). Se e quando o bebê espera o seio real – ou seja, fome –, e ele não aparece imediatamente, uma realização *negativa* acontece, na qual uma preconcepção permanece vazia, mas com a ideia de um "não-seio" como um ideograma (imagem); ou, se o bebê não puder tolerar frustração, o aspecto de realização negativa vem a ser transformado em um "não-seio" concreto, não deixando espaço disponível para o pensar.

Em outras palavras, as preconcepções inerentes, bem como as adquiridas, que incluem as Formas Ideais ou Eternas e/ou as coisas-em-si, são liberadas e preenchem um aspecto insaturado (vazio e disponível) da preconcepção – agora concepção ou realização. O bebê/paciente evolui a partir desta auto-transcendência. Estou ciente de que a transação que acabei de descrever tem alguma semelhança com a formulação de Lacan (1966) de que o paciente projeta seu inconsciente no analista e então acredita que o analista é "aquele que sabe". Também é semelhante, acredito, ao conceito de "alquimia" de Jung (1967).

A tradução em ação dos resultados transformadores da função α envolve *publicação* (deixar a pessoa saber), *comunicação* (deixar os outros saberem) e *senso comum* (o resultado do veredito sobre uma percepção interna ou externa pela consulta a diferentes sentidos dentro de si mesmo e/ou de outros objetos). Senso comum está associado com *correlação*:

> [A] contraparte da visão de senso comum no conhecimento privado é a visão emocional comum; um senso de verdade é experienciado se a visão de um objeto que é odiado puder ser associada a uma visão do mesmo objeto quando ele é amado e a conjunção confirmar que o objeto experimentado por diferentes emoções é o mesmo objeto. Uma correlação é estabelecida. [1962a, p. 119]

Aqui Bion parece estar se referindo à epistemologia que transpira entre as posições esquizoparanoide e depressiva (P-S ↔ D) e à evolução da cisão de objetos para uma *ambivalência* sustentada.

"COMENTÁRIO"

O "Comentário" (1967a) contém algumas das reflexões de Bion sobre seu trabalho anterior (1962b, 1963, 1965, 1970) do ponto de vista de sua nova epistemologia emocional – aplicações breves de suas ideias contemporâneas ou prenúncios de seu trabalho futuro, conforme mencionado anteriormente. Podem-se ver referências a sua advertência para que o analista abandone memória e desejo, seu conceito da Grade e, acima de tudo, sua preocupação com a precisão – ou, na verdade, com a falta de precisão obtida-pelos-*sentidos* – na situação clínica. A psicanálise é inefável, ele adverte, não redutível a dados sensoriais externos. À medida que se lê o capítulo, sente-se que Bion está começando a assentar a base para um novo tipo de ciência, uma ciência mística que pode incluir o inefável, o incompreensível e a incerteza. Ele também está prenunciando a linguagem inspirada, intuitiva que surge espontaneamente do inconsciente, que ele posteriormente chamará de a "Language of Achievement", em oposição à "linguagem de substituição" – linguagem falada e escrita, que usa ícones e símbolos (substitutos) para a coisa-em-si. Um derivativo interessante dessas ideias é a proibição de Bion contra fazer anotações, as anotações sendo entendidas e escritas na linguagem de substituição.

Ele refere-se à ideia de *evolução* (p. 127), que posteriormente ele adotará como evolução (fluxo) de O. Ele prefigura seu conceito posterior do "fato selecionado", um conceito que ele tomou emprestado do matemático Henri Poincaré (1963), que lembra o "atrator estranho" da teoria do caos na medida em que representa o aparecimento de um padrão observável ou compreensível em um mar de incoerência e incerteza. Este padrão torna-se uma realização.

Posteriormente em "Comentário", Bion declara:

> Quanto mais experiente e sensível o psicanalista for, mais prontamente ele experimenta os fenômenos não sensoriais desdobrando-se diante dele. [1967a, p. 132]

Aqui Bion está aplicando retrospectivamente o conceito do estado de *rêverie* do analista com relação ao paciente. Mais tarde, ele acompanhou o conceito de rêverie com o conceito de *intuição* – conhecimento não sensorial. A busca de Bion pela precisão epistêmica é mostrada quando ele discrimina cuidadosamente entre o evento real relatado em uma análise e as representações verbais de imagens visuais, que constituem transformações dos eventos. O conceito de transformações apareceu quase simultaneamente (Bion, 1965).

Bion também introduz a noção de "Deus", a quem nenhum mortal imbuído inextricavelmente de memória e desejo pode jamais "conhecer" (*sensualism*). Ele então afirma que, para o crescimento mental harmonioso acontecer, o homem deve obter *atonement** com O (a Realidade Última) e também diz que o homem precisa adorar um deus porque ele nasceu com um instinto religioso, que amadurece para tornar-se a capacidade para *reverência* (1967a, p. 145-146; comunicação pessoal, 1978). Ele também se refere à necessidade de fórmulas e modelos matemáticos a fim de atingir a precisão no estudo da mente. Ele afirma: "os 'originais' estão além da indagação sem a ajuda de um modelo.... O modelo é uma tentativa de trazê-lo [o problema – JSG] ao alcance" (p. 147). O restante do "Comentário" é dedicado a "camafeus", por assim dizer, de aspectos de sua nova epistemologia emocional, incluindo continente ↔ conteúdo, transformações, e assim por diante.

NOTA

1. Bion posteriormente diferenciaria entre "contratransferência" e "rêverie", este sendo um instrumento analítico, enquanto aquela representa a própria neurose infantil do analista, que, de acordo com Bion, é sempre inconsciente para este.

---

* N. de R. estar uno consigo.

20

Transformações

> Suponha que um pintor veja um caminho através de um campo coberto de papoulas e o pinte: em uma extremidade da cadeia de eventos, está o campo de papoulas, na outra, uma tela com pigmento disposto sobre sua superfície. Podemos reconhecer que esta representa aquele, portanto, suponho que, apesar das diferenças entre um campo de papoulas e um pedaço de tela, apesar da transformação que o artista realizou no que ele viu, para fazê-lo tomar a forma de uma pintura, alguma coisa permaneceu inalterada, e deste algo depende o reconhecimento. Aos elementos que contribuem para compor o aspecto inalterado da transformação, chamarei de invariantes. [Bion, 1965, p. 1]

Assim começa o terceiro maior livro de Bion sobre metateoria psicanalítica. Bion invocou o conceito de transformações para mover o pensamento psicanalítico de estase para fluxo – ou seja, a constância de movimento e mudança – e para ajudar-nos a entender os processos intermediários pelos quais "aprendemos com a experiência": como "digerimos" as experiências e as "metabolizamos" em significado emocional *e* significância objetiva. Ele frequentemente se referia à afirmação de Heráclito de que é impossível entrar no mesmo rio duas vezes. "Transformações", como veremos, têm diferentes significados para Bion, mas, acima de tudo, deve ser considerada em relação à *evolução* – especificamente às evoluções de O, que pode ser entendido como o fluxo inexorável da circunstância, da vida, desde os vértices interno e externo. Pode ter sido do *Theaetetus*, de Platão, que Bion tirou a ideia de que os acontecimentos da vida – e os objetos que constituem aqueles acontecimentos – estavam sempre em fluxo, sempre evoluindo, e que o ser humano que observa este fluxo constitui um receptor semiótico que deve experienciar transformações da experiência em constante evolução para ser capaz de tolerar suas experiências de O.

O ato de transformação envolve dois processos combinados:

1. o sujeito sendo transformado sofre uma alteração na *forma* (portanto, "trans"forma), e
2. algum aspecto do sujeito deve permanecer inalterado (a invariante).

O conceito de transformação resulta da ideia de Freud de *"Nachträglichkeit"* ["revisão secundária"]*. Ao recomendar que o analista "abandone memória e desejo", Bion acrescentou que ele também deveria, quando na sessão, esquecer a sessão analítica anterior, porque o que transpirou naquela sessão já tinha sofrido uma transformação e a invariante seria representada diferentemente na sessão presente. Consequentemente, as transformações constituem o cenário móvel fundamental da psicanálise!

Qual é o objeto sobre o qual as transformações operam? Logo veremos que Bion sugere O – mas o que é O? O parece ser um termo coletivo para númenos, Formas Ideais, Verdade Absoluta e Realidade Última, pelo menos do mundo interior, ou seja, do inconsciente não reprimido. Entretanto, ele acrescenta outra fonte de O:

> Eu sugiro que alguém.... em vez de escrever um livro chamado "A Interpretação dos Sonhos", escrevesse um livro chamado "A Interpretação dos Fatos", traduzindo-os em linguagem onírica – não apenas como um exercício perverso, mas a fim de obter um tráfego de mão-dupla. [Bion, 1980, p. 31]

Os outros aspectos de O, consequentemente, são os estímulos sensoriais de nossas respostas emocionais a nossa interação com objetos externos (bem como internos). Bion acredita que os estímulos externos devem ser sonhados (transformados pela função α) de modo a tornarem-se inconscientes, antes de nos tornarmos conscientes deles à medida que são cuidadosamente devolvidos a nossa consciência através da membrana seletivamente permeável da barreira de contato.

AUTO-ORGANIZAÇÃO, COCONSTRUÇÃO E TRANSFORMAÇÕES

Um aspecto particular do conceito de transformação merece ser discutido. Na literatura psicanalítica atual, lemos muito sobre intersubjetividade e construtivismo social (Hoffman, 1994). A transformação está certamente envolvida em interações intersubjetivas, mas o conceito de construtivismo é outra questão. Sim, somos influenciados pelos outros e finalmente *nos tornamos* o resultado dessas influências – ou seja, nos tornamos "co-construídos" – mas esta coconstrução é, primeiro, mediada por um plano de fundo mais fundamental, o da "auto-organização" ("autogênese") (Schwalbe, 1991) ou "autopoiese" (Maturana e Varela, 1972). Spinoza antecipou o conceito de auto-organização com seu *"conatus"* (Damásio, 2003, p. 36). Colocado de

---

*N. de R.T. de R. *Après-coup; a posteriori*; ressignificação.

outra forma, a transformação, juntamente com a função α e o sonhar, é o principal processo pelo qual o indivíduo *personaliza* (torna pessoal com relação a si mesmo) os dados sensoriais de O (o impacto de outros objetos sobre ele), que, em primeiro lugar, é estranho ao indivíduo e pode ser *im*pessoal. Essencialmente, a auto-organização determina como vamos ser influenciados e supraordena a coconstrução. Nós inconscientemente *decidimos* – através de transformações – partilhar nossa "saliva" metafórica de pessoalidade em cada estímulo do outro e *então* reivindicá-la como nossa. À alternativa falha chamamos de *trauma*.

O "CANAL ALIMENTAR" *VERSUS* A "SINAPSE" COMO MODELOS PARA TRANSFORMAÇÃO

O conceito de "transformações" alcançaria basicamente a mesma proeminência que a teoria do "continente ↔ conteúdo", mas fatalmente teria sua avaliação afetada, pelo menos entre os Kleinianos de Londres contemporâneos, pela extensão final de seu alcance, por Bion, para incluir O. Ele usa dois modelos principais para expressar as transformações: o modelo do *canal alimentar* e o modelo da *sinapse* neuronal ou da *barreira de contato*.

O modelo alimentar

No modelo alimentar, os pensamentos estão ligados a alimento e a mente ao trato gastrintestinal, que conduz "digestões" ou "metabolizações" transformadoras do alimento a fim de mudá-lo (transformá-lo) de alimento cru para derivativos da decomposição final (glicose, frutose, ácidos graxos e aminoácidos) que entram nas células do corpo como nutrientes. Quando o alimento entra em nosso corpo e não o digerimos, experimentamos indigestão. A analogia entre "alimento por pensamento" é óbvia. Bion declara, com respeito à indigestão:

> A experiência emocional deve agora ser em geral considerada, e não apenas quando ocorre no sono. Devo enfatizar o que disse até agora reescrevendo uma teoria popular do pesadelo. Costumava-se dizer, antigamente, que um homem tinha um pesadelo por ter tido indigestão, e que é por isso que ele acordou em pânico. Minha versão é: o paciente adormecido está apavorado; uma vez que ele não pode ter um pesadelo, ele não pode acordar ou ir dormir; ele teve indigestão mental desde então. [1962, p. 8]

Em outras palavras, a indigestão mental, conforme exemplificado aqui como um pesadelo, é o resultado da falha do "alimento-para-o-pensamento" ("pensamentos sem um pensador") em ser "pensativamente" processado – ou seja, "transformado" – e o paciente consequentemente sofre de "indigestão" de elementos-β, ao mesmo tempo em que se torna *"faminto-por-verdade"*.

O modelo sináptico

Permitam-me apresentar outra perspectiva sobre transformações. O modelo sináptico é referido pela primeira vez em *"Learning from Experience"* (Bion, 1962b, p. 17). Resumidamente, Bion associa a sinapse à barreira de contato e/ou à cesura. Ele substitui a barreira repressiva de Freud entre os Sistemas *Ics.* e *Cs.* por uma barreira de contato que funciona em ambas as direções e que é seletivamente permeável à passagem de elementos de cada um dos Sistemas para o outro. Mais relevantes aos nossos propósitos, entretanto, são a propriedade e o modo de funcionamento da sinapse. O impulso nervoso percorre o neurônio e termina na sinapse, que ele estimula. A membrana pré-sináptica induz uma potencialização nos neurotransmissores dentro da sinapse, que, por sua vez, estimulam e potencializam a membrana pós-sináptica. Aqui está a principal diferença de paradigma: a membrana pós-sináptica sempre já contém as preconcepções neurais que antecipam a mensagem conduzida pelo impulso nervoso inicial e iniciador. Este modo difere do modo alimentar devido à interrupção em sua continuidade. Como um análogo, este modo aplica-se à indução de sinal no processo de transidentificação projetiva entre dois indivíduos (Grotstein, 2005, Capítulo 14).

Outros modelos

Aos dois modelos de Bion, eu gostaria de acrescentar mais dois meus:

1. funcionamento da função α (e do sonhar) como um *sistema imunológico emocional* ou *fronteira imunológica* contra a invasão de elementos-β perigosos e
2. o conceito da *fita de Möbius* (uma fita que é cortada e então reunida após efetuar meia-volta em uma das partes, produzindo uma única superfície: alguma coisa inicialmente correndo sobre a superfície externa da fita, eventualmente estará localizada na superfície interna).

Este é um modelo para a relção espacial contígua e adjacente entre os Sistemas *Ics.* e *Cs.*

No esquema de transformação de Bion, a operação da função α e do sonhar, e o movimento de uma preconcepção para tornar-se realizada como uma concepção, está sutilmente implícito, mas em lugar nenhum especificado. Sugiro que o modelo sináptico parece esclarecer algumas obscuridades no protocolo de Bion. Na Grade (Bion, 1977a), por exemplo, ele coloca elementos-β no topo da coluna vertical (genética) de pensamentos, na fileira "A" e preconcepções na mesma coluna, na fileira "D". O protocolo não explica a união de elementos-β com preconcepções. O modelo sináptico explica: elementos-β percorrem o neurônio metafórico até a membrana pré-sináptica, onde eles induzem uma resposta na membrana pós-sináptica, que já é sempre pré-concebida no que diz respeito à natureza do elemento-β no outro lado da sinapse.

AS DUAS RAMIFICAÇÕES DA TRANSFORMAÇÃO

Os dois aspectos de O e os dois aspectos paralelos da transformação de elementos-β – devido a sua origem dupla – foram discutidos no Capítulo 10. Resumidamente, os dois aspectos de O são as preconcepções inerentes e/ou adquiridas do inconsciente não reprimido (elemento-β) e as impressões sensoriais da experiência emocional (também elemento-β – Bion, 1963, p. 22-23). Portanto, o elemento-β representa uma entidade composta derivada de duas fontes distintas. Cada aspecto sofre transformação. No primeiro, o elemento-β derivado dos sentidos é escolhido, por assim dizer, através do ciclo transformacional para elementos-α, e então designado a diferentes aspectos da mente. No caso do último, as preconcepções inerentes e/ou adquiridas vêm a ser transformadas em realizações como concepções ↔ conceitos, e assim por diante.

A QUESTÃO DA "INVARIANTE"

Assim, transformação inclui os processos pelos quais o "alimento para o pensamento" é *desconstruído* em seus elementos e então *reconstruído* em elementos mais adequados para serem absorvidos. No uso que Bion faz do termo, transformação caracteriza os processos pelos quais a mente humana *esquadrinha* (observa ativamente) os dados (objetos) da experiência em andamento interna e externamente e inconscientemente os processa para ingestão (assimilação, acomodação). Mas e quanto à "invariante?" Bion evidentemente acredita que a invariante final no alimento para o pensamento são as *emoções* – basicamente, a *verdade sobre os relacionamentos emocionais*. Em outras palavras, "assim como a razão é escrava da emoção" (Bion, 1965, p. 171), as emoções são escravas (continentes) da verdade. Portanto, a verdade é a invariante, e a emoção é seu veículo ou continente.

UMA NOTA PRELIMINAR SOBRE AS PERSPECTIVAS DA TRANSFORMAÇÃO: A TRANSFORMAÇÃO DE EMOÇÕES (O)

Na citação, no início deste capítulo, Bion usa a metáfora do pintor e da paisagem e explica como o pintor tem que organizar as transformações na aparência dos objetos sobre a tela que correspondem aos objetos na realidade que estão sendo representados. Bion era, na verdade, um pintor de paisagem e, portanto, entendia bem a comparação. Talvez possamos ir um pouco além com a analogia, para dizer que a mente, geralmente, e o inconsciente, especificamente, *é* um pintor de retrato e de paisagem, embora místico, que paradoxalmente é capaz, consultando suas capacidades estéticas e conhecimento das leis e da ordem oculta da estética (Ehrenzweig, 1967), de *ficcionalizar* a Verdade inicial crua, não mentalizada, impessoal, sobre uma Realidade Última inefável, a fim de remover sua rudeza e horror insensíveis, intimidadores, inflexíveis (horror devido a sua natureza vasta, infinita, interminável) e reconfigurá-la de tal maneira que, milagrosamente, a verdade torne-se não intimidadoramente realçada e ainda mais misericordiosamente possível de suportar. Nosso pintor oculto pinta dia e noite para obter os ângulos e perspectivas adequados e as proporções e misturas entre ficção e verdade da linha de montagem existencial da vida. Consequentemente, tudo que vemos, ouvimos, cheiramos, tocamos, pensamos e sentimos constitui uma "pintura artística".

A TRANSFORMAÇÃO E EVOLUÇÃO DO *SELF* PELA EXPERIÊNCIA DE O

Até agora vimos o processo de transformação do vértice (ponto de vista) da mensagem emocional de O → elemento-β → elemento-α → pensamento onírico, e assim por diante. Mas, se virmos a transformação do vértice (ângulo estético) de uma perspectiva reversível, podemos obter outra visão – uma visão que nos faz ver que a visão de Bion desta pode constituir uma ilusão de ótica. É a verdade – ou, nesse sentido, o pensamento emocional (elemento-β) – que sofre transformação, *ou é a mente que está percebendo* (observando) *a verdade* (elementos-β) *que sofre uma série de transformações* aplicando um sistema de filtros para obscurecer o brilho ofuscante do O intransformável? Neste sentido, *realidade e verdade nunca podem vir a ser transformadas;* apenas nossa mente receptiva, observadora, nosso aparato semiótico pode. Deste ponto de vista, *é o próprio observador que transforma – ou seja, vem a ser transformado – sendo capaz de experienciar (sentir) a verdade de suas emoções,* que são elas próprias invariantes, e desse modo *evoluem* para um *self* superior. Em outras palavras, tudo que podemos fazer é ficcionalizar – mitificar – nossa percepção, nossa experiência da Verdade (O). Chamamos isto de *sonhar*. Eu, o sujeito, altero a transcrição da experiência recebida com meu conjunto do sonho.

UMA DISCUSSÃO SOBRE TRANSFORMAÇÕES

> Para meus propósitos, é conveniente considerar a psicanálise como pertencendo ao grupo de transformações. A experiência original, a realização, no caso do pintor, o tema que ele pinta, e, no caso do psicanalista, a experiência de analisar seu paciente, é transformada pela pintura em um e pela análise, no outro, em uma pintura e uma descrição psicanalítica, respectivamente. A interpretação psicanalítica dada no curso de uma análise pode ser vista como pertencendo a este mesmo grupo de transformações. Uma interpretação é uma transformação; para exibir as invariantes, uma experiência, sentida e descrita de uma maneira, é descrita de outra. [Bion, 1965, p. 3-4]

Portanto, a psicanálise constitui uma série de transformações contínuas na qual a experiência do analisando é transformada em associações livres, sonhos e comportamento (encenações/*enactments*) pelo analisando e em interpretações pelo analista, e então este é, por sua vez, submetido a transformações pelo analisando – em um ciclo transformacional contínuo. Bion está dizendo, aqui, que a psicanálise constitui, por definição, uma série contínua de transformações e movimentos progressivos a partir de invariantes de uma preconcepção para uma percepção. Em outras palavras, descobrimos mais uma vez que Bion enfatiza a importância de transformações psicanalíticas com relação ao movimento e à realização da invariante, que é a verdade emocional. Além disso, a invariante deve estar ligada a uma teoria em particular – ou seja, "invariantes sob a teoria da situação Edípica".

Transformações através dos estágios pré e pós-catastróficos

Após oferecer uma série de ilustrações clínicas, Bion faz uma diferenciação entre os estágios clínicos pré e pós-catastróficos no curso da análise do paciente. Usando esses exemplos clínicos específicos, ele declara:

> Há três aspectos aos quais desejo chamar a atenção: subversão do sistema, invariância e violência. A análise no estágio pré-catastrófico deve ser diferenciada do estágio pós-catastrófico pelas seguintes características superficiais: ela não é emocional, não é teórica e é destituída de qualquer mudança externa marcada. Sintomas hipocondríacos são proeminentes. O material presta-se a interpretações baseadas nas teorias kleinianas da identificação projetiva e dos objetos internos e externos. A violência limita-se a fenômenos experimentados por *insight* psicanalítico: ela é, por assim dizer, violência teórica. O paciente fala como se seu comportamento, externamente cooperativo, estivesse causando grande destruição devido a sua violência. O analista dá interpretações, quando

elas parecem ser apropriadas ao material, chamando atenção aos aspectos que o paciente supõe que sejam violentos.

No estágio pós-catastrófico, ao contrário, a violência é patente, mas a contraparte ideacional, anteriormente evidente, parece estar ausente. A emoção é óbvia e é despertada no analista. Os elementos hipocondríacos são menos perturbadores. A experiência emocional não tem que ser suposta, porque é aparente.

Nesta situação, o analista deve pesquisar o material para invariantes aos estágios pré e pós-catastróficos. Esses serão encontrados no domínio representado pelas teorias de identificação projetiva, objetos internos e externos. Reafirmando isto em termos de material clínico, ele deve ver, e demonstrar, que certos eventos emocionalmente carregados aparentemente externos são, na verdade, os mesmos eventos que aqueles que apareceram no estágio pré-catastrófico sob os nomes, dados pelo paciente, de dores no joelho, nas pernas, no abdômen, nos ouvidos, etc., e, pelo analista, de objetos internos. [1965, p. 8-9]

Bion continua dizendo que o analista deve buscar os estágios pré- e pós-catastróficos para as invariantes – aqueles aspectos que permanecem inalterados. Ele conclui, por exemplo, que o que se apresentou ao paciente e ao analista pré-catastroficamente como parentes ansiosos, litígios iminentes, e assim por diante, aparecem no estágio pós-catastrófico como hipocondria, e etc. A invariante é a ansiedade.

Bion, então, descreve três tipos de transformação:

1. "T", representando a resposta emocional a O;
2. Tα (α) para o início do processo de transformação; e
3. Tβ (beta) para o produto final da transformação.[1]

Essas designações se aplicam tanto ao analisando quanto ao analista com relação à individualidade de suas diferentes experiências transformacionais.

O uso de sinais icônicos abstratos

Bion continua aqui a defender um rigor matemático, o uso de abstratos análogos, sinais icônicos, para representar os fenômenos mentais devido a sua crença de que a linguagem verbal, como a ciência, trata adequadamente apenas de objetos inanimados. Ele aplica seus sinais transformacionais à Grade. A categoria depende fundamentalmente dos fenômenos clínicos e das associações do analisando (e do analista) a eles. Mas, alguma outra coisa está simultaneamente acontecendo aqui na discussão de Bion sobre transformações. É na página 13 que ele tranquila e discretamente "atravessa o Rubicão", como mencionei anteriormente, introduzindo o sinal icônico abstrato, O. As coisas nunca mais serão as mesmas para Bion com os Kleinianos de Londres. Que Bion (1965) fale por si mesmo:

> Usando os fatos (de minha ilustração) para obter uma formulação em termos de uma teoria de transformações, cheguei ao seguinte: a experiência analítica total está sendo interpretada como pertencendo ao grupo de transformações, designado pelo sinal T. A experiência (coisa-em-si), eu designo pelo sinal O. A impressão do paciente, T (paciente) α, é substituída pela categoria C2. A representação do paciente, um resultado da transformação que ele efetuou, T (paciente) β, é substituído pela categoria AI. Visto que ainda não chegamos a uma decisão sobre a natureza do processo de transformação, é conveniente empregar um sinal mostrando que a abstração representada por T é insaturada. [1965, p. 13-14]

Ele, então, vai adiante para dizer que sua formulação é análoga a um *modelo*: foi feita uma observação de que certos elementos (fenômenos) clínicos parecem estar constantemente associados – ou seja, um padrão que os une foi reconhecido. O próximo passo é descobrir o significado da conjunção ou padrão constante. Ele usa outro sistema de sinais, T (ξ) (xi)=C2 → A1, no qual (ξ) representa um elemento insaturado buscando alcançar saturação (conhecimento) e C2 → A1 corresponde à ilustração clínica específica que Bion usou, na qual o paciente hipoteticamente interpretou mal o aperto de mão C de Bion como um ataque (C2) e, portanto, como um elemento-β buscando transformação para um elemento-α, que seria uma saturação transformacional de ξ: o gêmeo insaturado silencioso da preconcepção.

Então ele afirma que ele, o analista, apenas considerará significativos aqueles aspectos do comportamento do paciente que representam a visão deste de O. *O agora se torna a peça central da psicanálise e o objeto de transformação*. O que ele está postulando agora é de importância tão crítica que o citarei mais uma vez:

> Pelo tratamento analítico como um todo, espero descobrir a partir das invariantes neste material o que é O, o que ele *faz* para transformar O (quer dizer, a natureza de T (paciente) α) e, consequentemente, a natureza de T (paciente). Este último ponto é o conjunto de transformações, no grupo de transformações, ao qual sua transformação particular (T (paciente)) deve ser atribuída. Como estou interessado na *natureza* (ou, em outras palavras, no significado) desses fenômenos, meu problema é determinar a relação entre três desconhecidos: T (paciente), T (paciente)

α e T (paciente) β. Apenas no último desses é que tenho *fatos* nos quais trabalhar. [1965, p. 15]

O é o que o analisando encontra – ou seja, a experiência clínica inicial. A experiência global é T (paciente). Seu sentimento dela é Tp α. A conclusão de sua transformação inconsciente dela é Tp β. O analista inicialmente encontra a experiência do paciente como Ta α. Após a experiência, O, ter sido transformada dentro do analista, ela torna-se Ta β. O analista pode apenas processar (transformar) Tp β – ou seja, o que o paciente fez com O. Por enquanto, O é meramente um novo termo icônico para Bion, um sinal insaturado para representar a "coisa-em-si", a experiência ainda não transformada do paciente e a versão ainda não transformada do analista de sua experiência do O do paciente. Ninguém está ainda pronto para a revolução psicanalítica que está para acontecer em nome de O, quando ele alcançar outras conexões associativas – a Verdade Absoluta, a Realidade Última e a *"divindade"*! Ninguém até então percebeu que Bion estava estourando a bolha do positivismo kleiniano – e freudiano – (as pulsões como causa primeira) e introduzindo um Renascimento na psicanálise.

TIPOS DE TRANSFORMAÇÕES

Bion a seguir categoriza tipos ou classes de transformações. Ele as divide em

1. transformações "em moção rígida",
2. "transformações projetivas", e
3. "transformações em alucinose".

Os termos "moção rígida" e "projetivas" derivam da geometria. O exemplo definidor da transformação em moção rígida é a repetição da neurose infantil do paciente como uma neurose transferencial na análise. Esta repetição é entendida como uma versão quase inalterada, no presente, do que ocorreu seja na realidade ou na fantasia inconsciente no passado. "Moção rígida" é uma forma geométrica de designar o movimento de um transferidor de uma base ou vértice fixo para outro. *A outra distinção que Bion enfatiza é aquela entre a experiência do paciente, O, e a experiência do analista, O.*

Bion diferencia entre "transferência", que ele considera uma transformação em moção rígida (neurótica), e transformações projetivas, que ele considera um tipo de transformação psicótica, na qual o paciente parece ser parasitário e atribuiu responsabilidade cósmica ao analista (por meio de identificação projetiva) por tudo o que acontece a ele:

No grupo de transformações projetivas, eventos muito afastados da relação com o analista são na verdade considerados aspectos da personalidade do analista. [1965, p. 30]

Transformações em moção rígida *versus* transformações projetivas

As transformações em moção rígida envolvem o deslocamento de entidades completas, como memórias passadas, do passado para o presente – sem alteração. Talvez uma forma de destilar a diferença entre transformações em moção rígida e projetivas é considerar que uma qualidade como-se caracteriza as primeiras e concretização, as últimas. Bion então propõe a noção de *"publicação"*, pela qual ele quer dizer ajudar o paciente a transformar uma experiência emocional inconsciente em consciente, "pública" para ele mesmo. Ele então declara:

> Nosso modelo serve melhor às necessidades psicanalíticas quando T β denota o estado emocional estimulado no recipiente T representa o estado emocional estimulado no analista por O, que Ta α irá transformar... *ninguém pode jamais saber o que acontece na sessão analítica, a coisa-em-si, O*; podemos apenas falar do que o analista ou o paciente *sente* acontecer, sua experiência emocional, aquilo que eu designo por T.... *A teoria das transformações e seu desenvolvimento não têm relação com o corpo principal da teoria psicanalítica, mas com a prática da observação psicanalítica.* [1965, p. 33-34; itálico acrescido]

A última declaração ajuda a esclarecer o que a precede. Transformação está relacionado a como o paciente vê (observa) suas experiências emocionais, e como o analista observa a forma na qual o paciente observa suas experiências. Em suma, até aqui, Bion sugere que transformações em moção rígida são características de pacientes que podem tolerar frustração e podem conter a ação a fim de pensar, e transformações projetivas são características de pacientes que usam seus músculos como uma mente – e que as transformações constituem um ato observacional (perceptual).

Bion acredita que

> O que o pensamento psicanalítico requer é um método de notação e regras para seu emprego que permitam que o trabalho seja feito na *ausência* do objeto, para facilitar o trabalho posterior na *presença* do objeto.... [1965, p. 44]
>
> Eu me reservaria a liberdade de falar em "incorporar" uma teoria em particular "no corpo principal da teoria analítica", com a precisão necessária para usar [Colunas 1, 3, e 4] as teorias de objetos internos de

> Melanie Klein. Isto significa que deve haver *invariantes* psicanalíticas,... *variáveis* psicanalíticas e *parâmetros* psicanalíticos. Esses termos matemáticos usados... como modelos, fileira C, necessitam transformação para adequá-los para uso psicanalítico como elementos da fileira F, G e H. [p. 44; itálico acrescido]
>
> O fator diferenciador que desejo introduzir não é entre *consciente* e *inconsciente*, mas entre *finito* e *infinito*. Não obstante, uso, como meu modelo para formas de relação em um universo infinito, formas de relação operantes em um universo finito de discurso e sua realização aproximada. [p. 46; itálico acrescido]

Assim como o indivíduo usa nomes (conjunções constantes) para designar os objetos que ele encontra, da mesma forma o analista deve usar um sistema de notação mais sofisticado e livre de emoção como um modelo análogo para aplicar às alterações sutis que ocorrem com as transformações da experiência da pessoa com objetos ausentes e presentes. Pode-se usar o exemplo do esfigmomanômetro (aparelho para aferir pressão sanguínea) como um modelo análogo. Sua leitura da pressão é arbitrária enquanto análogo de qual é realmente a pressão sanguínea real, mas essencialmente incognoscível. A invariante não apenas representa a verdade das emoções sobre o objeto ausente e presente. Ela também pode representar uma invariante que altera a valência se o bebê não puder tolerar frustração, em cujo caso o continente, ♀, vem a ser transformado em –♀. As variáveis podem constituir a variabilidade (imprevisibilidade ou irregularidade) do contexto adaptativo do ambiente variável ao qual o bebê deve adaptar-se. Os parâmetros definem o universo de discurso no qual as invariantes e as variáveis operam. Note também que Bion agora se refere a "finito" e "infinito" em vez de a "consciente" e "inconsciente" em seu zelo matemático de reduzir elementos psicanalíticos a inteiros insaturados (livres de conflito) para facilitar a versatilidade do pensamento.

> O domínio do psicanalista é aquele que se situa entre o ponto onde o homem recebe impressões sensoriais e o ponto onde ele dá expressão à transformação que ocorreu. Os princípios desta investigação devem ser os mesmos, seja o meio a pintura, a música, a matemática, a escultura ou um relacionamento entre duas pessoas, seja expresso verbalmente ou por outros meios. Esses princípios devem ser determinados de modo a permanecerem constantes, seja a transformação efetuada em uma mente sã ou em uma mente insana. [1965, p. 46]

Entendo que Bion aqui esteja reforçando sua noção do ponto (de referência) como a invariante ("permanecer constante").

Os vínculos emocionais L, H e K (entre *self* e objetos) são postos em ação por Bion como codificadores emocionais ou "catálogos de afeto" que atribuem as propriedades emocionais de significado pessoal e importância subjetiva aos elementos-β que chegam enquanto eles estão no processo de serem mentalmente "digeridos" pela função α em elementos-α. O é indiferente e impessoal. L, H e K conferem pessoalidade – ou seja, significado pessoal – a eles. Colocado de outra forma, o próprio ato de aceitar a emoção (permitir-se sentir) e catalogá-la é equivalente a "possuir" pessoalmente a experiência.

De acordo com Bion, qualquer O não comum a analisando e analista não está disponível para discurso analítico.

Ele então discute que conhecimento o analista deve ter a sua disposição:

> 2. A transformação, isto é, Tp α ou Ta α, é influenciada por L, H e K. Supõe-se que o analista permita ou exclua L ou H de sua ligação com o paciente, e supõe-se que Ta α e Ta β, para os propósitos deste discurso, [estejam livres] de distorções por L, H (i.e. contratransferência). Ao contrário, supõe-se que Tp α e Tp β sempre estejam sujeitos a distorção....
>
> ... [O] analista deve ter uma visão da teoria psicanalítica da situação Edípica. Seu entendimento daquela teoria pode ser considerado uma transformação daquela teoria e, neste caso, todas as suas interpretações, verbalizadas ou não, do que está acontecendo em uma sessão, podem ser vistas como transformações de um O que é bipolar. Um polo é a capacidade intuitiva treinada transformada para realizar sua justaposição com o que está acontecendo na análise, e o outro está nos fatos da experiência analítica que devem ser transformados para mostrar que aproximação a realização tem com as preconcepções do analista – a preconcepção aqui sendo idêntica a Ta β como o produto final de Ta α operando nas teorias psicanalíticas do analista. [1965, p. 49]

Muitos leitores que estão apenas casualmente familiarizados com as recomendações de Bion de usar intuição eliminando "memória e desejo" podem não estar familiarizados com o Bion "hemisférico-esquerdo" – o disciplinador psicanalítico que também recomenda que o analista deveria ser tão bem versado no complexo de Édipo (especialmente a versão Kleiniana do objeto parcial), bem como nos conceitos de Klein de cisão e de identificação projetiva e no movimento da posição esquizoparanoide para a posição depressiva, para poder dá-los por certo. Ele continua:

> Parte do equipamento de observação é a preconcepção usada como pre-concepção – D4 [preconcepção-atenção–JSG]. É em seu aspecto D4 que desejo considerar a teoria Edípica; ou seja, como parte do equipamento *observacional* do analista.... O equipamento *teórico* do analista pode, portanto, ser estreitamente descritos D4, E4 [concepção-atenção–JSG], F4 [concepção-atenção–JSG]. [1965, pp. 50-51; itálico acrescido]

As teorias relacionadas ao complexo de Édipo que Bion considera necessário estarem presentes na mente do analista – identificação projetiva, cisão, intolerância à frustração, inveja, voracidade, objetos parciais, a teoria de que o *pensamento primitivo origina-se da experiência de um objeto não existente (o lugar onde o objeto deveria estar, mas não está)* e a teoria da violência das funções primitivas – devem estar lá de uma forma que permita que elas sejam representadas em uma ampla variedade de categorias (1965, p. 51).

TRANSFORMAÇÕES EM ALUCINOSE

"As transformações em alucinose compreendem uma ampla variedade de fenômenos que dizem respeito à parte psicótica da personalidade" (Grinberg, Sor e de Bianchedi, 1977). Neste tipo de transformação, o paciente cria sua própria visão de mundo externo e acredita que a visão do analista rivaliza com a sua (Symington e Symington, 1996, p. 115). Consequentemente, a inveja por parte do paciente é bastante proeminente. "A experiência emocional, o resultado da sessão, é transformada em impressões sensoriais, que são então evacuadas como alucinações, gerando prazer ou dor, mas não significado" (p. 116).

Bion diz:

> Não considero esse estado como um exagero de uma condição patológica ou mesmo natural: eu o considero, antes, um *estado sempre presente*, mas encoberto por outros fenômenos, que o protege. Se esses outros elementos puderem ser moderados ou suspensos, a alucinose torna-se demonstrável. [1970, p. 36; itálico acrescido]

Desse modo, ele está despatologizando e reconfigurando a alucinose: uma tendência a isto é implícita em todos os indivíduos. O psicótico usa a alucinose como uma técnica-padrão de sobrevivência, e o analista como intuição (P. Sandler, 2005, p. 321).

Bion diz que a alucinação

> deve ser diferenciada de uma ilusão ou de um delírio porque ambos os termos são requeridos para representar outros fenômenos, isto é, aqueles que estão associados com preconcepções que se tornam concepções porque combinam com realizações que não se assemelham suficientemente às preconcepções para saturar a preconcepção, mas suficientemente para dar origem a uma concepção ou a uma concepção errônea. A preconcepção requer saturação por uma percepção que *não* é uma evacuação dos sentidos, mas tem uma existência independente da personalidade. A alucinação surge de uma pré-determinação e requer satisfação de (a) uma evacuação da personalidade e (b) da convicção de que o elemento *é* sua própria evacuação. [Bion, 1965, p. 137]

Aqui Bion dá um esclarecimento sucinto da distinção entre *ilusão* e *delírio*. Em primeiro lugar, ilusões e delírios não são necessariamente visuais; as alucinações o são, exceto quando usam outras modalidades sensoriais como canais. Além disso, as alucinações resultam de uma evacuação fantasiada dos sentidos e são pré-determinadas. Não é claro o que Bion quer dizer com isto, mas concluo que o psicótico é pré-determinado concretamente a olhar para longe – ou seja, evacuar elementos-β de seus sentidos em vez de introjetar – e fica satisfeito de observar a evacuação fora dele. P. Sandler (2005) observa que a *alucinação* "define percepções que não têm objeto real para estimular um receptor sensorial... ela é uma percepção vazia, falsa" (p. 314). Ao descrever a alucinação em um paciente, Bion diz que

> se o paciente diz que viu um objeto, pode significar que um objeto externo foi percebido por ele, ou pode significar que ele está ejetando um objeto através de seus olhos.... [1958, p. 67]

Com relação à *"alucinose"*, Bion declara:

> A receptividade [pelo analista–JSG]... é essencial para a operação da psicanálise... É essencial para experienciar alucinação ou o estado de alucinose. [1970, p. 35-36]

Bion parece conceber a alucinação não apenas na forma tradicional, como uma indicação de psicopatologia séria, mas também como o método-padrão de comunicação do paciente com o analista e, com relação à alucinose, a forma do analista de iniciar a intuição. Como salienta Paulo Sandler (2005), a alucinose constitui o fundamento para a capacidade de pensar no episteme de Bion (p. 321). Este conceito ele tomou emprestado de Freud (1900a), que afirmou que o bebê tenta substituir o objeto perdido por uma alucinação, por meio da operação do princípio do prazer. O bebê deve ser capaz de tolerar frustração por tempo suficiente para ser capaz de manter o vazio da "não-coisa", a fim de que uma imagem alucinatória da mãe ausente possa formar-se para encarná-la (realizá-la) como uma concepção mental. Deve-se também perceber que a advertência de Bion contra memória e desejo reflete sua desconfiança em relação a como normalmente observamos objetos – ou seja, nós os "alucinamos" e confundimos com o objeto real. Este dilema pode ser expresso pela diferença entre *sensação* e *percepção*, que está sujeita ao sonhar. O conceito de Winnicott (1969) do "objeto subjetivo" (p. 87) expressa esta ideia. Bion declara:

> O pensamento, consequentemente, [para o psicótico–JSG] não é visto como oferecendo liberdade para desenvolvimento, mas é sentido como uma restrição; em comparação, o *"acting-out"* parece produzir um senso de liberdade. *A fortiori* uma alucinação propõe-se, através de sua qualidade como a-coisa-em-si (não o pensamento de um seio, mas o próprio seio), a ser indistinguível de liberdade. O paciente então pode ser visto

> como enfrentando uma escolha: ele pode permitir que sua *intolerância à frustração* use o que poderia ser, de outro modo, uma "*não-coisa*" para tornar-se um pensamento e assim alcançar a liberdade que Freud (1911b) descreve, ou ele pode usar o que poderia ser uma "não-coisa" para ser a base do sistema de alucinose...
> Desta última vontade surge o conjunto de *transformações em alucinose* que será necessário para diferenciar de transformações no... domínio da comunicação verbal. A importância de fazer esta última distinção é aumentada pelo fato de que palavras são usadas tanto na expressão de comunicação verbal como em transformações em alucinose. Contudo, a consideração da natureza de reações distintas à "não-coisa" mostrará que a palavra representando um pensamento não é o mesmo que a palavra idêntica quando ela está representando uma alucinação... [Bion, 1970, p. 17; itálico acrescido]

Na citação acima, Bion lança as bases para nossa capacidade de usar e/ou usar mal nossas mentes. O indivíduo saudável deve ter, primeiro, a capacidade de tolerar frustração a fim de contemplar e manter a experiência da ausência do objeto necessitado como uma "não-coisa". Esta ausência torna-se o *continente para ideias emergentes*. O fracasso em tolerar frustração resulta na transformação da não-coisa em um objeto interno concreto. A diferença é entre "insaturação", levando ao preenchimento por ideias espontâneas, e "saturação", levando a uma incapacidade de pensar ou de gerar ideias.

No prefácio de sua exposição sobre transformações em alucinose, Bion começa discutindo O e sua relação com as Formas de Platão e com a "encarnação da divindade". A embarcação de Bion alcançou agora a costa mais distante do Rubicão. Ele alcançou o ponto sem volta.

Ele acompanha isto com uma discussão da "hipérbole":

> Pretendo que o termo transmita uma impressão de exagero de rivalidade e, pela retenção de seu significado original, de arremesso e de distanciamento. O aparecimento de hipérbole em qualquer forma deve ser considerado significativo de uma transformação na qual estão operando rivalidade, inveja e evacuação. Há uma profunda diferença entre "ser" O e rivalidade com O. Esta é caracterizada por inveja, ódio, amor, megalomania e o estado conhecido pelos analistas como *acting-out*, que deve ser nitidamente diferenciado de ação; que é característico de "ser" O. [1965, p. 141]
>
> Assim como o exagero é útil no esclarecimento de problemas, também pode ser considerado importante exagerar a fim de obter a atenção necessária para ter um problema esclarecido. Agora o "esclarecimento" de uma emoção primitiva depende de ela ser contida por um continente que a desintoxicará. [p. 141-142]

Em outras palavras, uma transformação em alucinose resulta de um estado de hipérbole emocional crescente (um grito de ajuda) do paciente para um continente morto, que rejeita o conteúdo emocional. Aqui temos uma revisitação da teoria original de Bion (1959) do "objeto obstrutivo" (1957a, p. 91), que mais tarde tornou-se o "super"ego hipermoralista. Bion agora acrescenta que o paciente hiperbólico torna-se rival e invejoso de O, bem como do psicanalista. O resultado final é deixar de evacuar suas emoções hiperbólicas através dos sentidos como transformações alucinatórias, A6.

As transformações em alucinose também parecem responder pelo fenômeno no qual a pessoa torna-se "um prisioneiro do percepto" (a imagem alucinada sobreposta no objeto).

"TRANSFORMAÇÕES AUTÍSTICAS"

Korbivcher (1999, 2001, 2005a, 2005b), seguindo a Bion, concebe um conjunto de transformações que são categoricamente ligadas com aquelas listadas por Bion, contudo, separadas delas. Assim como Bion generaliza a possível presença de transformações em alucinose sendo empreendidas na personalidade "psicótica" do indivíduo normal, Korbivcher igualmente generaliza transformações autísticas para uma personalidade similarmente separada, que lida com fenômenos protomentais. Korbivcher conjectura que Bion deixa aberta a possibilidade de que outros grupos de transformações possam ser incluídos nesta teoria. Ela levanta a hipótese de que fenômenos autísticos poderiam constituir um novo grupo de transformações, além daquelas propostas por Bion: as transformações autísticas nas quais fenômenos autísticos prevalecem. Ela afirma também que as transformações autísticas são caracterizadas por seu desenvolvimento dentro do ambiente autista, na ausência da noção do objeto externo e interno. As relações estabelecidas são dominadas por sensações, e estas não adquirem qualquer representação na mente. Algumas das invariáveis ressaltadas nelas estão relacionadas à experiência da "ausência de vida afetiva" e de "vazio afetivo", e à presença de atividades "autossensoriais" observadas através da relação dos objetos autísticos e das formas autísticas (Tustin, 1986, 1990). Essas manobras protegem o indivíduo de experiências de terror que causariam uma sensação de desagregação e vulnerabilidade intolerável (Korbivcher, 2005a, p. 2).[2]

A contribuição singular de Korbivcher acrescenta ainda uma dimensão mais nova à teoria das transformações de Bion. Ao propor este conceito, ela tem o cuidado de diferenciar entre doença autística real e um nível de funcionamento primitivo em indivíduos normais ou neuróticos. Ela afirma que "é necessário... salientar que a proposição das transformações autísticas aplica-se somente a pacientes neuróticos que apresentam núcleos autísticos, e não a pacientes autistas (Korbivcher, 2005a, p. 4). Ela afirma, posteriormente, que, em sua concepção, este nível de funcionamento arcaico é caracterizado por sua própria organização interna característica e é regido por suas próprias regras peculiares – regras que diferem daquelas que, no mesmo indivíduo, governam as personalidades psicótica e neurótica.

TRANSFORMAÇÕES EM O E DE O

Transformações (1965) constitui um divisor de águas para Bion. Ele marca a maré alta de suas tentativas de transformar a experiência psicanalítica em "conjunções constantes" matemáticas "científicas" e precisas, e o início de sua grande mudança de paradigma para "matemática intuicionista" pós-"científica"[3] – isto é, a esfera mística da incerteza, O. Referi-me diversas vezes ao fato de que Bion "atravessou o Rubicão" da credibilidade com seus colegas kleinianos de Londres com esta virada radical em suas explorações.[4] Ele usou o termo "místico" de uma forma idiossincrásica. Ele queria indicar com isso a capacidade de comunicar-se com O – "tornar-se O" sem ter que passar pelas transformações intermediárias propiciadas pelo sonhar e pela função α. O que foi mais radical foi o próprio conceito de O, que ainda hoje nunca é expresso ou comentado pelos kleinianos de Londres, embora *seja* discutido e comentado amplamente por kleinianos e outros no mundo inteiro, exceto em Londres.

Um dos problemas com a aceitabilidade de O é sua singularidade esotérica. Outro é sua íntima associação com o relativismo e a incerteza pós-modernas (semelhante às teorias de Einstein e de Heisenberg). Outra dificuldade, ainda, está na atribuição arbitrária de Bion da "deidade" como um dos sinônimos de O, e na referência à necessidade de nossa "deidade" (nosso *self* infinito) "encarnar" nosso self finito. A maioria dos críticos da proposição por Bion de O o censuram pelo que eles acreditam que seja sua religiosidade. Nada poderia estar mais longe da verdade. O próprio Bion (1992) refere-se à "religião como uma ilusão" (p. 374, 379).

Tendo formulado O, Bion refere-se à "cortina de ilusão" que separa o homem da realidade. Aquela cortina de ilusão encobre a lacuna entre o númeno (a coisa-em-si, a Forma Ideal) e o fenômeno. A transformação é o conjunto de processos que preenchem esta lacuna. Já discuti as transformações em moção rígida, projetivas e alucinatórias. A última é a transformação em, de e a partir de O. Na psicanálise, o analista torna-se o continente das projeções do analisando. Ele sofre primeiro uma transformação em O para combinar com o O do analisando (o sintoma). Ele então transforma sua própria experiência solidária de O em K – conhecimento *sobre* ou a partir *de* O – e a comunica ao analisando como uma interpretação:

> Proponho estender o significado de O para incluir o domínio da realidade e do "tornar-se". As transformações em O contrastam com outras transformações na medida em que as primeiras estão relacionadas a crescimento

no tornar-se, e as últimas a crescimento em "saber sobre" crescimento; elas se parecem na medida em que "crescimento" é comum a ambas.

As transformações em K, contrariamente à visão comum, têm sido menos adequadamente expressadas por formulação matemática do que por formulações religiosas. *Ambas são defeituosas quando é necessário expressar crescimento e, portanto, transformação, em O. Ainda assim, as formulações religiosas chegam mais perto de satisfazer os requisitos de transformações em O do que as formulações matemáticas.* [1965, p. 156; itálico acrescido]

Este é o profético momento crítico onde Bion começa a deixar os modelos e as formulações matemáticas em favor das formulações religiosas. Eu digo "profético" porque, conforme já declarei, muitos críticos pensavam que ele estava abandonando a segura "ciência psicanalítica" pela religião. Além disso, foi no ano de 1965, a data de publicação de *Transformations (Transformações)*, que Bion estava começando a planejar seu êxodo para Los Angeles. Ele continuou suas explorações em O em *Attention and Interpretation (Atenção e Interpretação)*, que, embora publicado em 1970, foi completado em 1968, enquanto Bion ainda estava em Londres (Francesca Bion, comunicação pessoal, 2006). Seu estudo de O foi associado por muitos com sua estada na Califórnia como uma "conjunção constante" difamatória, capitalizada ainda mais desfavoravelmente por sua publicação de *A Memoir of the Future (Memórias do Futuro)* (1975, 1977b, 1979, 1981), que ele escreveu em Los Angeles. Eu pessoalmente acredito que o uso que Bion fez de formulações religiosas, bem como de outras, enquanto "vértices" de observação, foi engenhoso, como foi sua formulação do próprio O, que pode ainda qualificar-se como uma das contribuições mais importantes para a psicanálise no século XX, e um augúrio poderoso para o século XXI.

Porém, o que acredito que teve um efeito negativo sobre outros, em relação a seu trabalho, particularmente *Elements of Psycho-Analysis (Elementos da Psicanálise)* e *Transformations (Transformações)*, foi a obsessão Platônica de Bion por formulações matemáticas que estontearam e confundiram muitos leitores que, ou não tinham sido treinados no pensamento matemático, ou têm uma aversão a ele e não conseguem ver sua conexão com a vida emocional. Psicanalistas que *são* matematicamente sofisticados, entretanto, maravilham-se com o trabalho de Bion e estão de acordo com ele. Repetindo o que declarei anteriormente, Bion, na tradição Platônica, estava buscando linguagens análogas com as quais abordar as vicissitudes da experiência emocional na psicanálise. Sua progressão da aritmética, passando por geometria plana e sólida para álgebra e cálculo diferencial e integral foi determinada por seu empenho em buscar uma matemática que, através de sua capacidade de *abstração*, pudesse ser empregada na ausência do objeto sendo estudado – em ramificações complexas. Ou seja, até ele encontrar a infinitude, O, que requeria formulações religiosas, místicas e filosóficas. Não obstante, sua crença na matemática, uma matemática mais etérea e mística (intuicionista), continuou:

> Diz-se que uma disciplina não pode ser adequadamente considerada científica até que ela tenha sido matematizada, e posso ter dado a impressão... de que apoio esta visão e, ao fazê-lo, arrisco a proposição de uma matematização prematura de um sujeito que não é suficientemente maduro para tal procedimento. Portanto, devo chamar a atenção para alguns aspectos do desenvolvimento matemático que até agora não foram adequadamente considerados psicanaliticamente. Como ilustração, usarei a descrição... da transição da Deidade escura e amorfa de Meister Eckhart para a Trindade "conhecível". Minha sugestão é que um aspecto intrínseco da transição da "incognoscibilidade" da Deidade infinita para a Trindade "conhecível" é a introdução do número "três." A Deidade tornou-se, ou foi, matematizada. A configuração que pode ser reconhecida como comum a todos os processos de desenvolvimento, sejam religiosos, estéticos, científicos ou psicanalíticos, é uma progressão do "infinito vazio e amorfo" para uma formulação "saturada" que é finita e associada com número, por exemplo, "três" ou geométrico, por exemplo, o triângulo, ponto, linha ou círculo.... *A transição de sensibilidade para consciência... não pode ocorrer a menos que o processo de mudança, T α, seja matemático, embora talvez em uma forma que não tenha sido reconhecida como tal.* [1965, p. 170-171; itálico acrescido]

Desta citação (bem como de outras) conclui-se que Bion é religioso na medida em que ele tem uma fé profunda e permanente na matemática, que eu agora denominaria de *"a absoluta pureza de ser"* para ele. Embora consumadamente humano, ele essencialmente via os indivíduos e seus relacionamentos emocionais em termos de inteiros, círculos, linhas, ângulos e arcos e intersecções disso. Toda forma de vida, humana ou outra, segue leis matemáticas como seu modelo final. *Esta é a Fé de Bion!* "Transformações" é a função matemática de ajustar-se ao estar vivo. Permanecer emocionalmente humano é sua encarnação.

PÓS-ESCRITO

Antes de deixar o conceito de transformações, gostaria de acrescentar um *post scriptum*. Durante todo o tempo que Bion esteve focalizado na função α e em transformações, em suas publicações, ele estava lidando silenciosamente com seu conceito revisado do sonhar. Em seu caderno privado, então não publicado, *Cogitations (Cogitações)*, Bion (1992) surgiu com o conceito de que o "analista deve sonhar a sessão" (p. 120). Acredito que existe considerável sobreposição e/ou continuidade entre função α, transformação, barreira de contato, a Grade, vínculos L, H e K e sonhar como "funções de edição" que medeiam, filtram, ficcionalizam, mitificam, modulam, transformam, classificam, priorizam, desintoxicam, reconfiguram e recontextualizam – O. Acredito que todos os modelos acima são holograficamente unificados e constituem o que eu chamaria de *"conjunto de sonho"*. (Discuto isso com mais detalhes no Capítulo 25.)

Conforme declarei repetidas vezes, a Verdade (O) não pode ser transformada em termos de sua própria natureza. Ela é – e sempre será – o que é. Transformações *para* O é outra questão. É minha impressão que a natureza última do processo de transformação constitui um ciclo de alterações mentais e emocionais de experiências, começando com a experiência da intersecção de O com a fronteira emocional do sujeito – como um elemento-β de acordo com Bion – através dos processos digestivos mentais intermediários de "α-bet(a)-ização" pela função α, essencialmente, para o *finale*, no qual o sujeito "torna-se" o que experienciou. Chamo isto de uma transformação *para* O para completar o ciclo. Enquanto isso, o O impessoal (Destino) tornou-se pessoalmente possuído pelo sujeito, e sua função da Coluna 2 da Grade o ajuda a descartar aqueles aspectos de O que *não* pertencem a ele.

PÓS-ESCRITO II

Neste ponto, desejo lembrar o leitor de meu Pós-escrito, no Capítulo 6, para a seção sobre "A Divindade (Deidade) como o 'Pensador' dos 'Pensamentos Sem um Pensador'", que se aplica igualmente à teoria das transformações.

NOTAS

1. Note como Bion coloca α antes de β com relação à sequência de transformações, em contraste com elemento-β antes de elemento-α.
2. Sou grato a Célia Fix Korbivcher por sua gentil permissão de citar trechos de seu trabalho, que aguarda publicação.
3. Bion foi um ardente seguidor da Escola Holandesa de Matemática Intuicionista.
4. Certamente deve ter havido outros fatores que causaram a alienação entre Bion e seus colegas, mas eles são desconhecidos para mim.

21

Funções e elementos psicanalíticos

ADVERTÊNCIA

Minha tentativa de fazer justiça às obras de Bion parecerá desigual. Entretanto, escreverei algumas palavras neste momento sobre "funções" como elas aparecem em *Learning from Experience (Aprendendo com a Experiência)*. Não devo discutir separadamente *Learning from Experience, Attention and Interpretation (Atenção e Interpretação), Elements of Psycho-Analysis (Elementos da Psicanálise)* ou *Transformations (Transformações)*, porque seus principais conteúdos foram ou serão discutidos em outra parte no texto sob seus respectivos títulos.

FUNÇÕES PSICANALÍTICAS

Em *Learning from Experience* (1962b), Bion declara:

> "Função" é o nome para a atividade mental adequada a inúmeros fatores operando em combinação. "Fator" é o nome para a atividade mental operando em conjunto com as outras atividades mentais para constituir uma função.... A teoria das funções torna mais fácil combinar a realização com o sistema dedutivo que a representa.... O termo função alfa é, intencionalmente, destituído de significado [insaturado e "fora do convencional" do objeto sendo observado–JSG]. [1962b, p.1-3]

Ele continua dizendo que a função α opera nas impressões sensoriais e nas emoções da pessoa para produzir elementos-α. Se isso falha, surgem os elementos-β, que são não mentais e não fenomenais. O fracasso da função α resulta na incapacidade do sujeito de sonhar e, portanto, de dormir. A fim de ser capaz de "aprender com a experiência", a função α deve ser capaz de mediar a consciência da experiência emocional. Ataques à capacidade de função α do sujeito podem ser estimulados por ódio ou por inveja (p. 9), mas também, *eu* acredito, pela própria ansiedade do sujeito sobre aprender e crescer com a experiência – antes de se sentir pronto (Grotstein, no prelo-c).

É a função α que, processando as experiências emocionais de dia e de noite, permite a diferenciação contínua entre consciência e inconsciência. O sonhar, que Bion frequentemente associa com a função α, permite a uma barreira, a barreira de contato, outra função, manter a distinção entre sono e vigília e entre a consciência e o inconsciente – e, desse modo, facilitar a geração de uma cadeia de pensamento. A barreira de contato – um termo que Freud usava como analogia para a sinapse neuronal – é usada por Bion para indicar que ela tanto protege a consciência do inconsciente, como o inverso. Ela também é caracterizada por sua capacidade de ser *seletivamente permeável* a dados de dentro, bem como de fora.

Para mim, a barreira de contato é um cognato da função α, bem como seu objeto. Ela corresponde, acredito, à Coluna 2 da Grade de Bion, na medida em que a Coluna 2 é não apenas a coluna da *mentira (negação)*, mas também a coluna *negativa*,[1] que é necessária para a diferenciação entre objetos (processo secundário). Vejo a barreira de contato, em outras palavras, como a *continuação* da função α. Devido à capacidade da barreira de contato de diferenciar *e* de selecionar, ela é de importância primária na função mental de *abstração*. Bion revela sua perplexidade inicial em relação a um psicótico que, seguindo a premissa de uma distinção entre as personalidades psicótica e não psicótica, projetou em Bion sua personalidade normal (neurótica) como consciência de qualidades psíquicas. Bion fez uma analogia disso com a projeção das emoções maternas em seu feto, sendo Bion o feto. Bion finalmente percebeu que tinha estado *sonhando* a sessão – ou seja, traduzindo impressões sensoriais em elementos-α. (Mais uma vez nota-se como Bion parece usar o sonhar e a função α de forma intercambiável.) Ele finalmente percebeu que o paciente sofria de uma função α defeituosa e, portanto, era incapaz de transformar suas experiências emocionais.

Esta noção explicou a Bion que ele, Bion, era um "consciente" (a identificação projetiva do paciente) e ele (o paciente), um "inconsciente", era incapaz das funções de inconsciência. A barreira de contato, neste caso, era formada da proliferação não de elementos-α, mas, antes, de elementos-β (1962b, p.22). Quando a barreira de contato falha, uma tela-β toma seu lugar. Bion, então, observa que a tela-β produz resultados interessantes: ela permite que o paciente manipule a resposta que ele quer do analista e/ou que evoque contratransferência poderosa no analista.

ELEMENTOS PSICANALÍTICOS

> Para o propósito para a qual eu os quero, os *elementos da psicanálise* devem ter as seguintes características:
>
> 1. Eles devem ser capazes de *representar uma realização* que eles originalmente costumavam descrever.

2. Eles devem ser capazes de *articulação* com outros elementos semelhantes.
3. Quando assim articulados, devem formar um *sistema dedutivo científico* capaz de *representar uma realização,* supondo que existisse uma.

[1963, p. 2-3; itálico acrescido]

Bion lista os seguintes como elementos: ♀♂, P-S ↔ D, L, H e K, R (Razão), I (Ideia), elemento-α e elemento-β. I é para representar pensamento (ideia), e R, razão, a qual é domesticar as paixões de L, H e K. Nem bem Bion introduziu esta classe de elementos, alguns deles – R e I – parecem ter sido esquecidos pelo restante de sua carreira.

Bion também afirma que elementos são funções da personalidade, e que:

> A investigação psicanalítica formula premissas que são tão distintas daquelas da ciência comum quanto são as premissas da filosofia ou da teologia. Os elementos psicanalíticos e os objetos derivados deles têm as seguintes dimensões.
> 1. Extensão no domínio dos *sentidos*.
> 2. Extensão no domínio do *mito*.
> 3. Extensão no domínio da *paixão*.
>
> Uma interpretação não pode ser considerada satisfatória a menos que ilumine um *objeto psicanalítico* e que o objeto, no momento da interpretação, possua essas dimensões. [1963, p. 11; itálico acrescido]

Parece evidente agora que Bion está empregando o termo "elemento" devido a seu cunho científico, mas ele parece estar pensando nos objetos. Sentidos (atenção e percepção), mito (fantasia inconsciente e seu modelo mítico) e paixão (sofrer, experienciar O) são os elementos da sessão psicanalítica. Posteriormente, Bion defenderá o abandono de memória e desejo e também exortará o analista a entrar em um estado de rêverie. É importante lembrar que o analista deve, em virtude da necessidade de prestar atenção aos sentidos, ao mito e à paixão, empregar suas capacidades hemisférica-esquerdas, bem as hemisférica-direitas.

Stitzman (2004), seguindo Sor e Senet de Gazzano (1993), oferece mais dois elementos:

> Os elementos são harmonizados, conjugados, dispersados, isolados e congelados dentro ou fora de conjunções constantes, implicando conceitualmente tanto o que é definido dentro como também sua qualidade negativa.... Os elementos são "elementos para pensar". Bion inicialmente propõe dois... deixando a porta aberta para uma extensão da lista. Esses elementos são α (o elemento para transformação em pensamento) e β

(o elemento para transformação em alucinação). De sua parte, Dario Sor e Senet de Gazzano (1993) propõem incluir dois outros elementos na lista: gama (o elemento de não-transformações fanáticas autísticas) e delta (o elemento de transformações de crescimento ou de estar uno consigo [*at-one-ment*]). [Stitzman, 2004, p. 1146]

Eu deduzo da recolocação de Stitzman da contribuição de Sor e Senet de Gazzano que eles todos estavam buscando elaborar um espectro de elementos, um dos quais, gama, era um elemento mais temível que β, e delta, que é, no sentido transformacional, mais facilitador que α.

NOTA

1. Enquanto eu usava a função "Encontrar" no meu processador de texto, ocorreu-me espontaneamente que a Coluna 2 da Grade sugeria negação quando o princípio da realidade é dominante: a função "Encontrar" era capaz de encontrar o que eu estava procurando através da negação de tudo o que eu *não* estava procurando.

22

Pontos, linhas e círculos

O processo de transformação envolve, primeiro, a aceitação pelo bebê que o seio ausente, o "não-seio", difere do seio; e, segundo, que o "não-seio" pode ser representado pela imagem visual de um ponto, o lugar onde o seio estava. A aceitação do "não-seio" confronta o bebê com a capacidade de tolerar a frustração da ausência do objeto. Esta experiência de ausência inicia a experiência de tempo e espaço – ou seja, onde o seio costumava estar: "Os fatores que reduzem o seio a um ponto, reduzem o tempo a 'agora'" (Bion, 1965, p. 55). Ele afirma ainda que o paciente psicótico torna-se concreto em referência à menção do ponto, e acredita que o ponto é o "fantasma" do objeto morto e existe concretamente como uma coisa "não-seio". Este ponto é não representacional ou não simbólico – ou seja, –K, em oposição a K – designando o paciente que pode tolerar o conceito de "não-seio" como ausência.

> O pode ser substituído pelo ponto ou pela linha, ou por uma palavra como "seio" ou "pênis", ou por qualquer outro sinal representando qualquer conjunção constante.... Devo supor que o ponto substitui O como a origem.... Se espera-se que o "ponto" esteja disponível para uso em K, ele deve ser definido para excluir a penumbra de associações com as quais ele é investido. Ele tem que ser desenvolvido de modo a alcançar o estágio representado pela categoria D [preconcepção–JSG]. [1965, p. 77]

A apresentação mais clara que encontrei sobre o uso de Bion da geometria plana (Euclideana), entretanto, está na seguinte passagem em *The Italian Seminars*:

> Temos algum sistema de coordenadas que nos daria uma ideia de onde estamos, de onde o par está – o analista e o paciente? Na história narrativa, podemos ter uma ideia do desenvolvimento de uma pessoa tomando qualquer um de dois pontos, A e B, e a direção seria de A para B. Aqueles dois pontos, A e B, chamaríamos de "reais e distintos". Entretanto, supondo que aqueles dois pontos fossem móveis; então eles poderiam mover-se em torno da circunferência de um círculo e tornar-se "reais e coincidentes". E se tentarmos convergir os dois pontos que são reais e

coincidentes, podemos dizer que eles se encontram e descrevem uma linha que é uma tangente. [2005a, p. 31]

O uso de Bion da geometria plana foi, mais uma vez, sua preferência por encontrar modelos análogos, insaturados para precisão. Para ele, pontos, linhas, círculos e tangentes parecem constituir um "azimute de grade" (um termo militar que mapeia um terreno). No uso de Bion, é uma área em movimento.

Se eu puder fazer um trocadilho, o ponto que é sentido como concreto torna-se sem sentido (sem ponto) para o pensar. O ponto que é considerado uma representação, ajuda a alcançar uma transformação de O em K como a conjunção constante; ele deve livrar-se de uma penumbra de associações e sentimentos e deve alcançar a condição de uma preconcepção. É de certa forma notável que Bion implique O de duas maneiras separadas (ver também de Bianchedi, 2004). Um é do mundo externo e dos órgãos sensoriais que apresentam estímulos ou objetos, e o outro é do inconsciente não reprimido, em termos das preconcepções inerentes ("memórias do futuro", as Formas Ideais de Platão, os númenos de Kant). O retrato de Bion do ser humano é de alguém que parece estar "encaixado" entre as tenazes bipolares de O. Os psicanalistas – os kleinianos em particular – prestam grande atenção a interrupções no tratamento, sejam feriados, férias, fins de semana, ou mesmo entre sessões contínuas.

O analisando tem grande dificuldade em manter a imagem do analista benevolente (seio-objeto bom), cujo lugar parece ser usurpado pelo objeto mau (a "não-coisa" concretizada de Bion – *no-thing*). De que modo uma ausência do objeto bom *espontaneamente* (pelo menos no início da análise), inexorável e inevitavelmente resulta no aparecimento do objeto mau? A explicação kleiniana tradicional desta transformação malévola é que ela parece ser a consequência da identificação projetiva do analisando de seu ódio (instinto de morte) em uma imagem dividida (*split-off*) do analista bom, que agora suporta o ódio do analisando por tê-lo abandonado e, desse modo, torna-se um objeto mau. Acredito que esta formulação é válida, mas desejo acrescentar uma explicação alternativa. Quando a mãe-analista boa parte, o bebê ou a porção infantil da personalidade do analisando fica ainda mais vulnerável às irrupções inevitáveis de O, que ele tenta autoconter como a "não-coisa" concretizada. Acredito que esta formulação também ajuda a explicar a origem do "objeto obstrutivo" de Bion, que ele posteriormente chamou de "super"ego.

Bion continua, em *Transformations (Transformações)*

O pensamento, representado por uma palavra ou outro signo, pode, quando é significativo como uma não-coisa, ser representado por um ponto (•). O ponto pode então representar a posição onde o seio estava, ou pode mesmo *ser* o não-seio. O mesmo é verdadeiro para a linha, seja ela representada pela palavra linha ou por uma marca feita no chão ou no papel. O círculo, útil para algumas personalidades como uma imagem visual de "dentro e fora", é para outras personalidades, notavelmente a psicótica, evidência de que não existe tal membrana divisória.

A intolerância de uma não-coisa, considerada juntamente com a convicção de que qualquer objeto capaz de uma função representativa é, em virtude do que a personalidade sã considera como sua função representativa, não de fato uma representação, mas uma não-coisa em si, impede a possibilidade de que palavras, círculos, pontos e linhas sejam usados na promoção da aprendizagem pela experiência. Eles tornam-se uma provocação por substituir a coisa pela não-coisa, e a coisa em si como um instrumento para tomar o lugar de representações, quando representações são uma necessidade, como o são na esfera do pensar. [1965, p. 82]

A associação do círculo com "dentro e fora" contribui para a dificuldade em entender os conceitos da linha que corta um círculo em pontos que são [um] complexo conjugado.[1] A dificuldade surge da suposição de que a linha que o faz localiza-se "do lado de fora" do círculo; em oposição à linha que o corta em dois pontos, cujas raízes são reais e distintas, e supõe-se que se localize "do lado de dentro" do círculo. A dificuldade é diminuída se não houver intolerância da não-coisa para discutir e, portanto, nenhuma oposição a um termo cujo significado é indeterminado. [p. 83]

Dois seios desapareceram. Ou talvez fosse mais correto dizer que eles encolheram ou se dissolveram até restarem apenas dois pontos. O protagonista pode sentir-se resignado a este fato ou pode sentir-se bastante incapaz de tolerar essas manchas (ou pontos ou •), pois, para ele, eles são lugares onde os seios estavam, ou, mais pungentemente, não-seios. Enquanto ele observa, eles parecem reunir-se até tornarem-se coincidentes um com o outro e a fronteira de sua personalidade.... Então eles desaparecem. Para onde eles foram? Se ele tivesse um lado de dentro ou um lado de fora, eles poderiam ter ido para dentro dele ou ido para o outro lado. Mas suponha que eles não estejam dentro ou fora. Pior ainda, suponha que não há lado de dentro ou lado de fora, que ele próprio é apenas um lugar-onde-ele-costumava-estar?... Os elementos do problema são: (i) o não-seio, ou ponto, ou (•), (ii) o não-pênis, ou linha reta ou (———), e (iii) o não-lado de dentro-ou-lado de fora, ou círculo ou (O). [p. 84]

Eu peço ao leitor primeiro para privar-se de buscar entender o que Bion está tentando transmitir e lançar um olhar mais amplo a seu emprego de ícones geométricos. O empenho de Bion em matematizar a psicanálise confundiu e aborreceu muitos, incluindo Meltzer (1978). Bion dá pistas em todos os seus trabalhos e palestras (ver *Transformations*, 1965, pp. 73-76) de que está tentando alcançar uma especificidade e versatilidade ideais, com mínima penumbra de associações que possam distrair. A matemática constitui um estudo puro, com modelos de diversos tipos de relações que objetos puros têm uns com os outros. Ela é apolítica, impessoal e idealmente expressiva. Mais especificamente, pontos, linhas e círculos são a arquitetura de todas as dimensões do espaço, tanto externo como interno. Em suas formas negativas, eles constituem a arquitetura da infinitude (vastidão, vazio) psicótica. Bion concebe o ponto e a linha como imagens visuais e os correlaciona com elementos-β. Eles permanecem invariantes sob uma ampla variedade de condições.

Bion, tendo inicialmente tomado a ideia do ponto, da linha e do círculo a partir do uso deles por parte de pacientes psicóticos, então recorreu à geometria Euclideana para usá-los como sinais insaturados para representar posições do objeto. O ponto representa o *lugar* uma vez ocupado pelo seio. A linha representa a *posição* onde o pênis uma vez esteve – e seu futuro ou seu passado (onde ele está indo e onde ele foi). O círculo representa *limitação espacial*. Juntos, esses sinais (signos) definem a estrutura do espaço para a pessoa normal, mas, quando eles tornam-se entidades negativas – ou seja, –(•), –(——), ou –(O), a condição de –K (psicose) é indicada.

NOTA

1. O '"complexo conjugado'... é representado por um par de números complexos cujas partes imaginárias são idênticas, mas diferem apenas no sinal, por exemplo, 6+4i e 6-4i são complexos conjugados... imagens de espelho um do outro, um conceito que Bion usou para representar o narcisismo geometricamente.... Ele dá o exemplo de uma linha reta (representando um objeto) que corta um círculo (simbolizando a mente) em dois pontos diferentes que poderiam ser representados como *pares de pontos... reais e distintos, ou verdadeiros e distintos*: dentro do círculo, no mundo interno, representariam a relação analista-analisando operando harmoniosamente em busca de *O* e de sua transformação em *K*" (López-Corvo, 2003, p. 62-63).

23
A grade

Bion referiu-se pela primeira vez a seu conceito da Grade em *Elements of Psycho-Analysis (Elementos da Psicanálise)* (1963); ele continuou a desenvolver suas ideias em trabalhos posteriores, *Transformations (Transformações)* (1965), *Two Papers: The Grid and Caesura (Dois Ensaios: A Grade e Cesura)* (1977) e *Taming Wild Thoughts (Domesticando Pensamentos Selvagens)* (1997). A Grade representa aquele aspecto da função α que medeia elementos que estão sujeitos ao princípio da realidade e ao que Freud (1911b) se referia como "processo secundário". A Grade é um dispositivo matemático consistindo de um plano coberto por linhas cruzadas, que cria a imagem de caixas ou quadrados (continentes), ou de um gradil (Bion, 1997, p. 4) que se estende tanto vertical como horizontalmente. Eles podem ser considerados "caixas de pensamentos" para armazenar categorias de pensamentos e emoções. Cada passo no processo transformacional vai de uma caixa para outra em um movimento diagonal descendente e é confinado por um eixo vertical e um horizontal. O eixo vertical (o eixo genético) da Grade designa a progressiva sofisticação transformativa de *pensamentos* em desenvolvimento ou evolução à medida que ele se move no sentido descendente, enquanto o eixo horizontal designa o ato de *pensar* os pensamentos – ou seja, o uso para o qual os pensamentos estão sendo tomados. Ela representa a atividade da mente no que Freud denominou de processo secundário. Colocado de outra forma, a Grade é o *continente* para pensamentos transformados, o *conteúdo*.

Bion considera a Grade adequada para pensamentos e emoções que alcançaram a consciência ou que estavam em um estado de "consciência emergente" (o pré-consciente). Embora ele não considerasse formalmente que o aspecto da função α que medeia o elemento-β inconsciente constitui uma Grade em si, eu considero, uma vez que a função α age como um *gradil* para classificar elementos-β crus (Bion, 1997, p. 4). Uma Grade é qualquer dispositivo seletivo que recebe estímulo indiscriminado, o separa em seus componentes (triagem) e o classifica, prioriza, reorganiza e reconfigura para uso adicional. As fileiras consistem de: **A**: elementos-β; **B**: elementos-α; **C**: Pensamentos Oníricos, Sonhos, Mitos; **D**: Preconcepção; **E**: Concepção, **F**: Conceito; **G**: Sistema Dedutivo Científico; e **H**: Cálculo Algébrico. As colunas são intituladas: **1** Hipótese Definitória; **2** ψ (mentira ou falsificação); **3** Notação; **4** Atenção; **5** Indagação; **6** Ação; e ...**n**.

Cada um dos itens listados na coluna da esquerda (A, B, C, etc.) pode ser pensado como o *"software"* e/ou conteúdo da Grade, enquanto os itens listados nos títulos das colunas (1, 2, 3, etc.) podem ser pensados como o continente ou *"hardware"*. Bion concebe a coluna da esquerda como a coluna genética, uma vez que ela responde pela gênese (ontogenia, desenvolvimento, amadurecimento, sofisticação – na direção de concreto para abstração) do pensamento, enquanto os títulos da coluna designam os usos aos quais a mente dá a esses pensamentos – ou seja, como a mente os pensa ou pensa sobre eles, e então age sob a influência deles.

À medida que a pessoa progride no eixo de pensamentos, ela move-se do *concreto* para o *abstrato*. Ideias ou pensamentos tornam-se mais aplicáveis à manipulação de pensamentos complexos à medida que se tornam progressivamente mais abstratos – ou seja, à medida que eles se tornam livres da penumbra de associações que caracterizam sua forma mais concreta. Em outras palavras, eles se tornam mais semelhantes a números neutros que se prestam a pensamento de ordem superior e a metapensamento. Bion originalmente criou a Grade a fim de encontrar uma categorização científica da vida mental que ajudasse os analistas de diferentes escolas analíticas a serem capazes de chegar a algum tipo de acordo. Ele foi motivado pelas lutas entre os kleinianos e os freudianos no Instituto Britânico (Bion, "Lecture on the Grid" na Sociedade Psicanalítica de Los Angeles em 1975, a qual assisti).

Frequentemente, em suas discussões do uso da Grade, Bion sugere que ela não deve ser usada pelo analista durante a sessão analítica, mas apenas posteriormente, para obter uma avaliação clínica objetiva sobre o que pode ter acontecido durante uma sessão. Eu tenho uma visão diferente. Ao assentar as bases para a Grade, Bion apropriou-se pesadamente da teoria de Freud (1911b) dos dois princípios do funcionamento mental, os processos primário e secundário. Eis aqui a razão por que sinto que a sugestão de Bion pode ser um pouco enganadora: as categorias no eixo horizontal constituem elaborações de Bion da noção de Freud das categorias de processo secundário (pensamento). A elaboração em Freud era a Coluna 2, a coluna ψ (*psi*), representando *falsidade*[1] por um lado, que acredito que represente *negação* por outro. A negação é necessária, apesar de tudo, para transformar pensamento de processo primário em pensamento de processo secundário (Aristotélico).

As categorias verticais constituem processo secundário (pensamentos para serem pensados). Consequentemente, a Grade constitui tentativas de abstração, um *modelo para o pensar*. Portanto, o que a Grade na verdade representa é *o que os analistas natural e habitualmente fazem a maior parte do tempo durante a análise enquanto eles ponderam e refletem sobre o que observam e ouvem do analisando* – ou seja, ela constitui pensamento reflexivo normal. Bion certamente deve ter tido consciência de que os processos

A GRADE

	Hipóteses Definitórias 1	Ψ 2	Notação 3	Atenção 4	Indagação 5	Ação 6	...n
A Elementos-β	A1	A2				A6	
B Elementos-α	B1	B2	B3	B4	B5	B6	...Bn
C Pensamentos Oníricos, Sonhos, Mitos	C1	C2	C3	C4	C5	C6	...Cn
D Preconcepção	D1	D2	D3	D4	D5	D6	...Dn
E Concepção	E1	E2	E3	E4	E5	E6	...En
F Conceito	F1	F2	F3	F4	F5	F6	...Fn
G Sistema Dedutivo Científico		G2					
H Cálculo Algébrico							

primário e secundário que ele uniu sob o conceito de "função α" constituem o equipamento pré-consciente do analista a ser empregado durante a sessão. Mais precisamente, a Grade é simplesmente uma forma de categorizar, de esquematizar (analisar), pensamento de processo secundário – ou seja, o que nós fazemos a maior parte do tempo *durante* a sessão analítica sem conhecimento consciente de que estamos fazendo – em outras palavras, automaticamente. Este pensamento de processo secundário pré-consciente/consciente que temos refere-se aos pensamentos-emoções-sentimentos que estão sendo automaticamente transformados, enquanto estamos pensando sobre eles. Além disso, a parte observadora do analisando também emprega pré-conscientemente a Grade enquanto ele associa livremente.

A Grade representa aquele aspecto da função α que medeia elementos que estão sujeitos ao princípio da realidade e ao que Freud (1911b) se referia como "processo secundário", mas que Bion, diferindo um pouco de Freud, atribui ao funcionamento dual colaborativo dos princípios de realidade *e* prazer operando como uma estrutura binária-oposicional, agora sob a hegemonia do princípio da realidade (enquanto, no inconsciente, esta estrutura binária-oposicional, como nos sonhos e nas fantasias, se enquadraria na hegemonia do princípio do prazer). Apesar de toda a mística que o próprio Bion parece ter atribuído à Grade, minha própria visão dela é que ela é simplesmente um modelo matematicamente esquematizado para pensamento raciocinativo, reflexivo normal – *algo que os analistas rotineiramente fazem após terem sido afetados por suas próprias respostas emocionais privadas a seus analisandos.*

A Grade, conforme acabei de declarar, é um modelo matemático, uma abstração, consistindo, neste caso, de um plano coberto por linhas cruzadas, criando a imagem de caixas ou quadrados (continentes) que se estendem vertical e horizontalmente. Elas podem ser consideradas "caixas de pensamentos" ou gradis[2] (Bion, 1997, p. 4), conforme mencionado acima. Cada passo no processo transformativo move-se de uma caixa para outra. A Grade constitui uma *matriz* funcional que facilita a *matriculação* de pensamentos crus (hipóteses definitórias, "pensamentos selvagens", "pensamentos sem um pensador") em pensamentos refinados (pensados). O eixo vertical (o eixo genético) da Grade, à medida que se move no sentido descendente, designa a sofisticação transformativa progressiva dos *pensamentos*, enquanto o eixo horizontal designa o ato de *pensar* os pensamentos. Ele representa a atividade da mente no que Freud denominou processo secundário. Ele também designa o uso que é dado aos pensamentos. Colocado de outra forma, a Grade é o continente para e gerador de pensamentos transformadores. Em *Elements of Psycho-Analysis* Bion declara:

> Neste caso, a importância do mito está no fato de que ele representa um sentimento e, como tal, seu lugar em uma categoria da grade denota um *elemento* psicanalítico. Considerado com outros elementos psicana-

líticos semelhantes, ele e os outros elementos juntos formam o campo de elementos incoerentes no qual é esperado que o *fato selecionado*, que dá coerência e conexão ao até agora incoerente e desconexo, emerja. Assim "nomeado," "vinculado," o objeto psicanalítico surgiu. Resta reconhecer seu significado. Este mesmo mito verbalmente pode então ser um objeto psicanalítico que é fundamental para dar significado à totalidade de elementos, um dos quais era o sentimento representado pelo mito em sua categoria. A interpretação correta, portanto, dependerá da capacidade do analista, em virtude da grade, de observar que duas declarações verbalmente idênticas são psicanaliticamente diferentes. Para reiterar, uma declaração verbal que tem aspectos que se enquadram nas fileiras B, C e G representa um objeto psicanalítico. Uma declaração verbalmente idêntica que se enquadra em, digamos, D2 é um elemento psicanalítico. No exemplo, considerei que o mito, na categoria D2, representa um *sentimento* de presságio e é uma premonição de um tipo particular empregada para excluir alguma outra coisa. (*Incidentalmente a totalidade da discussão precedente pode ser tomada como um exemplo do uso da grade para um exercício que visa a desenvolver a intuição e a capacidade para discriminação clínica.* [itálico acrescido]) Para concluir: os *elementos* da psicanálise são ideias e sentimentos conforme representados por sua colocação em uma categoria única; objetos psicanalíticos são associações e interpretações com extensões no domínio dos sentidos, do mito e da paixão... requerendo três categorias para sua representação. [1963, p. 103-104]

A citação resume o conceito de Bion do uso da Grade na localização, formação, mitificação e ligação do objeto analítico (O) pelo uso do fato selecionado, após o que o objeto analítico, agora vinculado como uma conjunção constante, pode ser submetido à Grade para nova categorização. Enquanto isso, em referência à Grade, a capacidade do analista para intuição (processamento pelo hemisfério direito) e discriminação (processamento pelo hemisfério esquerdo) torna-se aguçada.

Bion também diferencia entre o elemento psicanalítico e o objeto psicanalítico. O primeiro ocupa apenas uma categoria, enquanto o objeto psicanalítico, apercebido por meio da trinca de sentidos, mito e paixão, deve ocupar as três categorias adequadas a cada membro da trinca.

REVELANDO O MISTÉRIO DA COLUNA 2 (Ψ)

Ao definir a Coluna 2, Bion declara:

A Coluna 2 é para categorizar o "uso" que é dado a uma declaração – de qualquer tipo que possa ser e por mais que inverídica no contexto – *com a intenção de impedir uma declaração, por mais verídica no contexto, que envolveria modificação na personalidade e em sua perspectiva.* Usei arbitrariamente o sinal ψ para enfatizar a relação íntima deste "uso" com fenômenos conhecidos pelos analistas como expressões de *"resistência"*. [1997, p. 9; itálico acrescido]

A Coluna 2 lembra a fileira C na medida em que ela requer expansão para uma "grade" exclusivamente sua.[3] Minha ideia original era que ela supriria uma série de categorias para declarações falsas palpáveis, preferivelmente conhecidas como sendo falsas tanto pelo analisando como pelo analista... [p.10]

Eu me pergunto se Bion pode estar confundindo ou mesmo iludindo aqui. Conforme expressei em outra parte neste texto, a associação entre Coluna 2 e falsidade "palpável" tem mais a ver, na minha opinião, com o conceito Aristotélico da lei do terceiro excluído ou, colocado de outra forma, com decidir o que um objeto *é* e o que ele *não é*, negação. Devemos lembrar que Bion deve a origem da Grade ao conceito de Freud (1911b) dos dois princípios mentais, o processo primário e o processo secundário. A Grade é um modelo matemático do processo secundário. Um pensamento vindo da Coluna 1 (Hipótese Definitória) para a Coluna 2 torna-se categorizado pela última no que ele *é* e no que ele *não é*. Acredito que a categoria "o que ele não é" é o que Bion realmente quer dizer por "falsidade". Contudo, em deferência à visão de Bion, posso imaginar a possibilidade de que a Coluna 2 possa ser a coluna da mentira da forma que ele sugere – quando o sujeito renuncia ao princípio da realidade! Então, a Coluna 2 se tornaria a Coluna da Mentira – desmentindo a realidade em favor do princípio do prazer.

Quando se acompanha cuidadosamente a jornada de Bion na exploração do sonhar por um lado, e da função α por outro, em certo momento unindo-os em um conceito, "trabalho onírico-α" (*dream-work-α*), e então separando-os novamente, *começa-se a perceber que a função α é o modelo abstrato, insaturado, que corresponde diretamente à realidade da atividade do sonhar – em carne e osso!* Além disso, quando se reexamina cuidadosamente o mistério da Coluna 2, a Coluna ψ (*psi*) na Grade, uma categoria que Bion atribui a –K (falsificação), começa-se a experienciar o que foi para mim um fato selecionado – que a Coluna 2 paradoxalmente exerce duas funções opostas (oposição binária), à qual então acrescento uma terceira:

a) A Coluna 2, para mim, constitui a *coluna do sonhar – ou seja, a coluna da função* α – que deve alterar (*quase falsificar*) esteticamente os elementos-β da Coluna 1 (Hipótese Definitória) para tornar os elementos-α adequados para subsequente transporte mentalizável através do resto da Grade. Em outras palavras, enquanto as outras categorias horizontais da Grade envolvem primariamente a atividade do princípio da realidade – digo "primariamente" porque Bion, diferentemente de Freud (1911b) uniu engenhosamente os processos primário e secundário em seu conceito da função α) – a Coluna 2 envolve primariamente a atividade do principio do prazer-desprazer – com combinações variadas do princípio da realidade – em um espectro. Em uma extremidade do espectro, observar-se-ia resistência, equilíbrio psíquico, e/ou reações terapêuticas negativas (todos sendo expressões variadas de –K), enquanto, na outra extremidade, derivativos do elemento-α normal, "sonhados com sucesso", estão sendo enviados ao longo de seu caminho para novo refinamento (por meio de Notação, Atenção e Indagação) para tornarem-se pensamentos objetivos, abstratos. Colocado de outra forma, os elementos-β, derivados das impressões de O na fronteira emocional, devem tornar-se alterados (transformados, *ficcionalizados*) em algum grau a fim de escapar da repressão total. Assim, um aspecto do elemento-β torna-se alterado, protetoramente, enquanto a verdade emergente sobre a realidade que compõe o elemento-β permanece inalterada. Um paralelo a esta ideia seria um trabalho de arte ou de ficção, que habilmente altera a *apresentação* inicial da verdade sobre a realidade de modo que a verdade possa sobreviver e ser transmitida. Portanto, deste ponto de vista, a Coluna 2 revela a atividade do *princípio do prazer*.

b) *Inversamente*, entretanto, lembramos que Bion tomou emprestado a partir do trabalho de Freud (1911b), as duas funções mentais (os processos primário e secundário), e o eixo horizontal da Grade de Bion corresponde ao conceito de Freud do *processo secundário*. O que diferencia principalmente o processo secundário do processo primário é a função de *negação*, que, acredito, Bion deve ter atribuído à Coluna 2. Portanto, de acordo com este raciocínio, a Coluna 2 funciona como a introdução do princípio da realidade para *definir* e *refinar* os "pensamentos selvagens" (Bion, 1997), que ele atribui à Coluna 1, "Hipótese Definitória". Mais uma vez, tomo a liberdade de modificar a visão de Bion sugerindo que a Coluna 1 envolve apenas "pensamentos selvagens" e/ou elementos-β crus, e que é a Coluna 2 que transforma esses pensamentos selvagens em hipóteses definitórias de-*finindo*-os – submetendo-os a negação, que revela o que eles *não* são. Portanto, desta segunda perspectiva, a Coluna 2 representa a atividade do *princípio da realidade*.

c) Gostaria também de acrescentar uma nova hipótese: que as operações da função α e a Grade são idênticas ou pelo menos se sobrepõem. Ambas categorizam, classificam, priorizam e selecionam conteúdo mental – ou seja, elementos-β, bem como pensamentos processados. Eu, portanto, prevejo o seguinte: no Capítulo 20 introduzi o modelo da fita de Möbius (continuidade descontínua), que ocupa e caracteriza uma configuração de número 8, cuja porção inferior mergulha no Sistema *Ics*. e cuja porção superior circunscreve o Sistema *Cs*. Esta fita de Möbius funciona como o processo de sonhar – ou seja, função α, bem como uma Grade, barreira de contato e continente para o conteúdo.

RECONCILIAÇÃO: *a função da Coluna 2 representa a atividade de uma estrutura binária-oposicional que inicia a transformação-pelo-sonhar de pensamentos selvagens em pensamentos domesticados.*

Tanto a função α como a barreira de contato podem ser entendidas como fractais, se não continuações, da Grade. Em outras palavras, a Grade estende-se microscopicamente para sua função como função α e macroscopicamente para sua função como uma barreira de contato ou cesura. A função comum de todos esses níveis é a triagem, a separação, a desconstrução e a recombinação dos elementos separados em compostos de emoção-pensamento cuidadosamente transformados que são seletivamente transferidos ao longo da "esteira transportadora" mental para pensamento abstrato e sentimento progressivamente mais sofisticados.

Em uma recente contribuição singular, Bandera (2005) considerou a probabilidade de que a própria função α deva ser entendida como ocupando um gradiente ou espectro de estilos maternos variantes de continente/não continente, em vez de ser considerada como sendo presente ou ausente. Embora a função α seja um modelo para transformação, ela é um modelo que funciona em seres humanos que têm capacidades variáveis de empregá-la. Portanto, o conceito que a função α ocupa como gradiente é valioso. Uma Grade é qualquer dispositivo seletivo que recebe estímulo indiscriminado, reorganiza-o e separa-o em seus componentes e, consequentemente, acredito que a formulação de Bion da Grade é incompleta.

Bion interessou-se pela primeira vez em criar uma Grade durante e após a Segunda Guerra Mundial, quando Anna Freud e Melanie Klein e seus respectivos seguidores estavam engajados em suas Discussões Controversas na Sociedade Psicanalítica Britânica. Ele explicou que queria encontrar uma linguagem científica, preferivelmente baseada na matemática, que provesse um território comum a analistas de qualquer escola (comunicação pessoal, 1973). A princípio, a Grade tornou-se o manual do analista, por meio do qual ele pensava sobre uma sessão analítica *depois*, não durante a análise. Acredito que Bion deveria ter explicado, como sugiro acima, que a Grade pode ser usada da forma conscientemente intencional que ele afirma *após* a sessão analítica, mas que ela é inconscientemente (pré-conscientemente) empregada a maior parte do tempo pelo analista *durante* a sessão – porque ela é apenas uma forma matematizada de representar o *processo normal de pensamento reflexivo (processo secundário)*. Consequentemente, devemos generalizar a aplicação da função da Grade ao próprio pensamento normal para *todos* os indivíduos pensantes, que obviamente inclui o próprio analisando, à medida que ele reflete sobre suas experiências analíticas.

CONJUNÇÃO CONSTANTE

Bion frequentemente refere-se ao conceito de Humes da "conjunção constante". Seu significado mais básico é o nome que damos a um fenômeno, pessoa ou agrupamento constante de acontecimentos a fim de associá-los mentalmente com uma designação. A conjunção constante tem muito em comum com outra ideia de Bion, o "fato selecionado", que ele tomou emprestado de Poincaré. Este designa a organização ou o padrão que dá coerência a elementos ou fenômenos até então dispersos. Bion afirma que a conjunção constante é uma função da consciência no observador (1965, p. 73). Uma vez encontrados, L, H e K devem categorizar a conjunção constante, e um significado deve ser atribuído a ela. Bion declara: "Uma vez que o significado psicologicamente necessário tenha alcançado a razão, como escrava das paixões, transforma o significado psicologicamente necessário em significado logicamente necessário" (1965, p. 73). O que Bion declara em seguida é complexo e condensado demais, como é típico de muitos de seus escritos, mas gostaria de apresentar meu entendimento de sua declaração devido a sua consumada importância:

> A inadequação da gratificação alucinatória para promover crescimento mental induz atividade visando a fornecer significado "verdadeiro": considera-se que o significado atribuído à conjunção constante deve ter uma contraparte na realização da conjunção. Portanto, a atividade da razão como escrava das paixões é inadequada. Em termos do princípio de prazer/dor há um conflito entre princípio do prazer e princípio da realidade para obter controle da razão. A objeção a um universo sem sentido... deriva do medo de que a falta de significado seja um sinal de que o significado foi destruído e da ameaça que isto contém ao narcisismo essencial. Se qualquer determinado universo não puder produzir um significado *para o indivíduo*, seu narcisismo exige a existência de um deus, ou de algum objeto último... O significado, ou a falta dele, na análise, é uma função de amor-próprio, autoaversão e conhecimento. Se o amor narcísico não for satisfeito, o desenvolvimento de amor é perturbado e não pode estender-se para amor a objetos. [1965, p. 73]

Considero que isto signifique que a porção infantil da personalidade ("narcisismo essencial") deve, primeiro, ter gratificação alucinatória por atribuição da constância da conjunção como parte de seus pré-requisitos narcísicos normais. Em outras palavras, a razão, que é a escrava das paixões, pode comprometer a porção narcísica dos direitos da personalidade ao compartilhar a significância pessoal da conjunção constante por sua própria subjetividade, antes de ela tornar-se materializada. Bion, ao contrário de Klein e de seus outros seguidores da época, parece estar validando o conceito de narcisismo normal mesmo antes de Kohut (1971). O que está particularmente em questão é a noção de uma transformação narcísica (pessoal) da conjunção constante antes de uma transformação objetiva. Aparentemente, L e H constituem o veículo de atribuição emocionalmente significativa para o narcisismo essencial, enquanto K opera a serviço do conhecimento realístico. Bion coroa sua declaração anterior com o seguinte: "A psicanálise diz respeito ao amor como um aspecto do desenvolvimento mental, e o analista deve considerar a maturidade do amor e a 'grandeza' em relação à maturidade" (p. 74). A questão é que amor e grandeza originam-se do narcisismo essencial. Além disso, o "narcisismo necessário" do homem exige significado. Ele não pode tolerar a ausência de sentido. Na falta, ele invoca Deus.

A Grade como uma forma de transformação

Bion junta os conceitos precedentes com o seguinte:

> O problema é simplificado por uma regra de que "uma coisa nunca pode ser a menos que ela seja e não seja." Expressando a regra de outras formas: "uma coisa não pode existir sozinha na mente: nem uma coisa pode existir a menos que ao mesmo tempo haja uma não-coisa correspondente". [1965, p. 102-103]
>
> A progressão representada por ←↕⁴ leva à possibilidade de que o espaço matemático pode representar emoção, ansiedade de intensidade psicótica – um repouso descrito mais psiquiatricamente como estupor. Em cada caso, a emoção deve ser parte da progressão, seio → emoção (ou lugar onde o seio estava) → lugar onde a emoção estava. [p. 105]

A primeira citação confirma minha sugestão anterior de que a função mais importante da Coluna 2 na Grade é a *negação* – decidir o que é e o que não é um elemento ou pensamento psicanalítico. Escolhi desviar dos aspectos mais recônditos da preocupação de Bion com geometria e suas correlações com a vida emocional. É suficiente dizer que o ponto, a linha, o círculo e as setas são seu ensaio em uma "notação" de estados emocionais e sua correspondência à presença e/ou à ausência do objeto e de um espaço mental que contenha o objeto, bem como a direção, no tempo e no espaço, das relações. Assim como significadores verbais (palavras) são a base para representações de nosso mundo objetal (cultura), pontos, linhas e círculos são a base para nossa concepção de espaço – tanto psíquico como externo. Portanto, esses significadores geométricos constituem a formatação para a construção do espaço-continente, assim como palavras constituem a formatação do conteúdo.

Bion diz que o domínio do pensamento pode ser concebido como um espaço ocupado por não-coisas e que os objetos com os quais a psicanálise lida incluem uma relação da não-coisa com a coisa. Além disso,

A personalidade que é capaz de tolerar uma não-coisa pode fazer uso da não-coisa e, portanto, é capaz de fazer uso do que podemos agora chamar de pensamentos. Uma vez que ela pode fazer isso, pode buscar preencher o "espaço" ocupado pelo pensamento; isto possibilita que o "pensamento" de espaço, linha, ponto seja combinado com uma realização que parece avizinhar-se. [1965, p. 106]

UM ASPECTO CURIOSO DA ESTRUTURA DA GRADE

Após examinar cuidadosamente a estrutura da Grade, em particular seu eixo genético (vertical), o coordenado adequado para a evolução dos pensamentos, deparei-me com uma aparente descontinuidade.[5] A ordem descendente das categorias de pensamento é a seguinte: elementos-β → elementos-α → Pensamentos Oníricos, Sonhos, Mitos → Preconcepção → Concepção, e assim por diante. Gostaria de chamar atenção para a conexão entre "Pensamentos Oníricos, Sonhos, Mitos" e então "Preconcepção". Todas as categorias de pensamento antecedentes a "Preconcepção" podem ser entendidas como o processamento de "estímulos sensoriais da experiência emocional" – ou seja, estímulos externos, elementos-β, e a progressão destes para um elemento-α e então para um elemento usado no sonhar. Como explicamos o salto seguinte para a categoria Preconcepção, entretanto? Dr. Lee Rather e eu acreditamos que *esta descontinuidade designa a natureza dupla de O*. Os "estímulos sensoriais da experiência emocional", ou seja, estímulos externos, incluem uma ramificação de O. Tão logo os estímulos externos vêm a ser registrados como a interseção de "O em evolução" com a fronteira emocional do indivíduo, o outro braço de O ativa o surgimento da preconcepção inerente (ou adquirida) – ou seja, as Formas Ideais, as coisas-em-si ("memórias do futuro") de dentro do inconsciente não reprimido. Em outras palavras, *O emerge de uma forma que dá uma razão para acreditar que ele é um gêmeo siamês e o sujeito humano é apanhado entre eles!*

OUTROS ASPECTOS DA GRADE

Apesar de suas frequentes referências à Grade, Bion parece tê-la rejeitado em público. Seus seguidores, por outro lado, pareciam tê-la levado muito a sério como um auxílio valioso para sua teorização e para o entendimento clínico de seus pacientes. Rose Vasta (1993) e Arnaldo Chuster (Chuster e Conte, 2003; Chuster e Frankiel, 2003) construíram ambos, independentemente, uma *Grade negativa*, que parece ser uma elaboração da Coluna 2, que trata da evolução de mentiras e falsidades. Paulo Sandler (2005), por outro lado, criou uma Grade tridimensional, cujo terceiro eixo reflete a *intensidade* emocional associada com qualquer categoria em particular.

Meltzer (2000) modificou a Grade de Bion construindo duas Grades: uma para L, H e K e outra para –L, –H, e +K, respectivamente, a última representando uma extensão da Coluna 2 (a coluna da mentira) de Bion. Na grade LHK, ele substitui o "Sistema Dedutivo Científico" e o "Cálculo Algébrico" de Bion por **G** "Estético" e **H** "Espiritual". A Coluna 2 ele altera para designar "Transformações." Na grade –LHK, que é em si uma extensão da Coluna 2 de Bion, ele lista: **H** "Espiritual"; **G** "Estético"; **F** "Conceito"; **E** "Concepção"; **D** "Preconcepção"; **C** "Pensamentos Oníricos"; **B** "Elementos-α", "Mitos"; **A** "Elementos-β". Na grade –LHK, Meltzer lista: **–1** "Negação da Realidade Interna"; **–2** "Onisciência"; **–3** "Mentiras" e "Delírios"; **–4** "Abusos da Linguagem"; **–5** "Alucinações". Torna-se claro, à medida que se examina as modificações de Meltzer da Grade de Bion, que ele (Meltzer) está instilando sua concepção de *beleza* e *estética*, e sua negativa com relação à Coluna 2 parece representar sua concepção da *"reversão da função α"* de Bion (1962b) (p. 25).

NOTAS

1. Na análise, a Coluna 2 geralmente representa a resistência do analisando – e/ou mesmo do analista – à análise, por um lado, e negação – ou seja, a obtenção do pensamento Aristotélico lógico, por outro.
2. A alusão de Bion à Grade como um gradeamento prefigura de modo não intencional minha concepção de que a função α (como o modelo) e o sonhar (como o processo da vida real) incluem uma função de gradeamento quando classificam os elementos-β antes da alfa-bet(a)-ização.
3. É minha conjectura que esta declaração evasiva pode referir-se ao reconhecimento de Bion de que, quando um indivíduo rejeita o princípio da realidade e apenas abraça o princípio do prazer, ele torna-se psicótico ou um mentiroso, e desenvolve um mundo complexo de falsidade. Isto me lembra o conceito de Bion (1962b) de "reversão da função α" (p. 25).
4. "←↕ indica que o objeto não é estático"… "e representa uma força que continua após o • ter sido aniquilado, e isto destrói a existência, o tempo e o espaço" (Bion, 1965, p. 101).
5. O Dr. Lee Rather ajudou-me a descobrir esta descontinuidade.

24

Vida mental fetal e sua cesura com a vida mental pós-natal

Bion, sempre o explorador imaginativo de ambas as extremidades do espectro das concepções com o uso de sua técnica da perspectiva reversível, começou a considerar ainda mais profundamente os afluentes essenciais do rio da vida, a origem da psique individual além e à frente da cesura do nascimento, apoiado pela declaração de Freud (1926d): "Há muito mais continuidade entre a vida intrauterina e a primeira infância do que a cesura impressionante do ato do nascimento nos permite acreditar" (p. 138). Bion apresentou pela primeira vez sua especulação imaginativa sobre a vida mental fetal em *Caesura* (1977a), onde ele não apenas introduziu a possibilidade de vida mental fetal, mas também enfatizou as muitas facetas e funções da cesura. Ele pergunta: "Há alguma parte da mente humana que ainda exibe sinais de uma intuição 'embriológica', visual ou auditiva?" (p. 44).

Após especular longamente sobre a possibilidade de haver algo como vida mental fetal, e baseando sua especulação largamente na formação fetal inicial das cavidades ópticas e auditivas (as precursoras de visão e som, respectivamente), Bion observa:

> [A] personalidade não parece desenvolver-se como se desenvolveria se ela fosse um pedaço de elástico sendo esticado. É como se ela fosse alguma coisa que desenvolveu muitas peles diferentes, como acontece com uma cebola. Este ponto acrescenta importância ao fator da cesura, a necessidade de penetrar o que é reconhecido como um evento dramático, como o nascimento, ou uma possibilidade de sucesso ou um colapso.... Estamos lidando com *uma série de peles* que foram epiderme ou consciente, mas que agora são "associações livres". [1977a, p. 47; itálico acrescido]

Então:

> A capacidade do analisando de tirar partido da possibilidade de sucesso que se abriu é um sintoma da penetração desde a situação que Freud descreve como intrauterina, para a situação que é consciente e pós-cesural. [p. 47-48]

Bion, desse modo, expande a importância da cesura desde a concretude de sua função como uma fronteira entre a existência pré-natal e pós-natal para ela ser um modelo, semelhante à barreira de contato, entre as incontáveis "cascas de cebola" ou camadas de nosso ser, de nossos estados mentais variados. Os sintomas se originam no *self* "pré-natal" (inconsciente) e irrompem através da membrana para virem a ser apreendidos pelo *self* "pós-natal" (consciente). Como Paulo Sandler (2005) sucintamente define: "Cesura. Um evento que simultaneamente une e desune" (p. 97). A isto, eu acrescentaria: *define* separando. Ao constituir uma fronteira entre dois opostos, uma cesura torna-se, portanto, a matriz de uma *estrutura de oposição binária* e o elemento definidor desta como *paradoxo*. Um fracasso em sustentar (*countenance*) o que se rompeu nos condena a fragmentar ou a sucumbir.

Finalmente, Bion diz:

> Reformulando a declaração de Freud para minha própria conveniência: – Há mais continuidade entre *quanta* autonomamente apropriados e as ondas de sentimento e pensamento consciente do que a impressionante cesura da transferência e contratransferência nos levaria a acreditar. Portanto,...? *Investigue a cesura; não o analisando; não o inconsciente; não o consciente; não a sanidade; não a insanidade. Mas a cesura, o vínculo, a sinapse, a (contra-trans)-ferência, o humor transitivo-intransitivo.* [1977a, p. 57; itálico acrescido]

O conceito da cesura torna-se agora integrado à concepção de Bion da maior importância dos vínculos e conexões, se comparado com o que e quem está vinculado pelas conexões. (Bion foi além, em sua teorização sobre vida mental intrauterina, em *A Aurora do Esquecimento: Livro 3* de *Memórias do Futuro*, 1979.)

O mundo psicanalítico ainda precisa perceber a importância clínica e teórica das ideias de Bion sobre vida mental pré-natal e suas consequências pós-natais. Bion elevou a ideia da cesura para um conceito sempre em expansão que se generalizou para todas as divisões da personalidade, reais e imaginadas. Ela constitui uma barreira de contato separadora que, com sua "permeabilidade seletiva", permitindo a passagem controlada de elementos de um lado para outro, entre a consciência e o inconsciente, também permite conexões. De acordo com Lia Pistener de Cortiñas (comunicação pessoal, 2000): "Cesura é uma zona que separa duas regiões da personalidade (mente primitiva/mente separada), dois modos de funcionamento (grupo de pressupostos básicos e grupo de trabalho) e a travessia desta zona ameaça com mudança catastrófica, porque é onde esses aspectos diferentes podem se encontrar, e este encontro causa turbulência emocional. A mudança catastrófica é um habitante desta zona e, também, um fator indispensável para desenvolver a capacidade de *insight*, que é a única forma de entender o crescimento mental."

Em resumo, Bion parece acreditar que uma vez que os rudimentos da sensação se desenvolvem e se tornam registrados no embrião e em seu sucessor, o feto, pode-se considerar que eles possuem capacidade mental, embora rudimentar. Se este for o caso, então como eles processam e se desfazem dessas sensações, particularmente as perturbadoras? Uma possível resposta poderia estar em *Experiências com Grupos (Experiences in Groups,* Bion, 1961), onde Bion escreveu sobre "fenômenos protomentais" e "sistemas protomentais" (p. 101-104), que ele mais tarde reformulou como "elementos-β" (Bion, 1962b, p. 35). Consequentemente, podemos especular imaginativamente que o embrião-feto tem a capacidade rudimentar de registrar sensações e de originar respostas a esses estímulos sensoriais – como elementos-β – que (1) poderiam desde o início ligar-se com suas contrapartes mentais correspondentes, as Formas Ideais (preconcepções inerentes, "memórias do futuro", números, coisas-em-si) para formar protoconcepções primitivas na forma de *padrões sensoriais incipientes* que aguardam o nascimento e o desenvolvimento pós-natal para posterior processamento; ou (2) poderiam permanecer latentes como elementos-β e, se houver uma falha em transformá-los em elementos-α, no nascimento ou após o nascimento, vêm a ser projetados no *self* corporal como escombros somatopsíquicos. Colocado de outra forma, o embrião-feto pode funcionar mentalmente por transformações em alucinose (principalmente visuais e auditivas).

25

O que significa sonhar?
A teoria dos sonhos de Bion

> "O que é o homem?
> O que não é?
> Não é mais que a sombra de um sonho."*
>
> da *Oitava Ode Pítica de Píndaro*

A extensão de Bion da teoria dos sonhos de Freud estava silenciosamente germinando em seus trabalhos anteriores (p.ex. Bion, 1962b, p. 16, etc.). Seu interesse nos sonhos e no sonhar coincidiu com sua formulação dos conceitos de continente e conteúdo (♀♂) e da função α (Bion, 1962b, p. 91). O último – um *modelo*, não uma teoria – teve uma permanência temporária interessante e complicada com seu conceito do sonhar, sob o termo inclusivo, "trabalho onírico-α" – um conceito que ele nunca publicou, apenas restringiu a seu caderno privado, publicado postumamente como *Cogitations (Cogitações)* (Bion, 1992, p. 56-63). Bion finalmente concluiu (p. 186) que os dois conceitos, embora relacionados, não estão juntos.[1]

A TEORIA DO TRABALHO DO SONHO DE FREUD

Em *A Interpretação de Sonhos*, Freud (1900a) diz:

> Os pensamentos oníricos e o conteúdo onírico nos são apresentados como duas versões do mesmo assunto, em duas linguagens diferentes. Ou, mais apropriadamente, o conteúdo onírico parece uma transcrição dos pensamentos oníricos em outro modo de expressão, cujos caracteres e leis sintáticas é nossa tarefa descobrir, comparando o original e a tradução. [Freud, 1900a, p. 277 (p. 295-296, ESB.)]

Mais adiante, ele continua, dizendo:

---

* N. de R.T. "What is man? What is man not? Man is only the dream's shadow."

> Afigura-se assim, plausível supor que, na elaboração do sonho, uma força psíquica esteja atuante, a qual, por um lado, despoja os elementos que possuem elevado valor psíquico de sua intensidade, e, por outro, *por meio de superdeterminação*, cria, a partir de elementos de baixo valor psíquico, novos valores, que depois se insinuam no conteúdo do sonho. [p. 307 (p. 328, ESB)]

Então:

> [Os] sonhos não têm meios a sua disposição para representarem estas relações lógicas entre os pensamentos oníricos. Pois, na maior parte dos casos, os sonhos desprezam todas essas conjunções, sendo somente o conteúdo substantivo dos pensamentos oníricos que [os sonhos] assumem e manipulam. A restauração das conexões que a elaboração do sonho destruiu é uma tarefa que tem que ser realizada pelo processo interpretativo. [p. 312 (p. 332, ESB)]

O que Freud parece estar dizendo é que o trabalho do sonho é necessário para *disfarçar* as verdades emocionais explícitas e implícitas nos pensamentos oníricos latentes. Uma das formas de distorcê-las ou de alterá-las é por meio de uma *desarticulação* das ligações convencionais entre pensamentos e uma *transposição* (p. 330 [p. 351, ESB]) da valência emocional ligada aos objetos nos pensamentos oníricos latentes. Tudo considerado, Freud enfatiza a necessidade de o trabalho do sonho assumir o papel de um agente de codificação ou de criptografia para manter verdades latentes *privadas – de seu sonhador*.

Ao trabalho do sonho, Freud (1900a) atribui quatro funções:

1. condensação;
2. deslocamento;
3. considerações de representatividade alterada, incluindo o uso de símbolos; e
4. revisão secundária.

Condensação refere-se ao processo sincrético pelo qual um símbolo pode reduzir ou condensar um número ilimitado de entidades dentro de sua abrangência. *Deslocamento*, o precursor da identificação projetiva, responde pela transferência de atribuições ou qualidades de um objeto ou *self* para outro. As considerações de *representatividade* requerem o trabalho do sonho para ficcionalizar a narrativa onírica paradoxalmente em uma narrativa verossímil – em um sonho que funcione. A *revisão secundária* é provavelmente uma função da barreira de contato: ela separa o Sistema *Ics*. e *Cs*. e busca garantir aquela separação. (A revisão secundária pode ser ao que Bion está se referindo quando diz que as associações livres do analisando representam seu sonhar.)

Do ponto de vista de Freud, parece que o propósito do trabalho do sonho é *proteger o ego consciente* de ser esmagado por pensamentos ocultos, proibidos e impulsos no id. Bion, como logo veremos, concorda com este argumento *e* igualmente *com seu reverso*: que o trabalho do sonho também deve proteger o inconsciente de ser esmagado por estímulos externos.

A TEORIA DOS SONHOS DE BION: A RELAÇÃO ENTRE SONHAR E FUNÇÃO α

Em notas escritas no início, em 1959, Bion parece ter fundido o sonhar com a função α (Bion, 1992, p. 62-101) e então diferenciado entre eles, conforme sugeri acima. Ele concebe a função α como um *modelo análogo* para indicar o processo hipotético pelo qual as impressões sensoriais da experiência emocional vêm a ser transformadas de protoemoções não mentais, brutas, incipientes (impressões feitas pela intersecção de O em evolução na fronteira emocional do sujeito), conhecidas como "elementos-β" (Bion, 1962b, p. 11), para "elementos-α" mentalizáveis. Estes são, então, relegados à notação (memória), repressão, manutenção e reforço da "barreira de contato" entre a consciência e o inconsciente (Bion, 1962b, p. 17), e ao próprio pensar, bem como a suprimentos imagísticos (principalmente visuais) para elementos oníricos: ou seja, suprindo o sonhar com elementos oníricos irredutíveis para uso na produção da narrativa onírica:

> O homem adormecido tem uma experiência emocional, converte-a em elementos-α e, desse modo, torna-se capaz de pensamentos oníricos... e, portanto, de *consciência imperturbada*. [1962b, p. 15; itálico acrescido]

O sonhar e/ou função α ocorrem durante todo o dia e noite. O *vocabulário* emocional fornecido pela função α é usado no sonhar[2] para construir narrativas imaginativas, preponderantemente visuais, como *"ficções arquivísticas" verdadeiras*, as quais contêm emoções que emergiram de elementos-β convertidos e transduzidos. Esses elementos-β resultam de impressões sensoriais na fronteira emocional do sujeito moldadas por intersecções (interações, confrontações) com a evolução da "Verdade Absoluta" sobre uma "Realidade Última" infinita, cósmica, *impessoal*, "O", em uma verdade misericordiosamente tolerável, finita e pessoalmente aceitável sobre o próprio relacionamento subjetivo, *pessoal* do sujeito com seus objetos na realidade interna e externa. Em outras palavras, o *O impessoal vem a ser transformado em O pessoal em um "ciclo transformacional"* com desvios em K,[3] e, na falha deste, em –K (falsidade). O designa um campo de força em eterna expansão de estímulos internos *e* externos (como impressões sensoriais) apresentando-se como um caos impessoal cósmico, *incerteza*[4] e infinitude proliferante movendo-se na direção de crescente incoerência e absoluta simetria ou indivisibilidade – ou seja, *entropia* (Bion, 1965, 1970; Matte Blanco, 1975, 1988). Britton (2006) apresenta a noção dos princípios do "probabilismo" e "indeterminação" para abranger o que Bion quer dizer por O. Os antigos gregos referiam-se a este fenômeno como *"Ananke"* (Necessidade), e eu o traduziria como "Circunstância impessoal, bruta" em eterna evolução, em eterna aproximação. É importante perceber que O está sempre evoluindo – sempre em fluxo.

> Como o sonho evita frustração? Pela *distorção* dos fatos da realidade e pelo *deslocamento* de fatos da realidade. Em resumo, pelo trabalho do sonho na percepção de fatos – não, neste contexto, pelo trabalho do sonho nos pensamentos oníricos, exceto na medida em que os pensamentos oníricos sejam pensamentos retratando os fatos. Freud atribui ao trabalho do sonho à função de ocultar os fatos da vida mental interna, os pensamentos oníricos, apenas. *Eu atribuo a ele a função de evitar a frustração à qual os pensamentos oníricos e, portanto, a interpretação dos pensamentos oníricos, dariam origem se lhes fosse permitido funcionar adequadamente – ou seja, como mecanismos associados com as tarefas legítimas envolvidas na modificação real da frustração.* Consequentemente, uma vez que essas tarefas legítimas sempre carregam um elemento de frustração, a intolerância excessiva à frustração leva miopemente à tentativa de evitar a frustração intrínseca à tarefa de modificação da frustração.
>
> α diz respeito, e é idêntica ao pensamento de vigília inconsciente que visa, como uma parte do princípio da realidade, a auxiliar na tarefa de modificação real, em oposição à patológica, da frustração. [1992, p. 54; itálico acrescido]

Pode-se ver como Bion integra o sonhar com a função α. Para ele, a função α e/ou sonhar exercem "a tarefa legítima na... modificação real da frustração (não evitação). Além disso, ele concebe α (função α) e, portanto, o sonhar como servindo ao princípio da realidade. Ele considera a tolerância à frustração fundamental na capacidade de pensar. Embora ele nunca tenha formalmente integrado este conceito com sua teoria do continente ↔ conteúdo, acredito que ela deveria ser.

Godbout (2004) discute a capacidade de tolerar frustração:

> [O] fato da intolerância ou da "intolerabilidade" da frustração, em relação à consciência ou descoberta, indica como a atividade representacional, para Bion, não se origina da ausência de gratificação apenas, mas da ausência *tolerada*. Quando intolerável, esta ausência, pelo contrário, *compromete* seriamente a representação. [Godbout, 2004, p. 1125]

As protoemoções – ou seja, as impressões sensoriais da experiência emocional, elementos-β – são processadas pela função α para produzir elementos-α, os elementos irredutíveis adequados para mentalização e para o sonhar. Os elementos-α são, em razão disso, seletivamente distribuídos para notação (memória), repressão, processos oníricos posteriores, apoio para a barreira de contato entre a consciência e o inconsciente, e para a disposição como unidades construtivas para o sonhar. Os elementos-α distribuídos, à medida que proliferam e se ligam para formar estruturas mais complexas, são como letras do alfabeto ("α-β") que se combinam para produzir imagens, símbolos, palavras, sentenças e, finalmente, pensamentos ou narrativas oníricas versáteis. Além disso, para Bion, o ato de sonhar constitui um processo paradoxal no qual dois mestres opostos – o princípio do prazer *e* o princípio da realidade – são mediados em uma relação dialética. Portanto, P-S (prazer) ↔ D (realidade), onde P-S conduz a personalização e subjetivação conduz a transformações – uma categorização de O – e D permite objetivação. P-S projeta, e D introjeta.

AS HIPÓTESES DE BION SOBRE O SONHAR

Bion (1970), estendendo as ideias de Freud sobre as funções do sonhar, acreditava que, em vez de os pensamentos surgirem do inconsciente para a consciência apenas *sequencialmente*, como Freud (1900a) tinha sugerido,

1. a consciência e o inconsciente funcionavam *simultaneamente* (Bion, 1970, p. 48), bem como sequencialmente, e
2. os estímulos sensoriais tinham que tornar-se inconscientes (sonhados) primeiro, antes que o sujeito pudesse tornar-se consciente deles – ou fosse capaz de manter-se inconsciente deles por razões realisticamente convenientes.

De acordo com Bion:

> É no sonho que as Posições [esquizoparanoide e depressiva–JSG] são negociadas. [1992, p. 37]
> *Minha crença é que a dependência da vida de vigília dos sonhos foi ignorada e é ainda mais importante.* Vida de vigília = atividade do ego... a simbolização do sonho e o trabalho do sonho é o que torna a memória possível. [p. 47; itálico acrescido]
> Nós psicanalistas achamos que você não sabe o que é um sonho: o sonho em si é uma representação pictórica, verbalmente expressada, do que aconteceu. O que realmente aconteceu quando você "sonhou", nós não sabemos. Todos somos intolerantes do desconhecido e nos esforçamos instantaneamente para sentir que ele é explicável, familiar. [1977b][5]

Bion declara ainda que o *analista deve sonhar a sessão analítica* [1992, p. 120]

Tendo me concentrado nas teorias de Bion sobre a dependência da vida de vigília nos sonhos, na progressão dos estímulos sensoriais da consciência para o inconsciente e na simultaneidade do processamento mental consciente e inconsciente, faço agora a pergunta que tentarei responder posteriormente: Por que os estímulos têm que ser processados (sonhados) pelo inconsciente, antes que a consciência possa utilizá-los ou "escolher" não ser perturbada por eles – ou seja, quando eles são mantidos inconscientes? A resposta que Bion nos oferece é que o ato de sonhar funciona como um filtro que classifica, categoriza e prioriza os fatos emocionais que são estimulados por estes dados que entram, de forma semelhante ao lema do *New York Times*: "*All the news that's fit to print.*" ("Todas as notícias que merecem ser impressas.")

MODELOS SUGERIDOS

Os quatro modelos a seguir podem ajudar a explicar o pensamento de Bion com relação ao sonhar:

a) A *Fita de Möbius* pode, conforme já descrevi, ser concebida como uma fita que é cortada, então reunida após efetuar meia volta em uma delas. Isto resulta em uma superfície contínua torcida, de modo que ao viajar ao longo da fita, encontramo-nos inicialmente do lado de fora e, então, gradualmente viajamos na superfície interna da fita – em outras palavras, um curso paradoxal de *continuidade descontínua* foi construído. Este modelo retrata a condição da relação paradoxal entre a consciência e o inconsciente. A fita de Möbius também pode ser representada como um *labirinto*. O modelo da fita de Möbius retrata minha conceitualização do sonhar (também conhecido como função α), configurado como uma fronteira de imunidade psíquico-emocional com uma estrutura em número 8, como a fita de Möbius – na qual se pode visualizar uma continuidade descontínua do sonhar e seus cognatos, incluindo a barreira de contato e outros estendendo-se por toda a consciência e o inconsciente. A estrutura em número 8 responde pela intensidade do "pensamento de vigília inconsciente" na fronteira (barreira de contato) entre os Sistemas *Ics.* e *Cs.*

b) A *perspectiva reversível* (Bion, 1962b, p. 25) pode ser entendida como uma alternação para dominância de perspectiva entre primeiro plano e segundo plano em uma figura. Bion usa a figura de um vaso para ilustrar a "perspectiva reversível" (1963, p. 50). Imagine um contorno de um vaso negro contra uma luz de fundo. De uma perspectiva, isto é o que se pode ver. De outra perspectiva, o segundo plano torna-se o primeiro plano e podem-se ver, em vez disso, dois rostos claros de frente um para o outro. A questão é que, embora duas figuras diferentes apareçam, *não obstante, não se pode observar as duas figuras simultaneamente*. Portanto, quando estamos acordados, observamos de um vértice ou perspectiva consciente. Quando estamos dormindo, vemos da perspectiva inconsciente a consciência do sonho.

c) *Oposição binária* (Lévi-Strauss, 1970) é um conceito estruturalista no qual duas forças opostas são cooperativamente opostas uma à outra de modo a serem mutuamente reguladoras uma da outra.

A relação entre a consciência e o inconsciente, no esquema de Bion, é exemplificada por todos os três modelos acima. Quando há movimento consecutivo de um estímulo da consciência para o inconsciente, o modelo da fita de Möbius está em operação. Quando as atividades da consciência e o inconsciente funcionam simultaneamente, então o modelo de perspectiva-reversível ou de oposição-binária está em operação. O sonhar começa como uma função sequencial a fim de induzir um estado normal de atividade simultânea e paralela na consciência e no inconsciente.

É minha crença, após minha leitura de Bion, que ele acredita que um dos propósitos do sonhar é – semelhantemente à função da barreira de contato (Bion, 1962b, p. 17) – manter a diferença ou a separação e o funcionamento oposicional-binário da consciência e do inconsciente. Em vez de ser obrigatoriamente *conflitual*, que é a visão de Freud (1915e), Bion os concebe como *cooperativamente oposicionais* – para triangular O, a Verdade Absoluta sobre uma Realidade Última infinita e indiferente ou impessoal. Ao fazê-lo, Bion estendeu a perspectiva bidimensional de Freud da relação entre as duas consciências com uma terceira dimensão, com O como o terceiro vértice. O, deve ser lembrado, representa tanto a intersecção da fronteira emocional por estímulos sensoriais de dentro e de fora como a liberação, por esses estímulos, das preconcepções inerentes – as Formas Ideais, as coisas-em-si. É importante perceber que o sonhar converte o O impessoal em O pessoal e, então, em K, e que Bion (1992) finalmente substituiu o inconsciente por *"infinitude"* (p. 372) e consciência por *finitude*.

d) *Perspectiva binocular* (ou perspectiva de trajetória dupla), na qual qualquer um e todos os fenômenos podem ser observados de dois ou mais vértices para alcançar uma perspectiva estereoscópica.

O QUE É O SONHAR

Minha hipótese é que o sonhar constitui uma "protolinguagem" (Fitch, 2005), semelhante à "musicalidade comunicativa" consciente e inconsciente entre mães e bebês postulada por Trevarthen (1999) –, mas com a seguinte diferença: Sugiro que o sonhar é a comunicação protolinguística dentro do Sistema *Pcs.* entre suas duas fronteiras – a fronteira inferior com o Sistema *Ics.* e a fronteira superior com o Sistema *Cs.* É a comunicação entre o "sonhador que sonha o sonho" e o "sonhador que entende o sonho" – ou seja, "o sujeito inefável do inconsciente" e o "sujeito fenomenal da consciência" – respectivamente (Grotstein, 2000a, p. 11). A relação entre os dois "sonhadores" é mais bem representada pela "voz média" dos antigos gregos, que denota a simultaneidade dos modos de ser ativo e passivo (Greenberg, 2005; Peradotto, 1990).

O sonhar constitui um processo sensorial (geralmente visual) contínuo, pelo qual estímulos sensoriais (internos e/ou externos) da experiência emocional sofrem uma transformação e uma reconfiguração esteticamente amolada, tornando-os adequados para serem experimentados afetivamente, ponderados cognitivamente e recordados na memória. Os estímulos sensoriais da experiência emocional, O, parecem inicialmente *cercar* a pessoa até que ela os tenha sonhado com sucesso, após o que ela sente que tem alguma compreensão de O através de tornar-se O. Em outras palavras, o sonhar age como um continente narrativo (Ferro, 1999, p. 50). É minha impressão, por minha leitura de Bion, que ele dá suma importância ao processo do sonhar e sugere fortemente que, em última análise, a *psicopatologia torna-se um indicador de sonhar malsucedido ou incompleto.*

O sonhar constitui uma zona amortecedora intermediária, uma verdadeira camada de ozônio, que nos protege do brilho cegante de O. Ele constitui um filtro contínuo, mediador, desintoxicante que também realiza processos transformativos como

1. transdução da infinitude do O impessoal em categorias práticas, pessoais, finitas, tridimensionais (por exemplo, bom *versus* mau; dentro *versus* fora, etc.);
2. reconfiguração de seu significado complexo original em significado pessoal;
3. codificação em uma narrativa linear, e
4. a transformação da indiferença ou impessoalidade de O em O pessoal (significado pessoal).

O sonhar pode ser concebido como uma geração de "verdades ficcionais arquivísticas" contínuas, nas quais a Verdade Absoluta sobre uma Realidade Última impessoal é estética e caleidoscopicamente reconfigurada e equilibrada entre a Cila do princípio do prazer e o Caríbdis* do princípio da realidade

---

* N. de R.T. Cila e Caríbdis: Na mitologia grega, Cila era um monstro marinho de seis cabeças que vivia em uma rocha na margem de um apertado estreito, enquanto Caríbdis era um turbilhão que havia na outra margem. Quando os barcos passavam perto da rocha de Cila para evitarem Caríbdis, ela capturava os marinheiros e devorava-os. Ser «apanhado entre Cila e Caríbdis» é ser forçado a escolher entre duas opções igualmente desagradáveis.

– uma operação oposicional binária dialética sob a hegemonia dos princípios de realidade e verdade, respectivamente (Grotstein, 2004b). Com relação ao sonhar, a imaginação opera a serviço dos princípios do prazer e da realidade, bem como, finalmente, do princípio da verdade, para extrair e reconstruir a verdade de seu contexto e formação inicial e transformá-la como um incógnito invariante dentro do funcionamento dialético das Posições (P-S ↔ D) em verdade subjetiva pessoal. O sonhar, como as histórias, funcionam através de sua capacidade de alcançar aplicabilidade, correspondência e ressonância *indiretas* com os conflitos inconscientes do sujeito.

Winnicott (1971b), em uma de suas críticas a Klein, afirmou que ela estava mais interessada no *significado* do brinquedo das crianças do que no próprio *ato de brincar*. O mesmo princípio pode aplicar-se à prática da psicanálise, que tem sido tradicionalmente mais interessada no significado dos sonhos do que no ato de sonhar. De acordo com Freud (1900a), o propósito dos sonhos é preservar o sono. Bion (1962b) considera o sonhar necessário para aumentar a barreira de contato, ao separar efetivamente os Sistemas *Ics.* e *Cs.*, permite que o sono aconteça, de modo que o sujeito é capaz de diferenciar vigília de sono, ao contrário do psicótico, que não pode distinguir entre eles (p. 17).

Para resumir as teorias de Bion sobre os sonhos:

a) A psicopatologia é essencialmente o resultado do sonhar prejudicado, e este prejuízo é experimentado mais significativamente pelo Sistema *Ics.*
b) A importância da barreira de contato é não apenas proteger o Sistema *Cs.* do Sistema *Ics.*, mas também o reverso – e também proteger a ambos de O. A barreira de contato é reforçada por elementos-α doados pela função α, mas o reverso também é verdadeiro. O sonhar e/ou função α dependem da operação de uma barreira de contato intacta e operante.
c) A importância das interpretações do analista de fantasias inconscientes (incluindo os sonhos) não é desacreditar sua função, mas *reconhecer* sua função mítica reparadora e, ao reconhecê-las, restaurar suas funções narrativas de recalibrar (generalizando e abstraindo) e conter, que correspondem a uma oposição binária cooperativa com o conteúdo latente original da consciência, preparando a base lá para *metáfora*. Colocado de outra forma, a mente funciona ao longo de duas linhas de operação nitidamente diferentes, mas interligadas. O inconsciente funciona sob a hegemonia do princípio do prazer (embora com alguma contribuição do princípio da realidade). Há negação mínima; portanto, tudo é ligado e simétrico. Ele é o universo autóctone (autocriado) de objetos e emoções – ou seja, original, pessoal, fantástico. A segunda é o domínio da consciência, de uma realidade que foi claramente definida e refinada pela aplicação de negação. O ser humano necessita de ambas as camadas. A psicanálise aborda a primeira, tanto abertamente como

veladamente. Bion (1992) expressa esta dicotomia como sendo entre *"narcisismo"* e *"socialismo"* (p. 103) – em outras palavras, o sonhar (não a negação) trata dos aspectos pessoais do *self*, e o pensamento Aristotélico (regido pela negação) trata dos aspectos mais objetivos.

d) O sonhar, pensamento inconsciente de vigília, *é* pensar, bem como é o pré-requisito para pensar, sentir e ser. Bion (1954) declara: "Quer dizer que, sem fantasias e sem sonhos, você não tem os meios com os quais resolver seu problema" (p. 25-26).

Aqui Bion primeiro alude a uma ideia que nunca foi totalmente explorada por outros – que o psicótico sofre não de excesso de processo primário, mas de um funcionamento defeituoso do processo primário – ou seja, *sonhar defeituoso*. Ele formulou a ideia de que o transtorno de pensamento do psicótico deve-se, em parte, a uma dificuldade com fantasias (sonhar acordado) e sonhos (noturnos) que tornariam o pensamento possível. Ele posteriormente unirá e combinará os processos primários com o processo secundário como "função α" (Bion, 1962b, p. 54), que, como a "bi-lógica" de Matte Blanco (1975, 1988, 2005), contém duas correntes complementares e opostas, *mitificação* e *clarificação*. O analista sonha o sonho do paciente e, desse modo, completa o sonho.

O inconsciente é, na visão de Bion, o cenário de um "debate indisciplinado" que o sonhar busca transformar em um "debate disciplinado" (Bion, 1979) – um diálogo Platônico (respeitoso) entre as antinomias (objetos internos) que o constituem. Os sonhos preparam o terreno para o debate, tese ↔ antítese → síntese reconciliatória: "... Onde exércitos ignorantes à noite travam batalha" ("Dover Beach" – Matthew Arnold, 1867).

O sonhar "lambe as feridas emocionais do cuidado" para curá-las. O sonhar tece os elementos distintos da experiência em uma tapeçaria de coerência poética, estética, cognitiva e ontológica.

Acredito que o sonhar faz isto em virtude de sua criatividade autóctone: ou seja, o "sonhador que sonha o sonho" (Grotstein, 2000a) primeiro narcisicamente *cria* a narrativa onírica à medida que encontra os estímulos sensoriais de O que chegam. O sonhar situa-se entre *sensação* e *percepção*.[6]

"Terror sem nome" (Bion, 1965, p. 79) é a experiência da destruição da capacidade do trabalho do sonho de funcionar e curar.

Os seguintes pontos integram a teoria do sonhar de Bion com sua metateoria ontológica e epistemológica para a psicanálise, à qual acrescento minhas próprias hipóteses especulativas:

a) Sonhamos continuamente – ou seja, de dia, bem como de noite (Bion, 1992, p. 63).

b) O sonhar normal é caracterizado por uma *introjeção* dos resultados do processo onírico, enquanto o psicótico utiliza o sonhar para a expulsão *projetiva* das realizações do processo onírico (Bion, 1962b, 1965, 1992, p. 43).

c) Todos os estímulos sensoriais, seja originando-se dentro do mundo interno ou vindo do mundo externo, devem primeiro ser sonhados e relegados ao inconsciente, a fim de serem processados, codificados, criptografados e atribuídos a diferentes faculdades da mente – ou seja, à memória, à repressão, para fornecer elementos oníricos para o sonhar posterior, para reforço da barreira de contato e para suprir os ingredientes do pensamento emocional e abstrato (Bion, 1992, p. 112, 139).

d) A barreira de contato (Bion, 1962b, p. 17), que torna o sonhar possível mas que também depende do sonhar para sua própria manutenção, é uma cesura (Bion, 1977a) que separa efetivamente a vida mental fetal da vida mental pós-natal (conjetura imaginativa de Bion) e funciona como uma membrana seletivamente permeável bidirecional entre a consciência e o inconsciente,[7] conduzindo transformações, transduções e codificações de estímulos em trânsito de uma ou outra fonte e cria a fronteira bidirecional efetiva que torna o sonhar possível. Além disso, ela constitui uma continuação do conceito do continente de Bion (1962b). A barreira de contato pode ser associada, como um análogo, com a disciplina da *estrutura analítica*: a necessidade de manter a disciplina da estrutura corresponde à necessidade de manter uma separação efetiva entre analista e analisando e entre a consciência e o inconsciente, de modo que cada um possa funcionar separada (autonomamente), complementar e, portanto, efetivamente.

e) Um dos instrumentos de Bion (1962b) é o modelo estereoscópico da "binocularidade" (p. 54), que está, por sua vez, associado com a teoria da complementaridade de Niels Bohr. Especificamente, Bion vê a relação entre os Sistemas *Ics.* e *Cs.* como complementar e oposicional, em vez de primariamente conflitual. Bion também aplica o princípio binocular de complementaridade (Bion, 1965, p. 153) à relação entre as posições esquizoparanoide e depressiva (P-S ↔ D). Consequentemente, Bion é capaz de recrutar os Sistemas *Ics.* e *Cs.* e P-S ↔ D como dois conjuntos separados de estruturas autônomas, contudo simultaneamente conectadas oposicionalmente (estruturas oposicionais-binárias) para funcionar complementarmente de acordo com as regras de suas respectivas naturezas e, ao mesmo tempo, mediar cooperativamente binocular ou estereoscopicamente e triangular um terceiro objeto, O (o "objeto analítico"), a Verdade Absoluta sobre uma Realidade Última infinita de intersecção e evolução iminentes. Em outras palavras, quando o O em evolução cruza a fronteira emocional do indivíduo, as sentinelas desta interceptam, selecionam e processam seu "ruído" estocástico para [alcançar um] significado pessoal, então objetivo e, finalmente, transcendente – o "O pessoal" – desse modo completando o ciclo transformacional.

f) Bion (1962b, p. 56), discordando de Freud (1911b), concebeu a *inseparabilidade* – ou, na verdade, a coextensividade ou contiguidade – dos processos primário e secundário quando postulou a função α como um modelo transformacional. Em outras palavras, ele acreditava que uma combinação dos processos primário e secundário operava intimamente, cooperativamente, mas de formas diferentes no inconsciente e na consciência. Bion subentendeu, mas que eu tenha conhecimento nunca declarou formalmente (e eu conjecturo explicitamente), que, ao sugerir esta conexão, ele acreditava que os princípios do prazer e da realidade estavam similarmente associados normalmente, mas não patologicamente. Em outras palavras, o princípio do prazer e os processos primários funcionam em colaboração complementar com o princípio da realidade e o processo secundário – como funções subordinadas, na consciência, e como funções predominantes no inconsciente, em cuja circunstância o princípio da realidade e o processo secundário agrupam funções subordinadas.

O modelo acima encontra seu corolário nas concepções de Matte Blanco (1975, 1988) de "bi-lógica" e "lógica bivalente" (Carvalho, 2005). Matte Blanco acredita que o inconsciente é dominado pelo princípio da simetria (a obliteração de diferenças e a equação de opostos), enquanto a consciência é dominada pelo princípio da assimetria (o desenvolvimento progressivo de diferenças). Contudo, se o inconsciente fosse absolutamente simétrico, sinais, símbolos ou sonhos não seriam possíveis. Matte Blanco, portanto, concebeu a "bi-lógica" para o inconsciente e a "lógica bivalente" (lógica Aristotélica) para a consciência. Bi-lógica e lógica bivalente usam, ambas, porções variadas de simetria e assimetria em suas respectivas estruturas ou sistemas oposicionais-binários; mas a bi-lógica, a lógica do inconsciente, é dominada pelo princípio da simetria, que pode ser equiparado com o princípio do prazer, e a lógica bivalente, a lógica da consciência, é dominada pelo princípio da assimetria, que corresponde ao princípio da realidade. Assim, essas duas estruturas de lógica antitéticas utilizam simetria e assimetria dialeticamente, mas sob diferentes organizações supraordenadas – ao longo das linhas do modelo de gêmeos siameses, onde os princípios do prazer e da realidade ocupam duas estruturas separadas, nas quais eles são ambos unidos e separados.

O esquema de Matte Blanco parece-me idêntico ao conceito de Bion das estruturas dialéticas oposicionais-binárias localizadas no inconsciente e na consciência, respectivamente. Em outras palavras, *os processos primário e secundário, os princípios do prazer e da realidade, simetria e assimetria incluem combinatoriamente tanto a função α inconsciente*

como a função-α consciente – e encontram as contrapartes de suas funções no sonhar (pensamento onírico) e no pensar reflexivo cognitivo.
g) Formulo a hipótese que a função α implica a existência de pelo menos duas estruturas oposicionais-binárias refletidas (imagem de espelho), cada uma consistindo de processos primário e secundário dialeticamente opostos – e que ambas servem ao sonhar.

1. Uma estrutura binária-oposicional (binocular) – a função α 1 – existe no inconsciente e é responsável pela transformação (mentalização–sonhar) dos elementos-β em elementos-α, que são então designados para uso como pensamentos oníricos, repressão, memória e reforço da barreira de contato. Embora esta estrutura consista das operações dialéticas dos processos primário e secundário, ela está sob a hegemonia do princípio do prazer.
2. Outra estrutura binária-oposicional – a função α 2 – situada na consciência e/ou no pré-consciente e sob a hegemonia do princípio da realidade, transforma (sonha) elementos-β que emanam dos estímulos no mundo externo a fim de torná-los inconscientes. Em outras palavras, há um espectro de funcionamento α que se estende do mais elementar para o mais avançado. Ferro (2005) fala sobre este gradiente e usa o termo "megafunção α" para o aspecto mais sofisticado – aquele responsável pela criação da narrativa.
3. Bion sugere que mesmo os princípios do prazer e da realidade constituem uma estrutura binária-oposicional. Eu proponho que esta estrutura dialética existe no inconsciente *e* na consciência, com o "gêmeo" princípio do prazer predominando no inconsciente e o "gêmeo" princípio da realidade na consciência.

h) Eu conjecturo, ainda, que uma função supraordenada supervisiona e medeia as estruturas binárias-oposicionais múltiplas, complexas previamente elaboradas. Esta função de supraordenação, que eu chamo de *"princípio da verdade"*, empossa a *"pulsão* ou *instinto da verdade"* e, finalmente, medeia o sonhar como mensageiro da verdade (Grotstein 2004b). Britton (2006) postula também a existência de um "princípio da incerteza".
i) Todos os estímulos sensoriais que chegam, seja do mundo interno ou do externo, são considerados elementos-β por Bion (1962b, p. 7) e elementos-α incipientes por mim – ou seja, impressões sensoriais de O (a sombra ou fantasma de O) que devem ser transformados e relegados ao inconsciente através das aberturas da membrana seletivamente permeável da barreira de contato. Gostaria ainda de introduzir uma perspectiva alternativa, que modificaria ligeiramente a visão de Bion. Ferro (2005) fala de "elemento-balfa" (p. 46): combinações de elementos –α e –β, como nos "fatos indigeridos" (Bion, 1962b, p. 7).

Portanto, pode-se especular que a função α ocupa um gradiente normal e patologicamente. Bandera (2005) postula um gradiente de função α na histeria, que inclui uma variedade de categorias de capacidades maternas de conter seus bebês (Rather, 2005).

j) Bion diferencia entre mentalização e pensamento. Mentalização é o processo pelo qual elementos-β – os estímulos sensoriais da experiência emocional (Bion, 1962b, p. 7) – vêm a ser transformados em ingredientes mentalizáveis (mentalmente "digeríveis") para o "metabolismo" mental. O pensar constitui um processo mais avançado – abstração ↔ concretização (Bion, 1962b, p. 52) – com o uso de funções e categorias pelos quais os elementos-β alfa-bet(a)-izados *cum* elementos-α tornam-se os componentes irredutíveis do pensar – ou seja, manipulação do pensamento (análogo a glicose, frutose, ácidos graxos e aminoácidos na digestão gastrintestinal).

k) Bion parece, com o passar do tempo, ligar as seguintes funções de várias formas, em um verdadeiro consórcio: continente ↔ conteúdo (♀♂), função α, transformação, barreira de contato, Grade e sonhar. Em determinado momento, ele funde função α e sonhar como "trabalho do sonho α" [(*dream-work*- α, (Bion, 1992, p. 150)], mas então os separa novamente devido a sua realização de que estava misturando um modelo (função α) com uma formulação e realização teórica (o sonhar) (P. Sandler, 2005). Além disso, a função α supre elementos-α para participar no sonhar como pensamentos oníricos. *Eu*, entretanto, postulo que o sonhar, a função α, a barreira de contato, a cesura são todos intercambiáveis – ou seja, são cognatos uns dos outros.

l) Bion também parece associar conter, sonhar, fantasiar e mitificar ao longo de um *continuum* e por pouco não os equipara e a suas funções. Quando se considera a operação da função α, por exemplo, pode-se facilmente ver que ela constitui uma barreira de contato – ou cria uma barreira de contato a sua própria imagem, por assim dizer. Além disso, acredito que a aplicação de função α a elementos-β constitui uma função de separação, triagem, classificação.

m) As distorções do sonhar envolvem –K (conhecimento negativo)? De acordo com Bion (1962a), –K é caracterizado por uma total oposição ao trabalho analítico ou ao esforço pela verdade (p. 96-97). Um termo melhor para a operação de disfarce pode ser "falsificação", em oposição a "Mentiras" (de Bianchedi, 1993). Proponho o termo alternativo *"ficcionalização"*. Enquanto –K caracteriza a mentira, a falsificação pode constituir o que o indivíduo inconscientemente acredita que seja uma modificação necessária de O, a Verdade, a fim de ser capaz de tolerar a verdade, ainda que alterada.

n) Bion diz:

> Um dos pontos que desejo discutir está relacionado ao fato de que *os eventos reais da sessão*, à medida que se tornam aparentes para o analista, *estão sendo "sonhados" pelo paciente*, não no sentido de que ele acredite que os eventos observados por ele são o mesmo que os eventos observados pelo analista (exceto pelo fato de que ele acredita que eles são parte de um sonho, e o analista acredita que eles são uma parte da realidade), mas no sentido de que esses mesmos eventos que estão sendo *percebidos* pelo analista, estão sendo percebidos pelo paciente e tratados por um processo de serem sonhados por ele. Ou seja, *alguma coisa está sendo feita a esses eventos mentalmente, e o que está sendo feito a eles é o que eu chamo de ser sonhado...* [itálico acrescido]. [1992, p. 39]

Em outras palavras, na medida em que associa livremente, o paciente está *sonhando* o conteúdo latente de suas associações; correspondentemente, a própria maneira como o analista escuta as associações do analisando constituem em si o *sonhar*. Bion afirma em outra parte que o analista *deve* sonhar a situação clínica (1992, p. 120). Portanto, *todas as percepções bem como outras transformações mentais constituem o sonhar*. Estendendo a ideia revolucionária de Bion, poderíamos dizer agora que todas as relações humanas, particularmente as de amor, como aquelas com família e amigos, funcionam como um cossonhador – especialmente quando necessitamos compartilhar nossas experiências com os outros?

o) Embora eu pense que a percepção sensorial da experiência emocional pode inicialmente tornar-se um elemento-β, também acredito que o bebê (de qualquer idade) tem sua própria função α desde o início, conforme declarei anteriormente. Como resultado, acredito que o bebê *comunica-se* com sua mãe por meio de sua própria versão léxica de elementos-α, que a função α da mãe processa ainda mais. É sua falha em processá-los adequadamente que os transforma no que Ferro (2005) denomina "elementos-balfa".

p) Sonhar – tanto sonhar acordado como sonhar durante o sono – são ou isomórficos ou cognatos com função α, transformação, barreira de contato, cesura, a Grade (que ocorre na consciência bem como nos sonhos) e os vínculos L, H e K. Eles têm todos a mesma função: classificar, desconstruir, reconfigurar, processar, mediar, codificar e fazer a transdução de O. Eu os incluo todos no *"conjunto onírico"*, que encontra seu paralelo neurológico no sistema ativador reticular, um sistema supraordenado que monitora e medeia a intensidade dos estímulos aferentes pela tolerabilidade neuronal bem como pela consciência.

Como um aparte, cientistas dizem que encontraram um código além do genético no DNA (Wade, 2006) – que supervisiona o destino final dos componentes gênicos e asseguram sua chegada a seu objetivo apropriado. Esta função genética soa como um análogo para uma função mental ainda não identificada do sonhar e/ou da função α, a qual supervisiona o futuro sintático dos elementos-α.

COMO FUNCIONA O SONHAR?

O sonhar parece funcionar como um computador emocional sensível que alinha novos eventos, convertendo-os em experiências pessoais, primeiro através da *des*construção cuidadosa e, então, através da *re*construção imaginativa, recombinação e reconfiguração estética dos eventos, correlacionando-os com experiências passadas a fim de alcançar categorização pessoal, subjetiva dos eventos, e sua transformação em experiências emocionais pessoais – e pessoalmente significativas. Esta categorização – ou, na realidade, recategorização – de experiências parece ser uma das principais funções do sonhar. Talvez se possa imaginar que antes de ser sonhado, o evento inicial engolfa a mente do sujeito, enquanto que, uma vez sonhado, a mente do sujeito engolfa o evento como uma categoria. O sonhar constitui narração de histórias e parece ter uma capacidade notável e inefável de desenvolver narrativa. O sonhar é paradoxalmente *revelador* e protetoramente *encobridor*. Ele utiliza a função conhecida como "triagem", que constitui um instrumento para priorização e marginalização – ou seja, a atribuição da condição de primeiro plano *versus* segundo plano.

Pode-se empregar também a ideia do *anagrama*: um paciente relatou um sonho no qual ele era instruído a fornecer um anagrama para a frase "problema na China". No próprio sonho, ele surgiu com "incompreensível". Quando se desconstrói a frase e a palavra anagramatizada à qual ela corresponde, pode-se ver facilmente que algumas *letras* são reconfiguradas em uma ordem sequencial diferente, mas as letras em si mantêm fielmente sua natureza invariante. Acredito, consequentemente, que o anagrama é um modelo constituinte muito importante para o trabalho do sonho.

Freud (1900a) salientou a importância da falsificação, da distorção e da revisão secundária do conteúdo latente dos sonhos pelo processo do sonhar (p. 488). Bion (1965), enfatizando a fome de verdade do sujeito (p. 38), postula que o sonhar escolta a verdade disfarçada. Portanto, a Verdade Absoluta original torna-se alterada pelo trabalho do sonho, mas o núcleo da Verdade resistirá e persistirá como uma invariante através de todas as suas transformações no ciclo transformacional, ainda que encerrada dentro de falsificações (ficções) até ser interpretada. O sonhar transforma a neurose infantil na neurose transferencial. O sonhar disfarça a verdade a fim de protegê-la, e também esteticamente a aumenta, elabora e engrandece.

O ato de sonhar sugere fortemente que o ser humano deve nascer com uma propensão a narrar histórias, buscar histórias e responder a histórias, que emana do vértice estético (Bion, 1970, p. 21). O sonhar também parece deslindar conjunções constantes ocultas (ligações fortes ou "casamento" de ideias) e estabelecer novas *in statu nascendi*. O sonhar consiste em uma coreografia de imagens única e estranha: Eu (Grotstein, 2000a, 2005b) atribuo o papel de "coreógrafo" inconsciente, um "demônio", "inteligência" ou "presença", ao "sonhador que sonha o sonho". O sonhar também envolve a transdução de elementos-β da infinitude e simetria total, Tempo Absoluto e Espaço Absoluto – atuando simultaneamente – em opostos binários em sequência linear, diacrônica, retratados como narrativa na forma de fantasia inconsciente, constituindo a "CNN" ou "BBC" emocional do Sistema *Ics*.

O ser humano possui uma propensão à narrativa, talvez mesmo um instinto, para compensar o efeito desestabilizador regressivo de O em evolução sobre a psique. A narrativa, em sua linearidade, liga a trajetória do O infinito oferecendo razões verossímeis para a ocorrência ocasionada pela intersecção de O da fronteira emocional da pessoa. O pode ser concebido como uma miríade de incognoscíveis espreitando simultânea e verticalmente (modo do hemisfério direito). O sonhar realinha-os longitudinalmente (modo do hemisfério esquerdo). As razões podem ser inicialmente ficcionais – na forma de sonhos, fantasias inconscientes, devaneios conscientes ou mitos. O ser humano parece ser um narrador de histórias e um requisitador de histórias. O propósito da história é vincular a ansiedade criada por O transformando-a (transferindo-a) em uma estrutura narrativa fictícia, mas verossímil, que restaura o senso do sujeito de causalidade cósmica e coerência. "O Holocausto ocorreu pela vontade de Deus" constitui tal ficção, que seria verossímil para alguns e daria um encerramento para sua incompreensibilidade.

O inconsciente demonstra uma função de narrativa – ou seja, uma propensão ou instinto para narrar e buscar narrativas, que tanto narra (ficcionaliza) eventos em experiências pessoais e busca narrativas, histórias, mitos, romances e etc., a fim de vincular as ansiedades de incerteza e caos deixadas no rastro da intersecção de O. No curso da ficcionalização de O, a função de narrativa é capaz de preservar a verdade emocional como uma invariante que é implícita no encontro de O com a pessoa. No curso da criação de uma narrativa ficcional, os dados brutos de O – ou seja, os dados impessoais infinitos dentro dos elementos-β – tornam-se inicialmente *personificados* (Klein, 1929), como nos desenhos animados das crianças, em sonhos ou fantasias inconscientes personalizadas, que, em razão disso, sofrem uma reconfiguração da estrutura da história, uma desarticulação das ligações dos objetos no evento cósmico original e uma transposição dos relacionamentos emocionais para novas entidades desimportantes, para fins de disfarce.

Em outras palavras, o inconsciente, juntamente com a barreira de contato, funciona, em parte, como uma fronteira emocional, um escudo, filtro ou grade de imunidade, que, semelhante a um anticorpo (com um antígeno de "memória do futuro" inerente que está destinado a encontrar) apressa-se a contra-atacar o antígeno de O por meio de

1. um registro emocional do impacto de O, e
2. tentativas de neutralizar o impacto pelo sonhar – ou seja, narrativização, ficcionalização.

O resultado final será

1. uma categorização *emocional* somática que antecipa ser *sentido* pela mente (Damásio, 2003) e
2. um sonho ou fantasia inconsciente, que mitificou, personificou e personalizou a história em termos de significado subjetivo para o recipiente.

Uma história emergiu do processo criativo do inconsciente. Outras histórias serão buscadas de outras fontes (por exemplo, romances, peças), a fim de proteger a ficção verossímil com coerência e significado. O sujeito identifica-se projetivamente com as personagens nessas outras fontes e, inconscientemente, ajusta a si mesmo, e a seu próprio aspecto peculiar carente de história, às personagens e à trama ao alcance, indiretamente participando na história.

Histórias, sonhos, fantasias e mitos têm, como seu propósito, a criação de ficções verossímeis de coerência e de entendimento plausíveis sobre eventos pessoais e culturais intervenientes. Finalmente, uma fantasia inconsciente deve ser convocada, do reservatório inconsciente de fantasias inerentes e/ou adquiridas do analisando ou buscadas da interpretação do analista, para permitir que ela acomode o O incidente imediato que ocorreu. Esta fantasia (história) espontânea ou suprida deve, por sua vez, corresponder a uma "ordem oculta da arte" (Ehrenzweig, 1967) que acomoda as restrições requeridas de um mito universal ou adquirido, como o mito de Édipo, o mito de Prometeu, do Jardim do Éden, da Torre de Babel, e assim por diante. Uma vez confirmado pelo mito e dentro da autoridade deste, o paciente experimenta um senso de uma unidade cósmica interior que anuncia uma *verdade* pessoal aceitável e, com ela, segurança.

Assim como uma das funções da função α, de acordo com Bion (1962b), é a produção de elementos-α para reforçar e manter a integridade da barreira de contato (p. 17), da mesma forma, o sonhar produz sonhos e fantasias que proliferam para formar uma rede fantástica de estruturas inconscientes, que servem a um sistema inconsciente de operações predominantemente simétricas (Matte Blanco, 1975, 1988).

Matte Blando (1975, 1988) concebe o inconsciente como consistindo de conjuntos infinitos de todos os objetos e como sendo a sede de simetria sempre em expansão, à medida que se desce no inconsciente. Bion vê o inconsciente como o parceiro dialeticamente colaborativo da consciência na apreensão e transformação de elementos-β emanando de O. Pode ser razoável conceber que, contrário à afirmação de Freud (1915c) de que o inconsciente carece de estrutura, ele possui uma (ainda que em termos de infinitude e graus de simetria sempre em expansão). A estrutura do inconsciente consistiria não apenas das pulsões, das Formas Ideais e das coisas-em-si (as duas últimas incluindo uma ramificação da concepção de O de Bion, a outra ramificação sendo os "estímulos sensoriais da experiência emocional"), mas também de estruturas míticas ou de sonho-fantasia que servem como modelos transformacionais protetores contínuos para interceptar, filtrar, selecionar, reconfigurar, processar, codificar e transformar os elementos-β do O impessoal finalmente para a ficção pessoal (sonho, fantasia) do sujeito sobre sua relação com o O do momento. Colocado de outra forma, aquele aspecto do inconsciente que patrocina os "pensamentos sem um pensador" (as Formas Ideais, os números) emergentes constitui *entelequia* – a ativação do potencial inerente (eruptivo) – enquanto o sonhar constitui o *conatus* ou *conação*.

É minha hipótese que o inconsciente torna-se a continuação do estado infantil de inocência e de coerência, uma qualidade da infância à qual os desenvolvimentalistas se referem como "contingência" (Beebe e Lachman, 1988; Schore, 2003a, 2003b). O conceito de contingência designa um cuidador simetricamente responsivo que "não erra um compasso", por assim dizer, em seu cuidado e sintonia com o bebê. À medida que o bebê começa a separar-se de sua mãe, cada vez mais relações não contingentes são toleradas. É minha hipótese que, à medida que inter-relacionamentos não contingentes, separadores, assimétricos se desenvolvem, o desejo original por simetria contingente passa ao segundo plano e torna-se uma propensão inconsciente protegida por sonho-fantasia, sob a influência do princípio do prazer.

Para reiterar: o inconsciente e a consciência funcionam como uma estrutura binária-oposicional dentro da qual as funções dos princípios do prazer e da realidade, respectivamente e em combinação dialética, são exercidas. Juntos, eles interceptam, monitoram, registram, codificam e transformam O, a Circunstância bruta, *"Ananke"*. A psicopatologia é uma indicação de uma rachadura no mundo onírico de simetria, de outro modo inconsútil, mítico, fantástico, que existe lado a lado no inconsciente com objetos de tecido cicatricial – veteranos não curados (não sonhados) de antigas batalhas com O. Deste ponto de vista, todos os objetos internos constituem continentes malsucedidos de O de tempos passados – aguardando o sonhar, a análise – que podem resgatá-los e redimi-los.

Os aspectos visuais do sonhar parecem ser uma característica predominante:

> Mas o aspecto importante e surpreendente, revelado por uma comparação das contrapartes mentais de vértices visuais com outros vértices é *o poder superior do vértice visual de iluminar... um problema sobre o de todas as outras contrapartes mentais dos sentidos.* A reversão de direção no sistema do qual o vértice é uma parte, está associada com o que é comumente conhecido como alucinações. *A supremacia do vértice visual contribui para minha crença de que a solução do problema de comunicar-se psicanaliticamente terá que ser encontrada através de elementos da fileira C para formulação geométrica e dali para elementos da fileira H* [da Grade–JSG]. [Bion, 1965, p. 90-91; itálico acrescido]

QUAL É A FUNÇÃO DO SONHAR?

Freud (1900a) considerava a função do sonhar como sendo a de preservar o sono do conteúdo latente perturbador dos resíduos do dia (p. 233-234). Bion, estendendo a abrangência do sonhar como ocorrendo durante todo o dia *e* noite, postulou que o sonhar, que é às vezes indistinguível da função α, em seus escritos, serve para processar e transformar significativamente estímulos de dentro e de fora. Esses estímulos são os estímulos sensoriais da experiência emocional, conforme referido anteriormente. Quando Bion (1962b) aplica o ato de sonhar ao analista, e também ao analisando, ele sugere ainda outra função do sonhar: revelação ou exploração criativa de fenômenos clínicos, bem como não clínicos (p. 105).

Bion (1970) exorta o analista a "abandonar memória e desejo" (p. 32) de modo a ficar familiarizado com a "Language of Achievement" (a linguagem vazia dedicada para revelação emocional através da intuição), em oposição à "Linguagem de Substituição" (de imagens ou símbolos representativos), e ressoar com o tema emocional fundamental, O, dentro de si mesmo, à medida que ele combina com o do analisando. Em outras palavras, para o analista, o sonhar é uma técnica de observação (a própria percepção) que é exclusivamente qualificada para apreender qualidades emocionais em si mesmo e no outro. (Desenvolvo mais este tema quando discuto as contribuições do crítico de arte, Anton Ehrenzweig.)

O epítome do processo analítico no analista é "tornar-se" o analisando – ou seja, quando o analista é capaz de recriar, de "dar à luz" a, de "tornar-se" o analisando de dentro de si mesmo (Bion, 1965, p. 146; Brown, 2006; Ogden, 2004a). *Através do sonhar, o analista "torna-se" sua versão nativa, própria, do analisando.*

O sujeito normal deve ter experienciado o cuidado de sua mãe (e de seu pai) conscientemente como um apego saudável e inconscientemente como o efeito de seu rêverie, continência, e uso da função α e do sonhar deles de suas experiências a fim de processá-las para internalização saudável. À medida que o bebê se desenvolve, ele torna-se capaz de exercer essas funções autonomamente. A função α é serva e provedora do sonhar, e ambas funcionam continuamente, dia e noite. O sonhar constitui o monitor, por excelência, da interface do sujeito com estímulos objetais intrusivos dos mundos interno e externo. Sua função é transformar todos os estímulos em categorias correlatas inconscientes que permitam que o sujeito ligue as ansiedades que os sonhos interceptam. Os sonhos são "ficções arquivísticas" ou "romances" engenhosamente concebidos que mantêm a integridade da Verdade, como um invariante, no contexto de uma tela de fundo fictícia protetora disposta por criptografia ou codificação, de modo que a integridade do Sistema *Ics.* e do Sistema *Pcs.* possa ser mantida e continuamente restaurada.

De acordo com Bion, a causa primeira, tanto no desenvolvimento normal como na psicopatologia, é o sucesso ou ausência de sucesso do sonhar – ou seja, a continência das experiências. O Sistema *Cs.* possui a faculdade de percepção e raciocínio reflexivo, mas esta faculdade depende fundamentalmente do apoio das bases emocionais dos Sistemas *Ics.* e *Pcs.*, os quais participam na triangulação e modulação de O. O sonhar repara as estruturas e as funções protetoras de todos os três Sistemas, mas, acima de tudo, *monitora e repara os Sistemas Inconscientes (Ics. e Pcs.)* reconfigurando fantasias inconscientes que podem, coletivamente, como uma rede fantástica ou mítica, subtender e apoiar o Sistema *Cs.* e as extensas implicações de nosso ser. A visão de Bion do sonhar, especialmente do sonhar durante o dia, se desenvolve para o que o sujeito *faz* em sua percepção do objeto, que pode ser condensada em o que a percepção faz com ou na imagem do objeto. Portanto, o analista sonha sua experiência consciente *e* inconsciente do analisando, e este faz o mesmo com o analista. Ogden (2007a, 2007b) aplica este tema de Bion ao próprio ato de falar.

Finalmente, é minha opinião que o sonhar medeia e integra as duas principais correntes de O e sua convergência na experiência. Os estímulos sensoriais da experiência emocional convocam suas contrapartes inatas, as preconcepções inerentes ("memórias do futuro") e as une, à medida que estas encarnam e tornam-se realizadas como concepções, e então conceitos. O sonhar orquestra esta contínua união e infusão.

A ORDEM OCULTA DA ARTE DE EHRENZWEIG

O que Bion quer dizer por sonhar e o que ele busca alcançar abandonando memória e desejo (processo secundário) é mostrado por Ehrenzweig (1967) quando eles nos lembra do conceito da "visão sincrética" de Piaget (1926) – um modo visual caracterizado por condensação e não diferenciação:

> O trabalho criativo é bem-sucedido na coordenação dos resultados da indiferenciação inconsciente e da diferenciação consciente, e assim revela a ordem oculta no inconsciente. [Ehrenzweig, 1967, p. 4-5]

> A exploração inconsciente faz uso de modos de visão indiferenciados que, para a consciência normal, pareceriam caóticos. Por isso a impressão de que o processo primário meramente produz material de fantasia caótico que tem que ser organizado e moldado pelo processo secundário do ego. *Ao contrário, o processo primário é um instrumento de precisão para a exploração criativa que é muito superior à razão e lógica discursivas.* [p. 5; itálico acrescido][8]

> Uma ordem oculta orienta a focalização suave ou exploração. [p. 9] [*Bion novamente*–JSG]

> A exploração inconsciente capta os derivativos amplamente dispersos em um único e imediato ato de compreensão. [p. 10]

> Este reconhecimento de objetos por sugestões, mais do que pela análise do detalhe abstrato, é o início da visão sincrética. A visão analítica apenas obstruiria o reconhecimento do objeto. [p. 15]

> A exploração inconsciente indiferenciada extrai, de muitos detalhes variáveis, um denominador ou eixo comum que serve como "pista" [*fato selecionado*–JSG]. [p. 17]

Ehrenzweig parece estar dizendo que o processo primário está associado com exploração de focalização suave, sincrética, e é necessário para atenção criativa.

CRIATIVIDADE AUTÓCTONE, TRANSFORMAÇÃO EDITORIAL ADAPTATIVA E CENSURA COMO AS FUNÇÕES PRINCIPAIS DO SONHAR

A teoria do sonhar de Bion foi revolucionária. Ao estender e modificar a teoria dos sonhos de Freud, ele concebia o sonho quase como uma fronteira imune que, de dia e de noite, intercepta elementos-β, mensagens protoemocionais atadas a impressões primárias de O da Verdade Absoluta sobre a Realidade Última, Infinita, e os classifica, seleciona e processa para convertê-los em *ficções* arquivísticas pessoais toleráveis sobre a Verdade, agora tornada *verdade emocional pessoal*. No curso desta aventura onírica numênica, o processo criativo inconsciente de *autoctonia*, que acredito seja o principal componente do sonhar, está ativo, transformando artisticamente o minério bruto de verdades do elemento-β, de acordo com a "ordem oculta da arte" que é inerente como capacidade estética do homem (Ehrenzweig, 1967). Colocado de outra forma, o ato de sonhar, que inclui mitificação e fantasia (continência e ficcionalização) preserva o véu de inocência para o bebê e a criança, e o senso de segurança para o adulto, ao efetivamente reorganizar e reconfigurar a recepção inconsciente e, portanto, a percepção de O, em ficções toleráveis, contudo realistas – de realismos ficcionais com que a pessoa pode conviver. *A ficção, entretanto, deve sempre conter a verdade invariante.* Chamo isto de "transformação e censura editorial adaptativa". Autoctonia, o mito do nascimento de nascer do *self*, bem como o *self* ser o criador do universo de objetos (ver *Gênesis*), é a fantasia inconsciente da criação em todas as suas possibilidades.

A distinção que Freud (1911b) fez entre processos primário e secundário é apenas aparente, de acordo com Bion. Embora ele não usasse o termo, Bion nos leva a crer que os processos primário e secundário normalmente incluem uma *estrutura binária-oposicional* (Lévi-Strauss, 1970) – na qual cada uma funciona em oposição dialética cooperativa ou colaborativa à outra. Sugiro, em consequência, que os princípios do prazer-desprazer e da realidade também funcionam como uma estrutura binária-oposicional. Portanto, o sonhar é conduzido por uma ficcionalização profilática dos elementos-β que chegam, utilizando o princípio do prazer-desprazer *sob a hegemonia do princípio da realidade*. Se a estrutura binária-oposicional for prejudicada por desafios à barreira de contato, o funcionamento dos dois princípios começa a dar errado – eles se separam um do outro e seguem caminhos separados, e o delírio substitui sonhos e fantasias.

Esta manobra ficcional da narrativa, por parte do sonhar ou da função α, portanto, depende fundamentalmente do funcionamento cooperativo dos *princípios da realidade* e *do prazer* – e agora, acompanhando Bion (1970) e Britton (2006), acrescentamos a função supraordenadora do princípio da incerteza, com o primeiro sendo os organizadores primários no inconsciente e, o último, na consciência. Em casos de patologia grave, entretanto, esta cooperação binária-oposicional não prevalece. Em vez disso, vemos que os princípios do prazer e da realidade revogam sua aliança, e, como resultado disso, a Coluna 2 torna-se uma *Coluna da Mentira*, não apenas uma Coluna de *falsificação* (ficcionalização) ou *negação* benevolentes.

Por muito tempo me perguntei por que Bion acreditava que era necessário incluir uma categoria na Grade cuja função fosse a falsificação deliberada. Em outras palavras, como a falsificação (–K) seria *adaptativa* para o indivíduo? Minha primeira resposta experimental foi sugerir a operação obrigatória do princípio do prazer-desprazer de Freud (1911b), que busca compensar e contrabalançar o princípio da realidade. Então, comecei a perceber que a própria função α, que, para mim, representa o modelo para a concepção singular de Bion do sonhar, deve misturar singularmente as operações do princípio da realidade *e* do prazer-desprazer a fim de que um "pensamento selvagem" (um "pensamento sem um pensador" na Coluna 1 "Hipótese Definitória") prossiga através das sucessivas categorias, antes de qualificar-se como um pensamento "pensado" formal. Esta ideia segue a hipótese de Bion de que os processos primário e secundário não são tão separados quanto Freud (1900a, 1911b) pensava que fossem.

Inerente, nesta reformulação radical, está a concepção de que a função α, o modelo, e/ou o sonhar, o processo vivo, inefável, real, ambos os quais envolvem o continente ↔ conteúdo, ocorrem no início da forja da conjunção constante que constitui a Hipótese Definitória original, emergente e, então, posteriormente, na Coluna 2, ao forjar o pensamento objetivo, abstrato, como uma versão mais desenvolvida e sofisticada da conjunção constante original. Para repetir, esta reformulação presume que o princípio do prazer-desprazer e o princípio da realidade constituem uma *estrutura binária-oposicional (dialética)*. A integridade da estrutura, que permite uma tensão dialética ótima entre as atividades patrocinadas por cada princípio, depende, fundamentalmente, por sua vez, da intensidade da barreira de contato, cuja própria integridade depende da função α/continente ↔ conteúdo/sonhar.

É quando acompanhamos Bion na localização do conceito do Establishment na Coluna 2 (Bion, 1977a, p. 38) que a função adaptativa desta coluna é esclarecida:

> Nos últimos anos, aumentou o uso do termo *Establishment*; ele parece referir-se àquele conjunto de pessoas no Estado de que se pode esperar geralmente que exerçam poder e responsabilidade em virtude de sua posição social, riqueza e dote intelectual e emocional... Proponho adotar este termo para designar tudo da penumbra de associações geralmente evocadas, as características predominantes e dominantes de um indivíduo, e as características de uma classe dominante em um grupo (como um instituto psicanalítico, ou uma nação ou grupo de nações). [1970, p. 73]

> O místico é tanto criativo como destrutivo. Faço uma distinção entre dois extremos que coexistem na mesma pessoa. As formulações extremas representam dois tipos: o místico "criativo", que formalmente afirma adaptar-se a ou mesmo cumprir as convenções do *Establishment* que governa seu grupo; e o místico niilista, que parece destruir suas próprias criações. Proponho que os termos sejam usados apenas quando houver criatividade ou destrutividade destacada, e os termos "místico", "gênio", "messias" podiam ser intercambiáveis. [p. 74]

> A função do grupo é produzir um gênio; a função do *Establishment* é aceitar e absorver as consequências, de modo que o grupo não seja destruído. [p. 82]

O corpo governante da sociedade eu chamo de *Establishment*; a contraparte, no domínio do pensamento, seria a disposição ou preconcepção pré-existente. [p. 111]

A reação do *Establishment* é prevenir a ruptura, e isto ele faz incorporando o místico dentro de si. [p. 112]

Os aspectos comuns são: continência da ideia messiânica no indivíduo; continência do indivíduo messiânico no grupo; o problema para o *Establishment* que está preocupado com o grupo, por um lado, e com a ideia messiânica e o indivíduo, pelo outro. [p. 116]

Ao ler os comentários de Bion sobre o conceito de Establishment, que ele parece localizar tanto na Coluna 2 da Grade, quanto como uma preconcepção, começa-se a conceber a existência de um "homúnculo" supraordenador ou um "giroscópio" humano, o qual possui uma consciência exata da tolerância do indivíduo à "dosagem de Verdade" com cada salva de O chegando e seu descendente sensorial, o elemento-β. A Lei de Hooke, que se aplica a objetos inanimados, estabelece que a pressão em um objeto é igual à tensão que existe dentro de sua estrutura vezes o módulo de sua elasticidade. Sugiro que existe uma contraparte humana à Lei de Hooke, e que a Coluna 2 constitui sua sala de operações. Colocado de outra forma, o mentiroso parece ter uma concepção válida (para ele) de sua tolerância da verdade. Esta agência localiza-se atrás da função α e calibra a dosagem de tristeza e verdade a seu pupilo infeliz, o sujeito. Além disso, o Establishment deve encontrar um substituto para o gênio, e mediar entre o místico ou messias criativo ou destrutivo, como Bion (1970, p. 73) salienta. Colocado de outra forma, o Establishment exerce uma função de continente como um órgão mediador, ocupado com a ideia messiânica no indivíduo, por um lado, e o messias do grupo, por outro. Portanto, ele constitui uma estrutura binária-oposicional envolvendo os princípios do prazer *e* da realidade.

Veredicto final: A Coluna 2 constitui uma função de continente-sonhador-pensador! No Capítulo 22, sugeri que há duas Grades: uma para o processo secundário, nos termos de Freud (1911b), e outra para os processos primários do inconsciente. *Negação* é a função principal na primeira, e *ficcionalização* na última.

Em última análise, devemos lembrar que a Verdade (sobre a Realidade do O indiferente, impessoal) é a carga que está sendo transportada pela emoção, seu veículo, através das eclusas das categorias de Transformações, como através de comportas em um canal. O ciclo transformacional é completado quando ela chega a seu destino, não apenas em nossa versão filtrada e adulterada, conhecida como K, mas em nos tornarmos ela, o O personalizado, subjetivo, significativo.

O sonho de um analisando

Um professor universitário de 76 anos, casado, com três filhos adultos, que tinha estado em análise cinco vezes por semana durante quatro anos, apresentou o seguinte sonho na primeira sessão da semana:

Eu estava entrando em uma escola que parecia ser uma escola primária para crianças pequenas. A aula estava sendo dada por um homem de seus 40 anos, alguém que era carismático e falava autoritariamente – até ameaçadoramente – com as crianças pequenas. As crianças não pareciam perturbadas. Quando o professor me viu, ele fez uma careta e me deu um olhar congelante. Então, ele veio até mim. Eu descobri que eu tinha um revólver na minha mão, o que me surpreendeu. Eu fiquei aterrorizado, perdi o controle e disparei um tiro, que eu vi penetrar em seu abdômen. Ele gritou de dor e exclamou, "Por que você fez isso?" Ele pareceu ter ficado inconsciente e então, subitamente acordou e disse que sabia quanta energia vital tinha lhe restado e agora ia me matar! Eu atirei novamente e as mesmas sequências se repetiram. Ele não podia ser detido em seus planos de me matar. Eu percebi que todo o tempo que isto estava acontecendo, as crianças não pareciam perturbadas.

Eu acordei aterrorizado, então voltei a dormir, e tive outro sonho breve. *Eu observava crianças pequenas chupando seus dedos.*

Contexto adaptativo e associações. Esses sonhos ocorreram durante o longo feriado de Ação de Graças. No dia anterior ao sonho, o analisando e sua esposa tinham ido assistir a um filme – *Boa Noite e Boa Sorte* – sobre Edward R. Murrow e sua épica batalha, pela televisão, com o Senador Joseph McCarthy. Ele lembrou da época de McCarthy e revelou o quanto ele teve medo de McCarthy. Quando ele viu os clipes de filmes antigos de McCarthy no cinema, ele voltou a ficar aterrorizado. Ainda que ele soubesse que Murrow havia triunfado e Mc--Carthy tinha sido desgraçado, ele achou a questão duvidosa, enquanto assistia ao filme. O analisando está atualmente escrevendo um livro relacionado com seu campo profissional. Ele acredita que pode estar lançando algumas ideias que poderiam ser consideradas radicais e provocativas a outros no campo, e especialmente em seu departamento. O rosto do professor lembrou o analisando de um colega mais jovem, pelo qual ele tem grande respeito e afeto e, portanto, ele ficou surpreso com seu comportamento no sonho.

Análise do sonho e meu rêverie (minhas observações emocionais e objetivas): Experimentei imediatamente a própria experiência de terror do analisando como minha, e senti um desejo tanto de protegê-lo (e agora a mim) deste professor mortífero, maníaco, como de acalmá-lo, de modo que ele não tivesse que usar o revólver. Foi como se o sonho – na verdade o pesadelo – ainda estivesse acontecendo, e eu tivesse pessoalmente entrado nele. Mais tarde vim a perceber que ele tinha me procurado buscando proteção contra o outro eu – o professor louco, a quem eu essencialmente representava – juntamente com suas projeções em mim. Então espontaneamente lembrei como ele tinha me informado, certa vez, de que o "demônio" em Grego é *"diabolos"*, e isto significa "o dispersador". Subsequentemente, percebi que o professor maligno, carismático, representava O, um campo de força (ansiedade esquizoparanoide) dispersador, em evolução, que piorou durante a interrupção prolongada. O Senador McCarthy era um significador que representava aspectos incompletamente sonhados da personalidade do analisando relevantes àquele período de tempo. Lembro que eu, também, havia temido Joseph McCarthy: eu tinha sido forçado a assinar uma declaração de minha lealdade ao Estado da Califórnia quando me tornei residente em psiquiatria da Escola de Medicina da UCLA. Eu "tornei-me" (minha versão interna de) sua ansiedade – sua ansiedade e seu demônio tornaram-se meus.

Naquela noite, tive um sonho apavorante, no qual uma figura do tipo de McCarthy estava me perseguindo. Entre ouvir o sonho do paciente e sonhar meu próprio sonho, eu tinha encontrado outro colega, em um restaurante, o qual eu não via há quase 40 anos. Ele tinha estado do lado oposto em uma discussão amarga, em minha sociedade analítica, quando os kleinianos – e eu era um deles – estiveram em grande risco de expulsão. Em meu pesadelo, fundi a imagem de Joseph McCarthy de meu paciente com um significador de meus demônios pessoais de anos atrás. Ao fazê-lo, eu "tornei-me" o paciente e lhe dei vida (o sonhei) dentro de meu inconsciente (Bion, 1965, p. 146; Brown, 2006; Ogden, 2004a).

Colocado de outra forma, enquanto o analisando compartilhava seu sonho comigo, ele tinha sido incompletamente sonhado. Enquanto eu o escutava, eu inconscientemente penetrei em seu sonho contínuo e "tornei-me" seu "copiloto do sonhar", a fim de completar o sonho.

O professor demoníaco também representava a mim, seu "professor analítico", que tinha se tornado inconscientemente preenchido com o ódio do analisando – por ele ter sido "abandonado" durante o longo fim de semana – e também tinha se tornado um "superego editor" severo, que invejosamente atacava e reprovava seu futuro livro.

O analisando, então, lembrou que, no sonho, ele tinha atirado no professor quatro vezes (o número de dias da interrupção analítica), e, nas últimas três vezes, ele tinha tido dificuldade em mirar no professor devido ao seu medo de acertar uma ou mais crianças. Ele se perguntava por que as crianças pareciam não ter ficado perturbadas. Eu interpretei que, talvez, as crianças fossem meus filhos – que tinham vindo passar o feriado comigo – e que elas podem ter estado sob sua ou minha proteção especial. (Aqui eu estava pensando no conceito de Klein (1928), das "crianças não nascidas" especiais que têm o privilégio de permanecer dentro do corpo da mãe.)

O analisando, que é judeu, então lembrou que o professor o tinha feito lembrar genericamente dos jovens gentios que ele tinha conhecido quando jovem. Ele lembrou de um ministro batista antissemita carismático. Seus pais são sobreviventes do Holocausto. Portanto, outro dos determinantes do sonhar foi seu medo de outro Holocausto, criado por alguém como Joseph McCarthy. Além disso, parecia que o professor louco também representava a autoridade onipotente e cruel de seu próprio superego invejoso e moralista.

O segundo sonho, que foi aparentemente sonhado para remendar o primeiro sonho malsucedido, representava uma consciência dos tempos da infância quando ele tivera que se acalmar lambendo seu polegar e seus dedos.

Nota. Limitações de espaço me impedem de apresentar todas as associações do paciente a seus sonhos. Ele mencionou que os sonhos eram muito mais elaborados e detalhados do que ele podia revelar, sugerindo revisão secundária. Talvez seja à revisão secundária que Bion está se referindo quando diz que, quando o analisando associa livremente, ele está sonhando. Além disso, todas as hipóteses que eu enumerei acima me ocorreram enquanto eu estava "sonhando" a sessão e procurando completar o sonho do analisando entrando nele como um "sonhador copiloto".

Podem-se ver os efeitos de condensação e deslocamento em quem o professor louco vinha a representar. Condições de representabilidade podem ser observadas na forma como a trama – especialmente a do primeiro sonho – foi planejada. Seu medo de que ele não conseguisse matar o professor louco, antes de este matá-lo, representa seu conhecimento inconsciente de que eu era o professor e que ele, na verdade, não queria que eu morresse. Os padrões míticos finais que subentenderam as fantasias inconscientes do analisando eram edípicos arcaicos, com o acréscimo da concepção de Bion do "super"ego hipermoralista (1962b, p. 97).

Sobre este "super"ego moralista, assassino, Bion diz:

> Devo supor que o medo do paciente do superego assassino impede sua aproximação das Posições. Isto, por sua vez, significa que ele é incapaz de sonhar, pois é nos sonhos que as Posições são negociadas. [1992, p. 27]

> Suas afirmações de que ele se sente ansioso – "não sei por que" – podem, além de serem negações, apoiar muito fortemente, em vista de sua constante reiterações, minha ideia de que há uma ruptura do trabalho-do-sonho-α, que torna impossível os sentimentos serem ideogramatizados e, portanto, verbalizados. Esta ruptura deve-se à necessidade de prevenir a síntese, na posição depressiva, de um superego assustador. [p. 59]

O sonhar prepara o indivíduo para aceitar a modulação da posição esquizoparanoide a fim de alcançar a posição depressiva. É então que o analisando deve defrontar-se com o horror de suas criações em P-S – ou seja, o "super"ego hipermoral, assassino.

NOTAS

1. O leitor é encaminhado à revisão profunda de P. Sandler (2005) das muitas alterações no pensamento de Bion sobre a relação entre função α e o sonhar. A relação entre "função α" e "continente ↔ conteúdo" tornou-se mais bem conhecida. Aquela entre *sonhar* e continente ↔ conteúdo apenas recentemente foi referida por Grotstein (1981c, 2000a, 2002), Ogden (2004a), Paulo Sandler (2005), Schneider (2005) e outros.
2. Mais além, neste capítulo, conjecturo que o sonhar inclui a função α, que ele pode *ser* função α e/ou seu cognato, uma característica que ele compartilha com barreira de contato, transformações, continência, a Grade e vínculos L, H e K.
3. O místico não necessita fazer este desvio.
4. O não é incerto: nossa experiência emocional dele é que é.
5. Agradeço a P. Sandler (2005) por estas citações.
6. Weisberg (2006), falando do trabalho de Nicholas Humphrey (2006) sobre percepção, declara: "Humphrey afirma que a visão cega demonstra a dissociabilidade de sensação (a impressão da experiência) e percepção (nossa consciência do mundo). Ele adota a sugestão corajosa de que a sensação não é parte da cadeia casual que leva à percepção. Em vez disso, ele argumenta, a sensação constitui um sistema separado, mais primitivo, que não desempenha um papel direto em nossa percepção do mundo. Sensação é atividade avaliativa autocontida..." (Weisberg, 2006, p. 577).
7. Freud (1915d) concebeu uma barreira repressiva que defende a consciência do inconsciente, mas não o inverso. O conceito de Bion da barreira de contato, que ele derivou do "Projeto para uma Psicologia Científica" de Freud (1950 [1895]), funciona como uma barreira protetora mediadora em ambas as direções.
8. Esta ideia é totalmente congruente com a visão do sonhar de Bion.

26
Sonhar, fantasiar e o "instinto da verdade"

Neste capítulo, busco lançar uma nova luz sobre a natureza e a função das fantasias inconscientes. Freud (1914d) escreveu que

> As fantasias destinavam-se a encobrir a atividade autoerótica dos primeiros anos da infância, embelezá-la e elevá-la a um plano mais alto. E agora, de detrás das fantasias, toda a gama da vida sexual da criança vinha à luz. [Freud, 1914d, p. 18 (p. 28, ESB)]

Eu coloco a questão: Uma interpretação validada mitiga o efeito da fantasia inconsciente operante em favor da realidade, e/ou ela libera uma fantasia perturbada ou obstruída – e, portanto, clinicamente falha – de sua obstrução, de modo que ela possa então prosseguir em seu caminho e reingressar na corrente mítica ou ciclo de fantasia do inconsciente? Por trás desta questão, existe ainda outra: pode a psicopatologia ser devida, de um ponto de vista, a um fantasiar e/ou sonhar defeituoso ou inadequado, como Bion sugere em sua teoria radical do sonhar? Se este for realmente o caso, então o efeito de interpretações validadas pode ser, em parte, auxiliar, corrigir, reforçar, suprir ou libertar fantasias ou sonhos perturbados existentes (fantasias/sonhos que não estão funcionando adequadamente). Atrás desta linha de pensamento, está a hipótese de Bion de que todas as experiências (externas e internas) precisam ser sonhadas (fantasiadas) a fim de serem processadas, e que a psicopatologia pode ser devida – se não totalmente, então em parte – a um defeito, cuja fonte encontra-se na "função α" ou no "trabalho do sonho-α" defeituosos (Bion, 1962a, 1962b) – ou seja, o fantasiar ou sonhar defeituoso ou inadequado.

A função-alfa combina os processos primário e secundário. Essas premissas derivam da "binocularidade" (estereoscopia) bimodal cooperativa que ele postula existir entre os Sistemas *Ics.* e *Cs.*, os quais ele considera estarem em diálogo colaborativo – em oposição, mas não em conflito um com o outro, desde que a barreira de contato que os separa e medeia esteja intacta, o que fundamentalmente depende da operação da função α de suprir elementos-α para mantê-la e restaurá-la.

A EPISTEMOLOGIA PSICANALÍTICA DE BION

O analista deve abandonar memória e desejo, os derivativos de sensação, a fim de não ser desorientado por imagens ou símbolos do objeto, os quais, embora *representem* o objeto, *não* são o objeto (Bion, 1962b). Apenas então pode o analista, com muita paciência – a paciência de tolerar incerteza e dúvidas – estar qualificado para *"tornar-se"* o analisando ou, mais precisamente, "tornar-se", através de imersão e absorção, o sofrimento do analisando, O (elementos-β) (Bion, 1965, 1970). Neste estado de rêverie, o analista tornou-se o continente para o conteúdo mental projetado do analisando (Bion, 1962b). Bion chama isto de *pensar* e também de *sonhar*. Assim como a mãe faz para seu bebê, da mesma forma o analista absorve a dor do analisando, por identificação parcial ou experimental ("tornando-se"), e permite que ela se torne parte de si mesmo. Em seu rêverie, ele então permite que seu próprio repertório de experiências pessoais conscientes e inconscientes seja convocado, de modo que algumas delas podem ser simétricas a ou combinar com as projeções (elementos-β, O) ainda insondáveis do analisando. Eventualmente, o analista vê um padrão no material – ou seja, o padrão torna-se o fato selecionado que permite que o analista o interprete (crie uma conjunção constante permanente dos elementos).

A função do analista como *continente* mistura-se inconsutilmente com as noções de Bion (1965, 1970) de *sonhar, pensar, função* α, a Grade e a *barreira de contato* entre os Sistemas Ucs. e Cs. A função-alfa (o sonhar) intercepta os elementos-β (O) da experiência bruta, não mentalizada, e os transforma em elementos-α que são adequados para memória e pensamento – mas também para reforçar a barreira de contato. Quanto mais firme a barreira de contato, mais o analisando pode aprender com sua experiência, porque ele é mais capaz de pensar – porque ele é mais capaz de diferenciar (separar). Deve-se primeiro ser separado, a fim de separar mentalmente. Para Bion, o *pensar (sonhar)* ocorre após os pensamentos chegarem primeiro como "pensamentos sem um pensador" ("elementos-β", "O"), que aguardam um pensador (mente pensante) para pensá-los. A função α da mãe é o primeiro pensador/sonhador do bebê. Quando o bebê introjeta a função α da mãe, ele é então capaz de pensar/sonhar seus próprios pensamentos. A identificação projetiva de elementos-β no continente (primeiro na mãe, então no *self*) é a origem do pensar e do sonhar.

Portanto, quanto melhor o continente com sua (dele) função α, melhor o analisando pode pensar. O que significa pensar aqui? Para Bion, o pensar tem duas formas. A primeira, o "tornar-se", a forma não Cartesiana, aquela recém-discutida, consiste do sonhar (fantasiar, função α), muito da qual está envolvida em reforçar a barreira de contato seletivamente permeável. Quanto melhor a continência pelo objeto ou pelo *self*, mais efetiva é a seletividade da barreira de contato em sua capacidade de definir, refinar e proteger as fronteiras entre *Ics*. e *Cs*., e permitir "pensamentos selvagens" (inspirados) de *Ics*. para *Cs*., e pensamentos irrelevantes de *Cs*. para *Ics*. Em outras palavras, nesta forma de pensar, o sujeito *torna-se* o que ele está processando como uma experiência.

A segunda forma de pensar é a Cartesiana (diferenciação sujeito-objeto) e é caracterizada por abstração, reflexão, correlação, publicação e mudança de perspectivas. A segunda forma de pensar pode ser vista na Grade de Bion (1977a), que é uma tabela polar-coordenada na qual a coluna da esquerda, o eixo genético, designa, de cima para baixo, a sofisticação e a abstração progressivas dos pensamentos. O eixo horizontal designa o pensar em si – como os pensamentos estão sendo pensados.

Interpenetrando as ideias de Bion sobre a primeira e a segunda formas de pensar, está sua noção da barreira de contato ou cesura (1965, 1977a) e sua função flexível de dividir e reunir elementos diferentes. Ele se refere a isto em sua fórmula P-S ↔ D, onde o primeiro divide (cinde) e o último une pela virtuosidade combinatória improvisada (pensar criativo ou inventivo). O complexo de Édipo representa um aspecto da barreira. A abstração refina a essência do denominador comum em qualquer elemento. A correlação representa a função de comparação. Publicação é a capacidade da mente de ser receptiva a seus próprios "pensamentos selvagens". A mudança de perspectivas desde múltiplos vértices representa a reflexão raciocinativa essencial sobre dados obtidos de dentro ou externamente. Em *A Memoir of the Future (Memórias do Futuro)* (1975, 1977b, 1979, 1981), ele se referiu a ela como "debate disciplinado".

A FANTASIA COMO A CONTRAPARTE OU ACOMPANHAMENTO OBRIGATÓRIO PARA A REALIDADE (VISÃO BINOCULAR)

Em *Learning from Experience (Aprender com a Experiência)*, Bion apresenta sua próxima divergência importante de Freud (1911b), a da distinção que este faz entre os processos primário e secundário:

> A fraqueza desta [de Freud–JSG] teoria da consciência é evidente na situação para a qual eu propus a teoria de que a função α, pela proliferação de elementos-α, está produzindo a barreira de contato... A teoria da consciência é fraca, não falsa, porque retificá-la para estabelecer que o consciente e o inconsciente, desse modo, constantemente produziram

juntos, funciona como se eles fossem binoculares, portanto capazes de correlação e autoconsideração... Por estas razões,... considero a teoria dos processos primário e secundário insatisfatória. [Bion, 1962b, p. 54]

Aqui Bion, que já tinha desafiado Freud na primazia da hipótese da satisfação dos desejos, a que Freud (1900a) tinha atribuído o motivo dos sonhos, agora o estava desafiando em termos da autonomia da noção de satisfação dos desejos do inconsciente, bem como dos processos primários. Eventualmente, a hipótese da satisfação dos desejos de Freud parece, em minha opinião, ter acabado na Coluna 2, a "coluna *psi*", da famosa Grade de Bion (1977a), como o elemento saturado que ataca e desafia a verdade que é inerente na hipótese definitória emergente da Coluna 1.[1] As implicações disto para a psicanálise tornaram-se tão abrangentes que até hoje não foram totalmente percebidas. Bion acreditava que o inconsciente emite a Verdade Absoluta sobre a Realidade Última (que ele posteriormente chamaria de O – 1965, 1970) *vis-à-vis* com o que *eu* chamo de "instinto da verdade", e não primariamente pulsões de satisfação de desejo.

Os sonhos medeiam e facilitam a aceitação da Verdade em transformações iniciadas pelo que Bion (1962a) veio a denominar "função α" ("trabalho do sonho-α" – Bion, 1992). Portanto, ele manteve o aparato psíquico e a teoria do inconsciente em sua cabeça. Sua concepção da complementaridade binocular e da reciprocidade entre os Sistemas *Ics.* e *Cs.* tornou-se uma revisão radical da visão de Freud do conflito antagônico entre eles. Bion os via como parceiros oposicionais situados em vértices diferentes, cada um responsivo a e participando na mediação de O (elementos β, a Verdade Absoluta sobre a Realidade Última, númenos, coisas-em-si, divindade). Bion fez o mesmo com os conceitos de Klein (1049, 1946) das posições esquizoparanoide e depressiva – ou seja, os reinterpretou como sendo cooperativa e complementarmente dialéticos na confrontação e no processamento (transformação) de O (P-S ↔ D).

A Verdade Absoluta, Bruta, tinha que ser suavizada sendo submetida ao sonhar (fantasiar), de acordo com considerações esteticamente criativas, de modo que dois mestres tinham que ser harmonizados:

1. o princípio da realidade primariamente e
2. o princípio do prazer secundariamente.

Implícita nesta concepção está a noção de uma função binocular dos dois princípios, na qual o princípio da realidade é predominante e medeia a operação do princípio do prazer. Testemunhamos esta ideia nos sonhos. Como mineiros peneirando em busca de ouro, nós analistas respeitamos a verdade que está implícita nos sonhos, graças ao aspecto de princípio da realidade da função α, e peneiramos cuidadosamente seu conteúdo manifesto, repleto como este é de censura e distorção protetora, graças à operação do aspecto de princípio do prazer da função α (ver Ehrenzweig, 1967; ver também Capítulo 25). Portanto, usando a visão binocular, Bion coloca o sonhar (fantasiar) e a cognição em cursos paralelos, dialeticamente interativos. De acordo com Albert Mason (2000), que esteve em supervisão didática com Bion em Londres:

> Eu frequentemente comparava a análise com andar de bicicleta. Recordando o processo, eu primeiro tinha que aprender a segurar o guidão e usar os freios, então a equilibrar-me, e aprender todas as regras da estrada. Quando estes foram dominados, Paula Heimann disse-me para tirar minhas mãos do guidão e deixar minha contratransferência assumir. Finalmente, Bion retirou a roda dianteira e disse-me para dirigir com aquela mente binocular intuitiva, que eu esperava que fosse um destilado de tudo o que eu tinha aprendido e havia agora esquecido. Embora pareça não ter memória ou desejo, a mente binocular digeriu esta experiência e agora enfrenta o inimigo desconhecido fora no paciente, bem como o sabotador dentro de si mesmo. [Mason, 2000, p. 988]

O COLAPSO DA "VISÃO BINOCULAR"

O protocolo descrito acima se aplica à situação normal do *self* unitário – ou ao aspecto normal ou neurótico de uma personalidade perturbada. Quanto ao aspecto perturbado, cindido, dissociado da personalidade, Bion tratou diversamente deste aspecto como "The Imaginary Twin" ("O Gêmeo Imaginário",1950) e "Differentiation of the Psychotic from the Non-Psychotic Personalities" ("Diferenciação entre as Personalidades Psicótica e Não Psicótica", 1957b). Tanto nessas como em suas outras descrições anteriores de caso em *Second Thoughts* (1967c), ele atribui este a uma "catástrofe infantil" que ocorreu em muitos dos casos, resultando em uma fissura importante na personalidade.

À medida que a personalidade se divide, a visão binocular desaparece, e cada *self* cindido torna-se concretamente monocular. Como resultado, o princípio do prazer funciona não mais sob a hegemonia do princípio da realidade, mas quase inteiramente junto ao princípio de evitar desprazer a todo o custo. Isto é o que Bion (1956, 1957b, 1958, 1959, 1962a) chama de "pensamento psicótico". Ele é caracterizado, *inter alia*, por uma evitação da realidade, uma intolerância à frustração, identificação protetora excessiva (em oposição à introjeção) a fim de livrar a psique de pensamentos e sentimentos dolorosos, alucinose como substituto do sonhar, e uma reversão da função α. Hoje, acredito que podemos aplicar o que Bion relacionou ao psicótico aos aspectos cindidos de transtornos mentais primitivos e a organizações patológicas ou refúgios psíquicos (Steiner, 1993).[2] Se Bion estiver certo, então a distinção de

Freud (1911b) entre os processos primário e secundário aplica-se apenas à psicopatologia onde uma cisão ou dissociação ocorreu, o processo secundário perde seu domínio sobre o processo primário, e este se torna patologicamente autônomo como um refúgio psíquico (Steiner, 1993) ou é transformado em "reversão da função α" (–K) (Bion, 1962b, p. 25).

Nestes casos, desenvolve-se uma personalidade patológica aparentemente separada que funciona – somente com o princípio do prazer-desprazer – para abolir o princípio da realidade e sabotar o progresso. Bion (1962b) escreveu sobre a "reversão da função α" (p. 25), onde a personalidade psicótica tinha se apropriado da função α da personalidade saudável e havia, desse modo, desenvolvido "método em sua loucura". A outra forma de Bion formular esta ruptura da personalidade é considerar como estando prejudicado o próprio processo de sonhar ou fantasiar.

Voltamos agora para a hipótese de Bion sobre o sonhar defeituoso – as origens do próprio sonhar no continente (1962a, 1962b).

A "PULSÃO INSTINTUAL DA VERDADE"

Por trás dessas suposições, está a crença de Bion (1965, p. 38) de que a psique requer verdade, da mesma forma que o soma requer alimento. *Isto e sua concepção de O* (que ele associa com a Verdade Absoluta sobre a Realidade Última da Circunstância bruta[3], e que ele também associa com elementos--β – ou seja, elementos mentais não processados), *transcendem o conceito de Freud (1911b) da hegemonia do princípio da libido e o conceito de Klein (1933) da primazia do instinto de morte na vida mental inconsciente, postulando a atividade de um "instinto da verdade"* (Bion, 1992, p. 99-101, 299-300; comunicação pessoal, 1979).

Tendo transformado a teoria das pulsões de Freud (1905d, 1920g) e acrescentado a ênfase de Klein (1930) no instinto parcial epistemológico, Bion concebeu os vínculos básicos e inerentes L, H e K entre *self* e objeto (1962b). Embora ele se refira a eles individualmente, ele sugere que são inseparáveis quando experienciados – ou seja, a pessoa "conhece" o objeto pela forma como se sente (L e/ou K) em relação a ele. Em outras palavras, esses vínculos combinam afetos e pulsões e os reorganizam como formas pessoais e emocionais de saber como alguém se sente em relação ao objeto. Eles representam o saber (amoroso e/ou odioso) emocional. Bion (1965, p. 38; comunicação pessoal, 1979), então, estendeu K para incluir o "instinto da verdade" e associou sua operação com as evoluções de O e suas intersecções com a fronteira emocional do indivíduo.

Aprende-se (ganha-se) com a experiência por ser capaz de tolerar sua incerteza e/ou severidade e por ser capaz de processá-la em seu significado pessoal (subjetivo) e objetal, de acordo com Bion (1962b). Este processamento é originalmente realizado conjuntamente pela mãe e pelo bebê, usando o rêverie e a função α da mãe, e posteriormente pelo bebê sozinho, à medida que ele incorpora a experiência da função α da mãe para si mesmo. A "Verdade Absoluta (impessoal e infinita) sobre a Realidade Última", se inicialmente tolerada e aceita, torna-se transformada, primeiro, em "verdade pessoal" (K) sobre o próprio sujeito *vis-à-vis* como ele responde ao impacto de O (posição esquizoparanoide) e, segundo, em "verdade objetiva (realística)" (posição depressiva).

"A VERDADE DA QUESTÃO É QUE EU NÃO POSSO ENCARAR A VERDADE!"

Bion (1970, p. 98) diferencia entre falsidade e mentiras. A primeira diz respeito a mecanismos de defesa bem conhecidos que operam de modo a censurar, alterar ou disfarçar a verdade para torná-la palatável. As mentiras, por outro lado, rejeitam completamente a verdade em favor exclusivamente do princípio do prazer-desprazer. Paradoxalmente, o mentiroso, como o psicótico, está mais próximo da verdade do que o neurótico, cujos mecanismos de defesa são tais que eles falsificam parcialmente a verdade. O mentiroso e o psicótico parecem ter uma estimativa mais genuína de suas vulnerabilidades em relação a sua incapacidade de enfrentar a verdade, bem como das implicações mais amplas da verdade que eles se sentem fadados a confrontar.[4] Pacientes psicóticos, aqueles com transtornos do caráter e aqueles sofrendo de outros transtornos mentais primitivos alegam todos, se eu puder resumir suas crenças em uma afirmação coletiva: "A verdade da questão é que eu não posso encarar a verdade, porque eu conheço a verdade muito bem, não tendo sido suficientemente protegido dela, e eu conheço as limitações de meus recursos internos (minha função α) para lidar com ela – e esta é a verdade." Esta "verdade" pode explicar por que tantos dos pacientes psicóticos discutidos por Rosenfeld (1965) e Bion (1967c) experienciavam reações terapêuticas negativas quando encontravam o limiar da posição depressiva – ou seja, o "momento da verdade". Ainda outra perspectiva de sua difícil condição *vis-à-vis* a verdade é a aparente perda de sua "enteléquia" – suas esperanças de desenvolvimento futuro. É como se eles tivessem, desde o início, feito um verdadeiro pacto com o diabo (seu instinto de morte[5]) para evitar esperança e progresso, a fim de manter a ilusão de segurança, uma segurança "garantida" por seu refúgio psíquico "protetor" (Steiner, 1993).

Parenteticamente – de acordo com a concepção de Fairbairn (1943), com a qual eu concordo, de que apenas objetos maus são internalizados, não objetos bons (p. 63) –, poder-se-ia postular que todos os objetos internos constituem continentes defeituosos de O.

"VISÃO BINOCULAR": A FUNÇÃO α COMBINA OS PROCESSOS PRIMÁRIO E SECUNDÁRIO

Central ao pensamento de Bion (1965) é o conceito da "visão binocular" ou "estereoscopia mental" – um modelo de trajetória dupla no qual opostos polares juntam-se colaborativamente por um objetivo comum, muito semelhante à operação dos dois hemisférios cerebrais. A visão de Bion é que os processos primário e secundário combinam-se como uma estrutura binária-oposicional (função α) para constituir uma visão binocular da vida mental interna e externa. Similarmente, os Sistemas *Ics.* e *Cs.*, em vez de estarem em conflito entre si, constituem uma visão binocular de O. Para aplicar isto à situação clínica: quando uma interpretação é validada (pelo inconsciente do analisando), isto significa que:

1. uma verdade foi reconhecida e aceita pelo analisando, com correspondente crescimento emocional; e
2. a verdade foi aceitável porque não era a *verdade total* – ou seja, a Verdade Absoluta sobre a Realidade Última da Circunstância bruta.

O sonhar (fantasiar) atenuou seu impacto. Alguma ficcionalização deve sempre acompanhar a verdade – exceto no caso do místico – de acordo com Bion (1970).

O CONTINENTE E O CONTEÚDO (♀♂) E SUA COALESCÊNCIA COM O SONHAR E O FANTASIAR

Bion (1956, 1959, 1962a) começou a perceber que os pacientes psicóticos a quem ele estava analisando não tinham tido, na infância, a experiência de mães competentemente cuidadosas que pudessem "conter" os gritos de sofrimento de seus bebês, que Bion interpretava como identificações projetivas nelas de seu medo de morrer (a forma de Bion referir-se ao instinto de morte). Ele então formulou – independentemente do "ambiente sustentador" de Winnicott (1960b) – o conceito de que, no desenvolvimento normal, o bebê experiencia emoções e experiências intoleráveis (para o momento) que requerem que a mãe, em um estado de *rêverie* (completamente imersa na experiência do bebê à exclusão do *self*) permita que sua função α aumente seu "sonhar de seu bebê". Este "sonhar" pode ser comparado com o "*method acting*" ("método de atuação") de Stanislavski (1936), no qual o ator, em vez de tentar entender o papel que deve desempenhar, permite que seu próprio repertório interior de experiências de vida combine simetricamente com o papel.[6] O princípio é virtualmente o mesmo, com a mãe como continente para o bebê, e o analista para o analisando. Bion então recomenda a mãe, bem como o analista, a "abandonar memória e desejo" (bem como preconcepções e entendimento) de modo que o continente-mãe-analista possa "lançar um facho de intensa escuridão no interior, a fim de que alguma coisa até então não vista no clarão da iluminação, possa resplandecer ainda mais naquela escuridão".[7] Como Bion (1970) declara: "Freud dizia que ele tinha que 'cegar-me artificialmente para focalizar toda a luz em um ponto escuro'" (p. 57, ver também p. 43).

Bion (1962a, 1962b) continua sugerindo que o bebê normal projeta em sua mãe como continente, quem, em seu rêverie, de bom grado recebe, absorve e processa as projeções de seu bebê. "Processar" significa permitir-lhes estabelecer-se dentro dela e permitir que o mundo interno dela combine simetricamente com o conteúdo (inconscientemente). A princípio, ela pode experienciar incerteza ou ansiedade, ou mesmo caos ou aleatoriedade. Após algum tempo, sua paciência é recompensada com uma intuição de súbita consciência sobre uma coerência em todos os dados caóticos que ela experienciou. Freud chamava este momento de *"aha Erlebnis"* e Bion de "fato selecionado". Pode-se pensar, também, nele como o "atrator estranho" da teoria do caos.

Deve ser lembrado, entretanto, que o processo de continência é equiparado por Bion com o sonhar. A mãe como continente deve *sonhar* seu bebê (bem como o conteúdo de seu bebê – ou seja, o "conteúdo"). Esta função do sonhar materno inclui:

1. uma função tipo diálise renal, na qual ocorre uma "desintoxicação" das projeções emocionais;
2. uma classificação e combinação com aspectos inconscientes, e então conscientes, do próprio repertório de experiências da mãe;
3. uma repressão daqueles elementos que o bebê não está preparado para "digerir" neste momento (questões de momento e dosagem); e
4. ação corretiva de um ou outro tipo que equivaleriam a fazer alguma coisa apropriada – ou em dar uma interpretação, se for um analista.

Bion teoriza que, à medida que o tempo passa, o bebê normal introjeta o uso que a mãe faz de sua função α, e daí em diante começa a projetar internamente. *Bion considera esta operação a base do pensar, que ele diferencia dos próprios pensamentos.* Estes eram os elementos-β, o conteúdo das identificações projetivas do bebê, que Bion (1992, p. 325) também denomina de "pensamentos sem um pensador" aguardando um pensador (um continente) para pensá-los.[8] Portanto, a capacidade para um "sonhar e/ou fantasiar bem-sucedido depende diretamente da própria capacidade de auto-"continência" do indivíduo, que, por sua vez, depende, em grande medida, do legado de ter sido contido com sucesso – ou seja, sonhado – por objetos cuidadores. A fim de que essas ideias não pareçam muito obscuras, permitam-me abordá-las de outra maneira. *O bebê olha a realidade através do verdadeiro periscópio dos olhos de sua mãe. Se a mãe (e o pai) puderem sustentar sua própria experiência de O, então o bebê pode. Tolerar O torna-se possível apenas graças ao sonhar-conter.*

A BARREIRA DE CONTATO E O SONHAR

Uma das funções do sonhar é proporcionar um suprimento contínuo de elementos-α para a barreira de contato, de acordo com Bion (1962b, p. 17). Isto parece quase idêntico à barreira repressiva de Freud (1915d), mas difere em um aspecto significativo, como logo veremos. O propósito subjacente à necessidade de manter a integridade e o funcionamento da barreira de contato é garantir sua operação como um porteiro para separar o Sistema *Ics.* do Sistema *Cs. – e o reverso*. Parece ter sido ideia de Freud que o Sistema *Cs.* necessitava de proteção das irrupções do Sistema *Ics.*, mas não o contrário. Bion, entretanto, vê ambos os sistemas como constituindo uma complementaridade cooperativa, binária-oposicional (não necessariamente conflitual) na qual ambos exploram O e informam um ao outro seus respectivos achados – uma triangulação de observação.

> Pode-se esperar que a barreira de contato se manifeste clinicamente – se de fato ela se manifestar – como alguma coisa que lembre os sonhos. [1962b, p. 26]

Acabamos de ver que Bion equipara sonhar com conter. Agora veremos o que acredito que seja uma cadeia inconsútil de continuidade entre sonhar, conter e outras entidades, tais como:

1. sonhar ou fantasiar a si mesmo;
2. a "cesura" entre vida fetal e nascimento;
3. "negação" (como um aspecto necessário da lógica Aristotélica),
4. o "complexo de Édipo" (tanto a versão Kleiniana *como* a Freudiana[9]);
5. a "estrutura analítica" – ela própria uma tentação contínua para o analisando desafiar e uma obrigação pelo analista de permitir; e
6. o "continente" (Bion, 1959, 1962b), cuja tarefa é absorver, processar, transformar (transdução e tradução) alguns aspectos do sofrimento do sujeito – como o "conteúdo" – em significado tolerável como interpretação, e conter outros aspectos que o sujeito ainda não está pronto para suportar (repressão, dosagem, momento, o destino do "retorno do reprimido").[10]

A barreira de contato pode ser comparada, em algum grau, com uma *membrana celular*, que deve conter e definir a célula dentro do tecido de sua localização *e*, ao mesmo tempo, ser capaz de permitir que nutrientes entrem e resíduos inúteis saiam da célula. Em outras palavras, ela deve funcionar como uma membrana *seletivamente permeável*.[11] O sonhar é equivalente à função α, que, por sua vez, é equivalente a uma barreira de contato contínua, e funciona para manter a integridade da fronteira entre os Sistemas *Ics*. e *Cs*. Enquanto, ao mesmo tempo, permite seletivamente que certos elementos "qualificados" cruzem sua fronteira – nos dois sentidos. Além disso, não apenas o sonhar supre elementos-α para reforçar a barreira de contato, mas a própria barreira de contato, graças a sua capacidade de separar os Sistemas *Ics*. e *Cs*., torna seguro que o sonhar aconteça. Em outras palavras, parece existir um circuito fechado entre eles.

Bion (1965, p. 38) também considera que a função dos Sistemas *Ics*. e *Cs*. é revelar a verdade (como uma versão misericordiosamente diluída e processada da Verdade Absoluta sobre a Realidade Última da Circunstância bruta, O, elementos-β). Freud (1915e), por outro lado, vê o Sistema *Ics*. como um "caldeirão fervente" e autenticamente hedônico (apenas desejando a satisfação de seus desejos). Bion afirma que os psicóticos (ou a porção psicótica da personalidade) busca fugir da verdade e, portanto, usa cisão e identificação projetiva não apenas para livrar suas mentes de emoções intoleráveis, mas também para livrar-se da mente que poderia potencialmente nutrir esses sentimentos. Eles seguem o princípio do prazer-desprazer à exclusão do princípio da realidade, de acordo com Bion.

NOTAS SOBRE FANTASIAS INCONSCIENTES

Isaacs (1952) escreveu que a teoria da fantasia de Klein constituía a representação mental dos instintos. Em uma contribuição mais recente, Spillius esclareceu as diferenças entre o entendimento das fantasias de Freud e de Klein:

> Na visão de Freud, embora *existam* fantasias no *sistema inconsciente*, a unidade básica do *sistema inconsciente* não é fantasia, mas o desejo instintual inconsciente. A formação do sonho e a formação da fantasia são processos paralelos; poder-se-ia falar de "trabalho da fantasia", comparável ao "trabalho do sonho"; ambos envolvem transformação de conteúdo inconsciente primário, e os sonhos são uma transformação deste. Para Freud, o motor principal, por assim dizer, é o desejo inconsciente; sonhos e fantasias são ambos derivativos disfarçados dele. Para Klein o motor principal é a fantasia inconsciente. [Spillius, 2001, p. 362]
>
> Klein desenvolveu sua ideia de fantasia gradualmente a partir de 1919, salientando particularmente: o efeito nocivo da inibição da fantasia no

desenvolvimento da criança; a ubiquidade das fantasias sobre o corpo da mãe e seus conteúdos; a variedade de fantasias sobre a cena primária e o complexo de Édipo; a intensidade das fantasias tanto agressivas quanto amorosas; a combinação de diversas fantasias para formar o que ela chamou de posição depressiva... a posição equizoparanoide viria mais tarde.... Essencialmente, penso que Klein considerava a fantasia inconsciente sinônimo de pensamento e sentimento inconsciente, e que ela pode ter usado o termo *fantasia* em vez de *pensamento* porque os pensamentos de seus pacientes infantis eram mais imaginativos e menos racionais do que se supõe que seja o pensamento adulto comum. [p. 364]

Pelo relato de Spillius, pareceria que Klein deu um papel mais central às fantasias inconscientes. Ela acreditava

1. que elas constituíam *pensamento inconsciente*,
2. que todas as comunicações e relações fundamentais entre *self* e *self* (internamente) e *self* e outros (interna *e* externamente) são conduzidos através de fantasias inconscientes, e
3. que mesmo todos os mecanismos de defesa – mecanismos esquizoides (cisão, identificação projetiva, idealização e negação mágica onipotente), defesas maníacas (triunfo, desprezo e controle), ou defesas obsessivas e mesmo repressão – são eles próprios fantasias permanentes (concretizadas).

"PAPAI, ME CONTE UMA HISTÓRIA": A PSICANÁLISE COMO UM "CONSERTADOR DO SONHO"

Estamos agora na idade de *Harry Potter* e nem precisamos imaginar por que esta fantasmagoria maravilhosamente construída está desfrutando de popularidade e aclamação sem precedentes. Aqueles de nós que somos pais conhecemos bem o apelo atemporal das crianças: "Papai (ou Mamãe), me conte uma história!" Histórias, lendas, contos de fadas, fábulas, parábolas e mitos são, todos, versões diferentes de sonhos ou fantasias. Eles são, todos, narrativas que dão significado às efusões caóticas do inconsciente.

Mais especificamente, se empregarmos o modelo binocular de Bion, conforme referido anteriormente, podemos propor a seguinte imagem: Se conjecturarmos que a posição esquizoparanoide constitui uma tenaz que intercepta O, e que a posição depressiva constitui outra, e também que a primeira funciona para estabelecer uma barricada de fantasia inconsciente ou mito para deter os elementos-β de O, e a última busca dar uma versão mais realista da Verdade acompanhando, uma atrás da outra, a fantasmatização (mitificação) inicializadora da Verdade, obtemos um modelo da importância das histórias para o bem-estar do inconsciente e para o bem-estar do indivíduo. Histórias, fantasias ou sonhos são a primeira linha de defesa contra ser esmagado. Devemos primeiro ser capazes de falsificar (alterar) ou atenuar a Verdade a fim de tolerá-la, após o que devemos personalizá-la como nossa própria experiência subjetiva que (re-)criamos, de dentro de nós mesmos, a fim de assegurar nosso senso de agência. Graças à objetividade oferecida pela posição depressiva, podemos então objetivar sua Alteridade.

Para reafirmar isto de outro ângulo, tradicionalmente, quando o psicanalista interpreta fantasias inconscientes para analisandos, o ponto de vista predominante tem sido o de uma realidade factual externa – "Quando você estava na sala de espera e me ouviu ao telefone, você pensou que eu estava falando com minha amante" (na fantasia[12]) – deixo implícito que, na realidade, eu não estava. Em outras palavras, as fantasias eram entendidas como a causa primeira de patologia, e que um desmascaramento da fantasia por uma restauração segura da realidade era a cura. Acredito que, embora aquela premissa *possa* ser válida, há outra maneira, oposta, de entender o papel das fantasias. Eu as entendo como a primeira linha de defesa contra a evolução dos elementos-β (protoexperiências não mentais não processadas, O). As fantasias detêm seu impacto mitificando-os e convertendo-os em narrativas pessoais que fluem e caem em cascata na corrente mítica contínua do inconsciente.

Ao interpretarmos fantasias, estamos validando sua importância e sua verdade interior, em preparação para o processo subsequente – o de permitir que os mecanismos da posição depressiva conduzam transformações das fantasias em afirmações da realidade objetiva (separada). Assim, uma interpretação sobre uma fantasia inconsciente verbalmente *completa* e portanto *valida* a fantasia ao permitir uma transformação da imagem sensual para a abstração verbal, além de uma verificação de sua função pelo analista. Em outras palavras, deve haver um *alinhamento* entre a *fantasia* inconsciente e seu descendente consciente, o *pensamento*. Além disso, quando Shakespeare disse, "O sono que desata a emaranhada teia dos cuidados", ele poderia simplesmente também ter dito "os sonhos e/ou fantasias que desatam a emaranhada teia dos cuidados" – em preparação para um processamento emocional e digestão mental que, afortunadamente, culminaria em pensamento abstrato sobre as próprias emoções.

Tudo que foi dito acima é provavelmente bem-conhecido a bebês e crianças em termos de sua preocupação com contos de fadas e fábulas, que eles necessitam que sejam repetidos várias e várias vezes. Sonhos, fábulas, lendas, mitos e/ou fantasias são a língua primitiva perdida da imaginação que dominou a vida pré-verbal dos bebês. Eles secaram as lágrimas de pesar e cuidado e preservaram a inocência do bebê. Eles subsequentemente submergiram e renderam-se ao senhor feudal, o símbolo da palavra, mas ainda podem ser localizados no mundo inferior de nosso ser como nosso "serviço silencioso", imagisticamente lambendo nossas feridas e estando a nossa disposição para todos os nossos ritos de passagem e erros em função da circunstância.

NOTAS

1. Devo declarar que esta é minha opinião pessoal, enquanto reflito sobre as implicações das extensões da concepção de Bion.
2. Com relação ao "sonhar psicótico", acredito que o material clínico de Bion sobre o assunto talvez fosse mais bem explicado pela hipótese de que o psicótico, em vez de ser capaz de sonhar, é "sonhado" por um objeto persecutório, como sugerido na "máquina de influência" de Tausk (1919).
3. Este arranjo é estritamente a minha própria forma de editar Bion para compreender esses itens. Ele próprio os relaciona separadamente como "Verdade Absoluta", "Realidade Última", "elementos-β", "preconcepções inerentes", "númenos", "coisas-em-si" e "divindade". Acredito que minha versão editada faz maior justiça a suas visões. A maneira mais simples de entender O seria a experiência pura, bruta, antes de a processarmos.
4. Este autorreconhecimento da incompetência interna inconsciente é notável entre esquizofrênicos, que parecem carregar com eles falhas constitucionais no processamento mental da informação emocional. Eles são afligidos, *inter alia*, com uma tendência a superinclusão de estímulos sensoriais, um problema de barreira sensorial que está estreitamente correlacionado com os conceitos de Bion da barreira de contato e da Grade.
5. É notável que os Kleinianos, incluindo Bion, nunca tenham contemplado os aspectos adaptativos (Hartmann, 1939) do instinto de morte. O próprio Bion, cujo O o transcende, parece nunca ter percebido que o instinto de morte pode ser uma defesa adaptativa para aqueles cujas funções α defeituosas os traíram, e que, portanto, padronizaram o uso do instinto de morte como sua única esperança.
6. Francesca Bion informou-me que Bion era familiarizado com as ideias de Stanislavski.
7. Esta é uma citação exata de Bion durante minha análise com ele, em 1976. Ele mencionou que a tinha obtido de uma das cartas de Freud para Lou Andreas-Salomé (Freud e Andreas-Salomé, 1966).
8 Eu discordo um pouco de Bion nesta questão. Acredito que o bebê é "inatamente dotado" de suas próprias funções α rudimentares, como uma categoria primária Kantiana; isto explicaria por que os bebês podem comunicar-se com seus objetos não verbalmente desde o início e são aparentemente capazes de sonhar desde o início. Acredito, entretanto, que as funções α da mãe são, não obstante, necessárias.
9. A barreira ou tabu, na versão Kleiniana, refere-se à santidade dos conteúdos do corpo da mãe (objeto parcial). Na versão Freudiana, a barreira ou tabu refere-se ao objeto de incesto *qua* objeto inteiro.
10. A designação da barreira de contato também pode aplicar-se ao conceito da "barreira passiva de estímulos" (Freud, 1920g), que está relacionado ao conceito de Hartmann (1939) de "limiar de estímulos" inatos, como um aparato de autonomia primária.
11. Sugiro que a capacidade da barreira de contato para afirmar seletivamente a operação de uma presença ou inteligência secreta, numênica e vitalística dentro da estrutura.
12. Aqui escrevo fantasia, com um "f" em vez de "ph", porque neste uso ela é consciente ou pré-consciente, não inconsciente.

27
"Tornar-se"

O leitor terá notado que eu me repito frequentemente neste trabalho. Minhas razões para fazê-lo é que o próprio Bion o fez em seus escritos – mas ele repetiu-se em contextos diferentes de cada vez, e eu da mesma forma. Lacan (1966), ao tratar do problema da compulsão à repetição, declarou que em cada sessão o paciente se repete – diferentemente! O "tornar-se" é um componente tão profundo e importante do episteme de Bion que eu não podia fazer nada menos do que dar-lhe um tratamento separado.

Bion usa o verbo "tornar-se" de duas maneiras. Ambos os usos derivam de Platão (o *Theaetetus*, para um). O primeiro uso é sinônimo de "evoluir". Platão dizia: "Aquilo que é está sempre tornando-se." O segundo uso é clínico: o analista deve tornar-se o analisando. Para que esta afirmação não soe tão mística, colocarei desta forma: assim como somos destinados fisiologicamente a nos tornarmos o alimento que digerimos e assimilamos, da mesma forma, devemos nos permitir, enquanto analistas, digerir – assimilar, nos *tornarmos* – a experiência emocional que o analisando está inconscientemente, bem como conscientemente, transmitindo para nós. O "tornar-se" constitui uma técnica ontológica, epistemológica do saber emocional. A técnica epistemológica (mas não ontológica) mais bem-conhecida é a Cartesiana, na qual uma separação é necessária entre a mente e o objeto da mente.

Bion, sem dúvida, encontrou o primeiro significado de "tornar-se" no *Teeteto (Diálogos de Platão: 2* – Jowett, 1892).

> Sócrates: Vou explicar-me, e não será argumento sem valor, a saber: que nenhuma coisa é una em si mesma e que não há o que possas denominar com acerto ou dizer como é constituída... mas da mudança das coisas, do movimento e da mistura todas as coisas estão se *tornando* relativamente umas às outras, pois, a rigor, nada é ou existe, tudo se *torna*. Convoque os poetas de todo gênero de poesia: Epicarmo, o príncipe da Comédia, e Homero, da tragédia; quando este se refere a... não dá a entender que *todas as coisas se originam do fluxo e do movimento*? [Jowett, 1892, Vol. 2, p. 154]

> Sócrates: Ou que qualquer coisa pareça para ti igual parece para outra pessoa? Estás convencido disso, ou será mais certo dizer que elas nunca

te parecem do mesmo modo, pelo fato de nunca permaneceres igual a ti mesmo? [p.155]

Tudo *se torna* e *se torna* relativamente a alguma outra coisa. [p.158-159]

E para o segundo significado de "tornar-se" considere o seguinte:

Soc. Porém é forçoso que eu tenha a sensação de alguma coisa, quando me *torno* percipiente; o que não é possível é ser percipiente de nada. O mesmo se passa com o agente... ficar doce sem ser doce para ninguém é que não é possível... Por isso mesmo, se se disser que alguma coisa [o agente e paciente] existe ou devém, será preciso acrescentar que existe ou se *torna* em relação a alguma coisa. [p.162, itálico acrescido.]

[A] alma investiga por si mesma, e outras por meio das diferentes faculdades do corpo. [p.188]

Soc. Então percepção, Teeteto, nunca pode ser o mesmo que conhecimento ou ciência? [p.190]

E agora, meu amigo,... depois *de apagar da memória tudo o quanto foi dito*, e considera se não vês melhor do ponto em que chegaste. E agora dize mais uma vez o que é conhecimento. [p.190, itálico acrescido]

Fica claro pelos escritos de Bion que ele acreditava no fluxo e no movimento de todas as coisas, incluindo todos os aspectos da própria vida. Ele gostava de citar o ditado de Heráclito de que não se pode entrar duas vezes na mesma corrente. Uma consequência desta ideia é a *transitoriedade*. A memória é o lugar onde a verdade um dia esteve transitoriamente, mas não está mais. A fim de perceber um objeto, tenho que entrar em um ritmo-em-fluxo com o objeto, e naquele ritmo (minha palavra), eu *torno-me* o objeto.

Entretanto, há um significado mais profundo ao conceito de tornar-se o objeto. É fácil confundir tornar-se com se fudir com o objeto. Isto é claramente o que Bion *não* quer dizer. Se nos fundimos (na fantasia inconsciente) com o objeto, renunciamos às fronteiras do ego e não podemos mais funcionar como um *self* integrativo ou percipiente. Acredito que o que Bion quer dizer por "tornar-se", na situação clínica, é que o analista, enquanto em um estado de rêverie, é receptivo às comunicações emocionais de seu paciente ao estar em contato extremamente sensível com *seu próprio self interior* – ou seja, *seu próprio reservatório inconsciente de contrapartes* de emoções, experiências, fantasias, e assim por diante, que combinam com aquelas do paciente. Assim, o inconsciente do analista *ressoa* com o do paciente. Este ato constitui o "tornar-se" ou o que eu chamaria, a exemplo de Platão, de o "fluxo" ou o "ritmo do tornar-

-se". Este ato é auxiliado por nossa possessão inerente de "neurônios espelho" (Gallese, 2001; Gallese e Goldman, 1998), a base neuronal para a qualidade da observação empática (Grotstein, 2005). (Parenteticamente, conforme afirmei anteriormente, o "tornar-se" exemplifica a "voz média" do grego antigo – uma construção gramatical que unifica as vozes ativa e passiva.)

O conselho oferecido a seus estudantes de atuação teatral, por Stanislavski (1936), um dos fundadores do "método de ação física" ("*method acting*") propõe um paralelo com o "tornar-se" de Sócrates e de Bion. Stanislavski renunciou à tradicional técnica de atuação clássica pela qual o ator identifica-se (projetivamente e então introjetivamente) com o papel determinado. Em vez disso, ele aconselha o aluno a olhar dentro de si mesmo e localizar aquelas experiências e memórias internas que combinam com ou correspondem ao papel a ser desempenhado.

De um ponto de vista mais prático, o conceito de "tornar-se" pode ser aplicado ao desenvolvimento do bebê e à situação clínica como segue: quando o bebê evolui da posição esquizoparanoide para a posição depressiva, uma de suas tarefas é aceitar – ou seja, "tornar-se", possuir – sua própria experiência de necessidade, incluindo as pulsões. O mesmo é verdadeiro para a situação clínica na qual o analista busca ajudar o analisando a "possuir: ou seja, "tornar-se" suas emoções sentindo-as.

28
P-S ↔ D

A fórmula P-S ↔ D representou outra mudança no pensamento Kleiniano. Até a reformulação de Bion, os kleinianos tendiam a considerar a posição esquizoparanoide uma patologia, e privilegiavam o alcance da posição depressiva. Bion os vê ambos do vértice binocular – ou seja, dialeticamente. P-S exercia uma função mediadora sobre D, enquanto D exercia uma função mediadora sobre P-S. D está em risco de tornar-se um significador do Establishment ossificado, enquanto P-S está em risco de excessiva dispersão ou fragmentação. Bion finalmente, e ingeniosamente, colocou P-S ↔ D em uma configuração de triangulação com O através do processo de binocularização, no qual P-S e D medeiam ambos a O, mas de diferentes vértices. Ele fez o mesmo com a relação entre consciência e o inconsciente *vis-à-vis* O.

Uma das implicações de Bion ter retratado as setas duplas e revertidas entre P-S e D é que elas ocorrem e funcionam simultaneamente e, presumivelmente, o fizeram desde o início. Não é contradição dizer que também poderia existir um desenvolvimento aparentemente epigenético de P-S para D – um fenômeno que vemos clinicamente. P-S e D sendo paralelos e simultâneos é reminiscente da descrição original de Klein (1935) da posição depressiva, que incluía o que ela mais tarde denominaria de a posição esquizoparanoide (Klein, 1946). A categorização matemática de Bion de P-S ↔ D também sugere uma relação ativa, recíproca, dialética entre as duas posições, como ele sugere em *Transformations (Transformações)*:

> A teoria de Melanie Klein do papel desempenhado pela intolerância à depressão esclarece o problema apresentado pela cadeia de causação que relatei. O paciente é perseguido pelo significado de certos fatos que ele sente que são significativos. Além disso, ele é perseguido pelos sentimentos de perseguição. Isto é explicável se aceitarmos que o paciente é intolerante à depressão e que isto impede o intercâmbio de Ps ↔ D. A cadeia de causação proposta pode ser vista como uma *racionalização do senso de perseguição*. [1965, p 57]

Essencialmente, P-S ↔ D é a notação que significa "aprender com a experiência" – a emoção, O, em sua impressão sensorial não mentalizada como um elemento-β, veio a ser transformada em um elemento-α mentalizado, que é adequado para digestão mental e distribuição para o resto da mente:

> O processo de mudança de uma categoria representada na grade para outra pode ser descrito como desintegração e reintegração, Ps ↔ D". [1963, p. 35] [Ou seja, desde dispersão ou cisão para a coerência.]
>
> Pareceria haver uma ligação entre P-S ↔ D e ♀♂, contudo a dessemelhança torna difícil ver que forma de ligação... tomaria. A reunião de elementos que aparentemente não têm ligação de fato ou na lógica, de tal forma que sua ligação é exibida e uma coerência insuspeitada revelada... é característica de P-S ↔ D. [1963, p. 37] [*P-S ↔ D e ♀♂ funcionam complementarmente e em paralelo para produzir coerência.*]
>
> [Antes] que ♀♂ possam operar, ♀ tem que ser encontrado e a descoberta de ♂ depende da operação de P-S ↔ D. É óbvio que considerar qual dos dois ♀♂ ou P-S ↔ D é anterior distrai do problema principal. Devo supor a existência de um estado misto no qual o paciente é perseguido por sentimentos de depressão, e deprimido por sentimentos de perseguição. [1963, p. 39] [*Aqui Bion está propondo o conceito das "Posições", uma combinação ou mistura de P-S e D.*]
>
> O primeiro problema é ver o que pode ser feito para aumentar o rigor científico estabelecendo a natureza de menos K (–K), menos L (–L) e menos H (–H).... [Em] vez de uma interação envolvendo dispersão de partículas com sentimentos de perseguição... e integração com sentimentos de depressão, temos em –PS ↔ D desintegração, perda total, estupor depressivo *ou* impactação intensa e violência letárgica degenerada. [1963, p. 51-52] [*P-S ↔ D é agora considerado em seu funcionamento negativo, em paralelo com –L, –H e –K.*]

O conceito de Bion de P-S ↔ D eleva o caminho positivista, ciclópico (um só ponto de vista), unidimensional (ou/ou), linear (sequencial) de Klein em uma série de dialéticas. Uma dialética é sugerida na P-S de Klein em termos de "seio bom" *versus* "seio mau". Então, quando se considera a posição depressiva, outro encontro dialético se desenvolve entre P-S e D, presumivelmente com progressões e regressões. Assim como o continente ↔ conteúdo de Bion intersubjetivava o bebê em P-S com uma mãe que deve simultaneamente estar na posição depressiva, a fim de ser um continente adequado, da mesma forma seu P-S ↔ D sugere que a posição depressiva esteve lá em uma relação dialética com P-S todo o tempo (desde o nascimento), mas apenas alcança proeminência com sua ascendência posterior.

Colocado de outra forma, o bebê pode ser entendido como tendo nascido na forma mais incipiente da posição depressiva – *na medida em que esta posição pressupõe a experiência de perda do objeto,* cuja primeira instância é a situação do nascimento. Entretanto, visto que a posição depressiva também pressupõe maturidade, autoidentidade, aceitação da dependência do objeto e relações objetais totais (intersubjetivas) conjuntamente, para cujos requisitos o recém-nascido está totalmente despreparado, ele deve primeiro atravessar evolutivamente P-S a fim de peneirar, processar e "alfa-bet(a)-izar" os dados aleatórios de sua experiência emocional, primeiro categorizando-os em "bons" e "maus", através de diferenciações dissociativas pendentes de futuras integrações na *ascendência sucessiva* da posição depressiva. (Nota: de acordo com a revisão do conceito por Bion, a posição depressiva também existe e funciona simultaneamente com P-S.)

29
L, H e K e paixão

Bion (1962a, 1963, 1965, 1970) usava L, H e K como notações e elementos abstratos para designar vínculos emocionais entre *self* e objetos e entre os próprios objetos. Eles também constituem elementos psicanalíticos. Os termos dos quais eles são abstraídos eram formalmente considerados pulsões. Embora ainda mantendo a integridade das pulsões, Bion tomou a liberdade de selecionar seus componentes estritamente emocionais e suas capacidades de ligação ou união. De forma mais elementar, eles poderiam ser considerados inseparáveis e mutuamente intercambiáveis. Por exemplo, x K y porque ele tem consciência de que ele L y, mas também H y. Em outras palavras, nós emocionalmente *conhecemos* alguém por nossa consciência de nosso *amor* e/ou *ódio* por ele(a):

> [Os] sinais podem estar relacionados ao fato de uma maneira que os salva de se tornarem símbolos sem sentido, e podem ao mesmo tempo ser suficientemente abstratos para assegurar que eles sejam geralmente, e não meramente, acidentalmente aplicáveis a situações emocionais reais... O analista deve permitir-se apreciar a complexidade da experiência emocional que ele necessita esclarecer e, contudo, restringir sua escolha a esses três vínculos. Ele decide quais são os objetos vinculados e qual desses três representa com mais precisão os vínculos reais entre eles. [1962b, p. 44]

> Recapitular um episódio emocional como K é produzir um registro imperfeito, mas um bom ponto de partida para a meditação especulativa do analista... [Ele] possui os rudimentos dos fundamentos de um sistema de notação – registro do fato e ferramenta de trabalho. [p. 44]

Aqui Bion está justificando e racionalizando o uso de um número limitado de ícones abstratos, não saturados como modelos. Cada um deles e todos eles juntos podem de modo coletivo expandir-se sincreticamente para incluir uma vasta série de qualidades e quantidades de emoção. Este é um aspecto da ambição de Bion de conferir precisão matemática à teoria e prática psicanalíticas. A meta final é encontrar um sistema de *notação* emocional. Posteriormente, na mesma seção, Bion salienta que os sistemas de notação L,

H e K devem ser usados exclusivamente para seres vivos. Eles não se aplicam a seres não vivos – apenas a "ciência" o faz.

Bion (1963) associa L, H e K com "paixão".

> Por "paixão", ou a falta dela, refiro-me ao componente derivado de L, H e K. Uso o termo para representar uma emoção experimentada com intensidade e ardor, embora sem qualquer sugestão de violência... A consciência da paixão não depende dos sentidos. Para os sentidos estarem ativos apenas uma mente é necessária: *paixão é evidência de que duas mentes estão ligadas,* e que possivelmente não pode haver menos de duas mentes se a paixão estiver presente. *A paixão deve ser claramente diferenciada de contratransferência,* esta sendo evidência de repressão. [1963, p. 12-13; itálico acrescido]

L, H e K são os componentes da paixão. A paixão deve ser compartilhada a fim de qualificar-se como paixão. Paixão transmite a emoção de sofrimento, bem como de ardor. Ela é o *sine qua non* da capacidade do analista de conter. A descrição de Bion dela assemelha-se à Paixão de Cristo. Para mim, ela também se assemelha ao ato místico do *exorcismo*, a transfer(ência) de dor emocional de uma pessoa para outra (Grotstein, 2000a, 2005, no prelo-a; Meltzer, 1978). Acredito que L, H e K funcionam inseparavelmente, mas, em determinado momento, um deles pode tornar-se proeminente, enquanto os outros parecem recuar. Fundamentalmente, podemos apenas K um objeto sabendo como nos sentimos (L ↔ H) em relação a ele. Bion frequentemente afirmava que não podemos amar sem odiar, e não podemos odiar sem amar. K é mais frequentemente mencionado por estudiosos de Bion e outros, mas é minha opinião que não pode haver K sem L e H, apenas tentativas de simular a ausência deles. O verdadeiro K é sempre transitório (em fluxo) e incompleto – sempre anunciando suas contrapartes desconhecidas no futuro. À medida que o analisando acomoda-se a K, a ansiedade catastrófica é produzida, enquanto a contraparte futura de K, O, o atrai. Se a interpretação de K for tomada como um fato, por outro lado, K torna-se transformado em –K (falsidade).

MENOS L, H E K (–L, –H E –K)

Em *Elements of Psycho-Analysis (Elementos da Psico-Análise)*, Bion discute K e –K:

> O conflito entre a visão do paciente [psicótico–JSG] e a visão do analista, e do paciente com ele mesmo, não é, portanto, um conflito, como o vemos nas neuroses, entre um conjunto de ideias e outro, ou um conjunto de impulsos ou outro, mas entre K e menos K (–K).... [1963, p. 51]

Bion continua sugerindo que a atividade de –K por parte do paciente pode explicar os discursos analíticos que são previsíveis a fim de prevenir exploração espontânea mais profunda. O papel de –K talvez se deva à necessidade de uma fé negativa para substituir aquela que nunca apareceu com força suficiente ou faltou devido à perda da inocência (devido aos supostos resultados da continência negativa) e da fé original que era necessária para uni-lo em um pacto. Colocado de outra forma, –K pode ser concebido como a operação mal-adaptativa do instinto de morte, que busca aniquilar o crescimento que é sentido como progressivamente insuportável, e também o aspecto da Mentira da Coluna 2 da Grade. Aqui estou me referindo à desmoralização que advém de uma falha em desenvolver uma presença de segundo plano de identificação primária (Grotstein, 1981a, 2000a) como a experiência inicializadora de continência, de outro modo conhecida como sendo *abençoada*. Uma cobrança a esta entidade pressupõe que o bebê tinha prematuramente mergulhado no Real (O) antes de ser batizado pela proteção abençoada do pacto entre imaginação parental e concepção. Portanto, ele agora é o infeliz, predisposto, acredito, a uma "orfandade" cataclísmica do Real (O), na qual ele se sente impelido a jurar uma nova fidelidade ao sombrio (e único) salvador, –K. Bion descreve este fenômeno como a persistência pós-natal da existência fetal, na qual o feto torna-se prematuramente consciente da dor e então bloqueia, e desse modo perde alguns aspectos de seu futuro desenvolvimento e amadurecimento. –K designa "mentira" "em primeiro grau" (deliberada e dissimulada). Ela deve ser diferenciada de "falsificação", que, de acordo com Bion, caracteriza todas as formas de pensar e sonhar (ver de Bianchedi et al., 2000).

Em *Transformations (Transformações)* Bion define as limitações de L, H e K:

> [Minha] razão para dizer que O é incognoscível não é que eu considere a capacidade humana desigual para a tarefa, mas porque K, L ou H são inadequados para O. Eles são semelhantes a transformações de O, mas não são O. [1965, p. 140]

Sobre o medo do paciente de sofrer uma transformação de K para O, Bion diz:

> Interpretações são parte de K. A ansiedade temendo que a transformação em K leve a transformação em O é responsável pela forma de resistência na qual as interpretações parecem ser aceitas, mas, na verdade, a aceitação é com a intenção de "conhecer" em vez de "transformar-se". [1965, p. 160]

Penso que Bion esteja discutindo a diferença entre intelectualizar e experimentar interpretações.

Embora –K denote falsificação de vínculos com objetos, –L pode implicar, entre outros sentimentos, amor falso, arrogante, narcisista, e –H, indiferença, mais do que ódio.

30
Fé

A fé apareceu pela primeira vez em *Attention and Interpretation (Atenção e Interpretação)* de Bion:

> Se ele [o paciente–JSG] for capaz de ser receptivo a O, então ele pode sentir-se induzido a lidar com a intersecção da evolução de O com o domínio de objetos dos sentidos ou de formulações baseadas nos sentidos. Se ele o faz ou não, não pode depender de *regras* para O, ou O →, mas apenas de sua capacidade de estar de acordo com O... Minha última frase representa um "ato" do que eu denominei "*fé*". Ela é, na minha visão, uma afirmação científica, porque, para mim, "fé" é um estado mental científico e deve ser reconhecida como tal. Mas deve ser "fé" sem a mácula de qualquer elemento de memória ou desejo. [1970, p. 32; itálico acrescido]

Enquanto lia este trecho, dei-me conta da retórica ocasionalmente estentórea de Bion e não pude deixar de pensar em Moisés descendo do Monte Sinai com os dez mandamentos (O) e encontrando os Israelitas adorando o bezerro dourado (K). Para Moisés, como para Bion, a fé está em uma crença na existência ou na presença ("espírito santo") de um objeto ultrassensorial. Na prática diária da psicanálise, contamos com este tipo de fé, mas raramente pensamos sobre seu mistério, como Bion fez. Especificamente, quando uma interrupção de fim de semana ou de férias é iminente ou ocorreu, nossa análise dela frequentemente centraliza-se na transformação do paciente da imagem do analista durante a interrupção – ou seja, se durante aquele tempo a imagem do analista "transformou-se" na imagem interna de um objeto mau (sem fé ou fé negativa), ou se permaneceu uma presença contínua do legado da experiência do paciente com o analista. O primeiro (sem fé) é devido à tendência da porção infantil desesperada da personalidade do paciente de culpar o analista por partir e, desse modo, em sua fantasia inconsciente, criar a imagem de um objeto mau, odioso, persecutório. O bebê que não pode tolerar frustração – e/ou sua contraparte adulta, o paciente analítico – pode tornar-se tão aterrorizado por causa do que ele considera uma ruptura da fé pela mãe (analista) que ele revoga sua fé e a transfere para a força sombria, mas "digna de confiança", da decepção permanente (–F), com a qual se pode sempre contar.

No caso do paciente que entrou na posição depressiva, ele agora tem a capacidade de prantear o objeto em sua ausência, e desenvolveu a virtude de ser capaz de sentir os efeitos bons do objeto na ausência dele. Isto é fé. Frances Tustin (comunicação pessoal, 1985), citando o romance de Ernest Hemingway, *The Sun Also Rises (O sol também se levanta)* ("depois de se pôr"), chamou a atenção para um marco valioso no desenvolvimento, quando o bebê é capaz de mudar da imagem da linha (sempre do afastamento do objeto linha abaixo) para o círculo (do retorno do objeto linha acima). É assim que imagino a concepção de Bion da fé *vis-à-vis* o bebê (e o paciente). O bebê nasce com uma preconcepção inerente de um seio. Na ausência do seio, o bebê é forçado a ter fé de que, no mundo externo, existe um seio real que corresponde a sua preconcepção. Ele deve consequentemente ter *fé* em sua chegada como uma *encarnação* ou *realização* do seio, em cujo ponto o seio realizado torna-se uma *"concepção de um seio"*. Talvez isto seja o que Bion, como o Bispo George Berkeley (*The Analyst*, 1734), quer dizer por "os fantasmas de quantidades desaparecidas" (Bion, 1965, p. 157). Um fator importante por trás da capacidade do bebê de ter fé é sua capacidade de prantear o seio-mãe na ausência dela. Esta ideia deriva da crença de Bion de que o bebê nasce "nas Posições" – ou seja, simultaneamente em D bem como em P-S (P-S ↔ D).

> A disciplina que proponho para o analista, isto é, evitação de memória e desejo, no sentido em que usei aqueles termos, aumenta sua capacidade de exercer "atos de fé". Um "ato de fé" é peculiar ao procedimento científico e deve ser diferenciado do significado religioso com o qual ele é investido no uso coloquial.
>
> ... O "ato de fé" não tem associação com memória ou desejo ou sensação. Ele tem uma relação com pensamento análogo à relação de um conhecimento *a priori* com conhecimento. Ele não pertence ao sistema +– K, mas ao sistema O... Um "ato de fé" tem como seu plano de fundo alguma coisa que é inconsciente e desconhecida porque não aconteceu. [1970, pp. 34-35]
>
> Uma memória má não é suficiente... [p. 41]

Enfatizei a importância técnica, de parte do analista, de analisar a falta de fé incipiente *de seu paciente* durante as ausências. Bion considera aqui um "ato de fé" um requisito absoluto para a técnica do analista. A "disciplina" requerida pelo analista é *"capacidade negativa"* (Bion, 1970, p. 13). Abandonar memória e desejo abre caminho para a operação da fé, permitindo que o analista "torne-se" a paixão de seu analisando *desde dentro de si mesmo*. O analista deve ter a fé de que seu repertório interior de emoções inconscientes, memórias e preconcepções inerentes (Formas Ideais, números) existe e pode ser espontânea e adequadamente convocado e recuperado a fim de combinar com o do analisando.

O "FATO SELECIONADO" E O "ATO DE FÉ"

Bion exorta o analista a abandonar memória e desejo (e todos os frutos do aparato sensorial) a fim de ser capaz de entrar em rêverie – um estado meditativo de ausência de pensamento ("ruído cerebral"). Enquanto o analista *escuta* o paciente – e simultaneamente *escuta a si mesmo escutando* o paciente – ele é, a princípio, um observador duplo passivo ("sentidos") e receptor-continente ("paixão") das associações livres do paciente. Devido à alegada liberdade deste, elas podem a princípio parecer aleatórias e incoerentes. O analista deve aguardar que um *padrão* apareça que lhe dê um significado, que o analista possa então transmitir ao paciente como uma interpretação. O aparecimento incipiente de incoerência ou não coerência das associações livres do paciente, que então se desenvolvem, na mente do analista, em um padrão, são em si um padrão analítico. O que o analista está esperando é o "fato selecionado" (Bion, 1962b, p. 67; Poincaré, 1963, p. 3), e ele deve ter fé de que o "fato selecionado" chegará. Esta fé do analista deve-se a sua própria *preconcepção,* a princípio *inerente* e, então, posteriormente *adquirida* (na formação analítica), de que existe algo como um "fato selecionado". Bion refere-se a esta crença em seu conceito do gnomo (Bion, 1965, p. 94) e da divindade (Bion, 1965, p. 139), que, para mim, representam a fantasia inconsciente de uma "presença inefável", o "bibliotecário numênico" das Formas Ideais (preconcepções inerentes) e dos números, aquele que "conhece" a infinitude do inconsciente, aquele que constitui a preconcepção inerente supraordenada ou contraparte antecipatória ao "fato selecionado". Quando os dois se encontram, infinitude e simetria tornam-se assimetricamente compreensíveis como realizações conceituais. Em outras palavras, *para Bion a chegada inevitável do fato selecionado é Fé* (F)!

Um problema emerge em termos do local do fato selecionado, conforme mencionei anteriormente. Será que eu, enquanto analista, aguardo confiantemente a chegada do fato selecionado a partir de dentro de minha própria mente como recompensa por minha paciência, ou o fato selecionado emerge a partir de fora (dentro do contexto das associações aparentemente desconexas do analisando), ou ambos? O caos do O infinito é organizado, não aleatório. A divindade de O pareceria ser sua ordem oculta. Consequentemente, vim a acreditar que o fato selecionado, como O, tem dois locais. Eles são como dois gêmeos separados que repetidamente se separam e então, após procurarem um ao outro, com Fé, se reúnem.

31

A descoberta de Bion do zero ("não-coisa")

Desde o início de sua carreira, quando, como psicanalista, Bion tratou pela primeira vez pacientes psicóticos, ele percebeu que o pensamento deles constituía um padrão em si mesmo, o qual era qualitativamente, não apenas quantitativamente, diferente do dos neuróticos. Enquanto ele fazia esforços para deslindar essas diferenças, entretanto, ele ampliou sua pesquisa também para o pensamento normal.

Primeiro, Bion traçou uma distinção importante entre pensamentos e o pensador que pensa os pensamentos – o pensar sendo uma função de uma mente que tinha que ser criada para absorver e transformar o tráfego de "pensamentos" emergindo do processo da experiência. Bion citava o modelo do tracto alimentar para sugerir que, como o estômago, a mente deve aceitar o alimento (por pensamento), deve ser capaz de classificá-lo separando-o em elementos indivisíveis, deve, consequentemente, ter a capacidade para certas funções que permitam este refinamento em ingredientes elementares, e deve então passar esses elementos irredutíveis para o interior do corpo (a mente) para absorção e então armazenamento (metabolismo) e/ou evacuação daqueles elementos que não são úteis ou não alcançaram priorização adequada na transformação. Crescer com a experiência depende de aprender com a experiência, e isto depende da existência de funções que possam aceitar a experiência e desconstruí-la em seus elementos, em preparação para absorção e metabolismo. A mente pensante é caracterizada pelo desenvolvimento de funções que colhem e digerem a experiência, desconstroem-na em elementos capazes de serem "mastigados" e então codificados para armazenamento e posterior processamento.

A mente do analista deve ser capaz de suspender memória e desejo (L, H) a fim de experienciar uma transformação (T) em O, a fim de, por sua vez, ser capaz de estabelecer o fato selecionado – uma capacidade emocional que liga o que parecem ser elementos não relacionados em uma série de associações livres. Portanto, a mente do analista deve aproximar-se do estado zero (nulo) a fim de ser capaz de libertar-se de preconcepções (resíduos de memórias e outras atitudes) que, de outro modo, obscureceriam a capacidade de "ouvir" as associações do analisando "livremente". O analista deve, em outras palavras, visar à insaturação a fim de ter uma experiência em O – não alcançar O, mas meramente, no máximo, chegar perto de *estar sendo* O. Desta forma, o analista é capaz de empregar função α para poder absorver as associações do analisando – ou seja, tolerá-las emocionalmente antes de tentar dar-lhes significado – e então traduzi-las, usando os processos de abstração e de generalização, o primeiro para simplificá-las em seus denominadores e elementos comuns mínimos, e o último, para selecionar novas conexões: concepções, conceitos, hipóteses, teorias, e assim por diante.

A capacidade emocional do analista de tolerar o estado zero (a ausência de memória e desejo) permite-lhe processar esses dados na medida em que ele seja capaz de empregar o fato selecionado – ou seja, a capacidade de intuir conexões entre esses elementos que lhes permitiriam fundir-se em formas que poderiam não ter sido antecipadas em sua forma pré-digerida. Portanto, o estado zero expectante mental – a ausência de memória e desejo – é necessário enquanto terreno propício para a emergência do funcionamento do fato selecionado, após a absorção pelo analista das associações do analisando.

Entretanto, o analista enquanto pensador, que se aproxima do zero a fim de tentar alcançar a experiência de O, deve ponderar as associações livres do paciente como se elas fossem algo bastante diferente de zero ou nada. Ao mesmo tempo, o paciente teria sido incapaz de expressar, muito menos de experienciar, os ingredientes elementares de seus sentimentos – e de formular pensamentos conscientes ou inconscientes sobre eles – sem ele próprio estar no estado zero, de um ponto de vista. Bion acredita, em outras palavras, que não apenas o analista requer o emprego de α como uma função para traduzir as associações do paciente, mas o próprio paciente deve empregar α a fim de gerar associações livres. A capacidade de gerar associações livres – ou seja, elementos-α – pressupõe a existência de uma barreira de contato que separa o consciente do inconsciente. A capacidade de sonhar, enquanto adormecido, pressupõe que os resíduos diurnos da consciência devem ser anulados – efetivamente convertidos no domínio de zero – pela barreira de contato, que permite que o sono ocorra e permite o sonhar como sua consequência. O sonhar, por sua vez, tem como sua função o desenvolvimento adicional da barreira de contato, que divide consciência e inconsciência. O valor último desta barreira de contato – e do sonhar que a supre e reforça seu funcionamento – é prevenir um domínio de interferir no funcionamento do outro. Em outras palavras, a consciência não deveria interferir na inconsciência – basicamente para que a pessoa possa efetivamente estar acordada, quando não adormecida, e efetivamente adormecida quando não acordada. Portanto, cada domínio deve ser zero para o outro, e é a função da barreira de contato manter esta distinção de anulação mútua.

Entretanto, a capacidade de sonhar e, portanto, de ter esta barreira de contato da qual a função α depende – não apenas a função α do analista, mas também a função α do paciente, que gera associações livres significativas, importantes para tradução pelo analista – depende da capacidade do paciente de tolerar a experiência do zero, a experiência do não-seio. Em outras palavras, o paciente tem que permitir um espaço no qual ele possa contemplar a presença de um seio ausente, juntamente com o desejo de livrar-se da presença da experiência dolorosa de um seio mau. O paciente deve, em outras palavras, tolerar zero, e daquele zero, em associação com a capacidade da mãe de ajudá-lo a tolerar aquele zero, em virtude de sua própria capacidade de tolerar zero – para forjar o que Winnicott, de outra forma, veio a chamar de um espaço potencial, onde fantasias somáticas concretas (que Piaget nos informa serem ligadas ao estímulo – ou seja, prisioneiros sensório-motores do percepto) podem agora evoluir, neste espaço potencial, para ilusões espontâneas de uma imaginação recentemente libertada. Em outras palavras, na infância, o neurótico adquire a capacidade para função α da mãe quando a aptidão da mãe para a capacidade negativa – de outro modo conhecida como rêverie e/ou preocupação materna primária – propicia um modelo para o bebê da capacidade de tolerar zero.

A função-alfa emerge de um órgão sensorial que é sensível à consciência e à inconsciência. Bion acreditava que seu conceito de função α tinha uma vantagem sobre o conceito de Freud de processo primário e processo secundário, na medida em que estes parecem ser funções de origem independente, enquanto no caso da função α de Bion, os dois emergem de uma fonte comum e estão em uma relação dialética – ou seja, uma parceria oposta, cada um definindo o outro.

Embora Bion raramente se refira à nulidade ou zero como tal, em seu trabalho, pode ser obviamente inferido que o conceito de zero veio a ter cada vez mais importância para ele. Seu segundo uso importante da nulidade refere-se à experiência do psicótico que, incapaz de tolerar a experiência de eventos emocionais porque não possui uma função α e/ou usa sua função α revertida para evacuar a consciência deles, mais os tolera do que os sofre. Isto pode ser devido à própria mãe do psicótico não ter tido uma função α para lhe dar, na infância, como um legado internalizado, acrescido por sua presença transformada como um objeto obstrutivo que internamente ataca quaisquer vínculos que ele tente fazer entre *self* e objeto e entre objeto e objeto. Portanto, podemos ver que nulidade aplica-se ao despojamento que caracteriza a mente do psicótico, após ele ter evacuado seus elementos potenciais da experiência não processados (não digeridos) – elementos-β. O psicótico evacua não apenas suas experiências, reforçando sua evacuação por meio do uso de sua já diminuída função α revertida, mas também a própria mente (incluindo sua função α diminuída) que pode experimentar dor mental, para dentro de quaisquer objetos disponíveis que correspondam a suas projeções. Após aquela evacuação massiva de experiência e da mente, a mente do psicótico é despojada, transformada em alucinose, e separada de sua posse.

Outro componente interessante deste êxodo massivo da capacidade de pensar é o êxodo das preconcepções inerentes e adquiridas que, de acordo com Bion, existem dentro da mente normal – a capacidade inerente e adquirida de antecipar experiência – "memórias do futuro", como ele as denomina mais poeticamente. Quando essas preconcepções são projetadas em objetos, os objetos se tornam numênicos, que é a qualidade das preconcepções antes de elas terem se unido com a experiência. Talvez seja esta qualidade numênica conferida pelas preconcepções separadas e projetadas que empreste à psicose sua aparência peculiar, bizarra, espantosa. Parenteticamente, acredito que é importante diferenciar entre onipotência e numinosidade. A onipotência é a natureza da interação cósmica dentro do domínio do mundo interno inconsciente. É perigoso quando ela aparentemente invadiu o domínio do pensar – da consciência. O numênico é espantoso, misterioso, com uma qualidade de *déjà vu*, o estranho preter-amadurecido.

Na semiologia moderna, podemos dizer que Bion entendeu o terror do psicótico da dor da experiência ao entender que o psicótico deve des-significar o que ele já antecipa (por meio de preconcepções) como sendo o significado da experiência, se ele fosse permitir-se experienciá-la. O psicótico des-significa não apenas o possível significado da experiência – a fim de eliminar o significado –, mas também sua própria mente, que pode dar significação e extrair sentido dessas significações. O resultado desejado é um estado de ausência de sentido, nulidade, irracionalidade concreta.

Após a evacuação do conteúdo mental, mente, preconcepções, função α, e assim por diante, a mente do psicótico é despojada – anulada até a capacidade zero – e é, consequentemente, incapaz, daí em diante, de continuar a progressão indentificatória projetiva, porque o espaço da psique do psicótico e a natureza da bizarrice do objeto disponível para ele oferecem cada vez menos oportunidade de projetar e/ou transferir identidades e identificações. Consequentemente, o psicótico recorre à fragmentação, que, para o observador externo, parece ser projeção ou identificação projetiva, mas são, na verdade, os resíduos catastróficos de uma mente retraída de si mesma, numênicamente assombrada por seu *self* anterior, mas que, na verdade, não se afastou – apenas a mente que o rejeitou se afastou cada vez mais, como se afasta cada vez mais dentro do que costumava ser ela própria.

O psicótico tenta seja recuar para a subjetividade zero – ou seja, consciência zero da experiência – como anular os objetos da experiência jogando-os fora, juntamente com a mente que pode conhecê-los. Estes se transformam em objetos bizarros numênicos. Em outras palavras, basicamente, o psicótico não pode projetar porque ele não tem objeto para conter o – ou seja, para corresponder ao – sentimento; em vez disso, há fragmentação – que se parece com projeção. O psicótico tenta criar o zero – estar no zero – e, tendo fugido do significado, encontra apenas *Significado* bizarro doloroso. O psicótico pode experimentar vazio, ou indiferença, ou o nada, todos eles um caminho comum final dos afastamentos do significado e significância.

O nada, a ausência de significado, é, a princípio, o objetivo do psicótico para escapar de experiência dolorosa, mas torna-se, em vez disso, um inferno externo "em vida" de elementos insofríveis (porque eles não seriam sofridos), mas dolorosamente suportáveis de nada. O nada da psicose é a experiência de aleatoriedade, entropia, ausência de significação, imprevisibilidade, o primeiro recurso contra o que é paranoia. Talvez um dos alcances mais importantes de Klein tenha sido mapear a topografia das posições esquizoparanoide e depressiva como os estados irredutíveis de vida mental primitiva. Do ponto de vista de Klein, na mente normal e na mente neurótica nunca há nulidade no início. Quando a mãe boa parte, a mãe má instantaneamente aparece como sua contraparte inevitável. Elas são exatamente recíprocas uma da outra. O mundo interno de Klein – como o mundo interno de Freud, que era caracterizado por um caldeirão fervente de pulsões instintuais – inclui um estado de elementos de positividade volátil, eruptivos. A posição esquizoparanoide de Klein traz organização ao conceito de pulsões instintuais de Freud, de modo que estes são renascidos como fantasias que ligam experiências biológicas-psicológicas dentro do bebê com as idas e vindas da mãe.

Não há nulidade em Freud ou em Klein. Foi aqui que Bion deu um salto. Em suas próprias explorações da mente psicótica, Bion levou a posição esquizoparanoide para um nível mais profundo, no qual não ocorre significado. Embora este estado seja apenas contemplável no psicótico que passou por uma catástrofe infantil de grave turbulência emocional, também é um constructo hipotético para o bebê normal. Em outro local, apresentei a noção de que o que Bion tinha descoberto não foi apenas uma trajetória dupla em termos de função α (combinando o processo primário e o processo secundário de Freud), mas também uma origem mais precoce para uma posição depressiva primitiva, de modo que o bebê, quando mentalmente nascido (isto pode ser intrauterino), experiencia pela primeira vez aleatoriedade ou entropia – ou seja, ausência absoluta de significado – muito semelhante ao psicótico, mas é salvo desta experiência pelo rêverie (função α) da mãe, que então permite que o bebê explore a posição esquizoparanoide como um desvio adaptativo de sua depressão incipiente (perda do objeto primário, primeira ruptura do narcisismo primário) a fim de dar significado narrativo a esta experiência aleatória de dolorosa solidão. A consequência é uma evolução a partir da dimensão zero de ausência de significado e aleatoriedade ou de entropia ou de nulidade para a primeira dimensão de ou/ou – ou seja, de bom *versus* mau. Esta capacidade para separação entre duas entidades é uma Grade primitiva, que permite a separação de um elemento de outros no emaranhado de múltiplos elementos aleatórios, e permite que o bebê devolva a significação dele da mãe designando uma significação dela no positivo e no negativo, originalmente em termos de bom e mau e, mais tarde, em termos de presente e não presente. Quando Bion formulou seu conceito do continente e conteúdo, ele afirmou que o rêverie da mãe é necessário para absorver e desintoxicar o medo de morrer de seu bebê, que este projeta na capacidade continente da mãe. Note que Bion usa o termo "medo de morrer", não medo de perseguição por objetos maus. Aqui, acredito, ele está de acordo com a primeira experiência de separação do bebê – não uma experiência de perseguição, mas de aleatoriedade, de entropia, da irrupção do nada, da "simetria temível", como Blake a denomina.

Em seu trabalho posterior, Bion retornou para um interesse anterior no *Paraíso Perdido* de Milton, do qual ele frequentemente citava a frase "o infinito profundo e amorfo", designando "a face do abismo" do *Gênesis*. Bion estava agora consolidando sua concepção, já alcançada por Existencialistas como Boss, Binswanger e outros, de que o estado mais assustador no indivíduo é o da nulidade. Mas há dois zeros, como tentei demonstrar acima: a nulidade de expectação ótima, por um lado, e a nulidade do assassínio do significado por outro.

Bion era profundamente interessado em matemática e buscou empregar conceitos e paradigmas matemáticos à psicanálise, não apenas para aproveitar-se da precisão que a matemática oferece, mas também porque o inteiro matemático não possui memória e desejo – ou seja, eles são insaturados e, portanto, são mais versáteis como símbolos que podem representar elementos de significado. Bion estava especialmente alerta ao fato de que objetos mentais ou psicanalíticos eram mais difíceis de conceitualizar do que objetos materiais do mundo científico. Ele afirmava que sabemos coisas através de K devido à capacidade de nossos órgãos sensoriais de alcançar um senso comum sobre os objetos que eles percebem – mas isto apenas dentro da faixa de onda sensorial. Há experiências com objetos psicanalíticos que estão na faixa ultrassensorial da experiência, e a linguagem, como a conhecemos, parece inadequada como meio representativo para aquelas experiências ultrassensoriais. Mesmo a matemática, em seu próprio desenvolvimento, sofria de limitações "sensoriais" até ter desenvolvido o conceito do zero – e a recíproca de zero conhecida como infinitude – as duas últimas concepções permitindo que os matemáticos transcendam ao mundo dominando pelos sentidos e viajem para domínios e perspectivas que eram contempláveis apenas pela intuição. Bion penetrou a vastidão galáctica dos domínios infinitos do profundo e turbulento caos, o domínio do nada cósmico do espaço exterior, da não-coisa, para obter dois de seus conceitos figurativos mais importantes, entidades já bem-conhecidas na astronomia. Bion, ao usar a matemática teórica e aplicada, estava explorando a dialética entre solidão e isolamento, entre não-coisa como insaturação e nada como a saturação da ausência de significação. Ele era o explorador intrépido da significação e ausência de significação da experiência do zero.

PÓS-ESCRITO

Samuel Beckett pode ter sido um dia paciente de Bion. Na verdade, houve alguma especulação de que Bion e Beckett eram alter egos existenciais (Bennett Simon, comunicação pessoal). Seria possível que o *Godot* de Beckett fosse a contraparte para o "God-O" (Deus-O) de Bion?

Epílogo

Qual é a essência das obras de Bion? Quais são os pontos ou vértices de seu compasso? Bion criou uma metateoria psicanalítica que envolve fundamentalmente a forma como viemos a saber (real-izar) o que sabemos, como *"aprendemos* (e evoluímos – ou seja, transcendemos) *com a experiência nos tornando (sentindo) nossas emoções"* – e, como resultado, como somos capacitados a pensar cognitiva e reflexivamente. As emoções formam o padrão para o pensar. O *sonhar* – e o vasto séquito de suas funções subordinadas: *contenção, função* α, *transformação*, a Grade e a *barreira de contato*, que, passei a acreditar, são, todas, sinônimos umas das outras, mas com nomes diferentes para designar seus respectivos *vértices* de operação, ou são funções intimamente ligadas e/ou sobrepostas – é o gêmeo e companheiro obrigatório que torna o *pensar* possível. Este é o modelo simbólico para a relação entre sermos capazes de sentir nossas emoções e então categorizá-las (pensar sobre elas). Colocado de outra forma, a metateoria de Bion propõe a significância consumada de O como a força agrupadora que confronta o indivíduo interna *e* externamente – ou seja, o sujeito humano está existencialmente aprisionado entre os dois braços de O. *Sonhar, pensar* e *tornar-se* permitem uma saída.

No curso de criar sua metateoria para a psicanálise, Bion, como Freud antes dele, teve que confrontar os princípios da ciência conforme determinado pelo sistema científico. Freud, parece, nunca interrompeu suas tentativas de aprovação pelo *establishment* científico – a confirmação de que a psicanálise *era* uma ciência. Bion, o intrépido comandante de tanque, tomou uma direção diferente e atacou a ciência pelos flancos. A "ciência", ele afirmava, era adequada apenas para *objetos inanimados*. A "ciência" que é adequada para a psicanálise é uma *"ciência* mística", uma ciência de emoções que são de natureza infinita e, consequentemente, complexa e não linear. Em resumo, ele parece ter sido o primeiro psicanalista a apoderar-se da ideia da *teoria da complexidade*, a "ciência" que estuda fenômenos não lineares. Usando sua agora famosa técnica de perspectivas reversíveis, ele afirmou que a "ciência" (significando a ciência linear de objetos inanimados) era mito, e o mito era ciência. Eu duvido que mais alguém pudesse ter invertido campos, com tanto sucesso, contra um *establishment* tão formidável.[1]

Bion, o polímato e autodidata, concentrou uma porção significativa da sabedoria do mundo ocidental – e talvez mesmo do oriental –, infundiu-a no pensamento psicanalítico e tornou a psicanálise uma filosofia praticante pragmática sobre a obtenção e a experiência de intimidade e autotranscendência. O que mais seja, ele formulou o fenômeno da intimidade (consigo mesmo, bem como entre *self* e outro) como ele nunca tinha sido antes retratado. Em retrospecto, pareceria que as ideias de Bion teriam sido mais bem servidas se seu primeiro livro importante tivesse sido intitulado *Learning from Experience by Experiencing and Becoming (Aprender com a Experiência Experienciando e Tornando-se)*.

Outro tema importante que permeia a totalidade da obra de Bion é a noção filosófica prática da importância consumada para o bebê – e para seu descendente maduro, o adulto – de desenvolver a graça de ser capaz de tolerar frustração estoica e significativamente, com a fé como apoio, permitindo-lhe, por sua vez, acesso a seu potencial infinito para aprender interna e externamente com a experiência. A psicanálise não cura o analisando. Ela o prepara para tolerar o sofrimento da dor emocional (paixão, L, H, K), desse modo deixando o *significado* pessoal *e* cósmico emergir e permitindo ao analisando evoluir e transcender-se em algum momento. Um *koan** kleiniano seria: "Tornamo-nos o que fazemos (na fantasia) aos nossos objetos." Um *koan* Bioniano seria: "Tornamo-nos o que concordamos em sofrer."

Embora Bion tenha escrito muita coisa sobre "continente ↔ conteúdo", "rêverie materno", "função α", "barreira de contato", a Grade, "cesura", "transformações", concluo (por enquanto) que todos os acima pertencem às "organizações de serviço" que subtendem ou, na verdade, constituem o sonhar: ou seja, que a função α é um modelo para um processo no qual elementos-α são produzidos para o sonhar, que, por sua vez, gera sonhos, fantasias e mitos pessoais, todos os quais estabilizam as personalidades inconscientes *e* conscientes. O sonhar, por sua vez, é organizado e dirigido pelas restrições dos mitos coletivos. De acordo com Bion, enquanto analistas, devemos *sonhar* nossas emoções e as de nossos pacientes como nossa tarefa analítica. A psicopatologia, portanto, basicamente devolve ao ser o resultado do sonhar incompleto ou mal-sucedido (continência) (de dia e/ou de noite). Apresso-me em acrescentar a *Fé* como outra das contribuições mais importantes de Bion. Portanto, *Fé, Sonhar* e *Verdade Emocional* (O) constituem a trindade Bioniana.

Alguns estudiosos de Bion podem diferir dessas visões. Foi preciso anos de leitura cuidadosa das obras de Bion e anos de análise com ele para que eu chegasse às conclusões apresentadas aqui – e elas ainda são experimentais

---

* N. de R.T. Paradoxo que leva à meditação no treinamento de monges budistas.

na minha mente. Esta é uma das recompensas e alegrias de "sonhar" – ou seja, absorver e transformar – as obras de Bion e de manter a fé pessoal, não que eu *entenderia* Bion e suas obras, mas que eu me *tornaria* um pouco da sabedoria, O, de suas obras, à medida que minha mente possa possivelmente progressivamente acomodar.

Até agora, destilei a quintessência da obra de Bion em termos de sonhar, pensar e tornar-se no contexto da verdade emocional e da fé. Àqueles devemos certamente acrescentar seu talento para *mudar perspectivas* e sua inclinação para a *visão binocular*, ambas as quais lhe permitiram, com sucesso cada vez maior, *"ousar perturbar o universo"* das ideias psicanalíticas e além.

De todos os seus conceitos, entretanto, volto-me para os "pensamentos selvagens"[2] (imaginação) e sua origem, o inconsciente transcendental, a divindade (deidade), como seus legados mais importantes. Lá sua extravagância derrota as "altas torres" do medievalismo psicanalítico. Os psicanalistas serão radicalmente diferentes devido à extravagância, à audácia e ao gênio de Bion. Para misturar metáforas, ele foi o Prometeu de nossos dias que trouxe a mensagem do messias à psicanálise e anunciou seu Renascimento.

ALGUNS OUTROS PENSAMENTOS PERDIDOS

Enquanto entro, agora, no crepúsculo deste livro, experimento uma onda desenfreada de supostas epifanias em minha mente na emoção passada desta longa aventura de escrever – buscando nascer e ter vida – antes que seja muito tarde. Permitam-me discursivamente fazer nascer algumas delas e colocar outras em um berçário de pensamento para futura consideração.

"Vixere fortes ante Agamennona Multi..."
[Odes de Horácio, Lv. IV, 9.]

Bion referia-se a esta ode Horaciana de tempos em tempos, principalmente em referência ao destino de anonimato das memórias fetais. Penso que ela pode ter um significado diferente, mais pessoal para Bion – talvez sua preocupação com o anonimato de suas ideias. Gostaria que ele pudesse ver agora que seus conceitos tornaram-se as ideias mais definidoras de nossa época na psicanálise e além dela: ele tem menos chance que qualquer um, na psicanálise, de ser esquecido.

No início deste trabalho, comparei Bion com o Titã Prometeu, o deus que roubou o fogo do céu e entregou-o para a humanidade, após o que houve uma fúria no céu. Também sugeri que ele foi um Sócrates de nossos dias, um homem que era dogmático em relação ao que não sabia, e que se considerava apenas a parteira da verdade para quem quer que viesse a ele em busca de sabedoria. Quando, recentemente, deparei-me com o tema da enteléquia, pensei no quanto Bion, o autodidata e polímato enciclopédico, lembrava-me Aristóteles. Então, quando descobri o conceito de *conatus*, imediatamente pensei em Spinoza. Spinoza, então, me fez lembrar de Galileu, que também me lembra Bion. Freud é outro desses exemplos. Todos os gigantes acima mencionados, com exceção de Aristóteles, sofreram enormemente por ousarem perturbar seus respectivos universos, mas nós, seus beneficiários modernos, somos infinitamente agradecidos.

ALGUMAS VARIAÇÕES MINHAS SOBRE TEMAS DE BION

À medida que comecei a dar os toques finais neste longo empreendimento, que ocorreu durante o início das hostilidades no Oriente Médio, fiquei ocupado com reminiscências de uma visita anterior àquela região. Lembrei-me de um jantar em Jerusalém; sentei-me perto do Professor Chaim Tadmor, então a maior autoridade mundial sobre a antiga Assíria durante os dias de Assurbanipal e Tiglath Pileser. Casualmente mencionei a ele que estava finalizando um ensaio, "Quem era o sonhador que sonha o sonho e quem é o sonhador que o entende". A resposta de Tadmor foi fundamental. Ele relacionou que os antigos Assírios acreditavam que os deuses Assírios se comunicavam, uns com os outros, através dos sonhos dos humanos. Os sonhos eram considerados sagrados: eles eram significadores de intercurso divino, e era considerado blasfêmia qualquer mortal prestar atenção a eles. Eles eram frequentemente transcritos, talvez dissociativamente, por escribas, e colocados em jarros sagrados para serem adorados.

Agora, quando comecei a relatar este momento, tive uma súbita epifania, um "pensamento selvagem", uma conjectura imaginativa, que Bion pessoalmente sempre me ensinou a respeitar. Em meu rêverie, considerei depreciar os instintos de vida e de morte de Freud (e de Klein), reconfigurando-os e subordinando-os à enteléquia e *conatus* (conação). Enteléquia, vocês lembram, é a ativação do potencial inerente total da pessoa. Ela inclui a força de vida, as pulsões sexuais, e mais – ou seja, tudo o que você pode ser. *Conatus* é o princípio de auto-organização e autorregulação e funções como defesas e resistências, quando necessário para adaptação e sobrevivência. O instinto de morte reporta-se a *ele*, não o inverso. Considerei que esta alteração na teoria era necessária para a metateoria de Bion, porque seu protocolo panorâmico deixa de considerar (ou pelo menos de enfatizar) as forças vitais invadindo as fronteiras emocionais da pessoa. Ele reorientou e reconfigurou as pulsões, em parte, nos vínculos emocionais L, H e K, mas não considerou os aspectos econômicos (força). Penso que a enteléquia e o *conatus* o fazem.

Já para a epifania: "Deuses falando uns com os outros através dos sonhos humanos!" Agora entendo melhor que nunca por que Bion era tão atraído por metáforas religiosas e místicas. A linguagem delas está mais próxima do que os pacientes psicanalíticos experienciam, quando deixamos de lado a superficialidade de sua política e vamos além da necessidade de idealizar uma deidade e, desse modo, renunciar à mente. Quando Bion concebeu a "deidade", pela qual eu substituí "divindade", eu não acho que ele percebeu que estava alterando fundamentalmente nosso conceito, não apenas do inconsciente, mas também da deidade em todas as religiões. Bion está transformando o inconsciente de pulsão positivista-mecanicista em um inconsciente numênico, místico.

Em resumo, Bion está nos dizendo que a *deidade, como o inconsciente, é incompleta, não onipotente, apenas infinita!* A deidade necessita do homem para tornar-se encarnada e realizada – assim como o inconsciente necessita da consciência para tornar-se conhecido, para completar sua missão. Isto aprendemos com Bion. O que estou agora acrescentando, graças a Chaim Tadmor, é que enteléquia e *conatus* compreendem um aspecto, um aspecto sempre crescente de O, e devem encontrar-se comunicativamente com o *analítico transcendental* (Kant, 1797), o outro braço de O, que inclui as Formas Ideais de Platão (sempre em um estado de fluxo, de "tornar-se") e os númenos de Kant (coisas-em-si) e categorias primária, secundária e "pensamentos vazios". A terceira parte da trindade numênica é constituída de estímulos sensoriais dos mundos exterior e interior.

Agora eis aqui o protocolo: à medida que a enteléquia, juntamente com o *conatus* como seu regulador, cresce inexoravelmente como nossa trajetória de vida, somos obrigados a nos ajustar a ela e a seguir seu comando aceitando nossos *selves* em crescimento e desenvolvimento – ou seja, manter nosso encontro com nosso destino, enquanto, ao mesmo tempo, aceitamos e lidamos com nossa sorte, a falha do destino. À medida que aceitamos e processamos (sonhar, função α) nossas experiências contínuas (satisfazendo nosso *Dasein*), tornamo-nos "avivados" – ou seja, tornamo-nos a ponte ou canal ideal para um aspecto de O, as Formas e os númenos, ser encontrado por outro aspecto de O, *conatus* e enteléquia. Ambos são aspectos da "deidade" ("divindade"), e a divindade é completada novamente à medida que seus dois aspectos díspares entram no ciclo de partir e retornar. Seus catalizadores são os estímulos sensoriais que os invadem. Em resumo, o destino do homem é evoluir tornando-se transformado do transcendental para o transcendente – enquanto estes perseguem seu destino e toleram sua sorte.

Há transferência entre eles? Eles também são análogos à comunicação sexual dos pais, exatamente como o nascimento e a vida do bebê ratifica e completa o intercurso parental, quase como se o bebê/criança constituísse uma garantia para os pais, que agora realizaram sua tarefa de enteléquia. Eles constituem a verdadeira trindade? A outra trindade é aquela entre enteléquia/*conatus*, o analítico transcendental e as impressões sensoriais de significância emocional.

Encerro repetindo uma declaração de Joan e Neville Symington (1996) que citei anteriormente:

> A psicanálise, vista através dos olhos de Bion, é um afastamento radical de todas as conceitualizações que o precederam. Não temos a menor hesitação em dizer que ele é o pensador mais profundo dentro da psicanálise – e esta afirmação não exclui Freud. [Symington e Symington, 1996, p. xii]

NOTAS

1. Os recentes ataques contra a evolução, pela Direita Religiosa nos Estados Unidos, chegaram perigosamente perto.
2. Como o leitor agora sabe, considero os "pensamentos selvagens" "selvagens" apenas para nosso *self* consciente mortal. Em seu próprio domínio, conforme concebido pela mudança de perspectivas, os pensamentos selvagens não são selvagens. Acredito que eles estão sempre sendo "pensados" pelo Pensador dos pensamentos sem um pensador, divindade, uma de cujas formas poderia ser a Musa.

Bibliografia de W. R. Bion

Harry Karnac

PARTE 1: LISTA DE VOLUMES

WRB 1   *Experiences in Groups and Other Papers.* London: Tavistock Publications and New York: Routledge 1961 reprinted Hove: Brunner-Routledge 2001

WRB 2   *Learning.from Experience.* London: William Heinemann Medical Books 1962 reprinted in *Seven Servants* with WRB3, WRB4, & WRB6 New York: Aronson 1977 reprinted London: Karnac 1984

WRB 3   *Elements ofPsycho-Analysis.* London: William Heinemann Medical Books 1963 reprinted in *Seven Servants* with WRB2, WRB4, & WRB6 New York: Aronson 1977 reprinted London: Karnac 1984

WRB 4   *Transformations.* London: William Heinemann Medical Books 1965 reprinted in *Seven Servants* with WRB2, WRB3, & WRB6 New York: Aronson 1977 reprinted London: Karnac 1984

WRB 5   *Second Thoughts: Selected Papers on Psycho-Analysis.* London: William Heinemann Medical Books 1967 reprinted London: Karnac i984

WRB 6   *Attention and Interpretation.* London: Tavistock Publications 1970 reprinted in *Seven Servants* with WRB2, WRB3, & WRB4 New York: Aronson 1977 reprinted London: Karnac 1984

WRB7   *Bion's Brazilian Lectures I-São Paulo.* Rio de Janeiro: Imago Editora 1973 reprinted in *Brazjljan Lectures* (revised & corrected ed.) with WRB 8 in one volume London: Kamac 1990

WRB 8   *Bion's Brazjlian Lectures 2-Rjo de Janejro/são Paulo.* Rio de Janeiro: Imago Editora 1974 reprinted in *Brazjlian Lectures* (revised & corrected ed.) with WRB 7 in one volume London: Kamac 1990

WRB 9   *AMemoirofthe Future, Book 1: The Dream.* Rio deJaneiro: Imago Editora 1975 reprinted in *A Memoir of the Future* (revised & corrected edition) with WRB 10, WRB 13, & WRB 15 in one volume London: Kamac 1991

WRB 10 *A Memoir of the Future, Book 2: The Past Presented.* Rio de Janeiro: Imago Editora 1977 reprinted in *A Memoir of the Future* (revised & corrected edition) with WRB 9, WRB 13, & WRB 15 in one volume London: Kamac 1991

WRB 11 *Two Papers: The Grid and Caesura.* Rio de Janeiro: Imago Editora 1977 reprinted (revised and corrected edition) London: Kamac 1989

WRB 12 *Four Discussions with W.R. Bion.* Perthshire: Clunie Press 1978 reprinted in *Clinical seminars and Other Works* with WRB 18 in one volume (edited by Francesca Bion) London: Karnac 2000

WRB 13   *A Memoir of the Future, Book* 3: *The Dawn of Oblivion* Rio de Janeiro: Imago Editora 1977 reprinted in *A Memoir of the Future* (revised & corrected edition) with WRB 9, WRB 10, & WRB 15 in one volume London: Kamac 1991
WRB 14   *Bion in New York and São Paulo*. Perthshire: Clunie Press 1980
WRB 15   *A Key to A Memoir of the Future*. Rio de Janeiro: Imago Editora 1977 reprinted in *A Memoir of the Future* (revised & corrected edition) with WRB 9, WRB 10, & WRB 13 in one volume London: Kamac 1991
WRB 16   *The Long Weekend:* 1897-1919 *(Part of a Life)* (edited by Francesca Bion) Abingdon: Fleetwood Press 1982 reprinted London: Free Association Books 1986 reprinted London: Kamac 1991
WRB 17   *All My sins Remembered: Another Part of a Life* and *The Other side of Genius: Family Letters* (edited by Francesca Bion). Abingdon: Fleetwood Press 1985 reprinted London: Kamac 1991
WRB 18   *Clinical seminars and Four Papers* Abingdon: Fleetwood Press 1987 reprinted in *Clinical seminars and Other Works* with WRB 12 in one volume (edited by Francesca Bion) London: Kamac 2000
WRB 19   *Cogitations* (edited by Francesca Bion). London: Kamac 1992 new extended edition London: Kamac 1994
WRB 20   *Taming Wild Thoughts* (edited by Francesca Bion). London: Kamac 1997
WRB 21   *War Memoirs* 1917-1919 (edited by Francesca Bion). London: Karnac 1997
WRB 22   *Clinical Seminars and Other Works* (edited by Francesca Bion). London: Kamac 2000 [single volume edition containing *Four Discussions with W. R. Bion* (WRB 12) and *Clinical Seminars and Four Papers* (WRB 18)]
WRB 23   *The Italian Seminars* (edited by Francesca Bion and transl..from the Italian by Philip Slotkin). London: Kamac 2005 [earlier edition *Seminari Italiani: Testo Completo dei Seminari tenuti da* W. R. *Bion a Roina.* Edizioni Borla 1985]
WRB 24   *The Tavistock Seminars* (edited by Francesca Bion). London: Kamac 2005

PARTE 2: CRONOLÓGICA

1940   WarofNerves, The
       in *The Neuroses in War,* ed. Miller & Crichton- Miller (pp 180-200). London: Macmillan 1940
1943   Intra-Group Tensions in Therapy (with Rickrnan, J .)   WRB 1: 11-26
       Lancet 2: 678/781-Nov. 27
1946   Northfield Experiment [The]
       (with Bridger, H. and Main, T.)
       Bulletin of the Menninger Clinic 10: 71-76
1946b Leaderless Group Project
       Bulletin of the Menninger Clinic 10: 77~1
1948a Psychiatry in a 11me of Crisis
       British Journal of Medical Psychology XXI: 81~9
1948b Experiences in Groups I   WRB 1: 29-40
       Human Relations I: 314-320

1948c	Experiences inGroups II *Human Relations* I: 487-496	WRB 1: 41–58
1948d	Untitled paper read at the International Congress on Mental Health, London 1948. In Vol. m, *Proceedings of the International Conference on Medical Psychotherapy:* 106-109. London: H. K. Lewis & New York: Columbia University Press 1948	
1949a	Experiences in Groups III *Human Relations* 2: 13-22	WRB 1: 59-75
1949b	Experiences in Groups IV *Human Relations* 2: 295-303	WRB 1: 77–91
1950a	Experiences in Groups V *Human Relations* 3: 3-14	WRB 1: 93–114
1950b	Experiences in Groups VI *Human Relations* 3: 395-402	WRB 1: 115-126
1950c	Imaginary Twin, The read to British Psychoanalytic Society, Nov. 1	WRB 5: 3-22
1951	Experiences in Groups VII *Human Relations* 4: 221-227	WRB 1: 127-137
1952	Group Dynamics: A Review. *International Journal ofPsychoanalysis* 33: 235- 247. Also in Klein, M. et al. (edS), *New Directions in Psychoanalysis:* 440-477. London: Tavistock Publications 1955	WRB 1-141-191
1954	Notes on the Theory of Schizophrenia *International Journal ofPsychoanalysis* 35: 113-118	WRB 5: 23–35
1955	Language and the Schizophrenic in Klein, M. et al. (edS), *New Directions in Psychoanalysis:* 200-239. London; Tavistock Publications1955	
1956	Development of Schizophrenic Thought, The *International Journal ofPsychoanalysis* 37: 344-346	WRB 5: 36-42
1957a	Differentiation of the Psychotic from the Non- Psychotic Personalities, The *International Journal ofPsychoanalysis* 38: 266-275	WRB 5: 43-64
1957b	On Arrogance *International Journal of Psychoanalysis* 39: 144-146	WRB 5: 86-92
1958	On Hallucination *International Journal of Psychoanalysis* 39: 341-349	WRB 5: 65–85
1959	Attacks on Linking *International Journal of Psychoanalysis* 40: 308-315	WRB 5: 93-109
1961	Melanie Klein-Obituary (with Herbert Rosenfeld and Hanna Segal) *International Journal* of *Psychoanalysis* 42: 4-8	

1962	Psychoanalytic Study ofThinking, The *International Joumal of Psychoanalysis* 43: 306-310 (published as" A Theory of Thinking")	WRB 5: 110-119
1963	TheGrid	WRB 20:.6-21
1966a	Catastrophic Change *Bulletin of the British Psychoanalytic Society#5*	
1966b	*Medical Orthodoxy and the Future ofPsycho-Analysis,* *K. Eissler. New York, I.U.P.1965 (review)* *International Joumal of Psychoanalysis* 47: 575-579	
1966c	*Sexual Behavior and the Law,* ed. R. Slovenko. Springfield, Thomas 1964 (review) *International Journal of Psychoanalysis* 47: 579-581	
1967	Notes on Memory and Desire *Psychoanalytic Forum* 11/3: 271-280. Reprinted in *Melanie Klein Today Vol.2-Mainly Practice:* 17-21, ed. E. Bott Spillius. London: Routledge 1988	
1976a	Evidence *Bulletin ofthe British Psychoanalytic Society* 1976	WRB 18: 313-320
1976b	lnterview with A. G. BanetJr., LosAngeles 1976 *Group and Organisation Studies* 1 (3): 268-285	WRB 24: 97-114
1977a	Quotation from Freud (On a) in *Borderline Personality Disorders,* ed. P. Hartocollis. NewYork: I.U.P.	WRB 18: 306-311
1977b	Emotional Turbulence in *Borderline Personality Disorders,* ed. P. Hartocollis. New York: I.U.P.	WRB 18: 295- 305
1977c	Seven Servants (with an introduction by W.R. Bion) containing *Elements ofPsycho-Analysis Leaming* *from Experience, Transformations, Attention and* *Interpretation* New York: Aronson	
1978	Seminar held in Paris, July 10th 1978 (unpublished in English) published in French, *Revue Psychotherapie Psychanalytique* *de Groupe* 1986	
1979	Making the Best of a BadJob *Bulletin of the British Psychoanalytic Society*	WRB 18: 321-331

PARTE 3: ALFABÉTICA

1959	Attacks on Linking *International Journal of Psychoanalysis* 40: 308-315	WRB 5: 93-109
1966a	Catastrophic Change *Bulletin of the British Psychoanalytic Society* #5	

1956	Development of Schizophrenic Thought, The *International Journal of Psychoanalysis* 37: 344-346	WRB 5: 36-42
1957a	Differentiation of the Psychotic from the Non-Psychotic Personalities, The *International Journal of Psychoanalysis* 38: 266-275	WRB 5: 43-64
1977b	Emotional Turbulence in *Borderline Personality Disorders* ed. P. Hartocollis. New York: I.U.P.	WRB 18: 295-305
1976a	Evidence *Bulletin of the British Psychoanalytic Society* 1976	WRB 18: 313-320
1948b	Experiences in Groups I *Human Relations* I: 314-320	WRB 1: 29–40
1948c	Experiences in Groups II *Human Relations* I: 487-496	WRB 1: 41-58
1949a	Experiences in Groups III *Human Relations* 2: 13-22	WRB 1: 59-75
1949b	Experiences in Groups IV *Human Relations* 2: 295-303	WRB 1: 77-91
1950a	Experiences in Groups V *Human Relations* 3: 3-14	WRB 1: 93-114
1950b	Experiences in Groups VI *Human Relations* 3: 395-402	WRB 1: 115-126
1951	Experiences in Groups VII *Human Relations* 4: 221-227	WRB 1: 127-137
1963	TheGrid	WRB 20:. 6-21
1952	Group Dynamics: A Review. *International Journal of Psychoanalysis* 33: 235–247. Also in Klein, M. et al. (eds), *New Directions in Psychoanalysis:* 440-477 .London: Tavistock Publications 1955	WRB 1: 141-191
1950c	ImaginaryTwin, The read to British Psychoanalytic Society, Nov. 1	WRB 5: 3-22
1976b	Interview with A. G. Banet Jr., Los Angeles 1976 *Group and Organisation Studies* 1 (3): 268-285	WRB24:97-114
1943	Intra-Group Tensions in Therapy (with Rickman, J .) *Lancet* 2: 678/781-Nov. 27	WRB 1: 11-26
1955	Language and the Schizophrenic in Klein, M. et al. (eds), *New Directions in Psychoanalysis:* 200-239. London: Tavistock Publications 1955	
1946b	Leaderless Group Project *Bulletin of the Menninger Clinic* 10: 77-81	
1979	Making the Best of a Bad Job A *Bulletin of the British Psychoanalytic Society*	WRB 18:321–331
1966b	Medical Orthodoxy and the Future of Psycho-Analysis, K. Eissler. New York, I.U.P. 1965 (review) *International Journal of Psychoanalysis* 47 : 575-579	

1961	Melanie Klein-Obituary (with Herbert Rosenfeld and Hanna Segal) *International Journal of Psychoanalysis* 42: 4-8	
1946	Northfield Experiment [The] (with Bridger, H., and Main, T.) *Bulletin of the Menninger Clinic* 10: 71-76	
1967	Notes on Memory and Desire *Psychoanalytic Forum* 11/3: 271-280. Reprinted in *Melanie Klein Today Vol.2-Mainly Practice:* 17-21, ed. E. BottSpillius. London: Routledge 1988	
1954	Notes on the Theory of Schizophrenia *International Journal of Psychoanalysis* 35: 113-118	WRB 5:23–35
1957b	On Arrogance *International Journal of Psychoanalysis* 39: 144-146	WRB 5:86–92
1958	On Hallucination *International Journal ofPsychoanalysis* 39: 341-349	WRB 5:65–85
1948a	Psychiatry in a Time of Crisis *British Journal of Medical Psychology XXI:* 81-89	
1962	Psychoanalytic Study of Thinking, The *International Journal of Psychoanalysis* 43: 306-310 (published as" A Theory of Thinking")	WRB 5:110–119
1977a	Quotation from Freud (On a) in *Borderline Personality Disorders,* ed. P. Hartocollis. New York: I. U .P.	WRB 18:306–311
1978	Seminar held in Paris, July 10th 1978 (unpublished in English) published in French, *Revue Psychotherapie Psychanalytique de Groupe* 1986	
1977c	*Seven Servants* (with an introduction by W.R. Bion) containing *Elements of Psycho-Analysjs, Learning from Experience, Transformations, Attention and Interpretation* New York: Aronson	
1966c	*Sexual Behavior and the Law,* ed. R. Slovenko. Springfield, Thomas 1964 (review) *International Journal of Psychoanalysis* 47: 579-581	
1948d	Untitled paper read at the Intemational Congress on Mental Health, London 1948. In Vol. III, *Proceedjngs of the International Conference on Medical Psychotherapy:* 106-109 . London: H. K. Lewis & New York: Columbia University Press 1948	
1940	War of Nerves, The in *The Neuroses* in *War,* ed. Miller & Crichton-Miller (pp 180-200). London: Macmillan 1940	

Referências

Aisenstein, M. (2006). The indissociable unity of psyche and soma: A view from the Paris Psychoanalytic School. *International Journal of Psychoanalysis*, 87 (3): 667-680.

Apprey, M. (1987). Projective identification and maternal misconception in disturbed mothers. *British Journal of Psychotherapy*, 4 (1): 5-22.

Amold, M. (1867). "Dover Beach." In: *New Poems*. London: Dover Publications, 1994.

Bandera, A. (2005). "Hysteria and the 'Transformation Spectrum'." Paper presented at the Scientific Meeting of the Northem California Society for Psychoanalytic Psychotherapy, 11 June.

Banet, A. G. (1976). Interview [of Bion] by Anthony G. Banet, Jr., Los Angeles, 3 April. In: *Wilfred R. Bion: The Tavistock Seminars* (pp. 97-114). London: Kamac, 2005.

Beebe, B., & Lachman, F. M. (1988). Mother-infant mutual influence and precursor of psychic structure. In: A. Goldberg (Ed.), *Progress in Self Psychology, Vol. 3* (pp. 3-25). Hillsdale, NJ: Analytic Press.

Billow, R. (2003). *Relational Group Psychotherapy: From Basic Assumption to Passion*. London/New York: Jessica Kingsley.

Bion, F. (1980). Preface. In: W. R. Bion, *Bion in New York and São Paulo*, ed. F. Bion. Strath Tay: Clunie Press.

Bion, W. R. (1950). The imaginary twin. In: *Second Thoughts: Selected Papers on Psychoanalilsis* (DD. 3-22). London. Heinemann, 1967.

Bion, W. R. (1954). Notes on the theory of schizophrenia. In: *Second Thoughts: Selected Papers on Psychoanalysis* (pp. 23-35). London: Heinemann, 1967.

Bion, W. R. (1956). Development of schizophrenic thought. In: *Second Thoughts: Selected Papers on Psychoanalysis* (pp. 36-42). London: Heinemann, 1967.

Bion, W. R. (1957a). On arrogance. In: *Second Thoughts: Selected Papers on Psychoanalysis* (pp. 86-92). London: Heinemann, 1967.

Bion, W. R. (1957b). Differentiation of the psychotic from the non-psychotic personalities. In: *Second Thoughts: Selected Papers on Psychoanalysis* (pp. 43-64). London: Heinemann, 1967.

Bion, W. R. (1958). On hallucination. In: *Second Thoughts: Selected Papers on Psychoanalysis* (pp. 65-85). London: Heinemann, 1967.

Bion, W. R. (1959). Attacks on linking. In: *Second Thoughts: Selected Papers on Psychoanalysis* (pp. 93-109). London: Heinemann, 1967.

Bion, W. R. (1961). *Experiences in Groups*. London: Tavistock.

Bion, W. R. (1962a). A theory of thinking. In: *Second Thoughts: Selected Papers on Psychoanalysis* (pp. 110-119). London: Heinemann, 1967.

Bion, W. R. (1962b). *Learning from Experience*. London: Heinemann. (Reprinted London: Karnac, 1984.)

Bion, W. R. (1963). *Elements of Psycho-Analysis*. London: Heinemann. (Reprinted London: Karnac, 1984.)

Bion, W. R. (1965). *Transformations*. London: Heinemann. (Reprinted London: Karnac, 1984.)

Bion, W. R. (1967a). Commentary. In: *Second Thoughts: Selected Papers on Psychoanalysis* (pp. 120-166). London: Heinernann.

Bion, W. R. (1967b). Notes on memory and desire. In: *Cogitations* (pp. 380-385). London: Karnac.

Bion, W. R. (1967c). *Second Thoughts: Selected Papers on Psychoanalysis.* London: Heinemann. (Reprinted London: Karnac, 1984.)

Bion, W. R. (1970). *Attention and Interpretation.* London: Tavistock. (Reprinted London: Karnac, 1984.)

Bion, W. R. (1973). *Bion's Brazilian Lectures* 1. Rio de Janeiro: Imago Editora. (Also in: *Brazilian Lectures:* 1973 São Paulo; 1974 Rio de Janeiro/São Paulo. London: Karnac, 1990.)

Bion, W. R. (1974). *Bion's Brazilian Lectures* 2. Rio de Janeiro: Irnago Editora. (Also in: *Brazilian Lectures:* 1973 São Paulo; 1974 Rio de Janeiro/São Paulo. London: Karnac, 1990.)

Bion, W. R. (1975). *A Memoir of the Future, Book I: The Dream.* Rio de Janeiro: Imago Editora. (Also in: *A Memoir of the Future, Books* 1-3. London: Karnac,1991.)

Bion, W. R. (1976). Evidence. In: *Clinical seminars and Four Papers.* Oxford: Fleetwood Press, 1987.

Bion, W. R. (1977a). *Two Papers: The Grid and Caesura,* ed. J. Salomao. Rio de Janeiro: Imago Editora. (Revised edition London: Karnac, 1989.)

Bion, W. R. (1977b). *A Memoir of the Future, Book II: The Past Presented.* Brazil: Imago Editora. (Also in: *A Memoir of the Future, Books* 1-3. London: Karnac,1991.)

Bion, W. R. (1977c). *seven servants.* New York: Jason Aronson.

Bion, W. R. (1979). *A Memoir of the Future, Book m: The Dawn of Oblivion.* Perthshire: Clunie Press. (Also in: *A Memoir of the Future, Books* 1-3. London: Karnac, 1991.)

Bion, W. R. (1980). *Bion in New York and São Paulo,* ed. F. Bion. Strath Tay: Clunie Press.

Bion, W. R. (1981). *A Key to A Memoir of the Future,* ed. F. Bion. Strath Tay: Clunie Press. (Also in: *A Memoir of the Future, Books* 1-3. London: Karnac, 1991.)

Bion, W. R. (1982). *The Long Week-End* 1897-1919: *Part of a Life.* Oxford: Fleetwood Press.

Bion, W. R. (1985). *All My sins Remembered and The Other side of Genius.* Abingdon: Fleetwood Press.

Bion, W. R. (1987). Making the best of a bad job. In: *Clinical seminars and Four Papers* (pp. 247-257). Abingdon: Fleetwood Press. (Reprinted London: Karnac,2000.)

Bion, W. R. (1991). *A Memoir of the Future.* London: Karnac. Bion, W. R. (1992). *Cogitations.* London: Karnac.

Bion, W. R. (1997). *Taming Wild Thoughts,* ed. F. Bion. London: Karnac. Bion, W. R. (2005a). *The ltalian seminars.* London: Karnac.

Bion, W. R. (2005b). *The Tavistock seminars.* London: Karnac.

Blakeslee, S. (2000). Experts explore deep sleep and the making of memory. *New York Times: science Times,* Tuesday, 14 November, p. D2.

Bléandonu, G. (1993). *Wilfred R. Bion: His Life and Works.* 1897-1979, trans. C. Pajaczkowska. London: Free Association Books, 1996.

Bloom, H. (1983). *Kabbalah and Criticism.* New York: Continuum.

Bohm, D. (1980). *Wholeness and the lmplicate Order.* London/Boston, MA: Routledge & Kegan Paul.

Bollas,. C. (1987). *The shadow of the Object: Psychoanalysis of the Unthought and Known.* New York: International Universities Press.

Borges J. L. (1998). *Collected Fictions: Jorge Luis Borges.* New York: Viking. Bowlby, J. (1969). *Attachment and Loss, Val. I: Attachment.* New York: Basic Books.

Bråten, S. (1998). Infant learning by altero-centric participation: The reverse of egocentric observation in autism. In S. Bråten (Ed), *Intersubjective Communication and Emotion in Early Ontogeny* (pp. 105-124). Cambridge: Cambridge University Press.

Britton, R. (1998). *Belief and Imagination: Explorations in Psychoanalysis.* London: Routledge.

Britton, R. (2006). "The Pleasure Principle, the Reality Principle and the Uncertainty Principle." Unpublished manuscript.

Brown, L. (2005). The cognitive effects of trauma: Reversal of alpha-function and the formation of a beta-screen. *Psychoanalytic Quarterly,* 74: 397-420.

Brown, L. (2006). Julie's Museum: The evolution of thinking, dreaming and historicization in the treatment of traumatized patients. *International Journal of Psychoanalysis,* 87: 1569-1585.

Brunschwig, J., & Lloyd, G. (2000). *Greek Thought: A Guide to Classical Knowledge.* Cambridge, MA: Harvard University Press.

Carvalho, R. (2005). Translator's introduction to Matte Blanco's "Four antimonies of the death instinct". *International Journal of Psychoanalysis,* 86: 1463-1464.

Chomsky, N. (1957). *Syntactic Structures.* The Hague: Mouton.

Chomsky, N. (1968). *Language and Mind.* New York: Harcourt Brace and World.

Chuster, A., & Conte, J. (2003). The negative grid. In: w. R. *Bion: Novas leituras, Vol. 2: A psicanályse dos principos ético-estéticos à clinica.* Rio de Janeiro: Companhia de Freud.

Chuster, A., & Frankiel, R. W. (2003). The clinical value of the ideas of Wilfred Bion. *International Journal of Psychoanalysis,* 83: 463-467.

Couzin, I. D., & Krause, J. (2003). Self-organization and collective behaviour in vertebrates. *Advances in the Study of Behaviour,* 21: 1-75.

Damasio, A. (1999). *The Feeling of What Happens: Body Emotion in the Making of Consciousness.* New York: Harcourt Brace.

Damasio, A. (2003). *Looking for Spinoza: Joy, Sorrow, and the Feeling Brain.* New York: Harcourt.

de Bianchedi, E. T. (1993). Lies and falsities. *Journal of Melanie Klein and Object Relations,* 11: 30-46.

de Bianchedi, E. T. (1997). From objects to links: Discovering relatedness. *Journal of Melanie Klein and Object Relations,* 15: 227-234.

de Bianchedi, E. T. (2004). "Evolution in and of Bion." Lecture presented at thé Fourth Bion Conference, São Paulo, 14 July.

de Bianchedi, E. T. (2005). Whose Bion? Who is Bion? *International Journal of Psychoanalysis,* 56: 1529-1534.

de Bianchedi, E., Bregazzi, C., Crespo, C., Grillo de Rimoldi, E., Grimblat

de Notrica, S., Saffories, D., Szpunberg de Bernztein, A., Werba, A., & Zamkow, R. (2000). The various faces of lies. In: W. R. *Bion: Between Past and Future,* ed. P. Bion Talamo, F. Borgogno, & S. A. Merciai. London: Kamac.

Decety, J., & Chaminade, T. (2003). Neural correlates of feeling sympathy. *Neuropsychologia,* 41: 127-138.

Dimock, G. (1989). *The Unity of the Odyssey.* Amherst, MA: University of Massachusetts Press.

Dodds, E. R. (1965). *The Greeks and the Irrational.* Cambridge: Cambridge University Press.

Edelman, G. (2004). *Wider than the Sky: The Phenomenal Gift of Consciousness.* New Haven, CT/London: Yale University Press.

Ehrenzweig, A. (1967). *The Hidden Order of Art.* Berkeley, CA/London: University of California Press.

Eigen, M. (1985). Toward Bion's starting point between catastrophe and faith. *International Journal of Psychoanalysis,* 66: 321-330.

Eigen, M. (1998). *The Psychoanalytic Mystic.* Binghamton, NY: ESF Publications.

Eigen, M. (2005). *Emotional Storms.* Middletown, CT: Wesleyan University Press.

Fagles, R. (1991). *Homer's "The Iliad."* New York: Penguin Books.

Fairbaim, W. R. D. (1940). Schizoid factors and personality. In: *Psychoanalytic Studies of the Personality* (pp. 3-27). London: Tavistock, 1952.

Fairbaim, W. R. D. (1943). The repression and the return of bad objects (with special reference to the "war neuroses."). In: *Psychoanalytic Studies of the Personality* (pp. 59-81). London: Tavistock, 1952.

Fedem, P. (1949). The ego in schizophrenia. In: *Ego Psychology and the Psychoses* (pp. 227-240), ed. E. Weiss. New York: Basic Books, 1952.

Fedem, P. (1952). The psychoanalysis of psychoses. In: *Ego Psychology and the Psychoses* (pp. 117-165), ed. E. Weiss. New York: Basic Books.

Ferro, A. (1999). *Psychoanalysis as Therapy and Storytelling*. London/New York: Routledge.

Ferro, A. (2002a). *In the Analyst's Consulting Room*, trans. P. Slotkin. Hove/ New York: Brunner-Routledge.

Ferro, A. (2002b). *Seeds of Illness, Seeds of Recovery: The Genesis of Suffering and the Role of Psychoanalysis*. Hove/New York: Brunner-Routledge, 2005.

Ferro, A. (2005). Bion: Theoretical and clinical observations. *International Journal of Psychoanalysis*, 86: 1535-1542.

Ferro, A. (2006). Clinical implications of Bion's thought. *International Journal of Psychoanalysis*, 87: 989-1003.

Fitch, W. T. (2005). Dancing to Darwin's tune: Review of Steve Mithen's *The Singing Neanderthal: The Origins of Music, Language, Mind and Body* [Weidenfeld & Nicholson, 2005]. *Nature*, 438 (17): 287.

Fliess, R. (1942). The metapsychology of the analyst. *Psychoanalytic Quarterly*, 11: 211-227.

Fonagy, P., & Target, M. (1996). Playing with reality: Theory of mind and the normal development of psychic reality. *International Journal of Psychoanalysis*, 77: 217-233.

Fonagy, P., & Target, M. (2000). Playing with reality m: The persistence of dual psychic reality in borderline patients. *International Journal of Psychoanalysis*, 81: 853-874.

Fox, M. (1981). Meister Eckhart on the fourfold path of creation. In: M. Fox (Ed.), *Western Spirituality: Historical Roots, Ecumenical Roots* (pp. 215-248). Santa Fe, NM: Bear & Co.

Frazer, J. (1992). *The Golden Bough*. New York: Macmillan.

Freud, A. (1936). *The Ego and the Mechanisms of Defense*. New York: International Universities Press.

Freud, S. (1895d) (with Breuer, J.). *Studies on Hysteria*. Standard Edition, 2: 1-309. London: Hogarth Press, 1955.

Freud, S. (1896b). Further remarks on the neuro-psychoses of defence. *Standard Edition*, 3: 159-185. London: Hogarth Press, 1962.

Freud, S. (1897a-1950 [1892-1899]). Letter 61. Extracts from the Fliess papers. *Standard Edition*, 1: 247-248. London: Hogarth Press, 1966.

Freud, S. (1897b). Draft L: [Notes 1]. Extracts from the Fliess papers. *Standard Edition*, 1: 247-248. London: Hogarth Press,1966.

Freud, S. (1900a). *The Interpretation of Dreams*. Standard Edition, 4/5. London: Hogarth Press,1958.

Freud, S. (1905d). *Three Essays on the Theory of Sexuality*. Standard Edition, 7: 125-245. London: Hogarth Press, 1953.

Freud, S. (1910i). The psycho-analytic view of psychogenic disturbance of vision. *Standard Edition*, 11: 209-218. London: Hogarth Press,1957.

Freud, s. (191lb). Formulations on the two principles of mental functioning. *Standard Edition*, 12: 213-226. London: Hogarth Press, 1958.

Freud, S. (1912e). Recommendations to physicians practising psycho-analysis. *Standard Edition,12:* 109-120. London: Hogarth Press, 1958.

Freud, S. (1914d). On the history of the psycho-analytic movement. *Standard Edition*, 14:3 -66. London: Hogarth Press, 1957.

Freud, S. (1915c). Instincts and their vicissitudes. *Standard Edition*, 14: 109-140. London: Hogarth Press, 1957.

Freud, S. (1915d). Repression. *Standard Edition,* 14: 141-158. London: Hogarth Press, 1957.

Freud, S. (1915e). The unconscious. *Standard Edition* 14: 159-215. London: Hogarth Press, 1957.

Freud, S. (1917e [19.15]). Mourning and melancholia. *Standard Edition,* 14: 237-260. London: Hogarth Press, 1957.

Freud, S. (1920g). *Beyond the Pleasure Principie. Standard Edition,* 18: 3-66. London: Hogarth Press, 1955

Freud, S. (1921c). *Group Psychology and the Analysis of the Ego. Standard Edition,* 18: 67-144. London: Hogarth Press, 1955.

Freud, S. (1924d). The dissolution of the Oedipus complex. *Standard Edition,* 19: 173-182. London: Hogarth Press, 1961.

Freud, S. (1926d). *Inhibitions, Symptoms and Anxiety. Standard Edition,* 20: 77-178. London: Hogarth Press, 1959.

Freud, S. (1950 [1895]). Project for a scientific psychology. *Standard Edition,* 1: 281-397. London: Hogarth Press, 1966.

Freud, S., & Andreas-Salomé, L. (1966). Letter dated "25.5.16." m: *Letters* (p. 45), ed. E. Pfeiffer, trans. W. Robson-Scott & E. Robson-Scott. London: Hogarth Press, 1972.

Gais, S., Plihal, W., Wagner, U., & Bom, J. (2000). Early sleep triggers memory for early visual discrimination skills. *Nature Neuroscience,* 3: 1335-1339.

Gallese, V. (2001). The "shared manifold" hypothesis: From mirror neurons to empathy. *Journal of Consciousness Studies,* 8: 33-50.

Gallese, V., & Goldman, A. (1998). Mirror neurons and the simulation theory of mind reading. *trends in Cognitive Science,* 2: 493-501.

Ghazanfar, A. A., & Logothetis, N. K. (2003). Facial expressions linked to monkey calls. *Nature,* 423: 937-938.

Gleik, J. (1987). *Chaos: Making a New Science.* New York: Viking Press.

Godbout, C. (2004). Reflections on Bion's "elements of psychoanalysis". *International Journal of Psychoanalysis,* 85: 1123-1136.

Gordon, J. (1994). Bion's *post-Experiences in Groups* thinking on groups: A clinical example of -K. m: v. L. Schermer & M. Pines (Eds.), *Ring of Fire: Primitive Affects and Object Relations in Group Psychotherapy* (pp. 107-127). London: Jessica Kingsley.

Greatrex T. (2002). Projective identification: How does it work? *Neuro-Psychoanalysis,* 4: 187-197.

Green, J. (1947). *If I Were You...,* trans. J. H. F. McEwen. London: Eyre & Spottiswoode, 1950.

Greenberg, J. (2005). Conflict in the middle voice. *Psychoanalytic Quarterly,* 74: 105-120.

Grinberg, L. (1979). Countertransference and projective counter-identification. *Contemporary/Psychoanalysis,* 15: 226-247.

Grinberg, L., Sor, D., & de Bianchedi, E. T. (1977). *Introduction to the Work of Bion.* New York: Jason Aronson.

Grinberg, L., Sor, D., & de Bianchedi, E. T. (1993). *New Introduction to the Work of Bion.* Northvale, NJ: Jason Aronson.

Grotstein, J. (1978). Inner space: Its dimensions and its coordinates. *International Journal of Psychoanalysis,* 59: 5S-61.

Grotstein, J. (1979). Demoniacal possession, splitting, and the torment of joy. *Contemporary Psychoanalysis,* 15: 407-453.

Grotstein,l. (1981a). *Splitting and Projective Identijication.* New York: Jason Aronson.

Grotstein, J. (1981b). Bion the man, the psychoanalyst, and the mystic: A perspective on his life and work. In: J. S. Grotstein (Ed.), Do I *Dare Disturb the Universe? A Memorial to Wilfred R. Bion* (pp. 1-36). Beverly Hills, CA: Caesura Press.

Grotstein, J. (1981c). Who is the dreamer who drearns the dream and who is the dreamer who understands it? (Revised). In: J. S. Grotstein (Ed.), Do I Dare Disturb the Universe? A Memorial to Wilfred R. Bion (pp. 357-416). Beverly Hills, CA: Caesura Press.

Grotstein, J. (Ed.) (1981d). Do I Dare Disturb the Universe? A Memorial to Wilfred R. Bion. Beverly Hills, CA: Caesura Press.

Grotstein, J. (1985). W. R. Bion: A voyage into the deep and formless infinite. In: J. Reppen (Ed.), *Beyond Freud* (pp. 297-314). Hillsdale, NJ: Analytic Press.

Grotstein, J. (1986). The dual-track: A contribution toward a neurobehavioral model of cerebral processing. *Psychiatric Clinics of North America,* 9 (2): 353-366.

Grotstein, J. (1987). Making the best of a bad deal: On Harold Boris' "Bion Revisited". *Contemporary Psychoanalysis,* 23 (1): 60-76.

Grotstein, J. (1993a). Towards the concept of the transcendent position: Reflections on some of "the unborns" in Bion's *Cogitations. Journal of Melanie Klein and Object Relations,* 11 (2): 55-73. [Special Issue: "Understanding the Work of Wilfred Bion".]

Grotstein, J. (1993b). Editorial. *The Journal of Melanie Klein and Object Relations,11* (2): 1-2. [Special Issue: "Understanding the Work of Wilfred Bion".]

Grotstein, J. (1995). A reassessment of the couch in psychoanalysis. *Psychoanalytic Inquiry,* 15: 396-405. [Special issue: "The Relevance of the Couch in Contemporary Psychoanalysis."]

Grotstein, J. (1996a). Bion's transformation in "O", Lacar's "thing-in-itself," and Kant's "Real": Towards the concept of the transcendent position. *Journal of Melanie Klein and Obiect Relations,* 14 (2): 109-141.

Grotstein, J. (1996b). The significance of Bion's concepts of P-S ↔ D and transformations in "O" : A reconsideration of the relationship between the paranoid-schizoid and depressive positions-and beyond. In: K. Hall & B. Burgoyne (Eds.), *Schemas and Models in Psychoanalysis.* London: Rebus Press.

Grotstein, J. (1997a). Bion: The pariah of "O". *British Journal of Psychotherapy,* 14 (1): 77-90.

Grotstein, J. (1997b). "Fearful symmetry" and the calipers of the infinite geometer: Matte-Blanco's legacy to our conception of the unconscious. *The Journal of Melanie Klein and Object Relations,* 15 (4): 631-646. [Special Issue on Matte Blanco.]

Grotstein, J. (1997c). Integrating one-person and two-person psychologies: Autochthonyand alterity in counterpoint. *Psychoanalytic Quarterly,* 66: 403-430.

Grotstein, J. (1997d). Mens sane in corpore sano: The mind and body as an "odd couple" and as an oddly coupled unity. *Psychoanalytic Inquiry,* 17 (2): 204-222.

Grotstein, J. (1998). The numinous and immanent nature of the psychoanalytic subject. *Journal of Analytical Psychology,* 43: 41-68.

Grotstein, J. (l999a). Bion's "transformations in O and the concept of the transcendent position". In: P. Bion, F. Borgogno, & S. A. Merciai (Eds.), W. R. *Bion: Between Past and Future.* London: Karnac.

Grotstein, J. (1999b). The significance of Bion's concepts of PS~D and transformations in "O": A reconsideration of the relationship between Klein's "positions". In: K. Hall & 0. Rathbone (Eds.), *Psychoanalytic Schemas and Models and Their Graphic Representations.* London: Rebus Press.

Grotstein, J. (2000a). Who Is *the Dreamer Who Dreams the Dream? A Study of Psychic Presences.* Hillsdale, NJ : Analytic Press.

Grotstein, J. (2000b). The relationship between Bollas's "unthought known" and Bion's "thoughts without a thinker" and "memoirs of the future". In: J. Scalia & L. Mitchell (Eds.), *The Vitality of Objects: Exploring the Work of Christopher Bollas.* Middletown, CT: Wesleyan University Press.

Grotstein, J. (2000c). Notes on Bion's "Memory and Desire." *Journal ofthe American Academy of Psychoanalysis,* 28 (4): 687-694.

Grotstein, J. (2001a). Bion on free associations. *Revista di Psicoanalisi:* 365-373. [Special Issue: "Free Association and Free-Floating Discourse."]

Grotstein, J. (2001b). Commentary on "Bion's: A Tool for Transformation" by Marilyn Charles. *Journal of the American Academy of Psychoanalysis*, 30: (3): 447-450.

Grotstein, J. (2002). "We are such stuff as dreams are made on": Annotations on dreams and dreaming in Bion's works. In: C. Neri, M. Pines, & R. Friedman (Eds.), *Dreams in Group Psychotherapy: Theory and Technique* (pp.110-145). London/Philadelphia: Jessica Kingsley.

Grotstein, J. (2003). Introduction: Early Bion. In: R. M. Lipgar & M. Pines (Eds.), *Building on Bion: Origins and Context of Bion's Contributions to Theory and Practice*. London/Philadelphia: Jessica Kingsley.

Grotstein, J. (2004a). "The Light Militia of the Lower Sky": The deeper nature of dreaming and phantasying. *Psychoanalytic Dialogues*, 14 (1): 99-118.

Grotstein, J. (2004b). "The seventh servant": The implications of a truth drive in Bion's theory of O. *International Journal of Psychoanalysis*, 85: 1081-1l01.

Grotstein, J. (2005). "Projective *transidentification*": An extension of the concept of projective identification. *International Journal of Psychoanalysis*, 86: 1051-1069.

Grotstein, J. (2006a). Foreword. In: A. Casement & D. Tacey (Eds.), *The Idea of the Numinous: Contemporary Jungian and Psychoanalytic Perspectives* (pp: xi-xv). Hove: Routledge.

Grotstein, J. (2006b). On: "Whose Bion?" [Letter to the Editors]. *International Journal of Psychoanalysis*, 87 (2): 577-579.

Grotstein, J. (in press-a). *"But at the Same Time and on Another Level...": Psychoanalytic Technique in the Kleinian/Bionian Mode. A Beginning.* New York: Other Press.

Grotstein, J. (in press-b). Notes on unconscious phantasies from the Kleinian/Bionian perspective. *Psychoanalytic Inquiry.*

Grotstein, J. (in press-c). The voice from the crypt: The negative therapeutic reaction and the longing for the infancy that never was. *Contemporary Psychoanalysis.*

Hampshire, S. (2005). *Spinoza and Spinozism.* Oxford: Oxford University Press.

Hargreaves, E., & Varchevker, A. (Eds.) (2004). *In Pursuit of Psychic Change: The Betty Joseph Workshop.* Hove/New York: Brunner-Routledge.

Hartmann, H. (1939). *Ego Psychology and the Problem of Adaptation.* New York: International Universities Press, 1958.

Heidegger, M. (1927). *Being and Time*, trans. J. Macquarrie & E. Robinson. San Francisco: HarperCollins, 1962.

Heidegger, M. (1968). *What 15 Called Thinking?* , trans. F. Wieck & G.Gray. New York: Harper & Row.

Heimann, P. (1950). On counter-transference. *International Journal of Psychoanalvsis*, 31: 81-84.

Heimann, P. (1960). Countertransference. *British Journal of Medical Psychology*, 33: 9-15.

Heisenberg, W. (1958). *Physics and Philosophy.* New York: Harper & Brothers.

Helm, F. (2004). "Conscious, Unconscious and Non-conscious Communication." Unpublished manuscript.

Hoffman, I. Z. (1992). Some practical implications of a social constructivist view of the psychoanalytic situation. *Psychoanalytic Dialogues*, 2: 287-304.

Hoffman, I. Z. (1994). Dialectical thinking and therapeutic action in the psychoanalytic process. *Psychoanalytic Quarterly*, 63: 187-213.

Humphrey, N. (2006). *Seeing Red: A Study in Consciousness.* Cambridge, MA: Harvard University Press.

Isaacs, S. (1952). The nature and function of phantasy. In: M. Klein, P. Heimann, S. Isaacs, & J. Riviere (Eds.), *Developments in Psycho-Analysis* (pp. 67-121). London: Hogarth Press.

Jacobson, E. (1964). *The Self and the Object World.* New York: Intemational Universities Press.

James, W. (1890). *The Principies of Psychology.* Cambridge, MA: Harvard University Press, 1981.

Joseph, B. (1989). *Psychic Equilibrium and Psychic Change.* London: Routledge

Jowett, B. (1892). *The Dialogues of Plato, Vais.* 1 & 2. London: MacMillan. Joyce, J. (1916). *Portrait of the Artist as a Young Man.* New York: Penguin Classics, 2003.

Jung, C. G. (1916). The transcendent function. In: *The Collected Works of* c. G. *Jung, Vai.* 8 (2nd edition), trans. R. F. C. Hull. Princeton, NJ: Princeton University Press, 1972, pp. 67-91.

Jung, C. G. (1967). *Psychology and Alchemy. The Collected Works of C. G. Jung, Vai.* 12 (2nd edition), trans. G. Adler & R. F. C. Hull. Princeton, NJ: Princeton University Press, 1968.

Kant, I. (1783). *Prolegomena zu einer jeden kuenftigen Metaphysik.* Riga: Hartknoch.

Kant, I. (1787). *Critique of Pure Reason* (revised edition), trans. N. Kemp Smith. New York: St. Martin's Press, 1965.

Kauffman, S. (1993). *The Origin of Order: Self-Organization and Selection in Evolution.* New York: Oxford University Press.

Kauffman, S. (1995). *At Home in the Universe: The Search for the Laws of Self-Organization and Complexity.* New York/Oxford: Oxford University Press.

Keats, J. (1817). Letter to George and Thomas Keats. 21 December 1817. In: *Letters* (4th edition), ed. M. B. Forman. Oxford: Oxford University Press, 1952.

Kemberg, O. (1987). Projection and projective identification: Developmental and clinical aspects. In: J. Sandler (Ed.), *Projection, Identijication, and Projective Identification* (pp. 93-116). Madison, CT: International Universities Press, 1987.

Kitayama, O. (1998). Transience: Its beauty and its danger. *International Journal of Psychoanalysis,* 79: 937-954.

Klein, M. (1921). The development of a child. In: *Contributions to Psycho-Analysis,* 1921-1945 (pp. 13-67). London: Hogarth Press, 1950.

Klein, M. (1928). Early stages of the Oedipus conflict. In: *Contributions to Psycho-Analysis,* 1921-1945 (pp. 202~214). London: Hogarth Press, 1950.

Klein, M. (1929). Personification in the play of children. In: *Contributions to Psycho-Analysis,* 1921-1945 (pp. 215-226). London: Hogarth Press, 1950.

Klein, M. (1930). The importance of symbol formation in the development of the ego. *International Journal of Psychoanalysis,* 11: 24-39.

Klein, M. (1933). The early development of conscience in the child. In: *Contributions to Psycho-Analysis,* 1921-1945 (pp. 267-277). London: Hogarth Press, 1950.

Klein, M. (1935). A contribution to the psychogenesis of manic-depressive states. In: *Contributions to Psycho-Analysis,* 1921-1945 (pp. 282-310). London: Hogarth Press, 1950.

Klein, M. (1940). Mouming and its relation to manic-depressive states. In: *Contributions to Psycho-Analysis,* 1921-1945 (pp. 311-338). London: Hogarth Press, 1950.

Klein, M. (1946). Notes on some schizoid mechanisms. In: M. Klein, P. Heimann, S. Isaacs, & J. Riviere (Eds.), *Developments in Psycho-Analysis* (pp. 292-320). London: Hogarth Press, 1952.

Klein, M. (1955). On identification. In: M. Klein, P. Heimann, S. Isaacs, & R. Money-Kyrle (Eds.), *New Directions in Psycho-Analysis* (pp. 309-345). London: Hogarth Press.

Klein, M. (1960). *Na"ative of a Child Analysis.* New York: Basic Books. Kohut, H. (1971). *The Analysis of the Self: A Systematic Approach to the Psychoanalytic Treatment of Narcissistic Personality Disorders.* New York: International Universities Press.

Korbivcher, C. (1999). Mente primitiva e pensamento. *Revista Brasileira de Psicanálise,33* (4): 687-707.

Korbivcher. C. (2001). A teoria das transformações e os estados autísticos. Transformações autísticas. Uma proposta. *Revista Brasileira de Psicanálise,* 35 (4): 935-958.

Korbivcher, C. (2005a). "The Analyst's Mind and Autistic Transformations." Paper presented at the Annual Francis Tustin Memorial Lectureship, Los Angeles, November 5.

Korbivcher, C. (2005b). The theory of transformations and autistic states. *International Journal of Psychoanalysis*, 86: 1595-1610.

Kristeva, J. (1989). *Black Sun: Depression and Melancholia*. New York: Columbia University Press.

Lacan, J. (1966). *Écrits*: 1949-1960, trans. A. Sheridan. New York: W. W. Norton,1977.

Lawlor, R. (1982). *Sacred Geometry: Philosophy and Practice*. Crestone, CO: Thames & Hudson.

Lebow, R. (2003). *The Tragic Vision of Politics: Ethics, Interests and Orders*. Cambridge: Cambridge University Press.

Lévi-Strauss, C. (1958). *Structural Anthropology*, trans. C. Jacobson & B. Grundfest. Harmondsworth: Penguin, 1968.

Lévi-Strauss, C. (1970). *The Elementary Structures of Kinship*. London: Tavistock.

Llinàs, R. (2001). I *of the Vortex: From Neurons to Self* Cambridge, MA/London: MIT Press.

López-Corvo, R. (2003). *The Dictionary of the Work of w. R. Bion*. London: Kamac.

López-Corvo, R. (2006a). *Wild Thoughts Searching for a Thinker*. London: Kamac.

López-Corvo, R. (2006b). The forgotten self: With the use of Bion's theory of negative links. *Psychoanalytic Review*, 93: 363-377.

Maquet, P. (2000). Sleep on it. *Nature Neuroscience*, 3: 1235-1236.

Mason, A. (1981). The suffocating super-ego: Psychotic break and claustrophobia. In: J. S. Grotstein (Ed.), Do I *Dare Disturb the Universe? A Memorial to Wilfred* R. *Bion*. Beverly Hills, CA: Caesura Press.

Mason, A. (1994). A psychoanalyst looks at a hypnotist: A study of folie à deux. *Psychoanalytic Quarterly*, 63 (4): 641~79.

Mason, A. (2000). Bion and binocular vision. *International Journal of Psychoanalysis*, 81: 983-989.

Massidda, G. B. (1999). Shall we ever know the whole truth about projective identification? [Letter to the Editor.] *International Journal of Psychoanalysis*, 80: 365-367.

Matte Blanco, I. (1975). *The Unconscious as Infinite Sets*. London: Duckworth.

Matte Blanco, I. (1981). Reflecting with Bion. In: J. S. Grotstein (Ed.), Do I *Dare Disturb the Universe? A Memorial* to *Wilfred R. Bion* (pp. 489-528). Beverly Hills, CA: Caesura Press.

Matte Blanco, I. (1988). *Thinking, Feeling, and Being: Clinical Re.flections on the Fundamental Antinomy of Human Beings*. London/New York: Routledge.

Matte Blanco, I. (2005). The four antinomies of the death instinct [trans. R. Carvalho]. *International Journal of Psychoanalysis*, 86: 1463-1476.

Mattos, J. A. J. de (1997). "Transference and Counter-transference as Transience." Paper presented at the Intemational Centennial Conference on the Work of W. R. Bion, Turin, Italy, 16 July.

Maturana, H. R., & Varela, F. J. (1972). *Autopoiesis and Cognition: The Realization of the Living*. Boston/London: Reidel.

Maugham, W. S. (1945). *The Razor's Edge*. London: Penguin Classics, 1992. McGinn, B. (1994). *The Foundations of Mysticism: Origins to the Fifth Century*. New York: Crossroad Publishing. McGinn, B. (1996). *The Growth of Mysticism*. New York: Crossroad Publishing.

Meares, R. (2000). Priming and projective identification. *Bulletin of the Menninger Clinic*, 64: 1-15.

Meltzer, D. W. (1966). The relation of anal masturbation to projective identification. *International Journal of Psychoanalysis*, 47: 335-342.

Meltzer, D. W. (1978). *The Kleinian Development, Part III: The Clinical Significance of the Work of Bion*. Strath Tay: Clunie Press.

Meltzer, D. W. (1980). "The diameter ofthe circle" in Wilfred Bion's work. In: *Sincerity and Other Works: Collected Papers of Donald Meltzer* (pp. 469-474), ed. A. Hahn. London: Kamac, 1994.

Meltzer, D. W. (1985). Three lectures on W. R. Bion's *A Memoir of the Future* [with Meg Harris Williams]. In: *Sincerity and Other Works: Collected Papers of Donald Meltzer* (pp. 520-550), ed. A. Hahn. London: Kamac, 1994.

Meltzer, D. W. (1986). *Studies in Extended Metapsychology: Clinical Applications of Bion's Ideas.* Strath Tay: Clunie Press.

Meltzer, D. W. (1992). *The Claustrum: An Investigation ofClaustrophobic Phenomena.* Strath Tay: Clunie Press.

Meltzer, D. W. (2000). A review of my writings. In: M. Cohen & A. Hahn (Eds.), *Exploring the Work of Donald Meltzer: A Festschrift* (pp. 1-11). London: Karnac.

Modell, A. H. (1980). Affects and their non-communication. *International Journal of Psychoanalysis*, 61: 259-267.

Money-Kyrle, R. (1956). Normal concepts of counter-transference and some of its deviations. *International Journal of Psychoanalysis*, 37: 360-366.

Money-Kyrle, R. (1968). Cognitive development. In: *The Collected Papers of Roger Money-Kyrle* (pp. 416-433), ed. D. Meltzer & E. O'Shaughnessy. Strath Tay: Clunie Press,1978.

Moore, B., & Fine, B. (Eds.) (1990). *Psychoanalytic Terms and Concepts.* NeW Haven, CT: Yale University Press.

Muir, R. (1995). Transpersonal processes: A bridge between object relations and attachment theory in normal and psychopathological development. *British Journal of Medical Psychology*, 68: 243-257.

Nietzsche, F. (1883). *Thus Spake Zarathustra*, trans. W. Kaufman. London: Penguin Books, 1961.

Norman, J. (2004). Transformations of early infantile experiences: A 6-month-old in psychoanalysis. *International Journal of Psychoanalysis*, 85: 1103-1122.

Novick, J., & Kelly, K. (1970). Projection and externalization. *Psychoanalytic Study of the Child*, 25: 69-98.

Ogden, T. (1982). *Projective Identification and Psychotherapeutic Technique.* New York/London: Jason Aronson.

Ogden, T. (1994a). The analytic third: Working with intersubjective clinical facts. *International Journal of Psychoanalysis*, 75: 3-20.

Ogden, T. (1994b). The concept of interpretive action. *Psychoanalytic Quarterly*, 63: 219-245.

Ogden, T. (1997). *Reverie and Interpretation: Sensing Something Human.* Northvale, NJ/London: Jason Aronson.

Ogden, T. (2001). *Conversations at the Frontier of Dreaming.* Northvale, NJ/London: JasonAronson.

Ogden, T. (2003). On not being able to dream. *International Journal of Psychoanalysis*, 84: 17-30.

Ogden, T. (2004a). On holding and containing, being and dreaming. *International Journal of Psychoanalysis*, 86: 1349-1364.

Ogden, T. (2004b). An introduction to the reading of Bion. *International Journal of Psychoanalysis*, 85: 285-300.

Ogden, T. (2007a). Elements of analytic style: Bion's clinical seminars. *International Journal of Psychoanalysis*, 88: 1185-1200.

Ogden, T. (2007b). On talking-as-dreaming. *International Journal of Psychoanalysis*, 88 (2): 575-590.

O'Shaughnessy, E. (2005). Whose Bion?*International Journal of Psychoanalysis*, 86: 1523-1528.

Peirce, C. S. (1931). *Collected Papers* (8 vols.), ed. C. Hartshore & P. Weiss. Cambridge, MA: Harvard University Press.

Peradotto, J. (1990). *Man in the Middle Voice: Name and Narration in "The Odyssey."* Princeton, NJ: Princeton University Press.

Piaget, J. (1926). *The Child's Conception of the World*, trans. J. Tomlinson & A. Tomlinson. Totowa, NJ: Littlefield, Adams,1969.

Plato (1892). *The Dialogues of Plato, Vols.* 1 & 2, trans. B. Jowett. New York: Random House,1937.

Poincaré, H. (1963). *Science and Method.* New York: Dover Publications.

Racker, H. (1968). *Transference and Countertransference.* London: Hogarth Press.

Rather, L. (2005). "Saturated-O' and 'Unsaturated-O' Experience: A Contribution to Bion's Theory of Transformations." Paper presented at the Hysteria and the Transformation Spectrum Conference, Scientific Meeting of the Northem California Society for Psychoanalytic Psychology, San Francisco, 11 June.

Rezende, A. (2004). "The Experience of Truth in Clinical Psychoanalysis." Paper presented at Bion 2004 Conference, sponsored by the Sociedade Brasileira de Psicanálise de São Paulo, São Paulo, 17 July.

Ricoeur, P. (1970). *Freud and Philosophy: An Essay on Interpretation,* trans. D. Savage. New Haven, CT: Yale University Press.

Rosenfeld, H. (1965). *Psychotic States.* New York: Intemational Universities Press

Rosenfeld, H. (1971). Contribution to the psychopathology of psychotic states: The importance of projective identification in the ego structure and the object relations of the psychotic patient. In: *Problems of Psychosis* (pp. 115-128), ed. P. Doucet & C. Laurin. Amsterdam: Excerpta Medica.

Salomonsson, B. (2007). "Talk to me baby, tell me what's the matter now": Semiotic and developmental perspectives on communication in psychoanalytic infant treatment. *International Journal of Psychoanalysis,* 88: 127-146.

Sandler, J. (1976). Countertransference and role responsiveness. *International Review o fPsychoanalysis,* 3: 43-47.

Sandler, P. (1999). Um desenvolvimento e aplicação clínica do instrumento de Bion, o Grid. *Revista Brasileira de Psicanálise,* 33 (1): 13-38.

Sandler, P. (2005). *The Language of Bion.* London: Kamac.

Sandler, P. (2006a). The origin of Bion's work. *International Journal of Psychoanalysis,* 87: 179-201.

Sandler, P. (2006b). "The Three-Dimensional Grid." Unpublished manuscript.

Schermer, M. (2003). The demon of determinism: Discussion of Daniel Dennet's, *Freedom Evolves. Science,* 300: 56-57.

Schermer, V. (2003). "O": Bion and epistemology. In: R. Lipgar & M. Pines (Eds.), *Building on Bion, Il: Roots.* London: Jessica Kingsley.

Schneider, J. (2005). Experiences in K and -K. *International Journal of Psychoanalysis,* 86: 825-839.

Schore, A. (2003a). *Affect Dysregulation and Disorders of the Self.* New York: W. W. Norton.

Schore, A. (2003b). *Affect Dysregulation and Repair of the Self.* New York: W. W. Norton.

Schreber, D. P. (1903). *Memoirs of My Mental Illness,* ed & trans. I. Macalpine & R. Hunter. London: William Dawson & Sons, 1955.

Schwalbe, M. L. (1991). The autogenesis of the self. *Journal for the Theory of Social Behaviour,* 21 (3): 269-295.

Segal, H. (1957). Notes on symbol formation. *International Journal of Psychoanalysis,* 38: 391-397.

Segal, H. (1981). Notes on symbol formation. In: *The Work of Hanna Segal: A Kleinian Approach to Clinical Practice* (pp. 49-68). New York/London: Jason Aronson.

Seligman, S. (1993). Integrating Kleinian theory and intersubjective infant research observing projective identification. *Psychoanalytic Dialogues,* 9: 129-159.

Seligman, S. (1994). Applying psychoanalysis in an unconventional context. *Psychoanalytic Study of the Child,* 49: 481-510.

Sells, M. A. (1994). *Mystical Language of Unsaying.* Chicago: University of Chicago Press.

Sodré, I. (2004). Who's who? Notes on pathological identifications, In: *In Pursuit of Psychic Change: The Betty Joseph Workshop* (pp. 53-64), ed. E. Hargreaves & A. Varchevker. Hove/New York: Brunner-Routledge.

Sor, D., & Senet de Gazzano, M. R. (1988). *Cambio catastrófico* [Catastrophic Change]. Buenos Aires: Kargieman.

Sor, D., & Senet de Gazzano, M. R. (1993). *Fanatismo* [Fanaticism]. Buenos Aires: Ananké.

Spillius, E. B. (1988). General introduction. In: *Melanie Klein Today: Developments in Theory and Practice, Vol. 1: Mainly Theory* (pp. 1-7), ed. E. Spillius. London/New York: Routledge.

Spillius, E. B. (1992). Clinical experiences of projective identification. In: *Clinical Lectures on Klein and Bion* (pp. 59-73), ed. R. Anderson. London/New York: Routledge.

Spillius, E. B. (2001). Freud and Klein on the concept of phantasy. *International Journal of Psychoanalysis,* 82: 361-373.

Stanislavski, C. (1936). *An Actor Prepares,* trans. E. Reynolds Hapgood. New York: Routledge, 1989.

Steiner, J. (1993). *Psychic Retreats: Pathological Organizations in Psychotic, Neurotic and Borderline Patients.* London: Routledge.

Steiner, R. (1999). Who influenced whom? And how? [Letter to the Editor]. *International Journal of Psychoanalysis,* 80: 369-376.

Stem, D. (2004). *The Present Moment in Psychotherapy and Everyday Life.* New York: W. W. Norton.

Stickgold, R., James, L. -T., & Hobson, J. A. (2000). Visual discrirnination leaming requires sleep after training. *Nature Neuroscience,* 3: 1237-1238.

Stitzman, L. (2004). At-one-ment, intuition, and "suchness". *International Journal of Psychoanalysis,* 85: 1137-1155.

Sullivan, B. (2007). "The Nature of Psychological Growth: Parallels between Bion and Jung." Unpublished manuscript.

Sutherland, J. D. (1985). Bion revisited: Group dynamics and group psychotherapy. In: *Bion and Group Psychotherapy,* ed. M. Pines. London: Kegan Paul.

Sutherland, J. D. (1994). Bion's group dynarnics. In: *The Autonomous Self: The Work of Jon D. Sutherland,* ed. J. S. Scharff. Northvale, NJ: Jason Aronson.

Syrnington, J. D., & Syrnington, N. (1996). *The Clinical Thinking of Wilfred Bion.* London/New York: Routledge.

Target, M., & Fonagy, P. (1996). Playing with reality II: The development of psychic reality from a theoretical perspective. *International Journal of Pyschoanalysis,* 77: 459-479.

Tausk, V. (1919). On the origin of the "influencing machine" in schizophrenia. *Psychoanalytic Quarterly,* 2: 519-556.

Trevarthen, C. (1999). Musicality and the intrinsic motive pulse: Evidence from hurnan pychobiology and infant cornrnunication. *Musicae Scientiae:* 157-213. [Special Issue: "Rhythms, Musical Narrative, and Origins of Hurnan Cornrnunication."]

Tucker, W., & Tucker, K. (1988). *The Dark Matter: Contemporary Science's Quest for the Mass Hidden in the Our Universe.* New York: William Morrow.

Tustin, F. (1981). *Autistic States in Children.* London: Routledge & Kegan Paul.

Tustin, F. (1986). *Autistic Barriers in Neurotic Patients.* NewHaven, CT: Yale University Press.

Tustin, F. (1990). *The Protective Shell in Children and Adults.* London: Karnac.

Vasta, R. (2006). "The Negative." Unpublished manuscript.

Vemant, J.-P. (1990). The historical moment of tragedy in Greece: Some of the social and psychological conditions. In: *Myth and Tragedy in Ancient Greece,* ed. J.-P. Vemant & P. Vidal-Niquet, trans. J. Lloyd. New York: Zone Books.

Wade, N. (2006). *New York Times: Science Times,* Tuesday, 25 July, p. D2.

Webb, R. E., & Sells, M. A. (1997). Lacan and Bion: Psychoanalysis and the mysticallanguage of "unsaying". *Journal of Melanie Klein and Object Relations,* 15: 243-264.

Weisberg, J. (2006). Red in the head [Book review of *Seeing Red: A Study in Consciousness*]. *Nature,* 441 (1 June).

Weiss, E. (1925). Der eine noch nicht beschriebene Phase der Entwicklung zur heterosexuellen Liebe. *International Zeitschrift für Psychoanalyse,* 11: 429-443.

Williams, C. (2006). *Heidegger, Bion, and Varela.* Unpublished book. Williams, M. H. (1985). The tiger and "O" : A reading of Bion' s *Memoir of the Future. Free Associations,* 1: 33-56.

Wmnicott, D. W. (1951). Transitional objects and transitional phenomena. In: *Collected Papers: Through Paediatrics to Psycho-Analysis* (pp. 229-242). London: Tavistock Publications; New York: Basic Books, 1958.

Winnicott, D. W. (1956). Primary maternal preoccupation. In: *Collected Papers: Through Paediatrics to Psycho-Analysis* (pp. 300-305). London: Tavistock Publications; New York: Basic Books, 1958.

Winnicott, D. W. (1960a). Ego distortion in terms of the true and false self. In: *The Maturational Processes and the Facilitating Environment* (pp. 140-152). London: Hogarth Press; New York: Intemational Universities Press,1965.

Winnicott, D. W. (1960b). The theory of the parent-infant relationship. In: *The Maturational Processes and the Facilitating Environment* (pp. 37-55). London: Hogarth Press; New York: Intemational Universities Press, 1965.

Winnicott, D. W. (1963). Communicating and not communicating leading to a study of certain opposites. In: *The Maturational Processes and the Facilitating Environment* (pp. 37-55). London: Hogarth Press; New York: Intemational Universities Press; 1965.

Winnicott, D. W. (1969). The use of an object. *International Journal of Psychoanalysis,* 50: 711-716.

Wmnicott, D. W. (1971a). Creativity and its origins. In: *Playing and Reality* (pp. 65-85). London: Routledge; New York: Basic Books.

Wmnicott, D. W. (1971b). Playing: A theoretical statement. In: *Playing and Reality* (pp. 38-52). London: Routledge; New York: Basic Books.

Índice

Abraham, 67-68
abstração, uso de Bion de, 119-120
"ação-pública", 36, 226-227
agressor, identificação com, 162
Aisenstein, M., 71-72
aleteia, 136-137
alucinação(ões), 155, 205-206, 209-211,
    229-232, 240-241, 279-280
alucinose, 294-295, 319-320
    transformações em, 225-226, 229-233,
        259-260
ambivalência, 214-215
análise Fairbairniana, 51-52
análise Freudiana, 51-52
análise Kleiniana, 42-43, 51-54, 163, 170-171
analista (*passim*):
    abandonando memória e desejo, 15-16, 36,
        40, 91-92, 94-95, 98-99, 115-116, 126,
        204-205, 208-209, 217-218,
        228-229, 231-232, 239-240, 297-298,
        315-316
    como protocolo, 58-62
    e continência, 172-173
    e identificação projetiva, 191-192
    e psicose, 209-210, 214-215
    "of Achievement", 56
    "tornando-se" o analisando/bebê, 59-60
    como continente, 290-291
    fé na coerência, 93-94
    paciência, necessidade de, 59-60, 93-94,
        101-102, 118-119, 290-291
    preconcepções obrigatórias, lista de,
        95-96, 97-98, 103-104, 229-230
    rêverie do, *ver* rêverie, analítico
    sonhando a sessão analítica, 51-52, 94-95,
        99-100, 102-103, 172-173, 236-237,
        265, 269-270, 274-275, 280-281
Ananke [necessidade ou destino], 124,
    138-139, 264, 279-280
Andreas-Salomé, L., 15, 129, 303
animismo, 185-186
aniquilação, medo de, 206-207

ansiedade claustrofóbica, 185-186
ansiedade de castração, 200-201, 203-206
ansiedade(s) catastrófica(s), 149-150
ansiedade(s) depressiva(s), 42-43, 124
ansiedade(s) persecutória(s), 42-43,
    103-104, 124, 165-166, 178-179
apego, 53-54, 167-168, 173-174, 184-185,
    187-188, 280-281
    conceito de, 111-112, 163
Apprey, M., 194-195
Aristóteles, 94-95, 124, 135-136, 326-327
Arnold, M., 269-270
arquétipos, 143-144
arrogância, e instinto de morte, 210-212
"árvore de inferência imaginativa", 98-99
aspectos messiânicos de O, 114-115
assimetria, princípio de, 271-273
Associação Psicanalítica Americana, 44-45
Associação Psicanalítica Internacional,
    204-205
associação(ões) livre(s), 40, 69, 75-76,
    83-85, 99-100, 102-103, 110,
    135-136, 205-206, 222-223,
    258-259, 261-262, 315-319
"atrator estranho" na teoria do caos, 69,
    93-94, 138-139, 215-216,
    297-298
autoabnegação, 135-136
autoctonia, 133-134, 151-152, 165-166, 282-283
autogênese, 166-167, 218-219
auto-organização, 124-125, 152-153,
    166-167, 201, 218-219, 327-328
    e transformações, 217-218
autopoiese, 218-219

Bandera, A., 253-254, 273-274
Banet, A.G., 29-30
barreira de contato (*passim*):
    conceito de, 87-88, 168-169
    e curiosidade, 149-150
    e distinção entre sono e vigília, 111-112,
        206-207, 238-239

e o sonhar, 61-62, 252-253, 270-271, 298-300
e separação de consciência e o inconsciente, 68, 238-239, 259-260, 263-267, 270-271, 307, 318-319
função da, 60-63, 87-88, 168-169, 261-262, 267, 318-319
integridade da, fé do analista na, 15-16, 192-193
reforço da, por elementos-α, 77-78, 89-90, 143-144, 168-169, 269, 270-273, 278-279, 284, 290-293, 298-300
relação com continente ↔ conteúdo, a Grade e função-α, 60-63, 72-73, 130-131, 168-169
seletivamente permeável, 61-62, 67-68, 102-103, 172-173, 217-218, 273-274, 291-292
bebê:
capacidade do, de pensar, 56-57
-mãe, psicoterapia, 184-185
Beckett, S., 323
Beebe, B., 279-280
Berkeley, G., 69-70, 314-315
Bianchedi, E.T. de, vii, viii, 18-21, 25-27, 142, 155-156, 229-230, 242-243, 274-275, 311-312
bi-lógica, 88-90, 127, 269-273
Binswanger, L., 322
Bion, F., viii, 24-25, 29-30, 32-34, 39, 47-48, 234-235, 303
Bion, W. R. (*passim*):
"hemisférico-esquerdo", 94-95, 228-229
aparência pessoal de, 35, 47-48
como "pária de O", 33-34
como "pós-pós-Kleiniano", 103-106
como analista, 40-46, 111-117
como descendente de Sócrates, 23-26, 42-43, 47, 304-306, 326-327
como Kleiniano, 42-43, 54-55, 98-99, 103-104
como matemático, 111-117
como místico, 15-17, 111-117
como pessoa, 47-48
como Platonista, 82-83
como portador do "pensamento do messias", 113-114
como Prometeano, 15, 25-26, 33-36, 85-86, 144-145, 149-150, 278-279, 325-327
como transcendentalista, 49-51
concepção do pensar, 58-60
descoberta de O, 123-129
e Freud:
diferenças nas teorias dos sonhos, 51-53
metas psicanalíticas divergentes, 50-52
e Klein:
metas psicanalíticas divergentes, 50-52
teorias divergentes, 52-55
e Kleinianos de Londres, 32-33, 47, 104-105, 113-114, 123, 164, 180, 204-205, 210-211, 218-219, 224-225, 231-234
e religião, 83-84, 115-116, 136-138, 144-145, 234-235
epistemologia de, 61-63
epistemologia ontológica e fenomenológica de, 65-68
epistemologia psicanalítica de, 290-292
estilo de escrita e comunicação, 24-32
estudo de grupos, 53-54
experiências de guerra de, 25-26, 32-33, 47-48, 128, 200-201
gênio de, 31-34
grupos, trabalho com, 196-201
ideias técnicas (vinheta clínica), 107-110
identificação de com Sócrates, 23-25
identificação projetiva, extensão de, 53-54
instrumentos para exploração, 36-37
legado de, 56-74, 99-100
metateoria, 75-90, 324, 327-328
para a psicanálise, 143-146
modificações e extensões da técnica Kleiniana, 101-106
mudança do positivismo para ontologia, epistemologia e fenomenologia, 104-106
na América do Sul, 35
nos Estados Unidos, 34
obras de, natureza holográfica das, 21-22, 172-173
partida para os EUA, 34
pensamento analógico de, 57-58
procura da verdade, 62-63
protocolo transformacional, 130-131
psicose, estudos na, 202-216
relação pessoal com O, 128-129
sobre técnica, 91-106
supervisão, atitude em relação a, 25-26, 40-41
teorias, observacionais, 75
uso da geometria plana (Euclideana), 242-245
uso de modelos *vs.* teorias, 66-69
visão de, 49-55
Blake, W., 322
Blanchot, M., 38-39
Bléandonu, G., vii, 18-19, 25-26, 62-63
Blomfield, O.H.D., 142
Bloom, H., 126
Bohr, N., 270-271

Índice

Borges, J.L., 23
Boss, M., 322
Bowlby, J., 111-112, 163
Bråten, S., 188-189
Britton, R., 142, 148-149, 180, 264, 273-274, 283
Brown, L., 70-71, 162, 280-281, 286-287
Brunschwig, J., 92-93
Buber, M., 113-114

Cabala de Zohar, 126, 129, 137-138
caldeirão fervente, o inconsciente como, 49-50, 83-84, 124-125, 129, 143, 299-300, 321-322
Cantor, G., 135-136
caos, 72-73, 83-84, 112-113, 124, 126-127, 143-144, 264, 277-278, 316
    psicótico, 239-240
    teoria do, 69, 93-94, 215-216, 297-298
capacidade negativa, 16-17, 37, 50-51, 67-68, 75-76, 100-101, 118, 149-150, 315-316, 318-319
capacidades estéticas, uso de, 67-68, 221-222
Carlyle, T., 137-138
Carvalho, R., 271-272
catástrofe infantil, 138-139, 210-212, 293-294, 321-322
catástrofe primitiva, 161-162, 211-212
categoria inata, 173-174
categoria primária, 165, 303
categorias primária e secundária
censura, como função do sonhar, 282-289
cesura, 67-68, 104-105, 168-169, 202, 219-220, 252-253, 270-271, 274-276, 291-292, 299-300, 324-325
    do nascimento e vida mental fetal, 258-260
Chaminade, T., 177-178, 191-192
Chomsky, N., 56-57, 165, 173-174
Chuster, A., viii, 256-257
ciclo de Krebs, como modelo, 66-67, 68
ciência ontológica, psicanálise como, 16-17
ciência:
    não linear, intuicionista, emocional, 112-113
    psicanálise como, 112-113
        emocional, 112-113
        mística, 112-113
        ontológica, 16-17
círculos: *ver* geometria Euclideana
Circunstância bruta (O), 279-280, 296-297, 299-300
cisão, 42-43, 75-76, 94-98, 103-104, 139-140, 178-179, 205-209, 214-215, 229-230, 299-301, 307-309
claustro, 180

cobiça, 42-43, 50-51, 54-55, 95-98, 103-104, 128, 229-230
coconstrução e transformações, 217-218
coisas-em-si, 50-51, 70-71, 75-77, 83-84, 95-96, 114-115, 130-131, 143, 149-150, 214-215, 256-257, 259-260, 267, 278-279, 292-293, 302-303, 327-328
Coleridge, S.T., 147-148
com-paixão, 15-16
complementaridade, 167-168, 292-293, 298-299
    princípio binocular de, 271-272
compulsão de repetição, 198-199, 304
comunicação interpessoal, 213-214
    identificação projetiva como, 60-62
comunicação intersubjetiva, 194-195, 213-214
comunicação(ões):
    anormal, 176
    emocional, 23
    entre analistas, linguagem análoga universal para, 28-29
    identificação projetiva como, 53-54
    interpessoal, 213-214
        identificação projetiva como, 60-62
    intersubjetiva, 194-195, 213-214
    léxica prosódica, 56-57
    pré-léxica, 23, 56-57
comunicações léxicas prosódicas, 56-57
comunicações pré-léxicas, 56-57
[Kant], 143
conatus, 124-125, 129, 218-219, 279-280, 326-329
condensação, 261-262, 281-282, 287-288
"conjectura espontânea", 36
conjectura imaginativa, 37, 84-85, 87-88, 101-102, 128, 270-271, 327-328
"conjectura racional", 36
conjunção(ões) constante(s), 26-27, 34, 37, 112-113, 227-228, 233-236, 240-243
    conceito de Hume de, 75-76
    conceito de, 253-255
    e a Grade, 250-251, 253-255
    e a posição transcendente, 135-136
    e contenção, 60-61
    e curiosidade, 148-149
    e fato selecionado, 59-60
    e interpretação, 290-291
    e o sonhar, 276-277, 284
    e origens do pensar, 78-79
    e transformações, 224-225, 233-234, 242-243
    significado de, 224-225
conjuntos infinitos, 127, 143-144, 147, 278-279
consciência, 19-20, 79-80, 147-148

e o inconsciente, 88-89, 164
  na oposição binária, 103-104
construtivismo, 201, 218-219
  social, 166-167, 217-218
Conte, J., 256-257
contenção, 36, 61-62, 111-112, 114-115,
    145-146, 161-162, 165-168, 171-172,
    181-182, 197-198, 210-214, 280-281,
    284-285, 288-289, 291-292, 311-312,
    324-326
  falhas de, 124-125
  secundária, 166-167
continente infinito, 147
continente negativo, 34, 159-160, 164
  persecutório, 161-162
continente ↔ conteúdo, 18-19, 60-61, 75-77,
    92-93, 101-102, 111-114, 124-125,
    135-136, 140-141, 159-176, 180,
    206-209, 216, 218-219, 264, 273-274,
    284, 288-289, 308-309
  conceito de, 33-34, 49-50, 53-54
  e o sonhar, 296-299
  modelo, 102-103
continente(s):
  analista como, 290-291
  e apego, 162-163
    conceito de, 53-54, 111-112
    relação, categorias de, 167-169
    significância de, 170-173
  e conteúdo (*passim*):
    alternado, 166-167, 261, 321-322
    conceito de, 159-174, 321-322
  funções componentes de, 164-166
  infinito, 147
  -mãe: *ver* mãe, continente-
  negativo, 34, 159-162, 164
    persecutório, 161-162
  positivo, 159, 161-162, 164
  suficientemente bom, 169-172
contraidentificação projetiva, 187-188
contratransferência introjetiva, 187-188
contratransferência, 35, 102-103, 110,
    194-195, 204-207, 228-229, 293-294
  conceito de, como instrumento analítico, 172-173
  e transferência, e identificação projetiva,
    191-193
  introjetiva, 187-188
  vs. rêverie, 53-54, 216
Couzin, I.D., 194-195
criatividade autóctone, como função do
    sonhar, 269-270, 282-289
curiosidade, 27-28, 32-33, 96-97, 210-212
  e arrogância, 148-149
  perigos da, 148-151
  proibição da divindade contra, 33-34
  sobre a verdade, 147-154

Damásio, A., 129, 181-182, 188-190, 218-219,
    278-279
"*Dasein*", 131-132, 136-137, 329-329
Decety, J., 177-178, 191-192
defesa(s) maníaca(s), 42-43, 86-87, 123, 130,
    300-301
defesas obsessivas, 300-301
deidade ("divindade", "santidade"), 34,
    49-50, 54-55, 76-77, 111, 131-132,
    234-235, 302-303, 327-329
  "Bibliotecário Extra-Ordinário" para a
    Biblioteca das Formas Ideais, 65-66,
    114-115
  e barreira de contato, 87-88, 149-150
  e busca da verdade, 33-34, 147, 149-150
  e contenção, 168-169, 172-173
  e curiosidade, oposição a, 150-151
  e elementos-β, 69-70, 72-73
  e encarnação, 60-61, 63-65, 115-116,
    231-232
  e fato selecionado, 315-316
  e Formas Ideais, 39, 55, 74
  e homúnculo, 64-65
  e o "pensador", 85-88, 105-106, 116-117,
    237
  e O, 77-78, 114-116, 124, 126, 231-232,
    234-235, 316
  e pensamentos selvagens, 325-326
  e psicose, 213-214, 225-226
  e sonhar, 292-293
  imanente, 130-132, 144-146
  realização da, 130-131
delírios, 205-206, 230-231, 283
Demiurgo, 127
dependência infantil, 99-100
Derrida, J., 126
Descartes, R., 115-116
deslocamento, 191-192, 226-227, 264, 287-288
  como função do trabalho do sonho, 261-262
Destino, 71-73
destrutividade infantil primária, 34
destrutividade, infantil primária, 34
Deus da Essência, 144-145
diálise renal como modelo, 56-57, 165, 297-298
dicotomia "*self*-verdadeiro/*self*-falso", 166-167
Dilke, J., 118
Dimock, G., 150-151
Discussões Controversas (Melanie Klein e Anna
    Freud), 28-29, 253-254
doença depressiva clínica (melancolia),
    139-140

Eckhart, Meister, 39, 57-58, 64-65, 74,
    113-114, 121-122, 135-138,
    144-145, 235-236

Edelman, G., 49-50
Édipo, 199-200, 222-223
    (Coluna 4 na Grade), 96-97
    complexo de, 42-43, 50-51, 69-70,
        94-98, 103-104, 108-109, 167-168,
        228-230, 291-292, 299-301
    arcaico, 197-198
    objeto parcial arcaico, 42-43
    mito de, 33-34, 99-100, 121-122, 148-151,
        204-205, 278-279
ego, cisão do, 207-208
Ehrenzweig, a., 67-68, 221-222, 278-283,
    293-294
Eigen, M., 16-17, 26-27
Einstein, A., 168-169, 234-235
elemento(s) psicanalítico(s), 239-241
    ver também elemento(s)-α; elemento(s)-β
elemento(s)-balfa, 57-58, 273-276
elementos-delta, 240-241
elementos-gama, 240-241
elementos-α (passim):
    como associações livres, 318-319
    como emoções, 56, 72-73, 208-209, 238-239
    como modelos para pensamentos e o
        pensar, 69-70, 145-146
    constelações de, 73-74, 265
    degradados, 76-77, 105-106
    e narrativas oníricas, 89-90, 274-275
    fileira B da Grade, 246-247, 257
    incipientes, 273-274
    mentalizáveis, 71-72, 77-78, 89-90,
        94-95, 164, 168-169, 173-174,
        251-252, 263
    para o sonhar, 325-326
    reforço da barreira de contato por, 269,
        278-279, 290-293, 298-299, 399
    rudimentares do bebê, 57-58, 100-101,
        187-188, 275-276
    transformação de elementos-β em, 52-53,
        56, 61-62, 69-70, 72-73, 76-77,
        130-131, 144-145, 164-165, 168-169,
        221, 228-229, 263, 272-273, 290-291
    ver também elemento(s) psicanalítico(s)
elementos-β (passim):
    conceitualizações de, 69-74
    do bebê, 164, 165, 171-174, 298-299
    e elementos-balfa, 57-58
    estímulos sensoriais pré-processados,
        57-58, 66-67
    impressões sensoriais emocionais, 66-67
    impressões sensoriais não mentalizadas da
        experiência emocional, 164
    impressões sensoriais, 61-62, 71-72
    invasão de perigosos, 219-220
    não transformados, 70-71, 76-77
    preconcepções inerentes, 72-73, 130-131

projeções do analisando, 59-60, 188-193,
    234-235, 290-291
protoemoções, 56-57, 164-165, 173-174,
    197-198, 208-210, 212-213, 263, 265
sistemas protomentais, 259-260
transformação de, 72-73, 89-90
    em elementos-α, via função α:
        ver elementos-α, transformação de
            elementos-β em
    ver também elemento(s) psicanalítico(s)
Emerson, R.W., 132-133, 137-138
emoção(ões):
    como modelo para o pensar, 324
    como portadores veiculares da Verdade, 56
    e verdade pessoal, 23-24
    experiência de, 15-16
    linguagem primária de, Language of
        Achievement como, 28-29
empatia, 179, 180, 182-184, 188-190, 192-193
"encarnação", 60-61, 76-77, 115-117,
    135-136, 169-170, 213-214,
    231-232, 236-237, 314-315
conceito de, 63-66
enteléquia, 57-58, 124-125, 129, 173-174,
    213-214, 279-280, 296-297, 326-329
    em contínua evolução, 57-58
entropia, 264, 320-322
epistemologia, 16-17, 61-67, 68, 83-84,
    104-105, 137-138, 150-151,
    181-182, 211-212, 214-215, 216
    fenomenológica, 161-162, 204-205
    ontológica, 15-16, 78-79, 111-112,
        161-162, 204-205
    psicanalítica, de Bion, 290-292
equação(ões) simbólica(s), 116-117, 147,
    153-154
Eriugena, John Scotus, 137-138
escutar o paciente, 110, 113-114, 120-121,
    315-316
Espaço Absoluto, 276-277
espaço Euclideano, 79-81
espaço –K, 80-81
espaço-β, 73-74
espelhamento, 167-168
    função selfobjetal, 167-168
espiritualismo, 137-138
esquizofrenia, 178-179, 302-303
    e o sonhar, 204-208
estágio pós-catastrófico, análise no, 223-224
estágio pré-catastrófico, análise no, 223-224
estética, 38-39, 221-222, 257
estrutura analítica, 40, 194-195, 204-205,
    270-271, 299-300
estrutura(s) binária-oposicional, 40-41,
    89-90, 99-100, 127, 247, 249, 252-253,
    271-274, 279-280, 283, 296-297

Evangelhos Gnósticos, 137-138
evolução(ões), 18-19, 67-68, 76-77, 115-116, 263, 321-322
　da deidade, 76-77, 115-116
　de O, 124-125, 128, 215-217, 263, 295-296, 301-302, 314
　do *self*, 139-141, 213-214, 221-223
exibicionismo, 185-186
exorcismo, 56, 59-60, 310-311
　como modelo para "tornar-se", 59-61
Experiência Absoluta, 155-156
experiência, aprender com, 150-151, 155-156, 217, 238-239
　vinheta clínica, 151-153

"**F**acho de intensa escuridão", 15, 92-93, 297-298
Fagles, R., 150-151
Fairbairn, W.R.D., 124-125, 162, 296-297
falsidades, *vs.* Mentiras e mentiras, 155-158
falsificações, 62-63, 251-252, 274-277, 283, 311-313
fantasia onipotente, 49-50, 111-112, 177-178, 181-183, 212-213
fantasia(s) inconsciente(s), 290-303
　conceitos de, 299-303
　continente e o conteúdo, 165, 168-169, 296-299
　do paciente, 78-79
　e equações simbólicas, 147
　e evento real, 151-153
　e Fé, 316
　e gêmeo imaginário, 202-203
　e instinto da verdade, 290-303
　e mito, 91-93, 99-101, 239-240, 288-289
　e o sonhar, 277-279, 281-283
　e objeto interno, 304-305, 315-316
　e repetição, 225-226
　e transferência, 23-24, 151-152, 184-185
　e transidentificação projetiva, 176-182, 186-187, 190-195
　efeito da interpretação sobre, 290
　interpretação de, 269
　intrapsíquica, 177-178
　onipotente, 100-101, 184-185, 191-192
　realidade intersubjetiva, 101-102
fantasia(s):
　e realidade, 292-294
　inconsciente: *ver* fantasias inconscientes
　simétrica, 192-193
fato selecionado:
　conceito de, 174, 215-216, 253-254
　e "atrator estranho", 69, 93-94
　e ato de fé, 316
　e busca da verdade, 147
　e capacidade negativa, 100-101

e coerência de objetos, 69
e ligação de O, 249-251
e modelos psicanalíticos, 67-68
e O, 164
e pensamentos selvagens, 85-87, 108-109
e rêverie do analista, 59-60, 290-291, 297-298, 317-318
importância do, 37
localização do, 315-316
modelo, natureza bimodal do, 18-19, 60-61
preconcepção de, 69, 105-106, 315-316
surgimento do, 93-94
Fé/fé (F), 15-16, 23-24, 113-114, 135-136, 236-237, 314-316, 324-326
　ato de, 314-316
　conceito de, 148-149, 314-316
fenomenologia, 63-64, 104-106
fenômenos protomentais, 197-198, 232-233, 259-260
Ferguson, C.A., 37
Ferro, A., vii, viii, 20-21, 52-53, 67-68, 89-90, 99-101, 103-104, 124, 267-268, 272-276
ficcionalização, 62-63, 274-275, 277-278, 283-285, 296-297
fita de Möbius, 267
　modelo, 219-220, 252-253, 266
　do sonhar, 266
Fitch, W.T., 267-268
Fliess, R., 191-192
forja transformacional no pré-consciente, 37
Formas Eternas [Platão], 126, 143, 149-150, 214-215
Formas Ideais, 25-26, 63-66, 69-77, 79-80, 114-117, 130-131, 234-235, 327-328
　deidade, 39, 55, 74, 144-145
　e a Grade, 256-257
　e dor emocional, 54-55
　e elementos-β, 69-70, 259-260
　e enteléquia, 57-58
　e inconsciente não reprimido, 55, 83-84
　e o sonhar, 267, 278-280
　e O, 76-77, 124, 130-131, 150-151, 217-218, 327-328
　e posição transcendente, 134-135
　e preconcepções, 95-96, 130-131, 242-243, 315-316
　infusão do ego por, 50-51
　self infinito, 64-65
　transformação de, 64-65
Fox, M., 64-65
fragmentação, 209-210, 307, 320-321
Frankiel, R.W., 256-257
Frazer, J., 190-191, 193-194
Freud, A., 28-29, 162, 180-181, 253-254
　Discussões Controversas, 28-29, 253-254

Freud, S. (*passim*):
 ciência do século XX de, 16-17
 e Bion
  desafio de, 38-39
  espírito original da psicanálise em, 24-25
  metas psicanalíticas divergentes, 50-52
  e o inconsciente, 55, 75-76, 91, 142-143, 175, 267, 278-279, 299-300
  instinto de morte, conceito de, 130
  modelos topográficos e estruturais da psique, 130
  "Nachträglichkeit", 217-218
  positivismo de, 49-50, 53-54, 104-106, 123-125, 204-205, 225-226
  e incerteza Bioniana, 56
  processos primário e secundário da obliteração de Bion da diferença entre, 19-20
  pulsões instintuais de, reorientadas para emoções, 19-20
 sonho:
  interpretação, 119-120
  teoria dos, diferenças com Bion, 51-53
frustração, 16-17, 75-76, 163, 199-200, 207-210, 242
 tolerância de, 23-24, 69, 78-79, 82-83, 93-94, 96-97, 130-131, 170-172, 208-209, 212-215, 226-228, 314-315, 324-325
 falta de, 95-98, 111-112, 210-211, 229-232, 264, 294-295
função *self*objetal idealizadora, 167-168
função α (passim)
 autóctone, 165
 capacidade para, 57-58, 318-319
  da mãe, introjeção do bebê da, 56-57
  do bebê, 56-57
 da mãe, 56-57, 61-62, 77-78, 97-98, 130-131, 145-146, 173-174, 275-276, 291-292, 295-296
 diurno e noturno, 77-78, 171-172, 263, 280-281
 do bebê, 130-131, 181-182
 do continente, 164
 e o sonhar, 56-57, 61-62, 69-70, 157-158, 218-219, 221, 233-234, 238-239, 263-265, 288-289
  modelo análogo, 57-58
  vs. processos primário e secundário, 88-90
 modelo análogo para o sonhar, 57-58
 raízes matemáticas da, 112-113
 revertida, 80-81, 208-211, 257, 294-295, 319-320
 rudimentar (herdada), 56-57
 transformação por, 143-144
 visões de Bion, 56-57

função(ões):
 conceito de, matemático, 112-113
 psicanalítica, 238-240
  ver também função α
 funções primitivas, violência de, 95-97
 funções psicanalíticas, 238-240
  ver também função α

Galatzer-Levy, J., 37
Galileu, 326-327
Gallese, V., 305-306
gêmeo fantasiado: *ver* gêmeo imaginário
gêmeo imaginário, 202-205
geometria Euclideana, 81-82, 244-245
 uso de Bion de, 242-245
geometria plana (Euclideana), uso de Bion de, 242-245
geometria, 81-83, 225-226, 235-236, 242-245, 255-256
 e emoções, 82-83
 uso do plano (Euclideano)
 uso de Bion do, 242-245
Godbout, C., viii, 63-64, 116-117, 264
Goldman, A., 305-306
Gordon, J., 197-199
Grade, a, 19-20, 56-57, 60-62, 67-68, 76-77, 84-85, 96-97, 118, 172-173, 214-215, 221, 224-225, 273-276, 280-281, 288-292, 302-303, 321-322, 324-325
 Coluna 15 (Hipótese Definitória), 83-84, 250-253, 284, 292-293
 Coluna 15-16 (*psi*), 44-45, 62-63, 143-144, 237-239, 240-241, 247, 249, 250-257, 283-285, 292-293, 311-312
  como forma de transformação, 255-257
  conceito de, 78-79, 246-257
  tridimensional, 256-257
  uso da, 246-247, 250-251
Greatrex, T., 188-189
Green, J., 179
Greenberg, J., 16-17, 149-150, 189-190, 267-268
Grinberg, L., vii, 18-19, 25-27, 187-188, 229-230
grupo de "dependência", 196-197
grupo de "luta/fuga", 196-197
grupo de trabalho, 196-197, 199-201, 259-260
grupo(s):
 ansiedades, primitivas, 199-200
 de trabalho, 196-197, 199-201, 259-260
 estudo de Bion de, 31-32, 53-54, 62-63, 196-201
 pressuposto básico, 196-197, 201
 psicologia, 17-18, 189-190, 196, 198-201
 resistência, 196-197

H (ódio), 76-77, 113-114
Hampshire, S., 27-28
Hargreaves, E., 54-55, 102-103
Hartmann, H., 302-303
Hegel, G.W.F., 60-61, 137-138, 143
Heidegger, M., 126, 131-132, 136-138, 142, 150-151
Heimann, P., 53-54, 293-294
Heisenberg, W., 29-30, 168-169, 234-235
Helm, F., 188-191
Hemingway, E., 314-315
hemisférios cerebrais, harmonia do funcionamento entre, 38-39
Heráclito, 17-18, 40, 113-114, 217, 304-305
Hillel, Rabbi, 56
hipnose mútua, 191-192
"hipótese definitória", 44-45, 78-80, 108-109, 292-293
    Coluna 15 da Grade, 83-84, 252-253, 284
hipótese, mútua, 191-192
Hoffman, I.Z., 166-167, 217-218
"homem bipolar", 49-50
"homem infinito", 49-50
"homem/*self* superior" ["*Übermensch*"], 15-17, 50-51, 64-65
Horácio, 326-327
Hume, D., 75-76, 135-136, 253-254
Humphrey, N., 288-289

I (Ideia), 113-114, 239-240
Ibn'Arabi, M., 137-138
idealização de Bion, 18-19, 23-24, 30-31, 35, 42-43, 327-328
ideia/pensamento do messias, 76-77, 113-115, 196-197, 200-201, 284-285
identificação primária, 142, 170-171, 311-312
identificação projetiva comunicativa, 33-35, 68, 76-77, 100-101
identificação(ões) projetiva(s):
    comunicativa, 33-35, 53-54, 60-61, 68, 76-77, 100-102, 111-112, 165, 207-208
    conceito de, 42-43, 49-50, 94-98, 103-104, 177-180, 212-213, 229-230
    defensiva, 179, 180, 184-185
    e comunicações do paciente, 159-165, 207-208, 238-239
    e continência, 163-174, 297-299
    e deslocamento, 261-262
    e estudos de grupo, 197-198
    e fantasias inconscientes, 300-301
    e místicos, 137-138
    e o sonhar, 93-94
    e projeção, 180-181
    e psicose, 111, 207-208, 210-214, 299-300, 320-321
    e transcendência, 139-140
    e transferência/contratransferência, 79-81, 110, 191-193, 226-227
    e transidentificação projetiva, 100-101, 105-106, 175-196
    fantasia intrapsíquica onipotente de, 176
    interpessoal, 60-62, 198-199
    interpretações baseadas em, 223-224
    intersubjetiva, 66-67, 103-104, 172-173, 180-181
    teoria de, 103-104, 172-173
    não defensiva, 179
    retraimento de, 50-51
    versões EUA de, 182-187
identificação, 180-181
    experimental, 191-192
    papel da, na projeção, 180-181
    parcial, 191-194
    total, 191-192
ideograma, 208-209
ilimitação (infinitude), 120-121
    infinitude (ilimitação) psicótica, 244-245
ilimitação (infinitude), 120-121
ilusão, 86-87, 131-133, 221-222, 230-231, 234-235, 296-297
    desconsideração do místico da, 15-16
imagens oníricas sensoriais, 52-53
imaginação especulativa, 84-85, 91-92
impulsos:
    importância de, 51-52
    mudança de, para emoções e comunicação emocional, 163-164
incerteza:
    aceitação de, 29-30
    ansiedade originando-se de, 277-278
    defesa maníaca contra, 123
    e analista, 118-119
    e o místico, 15-16
    e O, 44-45, 53-54, 56, 69, 85-86, 104-105, 143, 202, 215-216, 233-235, 264
    e princípio da verdade, 148-149
    e psicanálise, 29-31, 37
    e rêverie, 297-298
    interior cósmica, de Bion, 34, 52-53
    não linear, da psicanálise, 16-17
    princípio da, 142, 273-274, 283
    teoria da, 168-169
    teoria de Heisenberg de, 168-169
    tolerância da, 16-17, 59-60, 290-291, 295-296

Índice **357**

inconsciente não reprimido, 55, 76-77, 83-84, 95-96, 114-115, 143-144, 217-218, 221, 242-243, 256-257
inconsciente, o:
　como caldeirão fervente de negatividade e destrutividade, 49-50, 83-84, 124-125, 129, 143, 299-300, 321-322
　do analista, Fé na resposta criativa do, 15-16
　não reprimido, 55, 76-77, 95-96, 114-115, 143-144, 217-218, 221, 242-243, 256-257
　herdado, 83-84
　sujeito inefável do, 65-66, 134-136, 193-194, 267-268
Indagação (Coluna 18-19 na Grade), 107-108
indeterminação, 97-98, 264
indução, por gesto e voz, 190-192
inefabilidade, 63-64, 67-68, 126, 135-138, 215-216, 284
infinito:
　domínio interno do, 54-55
　papel do, 63-66
"infinito amorfo", 73-74
infinitude, 97-98, 120-121, 145-146, 235-236, 316, 322
　dimensão zero da, 83-84
　domínios da, 34
　e continência, 165
　e elementos-β, 72-74, 143-144
　e fato selecionado, 316
　e o inconsciente, 58-59, 63-64
　e o sonhar, 77-78, 265, 267, 269, 276-279
　e O, 53-54, 90, 114-115, 123-125, 127, 138-139
instinto de vida, 52-55, 88-89, 105-106, 124, 210-211, 327-328
instinto epistemofílico, 53-54
instinto libidinal, 51-52, 104-105, 143
instinto religioso, humano, 43-44, 114-115, 137-138, 144-145, 215-216
instinto/pulsão de morte, 51-55, 57-58, 104-106, 123-130, 138-139, 143-144, 198-199, 207-208, 213-214, 242-243, 297-298, 302-303, 311-312
　e arrogância, 210-212
　posição supraordenada de, na teoria Kleiniana, 54-55, 63-64, 88-89, 104-105, 124, 130, 143, 165-166, 294-295, 327-328
Instituto Psicanalítico Britânico, 111
interpretação mutativa, 193-194
interpretação(ões), 65-67, 93-94, 96-100, 181-182, 239-240, 249-250, 301-302

Bioniana, 40-46, 66-67
　como transformação, 222-223
　e a Grade, 96-97, 249-250
　e continência, 166-167, 170-171, 297-300
　e evidência, 101-102
　e fantasias inconscientes, 301-302
　　efeito de, 290
　e fato selecionado, 315-316
　e funções de continente, 164, 170-171
　e grupos, 197-199
　e hemisférios esquerdo/direito, 92-93
　e identificação projetiva, 180
　e metateoria de Bion, 75
　e O, 69, 104-105, 126, 135-136, 224-225, 234-235
　e psicose, 202-206, 208-210
　e rêverie, 91-92
　e sentimento de alívio, 152-154
　e sonhos, 119-120, 261-262, 264, 269, 276-279, 287-288
　e teoria psicanalítica, 94-95, 228-229
　e visão binocular, 280
　exemplos clínicos, 107-110, 151-153, 202-204, 287-288
Kleiniana, 41-44
mutativa, 193-194
objeto parcial, 40-41
padrões intuídos, 59-60, 97-98, 290-291
papel da, 152-154
interpretações objeto-parciais, 40-41
intersubjetividade, 17-18, 35, 49-50, 54-55, 131-132, 165-166, 170-171, 194-195, 217-218
intimidade, fenômeno de, 324-325
introjeção, 93-94, 183-184, 186-187, 189-190, 270-271, 294-295
intuição, 15-16, 82-83, 86-89, 132-133, 140-141, 164, 192-195, 209-210, 230-231, 258, 280-281, 297-298, 322
　conceito de, 215-216
　contribuições de Bion para, 28-29
　e interpretações do objeto parcial, 40-41
　em desenvolvimento, 249-251
　instrumento do analista, 15-16, 91-92, 94-95, 99-100, 135-136, 228-230
　fé na, 69
"invariante", questão de, 221-222
inveja, 23-24, 42-43, 50-51, 54-55, 60-61, 95-97, 103-104, 128, 229-230, 232-233, 238-239
　e cobiça, teoria Kleinina de, 96-97
Isaacs, S., 299-300

James, W., 52-53
"Jardim do Éden", mito do, 33-34, 148-151, 278-279
Joseph, B., 33-34, 40-41, 101-103, 182-183, 188-189, 286-288
Jowett, B., 304-305
Joyce, J., 52-53
Jung, C.G., 37, 113-114, 136-138, 140-141, 214-215

K (conhecimento), 76-77, 113-114, 152-153
Kant, I., 50-51, 53-55, 65-66, 75, 83-84, 95-96, 135-138, 140-143, 242-243, 327-328
Keats, J., 118
Kelly, K., 179
Kernberg, O., 182-184
Kierkegaard, S., 137-138
Kipling, R., 147-148
Klein, M. (*passim*)
  análise de Bion com, 32-34, 52-53, 128
  ansiedade persecutória, 165-166, 179
  ciência ôntica de, 16-17
  cisão, conceito de, 94-95
  complexo de Édipo, 108-109, 197-198, 228-229
    aspectos arcaicos do, 197-198
  diferenças de Bion com, 38-39, 53-55, 104-105
    sobre metas psicanalíticas, 50-52
    sobre teorias, 52-53
  Discussões Controversas, 28-29, 253-254
  fantasia inconsciente, 184-185, 299-300
    como motor primário, 300-301
  função perigosa, onipotente, "pai-combinado", conceito de, 116-117
  identificação projetiva, conceito de, 33-34, 49-50, 94-95, 100-101, 111-112, 175-186, 192-195, 197-198, 229-230
  importância terapêutica das emoções do analista, como instrumento analítico valioso, 53-54
  instinto de morte como causa primária, 63-64, 88-89, 104-105, 124, 130, 143, 165-166, 294-295, 327-328
  intolerância de depressão, 307-308
  mecanismos de defesa, conceito de, 180-181
  neurose infantil, teoria de, 138-139
  objetos internos, teoria de, 227-228
  posições esquizoparanoide e depressiva, teoria de, 58-59, 98-99, 130, 147, 163, 307, 320-322
    reconceitualização de Bion de, 53-54, 58-59, 60-61, 88-89, 138-140, 292-293
  positivismo de, 49-50, 52-53, 56, 123-125
  princípios psicanalíticos de, 200-201

  psicanálise, concepção de uma pessoa de, 101-102
  sabedoria originando-se do seio, 103-104
  técnica de, modificação e extensão de Bion de, 101-104
  teoria dos instintos de, 95-96
  teorias de:
    contexto de, 90
    extensão de Bion de, 53-54, 135-136, 152-153
  transferência, teoria de, 79-80
Klein, S., 27-28
Kleiniano, Bion como, 17-20, 27-28, 40-44, 50-55, 98-105
Kleinianos de Londres, e Bion, 32-33, 47, 104-105, 113-114, 123, 164, 180, 204-205, 210-211, 218-219, 224-225, 231-234
Kohut, H., 167-168, 254-255
Korbivcher, C., 232-234, 237
Krause, J., 194-195
Kristeva, J., 188-191

L (amor), 76-77, 113-114
–L, –H, –K, 256-257, 307-308, 310-313
L, H, K, 60-63, 239-240, 253-254, 256-257, 295-296
  avaliações, 60-61
  categorias emocionais, 88-89
  e paixão, 310-313
  vínculos, 19-20, 33-34, 44-45, 51-52, 67-68, 90, 99-100, 135-136, 140-141, 144-145, 202, 228-229, 236-237, 275-276, 288-289, 327-328
Lacan, J., 23-24, 113-114, 130-132, 137-138, 214-215, 304
Lachman, F.M., 279-280
Laplace, P.-S., 64-65, 115-116
Lebow, R., 150-151
Lei de Hooke, 284-285
Lennon, J., 21-22
Lévi-Strauss, C., 88-89, 267, 283
linguagem
  análogo universal para comunicação entre analistas, 28-29
  como comunicação emocional, 28-29
  "de substituição", 28-29, 58-59, 87-88, 118-122, 215-216, 280-281
  do desdizer, apofática, 129
    mística metafática e apofática, 121-122
  "Language of Achievement", 16-17, 19-20, 36, 56, 67-68, 87-88, 118-122, 215-216, 280-281
  primária, de emoções, 28-29
linhas: *ver* geometria Euclideana
Llinàs, R., 177-178, 187-190

Lloyd, G.E.R., 92-93
lógica Aristotélica, 62-63, 88-89, 127,
    272-273, 299-300
lógica assimétrica, 127
"lógica bivalente", 88-90, 127, 271-273
lógica simétrica, 127
lógica, 28-29, 38-39, 112-113, 282-283,
    307-308
  Aristotélica, 62-63, 88-89, 127, 272-273,
    299-300
  assimétrica, 127
  bivalente, 88-90, 127, 271-273
  simétrica, 127
López-Corvo, R., vii, viii, 18-19, 26-27, 31-32,
    61-62, 65-66, 83-84, 85-86, 121-122,
    244-245
Luria, I., 113-114
luto, capacidade para, 139-140

Mãe:
  continente-, 56-57, 77-78, 97-98, 100-101,
    111-112, 143-144, 162, 164, 166-168,
    171-174, 181-182, 213-214, 291-292,
    297-298
  rêverie da: *ver* rêverie, materno
magia por simpatia, 184-185, 190-191,
    193-194
Maizels, N., 141-142
"Man of Achievement", 15-16, 64-65,
    118-119, 135-136
"máquina de influência", 71-72, 302-303
Mason, A., 191-192, 293-294
masoquismo, 185-186
matemática intuicionista, 29-30, 233-234
    Escola Holandesa de, 237
matemática, 28-29, 111-114, 127, 135-136, 174,
    215-216, 227-228, 235-237, 322
  intuicionista, 29-30, 233-234
matematização da psicanálise, 242-245
    ver também geometria; matemática
Matte Blanco, I., 83-84, 88-90, 114-115, 127,
    264, 269-273, 278-279
Maturana, H.R., 218-219
Maugham, W.S., 136-137
McCarthy, J., 285-288
McGinn, B., 64-65, 121-122
medo inominável, 128, 270-271
  de trauma, 52-53
megafunção-α, 272-273
Meltzer, D.W., vii, 54-55, 129, 179, 193-194,
    244-245, 256-257, 310-311
memória e desejo
  ausência de, 37, 317-318
  injunção ao abandono, 15-16, 36, 40,
    91-92, 94-95, 98-99, 204-205,
    208-209, 215-218, 228-229,

    231-232, 239-240, 280-281,
    290-291, 297-298, 315-318, 322
  como protocolo, 58-62
  e continência, 172-173
  e identificação projetiva, 191-192
  e processo(s) secundário(s), 281-282
  e psicose, 209-210, 214-215
"memórias do futuro", 65-66, 79-80, 95-96,
    114-115, 129, 134-135, 143,
    242-243, 256-257, 259-260,
    277-278, 281-282, 319-320
memórias fetais, 326-327
menos K: *ver* −K
mentalização, 70-71, 89-90, 99-100,
    130-131, 143-144, 265, 272-274
  de elementos-α, 71-72, 77-78, 89-90,
    94-95, 164, 168-169, 173-174,
    251-252, 263
  vs. pensamento, 19-20, 52-53
mentira, 40-41, 62-63, 155-158, 274-275,
    311-312
Mentiras, 155, 157-158, 257, 274-275,
    295-296
"mentiras" e falsidades, 155-158
metáfora(s), 67-68, 79-80, 119-120,
    221-222, 269, 325-328
metáforas religiosas (modelos), 67-68
metapsicologia psicanalítica, 36, 58-59
metapsicologia:
  conceito de, 75-76
  psicanalítica, 36, 58-59
metateoria:
  para a psicanálise, 217
  de Bion, 29-30, 38-39, 44-45, 75-90,
    135-136, 143-146, 156-157, 161-162,
    202, 205-206, 270-271, 324, 327-328
Michelângelo, 85-86
Milton, J., 15, 322
misticismo, 16-17, 38-39, 102-103, 114-115,
    136-138, 150-151
místico psicanalítico, 15-16
místico:
  arquétipo do, 86-87
  Bion como, 15-17, 35, 99-100, 111-117,
    137-138
  "ciência da psicanálise", 37
  e *Attention and Interpretation (Atenção e
    Interpretação)*, 34
  e conceito de encarnação, 63-65
  e o Establishment, 284-285
  e o grupo, 140-141, 197-199
  e o sonhar, 284-285
  e O, 86-87, 126-127, 131-132, 144-145
  e pensar pensamentos, 76-77
  e posição transcendental, 136-138
  e visão binocular, 296-297

espiritualidade do, 144-145
psicanalítico, 15-16
mito(s), 37, 58-59, 78-79, 103-104, 110,
    115-116, 152-153, 165, 199-200,
    203-204, 249-250, 277-278, 283,
    301-303, 324-326
  como "sistemas dedutivos científicos",
    58-59
  como instrumento psicanalítico, 91,
    92-93, 99-100, 108-109, 114-115,
    121-122, 239-240, 250-251
  de Édipo, 33-34, 99-100, 121-122, 148-151,
    204-205, 278-279
  de Prometeu, 34, 150-151
  do "Jardim do Éden", 33-34, 148-151,
    278-279
  domínio de, 239-240
  e fantasias inconscientes, 91-93, 99-101,
    239-240, 288-289
  sentido, paixão, uso de, 91-100, 108-109,
    114-115, 121-122, 239-240, 250-251
  "Torre de Babel", 33-34, 148-151, 278-279
Modell, A.H., 188-191
modelo de sinapse neuronal, 36, 68, 87-88,
    218-221, 238-239, 258-259
modelo do canal alimentar, 67-68, 161-162,
    218-219
  do pensar, 273-274, 317
modelo do sistema imunológico, 68, 219-220
modelo matemático, 28-29, 78-79, 247,
    249-251
  a Grade como, 247, 249, 253-254
modelos topográfico e estrutural da psique, 130
modelos:
  analógico, 66-67
  Bion falando e escrevendo em termos de,
    29-30, 118-119
Money-Kyrle, R., 187-188
morrer, medo de, 56-58, 173-174, 213-214,
    297-298, 321-322, 322
mudança catastrófica, 16-17, 124, 259-260
mudança de perspectivas, 36, 325-326,
    329-329
"mudança de vértices", 19-20
Murrow, e.R., 285-286
Musa, 84-87

"**N**achträglichkeit", 217-218
"não-coisa", 80-82, 128, 231-232, 242-244,
    255-256, 317
  zero, conceito de, 317-323
"não nascidos", 82-85
não-pênis, 244-245
"não-seio", 111-112, 130-131, 170-172,
    212-215, 242-245, 318-319
narcisismo, 196, 201, 244-245, 321-322

e socialismo, 269-270
essencial, 254-255
negação, 62-63, 238-241, 247, 249, 252-253,
    255-257, 269-270, 299-300
neurose infantil, 50-51, 53-54, 90, 138-139,
    187-188, 216, 225-226, 276-277
Nietzsche, F., 15-16, 137-138
Norman, J., 56-57
Novick, J., 179
númeno(s), 327-329
  coisas-em-si, 50-51
  e "cortina de ilusão", 234-235
  e continência, 54-55
  e elemento-β, 69-73, 143-144, 259-260
  e espiritualidade (numinosidade), 123,
    319-320
  e Fé, 23-24, 315-316
  e metateoria, 75-77
  e o sonhar, 279-280, 292-293
  e O, 114-115, 124, 130-131, 150-151,
    217-218, 242-243, 302-303, 327-329
  e pensamentos, 79-80, 83-84
  e preconcepções, 95-96, 130-131,
    143-144
  e transcendência, 55, 140-141
  e transformações, 86-87, 147, 149-150,
    217-218
  Forma Ideal, transformação de, 64-65
  percepção de, 64-65
  sabedoria potencial, 25-26

O (*passim*):
  aspectos de messias de, 114-115
  bipolar, 94-96, 228-229
  caos, 138-139
  Circunstância bruta, 124, 279-280,
    296-297, 299-300
  como "deidade", 148-149
  como causa primeira, 88-89
  como realidade última, 126-127
  conceito/teoria de, 28-29, 44-45, 69,
    77-78, 104-105, 114-115, 130,
    140-141, 147, 233-234
  continente de, 64-65
  descoberta de, 123-129
  Destino, 71-73
  dois braços de, 62-63, 83-84, 95-96,
    140-141, 221, 162, 278-279, 324
  e "*Dasein*", 131-132
  e incerteza, 143
  e transcendência, 131-132
  em evolução, 16-17, 49-50, 51-52, 56-57,
    70-71, 88-89, 104-105, 124-125,
    143-144, 168-169, 256-257, 263,
    271-272, 277-278
  evoluções de, 124-125, 215-217, 295-296

experiência de, 69, 92-93, 99-100,
    221-222, 234-237, 239-240,
    298-299, 317-318
expiação com, 215-216
fantasma (espectro) de, 69-70
    "continente de deus" de, 115-116
    impessoal, 130-131, 139-140, 145-146,
        236-237, 267-268, 279-280, 284-285
    transformação em O pessoal, 52-53, 263
    importância de, 234-235, 324
    impressões emocionais de, 189-190
    infusão com/por, 15-16
    "intersecção" com, 55
    medo de, 56
    númenos (coisas-em-si), 50-51
    órfão de, Bion como, 124, 128
    pessoal, 52-53, 124-125, 126, 130-131, 139-141, 145-146, 263, 267-268, 271-272
    Real, 131-132, 140-141, 311-312
    relacionamento pessoal de Bion com,
        128-129
    self infinito de, 111
    simetria e instinto de morte, 127-128
    "tornar-se", 16-17, 49-51, 64-65, 95-96,
        130-131, 135-136, 189-190, 233-234
    transformação(ões), 15-16
        a partir de, 15-16, 19-20, 32-33, 51-52,
            64-66, 102-105, 113-114, 152-153,
            164, 189-190, 194-195, 198-199, 202,
            233-237, 312-313
        ciclo de retorno em, 130-132
        de, 70-71, 124-125, 242-243, 277-278
        bi-polar, 94-95, 228-229
        em, 15-16, 19-20, 32-33, 51-52, 64-66,
            102-105, 113-114, 127-128, 164,
            189-190, 198-199, 202, 233-237,
            312-313
        para, 15-16, 19-20, 32-33, 51-52, 64-66,
            102-105, 164, 189-190, 194-195,
            198-199, 202, 234-237, 312-313
    triangulação de, 53-54, 88-89, 103-104,
        172-173, 271-272, 298-299, 307
    união com, 49-50
    unidade com, 15-16, 86-87, 43-44
    ver também Verdade Absoluta; elementos-β;
        divindade; Verdade Emocional;
        Formas Ideais; Infinitude; número(s);
        coisas-em-si; Realidade Última;
        inconsciente não reprimido
O'Shaughnessy, E., 21-22, 32-34, 103-105
objeto interno, 161-162, 164, 212-213, 231-234
    importância do, na identificação projetiva,
        184-186
    odioso, 111-112
objeto obstrutivo, 34, 111-112, 159-162, 174,
    211-212, 232-233, 243-244, 319-320

objeto subjetivo, 231-232
objeto(s):
    analítico, 78-79, 91, 108-110, 118-119,
        121-122, 124-129, 134-136, 142,
        203-204, 239-240, 249-251, 271-272
    ausência de, 97-98, 227-228, 235-236,
        255-256
    bizarro, 210-211, 320-321
    internalizado, 165-166
    interno, 118-119, 124-125, 147, 164,
        201, 212-213, 223-224, 227-228,
        231-234, 269-270, 279-280,
        296-297
    importância do, na identificação
        projetiva, 184-186
    obstrutivo, 161-162
    odioso, 207-208
    persecutório, 178-179
    obstrutivo, 34, 111-112, 159-160,
        161-162, 174, 211-212, 232-233,
        243-244, 319-320
    persecutório, 302-303, 314-315
    subjetivo, 231-232
objetos bizarros, 210-211, 320-321
observação(ões):
    duas formas de, emocional e objetiva,
        91-92
    psicanalíticas, 123
ódio, 19-20, 54-55, 76-77, 113-114, 185-186,
    197-199, 210-211, 232-233, 238-239,
    287-288, 310-313
Ogden, T., vii, viii, 20-21, 26-28, 30-31, 37,
    100-101, 153-154, 181-185, 190-191,
    280-282, 286-289
onipotência, 45-46, 50-51, 54-55, 128,
    138-139, 149-151, 162, 179,
    185-186, 211-212, 319-320
ontologia, 36, 58-59, 104-106, 130, 150-151
oposição binária, como modelo do sonhar, 267

Paciência, necessidade do analista de, 59-60,
    93-94, 101-102, 118-119, 290-291
paciente(s) neurótico(s), 37, 183-184,
    202-207, 226-227, 233-234,
    238-239, 293-296, 317-319, 321-322
    vs. paciente psicótico, 207-210
paixão, 15-16, 78-79, 157-158, 204-205,
    249-250, 310-311, 315-316, 324-325
    como instrumento psicanalítico, 91-93,
        99-100, 108-109, 114-115, 121-122,
        239-240, 250-251
    domínio da, 239-240
    e L, H, K, 310-313
    uso de, 92-100
participação áltero-centrada, 188-189
Peirce, C.S., 119-120, 130

pênis, 45-46, 75-76, 103-104, 108-110, 163,
    167-168, 200-201, 242
não-pênis, 244-245
pensamento analógico, de Bion, 57-58
pensamento assimétrico, 89-90
pensamento binocular, 88-89, 103-104,
    172-173
pensamento Cartesiano (cognitivo), 62-63, 65-67,
    291-292, 304
pensamento de vigília, 159-160, 266,
    269-270
pensamento hemisférico-esquerdo, 36, 94-95,
    100-101, 110, 228-229, 239-240
    lógico, 36
"pensamento onírico de vigília", 99-100
pensamento simétrico, 89-90
pensamento verdadeiro, 155-157
"pensamentos selvagens", 36, 61-62, 77-78,
    83-87, 110, 113-114, 249-250, 252-253,
    291-292, 325-326, 329-329
"pensamentos sem um pensador":
    e a Grade, 249-250
    e elementos α-/-β, 72-73
    e indigestão mental, 219-220
    e mente, 37, 65-66, 78-79, 133-134
    e o pensar, 65-66, 291-292
    e O, 75-76, 110, 133-134, 143-144, 279-280
    e preconcepções inerentes, 126, 150-151
    e teoria das transformações, 237
    "não-nascidos", 82-85
    "pensador de", 31-32, 85-87, 115-116,
        133-134, 143-144, 237, 298-299,
        329-329
    "pensamentos selvagens", 61-62, 77-78,
        84-86, 110, 249-250
    projeção de, 164, 181-182
pensar/pensamento(s), 133-134
    analógico, 57-58
    Aristotélico, 257, 269-270
    assimétrico, 89-90
    binocular, 88-89, 172-173
    capacidade de, ataques a, 56-57, 65-66,
        78-79, 124, 171-172, 230-231, 264
    Cartesiano (cognitivo), 62-63, 65-67,
        291-292, 304
    como "tornar-se", 61-62
    concepção de, de Bion, 58-60
    desenvolvimento, curso epigenético do,
        212-213
    emoções como modelos para, 324
    hemisférico-esquerdo, 36, 94-95,
        100-101, 110, 228-229, 239-240
    meta-, 246-247
    modelo para, a Grade como, 247, 249
    natureza essencialmente inconsciente de,
        38-39, 58-60

ordem-superior, 246-247
origens autóctones de, 37
origens de, 78-83
pensamentos/pensar, 65-66, 211-212
processo secundário, 62-63, 247, 249
reflexivo, 247, 249, 272-273
simétrico, 89-90
sonho de vigília, 56-57, 91-92
vs. mentalização, 52-53
Peradotto, J., 16-17
percepção negativa, 111-112, 213-214,
    296-297
percepção positiva, 213-214
perspectiva binocular, 270-271, 290-291
    como modelo do sonhar, 267
perspectivas, mudança de, 36, 325-326,
    329-329
"perspectiva(s) reversível(eis), 19-20, 36, 37,
    72-73, 85-88, 127, 204-205,
    221-222, 258, 324-325
    como modelo do sonhar, 266
pesadelo, 219-220, 286-287
Piaget, J., 281-282, 318-319
Píndaro, 261
Pistener de Cortiñas, L., viii, 259-260
Platão, 17-18, 23-24, 50-51, 53-55, 63-67, 75,
    82-84, 95-96, 113-114, 121-122, 126,
    134-138, 143, 217-218,
    231-232, 242-243, 304-306, 327-328
    identificação de Bion com Sócrates, 24-25
Plotino, 137-138
Poincaré, H., 93-94, 135-136, 174, 215-216,
    253-254, 315-316
pontos: ver geometria Euclideana
Porete, M., 137-138
posição depressiva, 97-98, 126, 136-142,
    147-148, 165-166, 229-230, 292-293,
    296-297, 300-302, 314-315
    ansiedade depressiva da, 124
    capacidade de tolerar, 93-94
    conceitualização de Bion da, 53-54,
        88-89, 307-309
    e "pensadores", 75-76
    e "segurança", 53-54
    e fato selecionado, 69
    e grupos, 197-198
    e interpretação, 98-99
    e místico, 16-17
    e posição paranoide-esquizoide:
        teoria Kleiniana de, 58-59, 98-99, 130,
            147, 163, 307, 320-322
        relação entre, 42-43, 58-59, 103-104,
            172-173
        transformação para, 94-95, 98-99,
            305-306
    e o sonhar, 271-272, 288-289

e posição transcendente, 105-106, 130
e psicose, 202, 204-207, 214-215
infantil, 205-206
primitiva, 321-322
transcendência, 50-51
ver também posição esquizoparanoide
posição esquizoparanoide, 321-322
   como "paciência", 53-54
   e a Grade, 229-230
   e ansiedade persecutória, 103-104, 124
   e estudos de grupo, 197-200
   e fato selecionado, 69
   e interpretações, 98-99
   e modelos aritméticos, 82-83
   e o sonhar, 265, 271-272, 286-289, 292-293, 295-296, 300-302
   e O, 130, 136-137
   e pensadores, 75-76
   e pensamento binocular, 172-173
   e perseguição, estado de, 156-157
   e posição depressiva:
      relação entre, 42-43, 58-59, 103-104, 172-173
      transformação para, 94-95, 98-99, 305-306
   e posição transcendente, 138-141
   e psicose, 202, 204-208, 214-215
   e pulsões instintuais, 321-322
   e rêverie, 321-322
   e transformações, 147
   patologização de, 307
   reconceitualização de Bion de, 53-54, 307-309
   transcender, 50-51
   triangulação binocular, 88-89
   ver também P-S ↔ D
posição transcendente, 16-17, 105-106, 115-116, 145-146
   conceito de, 130-142
positivismo psicanalítico, 25-26
positivismo, 15-16, 49-50, 53-54, 104-106, 123-125, 204-205, 225-226
   Freudiano e Kleiniano, 49-50, 52-53, 123-125
   e incerteza Bioniana, 56
   lógico, 124-125, 137-138, 202
   psicanalítico, 25-26
preconcepção(ões), 317-318
   como "memórias do futuro", 129,143, 242-243, 259-260, 281-282
   conceito de, 213-215
   do seio, 317-318
   e a Grade, 80-82, 95-97, 224-225, 229-230, 242, 246-247, 256-257
   e barreira de contato, 61-63, 219-220
   e emoções intoleráveis, 115-116

e fato selecionado, 69, 93-94
e o Establishment, 284-285
e pensamentos, 212-213
e teoria psicanalítica, 69
inerente, 49-50, 53-54, 64-65, 72-73, 124, 126, 134-135, 143-144, 149-150, 173-174, 302-303, 314-316
   e adquirida, 114-115, 319-320
   e O, 49-50, 61-63, 70-71, 83-84, 95-96, 114-117, 130-131, 221, 242-243
liberação de, 214-215, 267
"não nascidos", 72-73, 80-81
transformação de, 64-65, 221-223, 230-231
vs. preconcepção, 73-74, 95-96, 115-117
preconcepção(ões), 58-59, 81-82, 91-92, 94-95, 97-98, 103-104, 123, 140-141, 228-230, 297-298, 319-321
vs. preconcepções, 73-74, 95-96, 115-117
pré-consciente, forja transformacional no, 37
prescrição e proscrição filosófica, a técnica como, 92-100
Presença Infinita, 86-87
pressuposto(s) básico(s), 196-199, 201
   grupos, 73-74
Princípio da Assimetria, 89-90
Princípio da Simetria, 89-90
princípio do prazer
   dominância do, 73-74
   e a Grade, 251-252, 254-255
   e alucinose, 229-232
   e o Establishment, 284-285
   e o sonhar, 52-53, 265, 269-274, 279-280, 283
   e O, 130
   e princípio da realidade, 19-20, 89-90, 139-140, 152-154, 247, 249, 251-252, 254-255, 273-274
   e psicose, 209-211, 257
   e verdade, 293-294
   limitações de, 124-125
princípio da dor, 294-296, 299-300
princípio do desprazer, 251-252, 283-284
probabilismo, 264
processo(s) primário(s), 62-63, 88-90, 152-153, 250-253, 269-272, 282-285, 292-295, 318-319, 321-322
   e processos secundários, 69-70, 78-79, 272-273, 283-284, 290-291
   de Freud, obliteração de Bion da distinção entre, 19-20, 152-154, 181-182, 246-247, 249, 251-253, 271-272, 292-297
   vs. função α e o sonhar, 88-90
processo(s) secundário(s), 281-285
   e a Grade, 62-63, 78-79, 238-239, 246-253, 284-285

e abandono de memória e desejo, 281-282
e pensamento assimétrico, 89-90
e pensamento binocular, 88-89
e princípio da realidade, 271-272
e processos primários, 69-70, 78-79,
    271-273, 282-284, 290-291
  como estrutura binária-oposicional,
    153-154, 272-273, 283
  de Freud, obliteração de Bion
    da distinção entre, 19-20, 152-154,
    181-182, 246-247, 249, 251-253,
    271-272, 292-297
  e função α, 62-63, 69-70, 88-90,
    152-153, 181-182, 269-270,
    272-273, 290-291, 296-297,
    318-319, 321-322
    vs. função α e o sonhar, 88-90
  e pensamento psicótico, 294-295
  teoria insatisfatória de, 284, 292-293
  pensar, 62-63, 247, 249
projeção, 161-162, 165-166, 176-178,
    183-188, 238-239, 320-321
  e identificação projetiva, 180-181
  papel da identificação na, 180-181
  revertida, 161-162
  versões EUA da, 182-185
Prometeu:
  Bion como, 15, 25-26, 33-36, 144-145,
    149-150, 278-279, 325-327
  mito de, 34, 150-151
protoemoções, 56-57, 164-165, 173-174,
    197-198, 208-210, 212-213, 263, 265
protolinguagem, sonhos como, 267-268
P-S ↔ D, 69-70, 118-119, 307-309, 314-315
  como elemento da psicanálise, 239-240
  e analisando, 99-100, 108-109
  e análise de Klein por Bion, 128
  e apego, 163
  e barreira de contato, 62-63
  e o sonhar, 269
  reversibilidade da progressão e regressão
    entre, 37
  ver também posição esquizoparanoide
psicanálise:
  como "consertadora de sonho", 300-303
  incerteza não linear da, 16-17
psicose infantil, 50-53
psicose, 32-34, 52-53, 70-71, 111-112, 115-116,
    138-139, 244-245, 319-320
  estudos de Bion na, 202-216
  infantil, 50-53
  o nada da, 320-321
psicótico(s), 31-35, 80-81, 99-100, 159,
    229-234, 238-239, 242-245, 255-256,
    269-271, 294-297, 310-311, 317-322
  ausência de pensamento/sentimento, 111-112

ausência de significação, sentimento de,
    320-322
e alucinose, 232-233
e elementos-β, não-transformados, 70-72
e fuga da verdade, 299-300
e o sonhar, 269-271, 302-303
    defeituoso, 269-270
    falta de continência (negativa), 111-112,
      162, 170-171, 181-182, 296-298
    medo de, 93-95
e princípio do prazer, 257
estudos de Bion em, 202-217
infantil, 138-139
    catástrofe, 293-294
trabalho com/estudo de, 28-29, 62-63,
    93-94, 99-100, 159, 161-162,
    197-199
transformações projetivas, 226-227
tratamento, experiência de Bion de,
    161-162, 170-171, 209-210
vs. paciente neurótico, 207-210

R (razão), 113-114, 239-240
raciocínio especulativo, 91-92
Racker, H., 185-186
Rather, L., viii, 256-257, 273-274
Real, 131-132, 311-312
Realidade Impessoal Última, 15-16
Realidade Última:
  e O, 37, 77-78, 114-116, 126, 130,
    135-137, 147, 215-218, 225-226
  e Verdade Absoluta, condição separada de,
    145-146
  Verdade Absoluta sobre:
    da Circunstância bruta, 294-297, 299-300
    e curiosidade, 33-34
    e emoções, 72-73, 173-174
    e o inconsciente, 292-297
    e O, 15-16, 53-54, 56, 105-106, 124,
      155-156, 143-144, 164, 267, 271-272
    e sonhar, 102-103, 263, 267-268
    e teoria e prática psicanalítica, 89-90
    e transformação, 34, 66-67, 87-88,
      143-144, 147, 150-153
    transformação para verdade tolerável (K),
      52-53, 150-154, 164
  localização de, 55, 69-71
realidade:
  evitação da, 294-295
  princípio da, 19-20, 52-53, 209-210,
    269-274, 279-280, 283-285
  dominância do, 119-120, 272-273
  e a Grade, 240-241, 246-247, 249,
    251-255, 257
  e o sonhar, 264-265, 269-270, 272-273,
    283-285

Índice

e princípio do prazer, 89-90, 152-153,
    265, 269-270, 272-273, 293-295,
    299-300
e processo secundário, 271-272
"realidade bruta", 130
realização:
    negativa, 111-112, 213-215
    positiva, 213-214
refúgios(s) psíquico(s), 71-72, 157-158, 162,
    171-172, 294-297
Registro do Real, 130-132
regressão, 37, 165-166, 203-204
regulação do afeto, 213-214
relatividade, teoria da, 168-169
relativismo, 29-30, 123, 131-132, 234-235
religião, atitude de Bion sobre, 83-84, 115-116,
    136-138, 144-145, 234-235
representações, compartilhadas, 177-178,
    191-192
representatividade, alterada, como função do
    trabalho do sonho, 261-262
repressão, 87-90, 165-166, 182-183,
    207-208, 213-214, 251-252, 263, 265,
    270-273, 297-301, 310-311
reprimido, retorno do, 165-166, 299-300
resíduo diurno, 51-52
resistência analítica, 204-205
resistência, 73-74, 196-197, 250-252, 257,
    311-312
    analítica, 204-205
ressonância empática, 188-189, 192-193
reverência, capacidade para, 215-216
rêverie materno, 17-18, 33-34, 56-59, 61-62,
    170-171, 192-193, 197-198, 324-325
rêverie, 15-16, 19-20, 35-37, 41-42, 61-62,
    91-93, 99-100, 164, 191-192, 194-195,
    204-205, 327-328
    analítico, 56, 58-60, 65-67, 78-79, 91-92,
        95-96, 103-104, 110, 121-122,
        181-182, 215-216, 239-240,
        286-287, 305-306, 315-316
    e fato selecionado, 59-60, 290-291,
        297-298, 317-318
    capacidade de alcançar, 16-17
    conceito de, como instrumento analítico,
        15-16, 19-20, 35-37, 41-42, 53-54,
        91-93, 99-100, 191-192
    definição, 191-192
    estado transformacional de, 28-29
    materno, 17-18, 33-34, 53-54, 56-59,
        61-62, 77-78, 101-102, 163-164,
        181-182, 280-281, 295-296, 318-319,
        321-322, 324-325
        e continência, 170-171, 192-193,
            197-198, 213-214, 273-274, 297-298
        e tornar-se, 66-67

falha do, 213-214
vs. contratransferência, 53-54, 194-195, 216
revisão secundária, 217-218, 276-277, 287-288
    como função do trabalho do sonho,
        261-262
Ricoeur, P., 130, 142
Rosenfeld, H., 33-34, 179, 180, 296-297

Sabedoria, Os Sete Pilares da, 147-148
sadismo, 185-186, 206-208
Salomonsson, B., 57-58
Sandler, J., 102-103, 185-186, 193-194
Sandler, P., vii, viii, 18-19, 26-27, 75, 89-91,
    229-231, 256-259, 274-275, 288-289
santidade, 54-55, 64-65, 86-87, 114-115,
    144-145
Sartre, J.-P., 131-132, 137-138, 150-151
satisfação do desejo, 62-63, 152-153, 292-293
Schermer, M., 65-66
Schermer, V., 198-199
Schneider, J., 288-289
Schore, a., 56-57, 100-101, 173-174, 184-185,
    279-280
Schreber, D.P., 119-120, 137-138
Schwalbe, M.L., 166-167, 218-219
Segal, H., 33-34, 116-117, 147, 166-167
seio, 96-97, 103-104, 163, 193-194, 208-209,
    213-214, 231-232, 255-256, 314-315
    /mãe, 199-200, 314-315
    "não-seio", 111-112, 130-131, 170-172,
        199-200, 212-215, 242-245, 318-319
    ataque ao, 178-179
    ausente, 128, 130-131, 242, 318-319
    bom, 81-82, 212-213, 242-243, 308-309
        introjeção do, 212-213
    como gêmeo, 202-203
    como relação continente-conteúdo,
        167-172
    mau, 212-213, 308-309, 318-319
    papel do, na metateoria de Bion, 75-80
Seligman, S., 184-185
Sells, M. A., 121-122
semiologia, 320-321
    pré-verbal, 190-191
Senet de Gazzano, M.R., 240-241
sentido:
    domínio do, 239-240, 249-250
    uso de, como instrumento psicanalítico,
        91-100, 108-109, 114-115, 121-122,
        240-241, 250-251
Sete Pilares da Sabedoria, Os, 147-148
sexualidade infantil, 50-51
Shakespeare, W., 118, 302-303
    Rei Lear, 49
significado, assassínio do, 322
símbolo, 69, 130-131, 261-262

simetria, 83-84, 90, 120-121, 264, 276-280, 316, 322
  e assimetria, 88-90, 272-273
  infinita, 127
  princípio de, 271-273
Simon, B., 323
sinais icônicos, abstratos, uso de, 224-226
sintaxe generativa transformacional, 56-57, 165, 173-174
sistema de notação emocional, 310-311
sistema de notação, 68, 82-83, 226-228, 255-256, 307-308, 310-311
  emociona, 310-311
  memória, 96-97, 263, 265
  na Grade, 246-247, 251-252
sistema dedutivo científico, 91-92, 239-240
Sistemas Ics., Cs., 60-61, 168-169, 219-220, 221, 261-262, 266, 269, 271-272, 290-293, 296-297, 299-300
  concepção de Freud de, 58-59
  e O, 87-89
  relação entre, concepções de Freud e de Bion de, 58-59
situação edípica, 94-97, 222-223, 228-229
Slim, Marechal de Campo, 36
Sobrealma, 132-133
Sociedade Psicanalítica de Los Angeles, 44-45, 246-247
Sócrates, 23-26, 42-43, 47, 304-306, 326-327
Sodré, I., 180-181
Sófocles, 149-150
"sonhador que sonha o sonho", 86-87, 134-135, 267-270, 276-277, 326-327
sonhar exorcista, 56-57
sonho de vigília, 91-92, 99-101
sonho(s)/sonhar (*passim*):
  analítico, 51-52, 94-95, 99-100, 102-103, 172-173, 192-193, 236-237, 238-239, 265, 269-270, 274-275, 280-281
  capacidade de, 209-210, 318-319
  Coluna 15-16 como, 251-252
  como "função de edição", 236-237
  como protolinguagem, 267-268
  conceito de, 77-78, 102-103, 171-172, 236-237, 261
  "conjunto", 61-62, 77-78, 222-223, 236-237, 275-276
  conteúdo latente dos, 276-277
  criatividade autóctone de, 269-270
  defeituoso ou inadequado, incompleto ou malsucedido, e psicopatologia, 269-270, 290, 294-295, 325-326
  de vigília, 91-92, 99-101
    pensamento, 159-160, 266, 269-270
  demonstrando transcendência (vinheta clínica), 131-135

  e barreira de contato, 61-62, 298-300
  e continente ↔ conteúdo, 171-173, 296-299
  e esquizofrenia, 204-208
  e função α, 56-57, 61-62, 69-70, 88-90, 157-158, 218-219, 221, 233-234, 238-239, 263-265, 288-289
    vs. processos primário e secundário, 88-89
  e satisfação do desejo, 292-293
  exorcista, 56-57
  funções do, 62-63, 89-90, 168-169, 206-207, 265, 275-289, 298-299, 324
  imagens, sensoriais, 52-53
  incapacidade de, 100-101, 205-206, 238-239, 269-270
  interpretação, 119-120
  mãe:
    experiências do bebê, 51-52
    projeções do bebê, 56-57
  mal-sucedido:
    e psicopatologia, 281-282
    ou incompleto, como fonte de psicopatologia, 267-268
  narrativas, 89-90, 265
  noturno e diurno, 51-52, 77-78, 102-103, 171-172, 263, 270-271, 280-281
  pensamento, de vigília, 56-57, 91-92
  pensamentos, 77-79, 130-131, 143-144, 181-182, 263, 264, 272-275
    latentes, 261-262
  significado dos, 269
  teoria de Bion de, *vs.* teoria de Freud, 51-53
  teoria de Freud, a serviço do princípio do prazer, 52-53
  teoria, 261-289
  ver também trabalho do sonho
  vinheta clínica, 285-289
Sor, D., vii, 18-19, 25-27, 229-230, 240-241
Spillius, E. B., 180, 182-183, 188-189, 299-301
Spinoza, B., 27-28, 124, 145-146, 218-219, 326-327
Stanislavski, C., 297-298, 303, 305-306
Steiner, J., 71-72, 157-158, 162, 294-297
Stern, D., 188-189, 192-193
Stitzman, L., 115-116, 240-241
"super"ego, 171-172, 232-233, 243-244, 288-289
  como uma projeção revertida do continente negativo persecutório, 161-162
  moralista, 161-162, 171-172, 232-233, 288-289
  primitivo, 162
superego, 130, 161-162, 174, 178-179, 185-187, 288-289
  assassino, hipermoralista, 111-112
  invejosamente crítico, 43-44

Índice **367**

moralista, 111-112, 287-288
severo, maligno, 34
supervisão, viii, 40-41, 293-294
   atitude de Bion sobre, 25-26, 40-41
sustentação (*holding*)
   ambiente de, 169-170, 297-298
   conceito de, 169-170
   vs. continência, 169-171
Sutherland, J.D., 33-34, 53-54, 199-200
Symington, J.D., vii, 18-19, 26-28, 35, 37, 129, 229-230, 329-329
Symington, N., vii, 18-19, 26-28, 35, 37, 129, 229-230, 329-329

Ta α, 94-95, 225-229
Ta β, 225-226, 228-229
Tadmor, C., 134-135, 326-328
Tagore, R., 39
tangentes: *ver* geometria Euclideana
Tausk, V., 71-72, 302-303
técnica analítica:
   hemisférica-direita, 91
   sentidos, mito, paixão, 91-93, 99-100, 108-109, 114-115, 121-122, 239-240, 250-251
técnica Kleiniana, modificações e extensões de Bion de, 101-106
técnica, como prescrição e proscrição filosófica, 92-100
tela-β, 70-71, 239-240
Tempo Absoluto, 276-277
teoria edípica, 95-96, 229-230
teoria Kleiniana, 40-41, 82-83, 124-125
"terceiro excluído", lei do, 62-63, 250-251
terceiro sujeito subjugador, 192-194
"tornar-se", 15-16, 30-31, 63-67, 73-74, 115-116, 124-125, 131-132, 141-142, 189-193, 209-210, 280-281, 290-291, 304-306, 315-316
   pensamento como, 61-62
   Platônico, 55
"Torre de Babel", mito da, 33-34, 148-151, 278-279
Tp α, 225-226, 228-229
Tp β, 79-80, 225-226
trabalho do sonho, 94-95, 152-154, 156-157, 251-252, 261-265, 270-271, 273-274, 276-277, 288-293
transcendência (evolução do *self*), 64-65, 130-131, 135-137, 139-140, 324-325
   sonho demonstrando (vinheta clínica), 131-135
   teoria de Kant de, 140-142
transcendental analítico, 95-96, 140-141, 327-329
transcendentalismo, teoria de Kant de, 140-142

transcendente *vs.* transcendental, 140-141
transferência negativa, 44-45
transferência:
   e contratransferência, 60-61, 102-103, 110, 191-192, 258-259
   e fantasia inconsciente, 151-152
   e formas de O, 329-329
   e identificação projetiva, 80-81, 184-185, 191-193, 195, 226-227
   e interpretação, 204-205
   e personalidade esquizofrênica, 206-207
   manifestação de, 79-81
   negativa, 44-45, 205-206
   neurose, 19-20, 90, 225-226, 276-277
   para o analista, 23-24, 34, 37
   sexualização da, 196-197
   significado verdadeiro mas perdido de, 23-24
   teoria da, 79-80
transformação editorial adaptativa, como função do sonhar, 282-289
transformação(ões) (*passim*):
   autística, 232-234
   conceito/teoria de, 77-78, 86-88, 102-103, 215-237
   de elementos-β em elementos-α, 52-53, 76-77
   em O, 32-34, 64-66, 102-103, 164, 189-190, 194-195, 198-199, 234-235, 311-312
   modelos para, 36, 218-220
   movimento rígido, 80-81, 112-113, 225-227, 234-235
   vs. transformações projetivas, 226-230
   na alucinose, 225-226, 229-235, 259-260
   perspectivas de, 221-223
   projetiva, 79-80, 225-227
   vs. transformações em movimento rígido, 226-230
   teoria de, 102-103, 123, 140-141, 202, 224-227, 233-234, 237
   tipos de, 225-230
transformação(ões) em movimento rígido, 80-81, 112-113, 225-226, 234-235
   versus transformações projetivas, 226-230
transformação(ões) projetiva(s), 79-81, 225-227
transformações autísticas, 232-234
transidentificação projetiva, 57-58, 68, 100-101, 105-106, 175-195, 219-220
transidentificação, projetiva, 175-195
transitoriedade, 18-19, 304-305
transtorno(s) de estresse pós-traumático, 71-72, 128, 162
trauma:
   terror sem nome, 52-53
   transtorno(s) de estresse pós-traumático, 71-72, 128, 162

Trevarthen, C., 56-57, 267-268
triangulação de O, 53-54, 88-89, 172-173
Tucker, K., 130
Tucker, W., 130
turbulência emocional, 16-17, 124, 139-140, 197-198, 259-260, 321-322
Tustin, F., 45-46, 174, 233-234, 314-315

"**Ü***bermensch*" [homem/*self* superior], 15-17, 50-51, 64-65

Varchevker, A., 54-55, 102-103
Varela, S. J., 218-219
Vasta, R., 256-257
"vazio", 73-74
Verdade Absoluta, 77-78, 130, 145-146, 168-169, 217-218, 263, 267-268, 276-277, 282-283, 296-297, 302-303
  sobre a Realidade Última:
    da Circunstância Bruta, 294-297, 299-300
    e curiosidade, 33-34
    e emoções, 72-73, 173-174
    e o inconsciente, 292-297
    e o sonhar, 102-103, 256, 267-268
    e teoria e prática psicanalítica, 89-90
    e transformação, 34, 66-67, 87-88, 143-144, 147, 150-153
    O, 15-16, 53-54, 56, 105-106, 124, 155-156, 143-144, 164, 267, 271-272
    transformação para verdade tolerável (K), 52-53, 150-154, 164
Verdade Emocional, 88-89, 95-96, 104-105, 110, 148-149, 164, 196, 222-223, 277-278, 282-283, 325-326
Verdade, Emocional (O)/verdade (*passim*):
  busca da, 143-145-146
  conceito de, 164
  curiosidade sobre, 147-154
  emocional, 15-16, 88-89, 95-96, 104-105, 110, 148-149, 164, 196, 222-223, 277-278, 282-283, 325-326
  instinto da, 147, 290, 292-296
  e fantasias inconscientes, 290-303
  portadores veiculares de emoções como, 56-57
  princípio da, 148-149, 269, 273-274
  pulsão instintual, 294-297
  pulsão ou instinto da, 63-64, 70-71, 88-89, 95-96, 104-105, 143-148, 153-154, 170-171, 273-274
Vermote, R., viii
Vernant, J. -P., 150-151
"vértices múltiplos", 36-39, 291-292
vida mental fetal, cesura com vida mental pós-natal, 258-260
vínculo K, 64-65
visão binocular, 19-20, 36, 37, 86-88, 120-122, 153-154, 204-205, 292-297, 307, 325-326
  ruptura da, 293-295
visão noturna, como sonho de vigília, 91-93
Von Kekulé, A., 133-134
voyeurismo, 185-186
"voz média", do grego antigo, 16-17, 150-151, 189-190, 267-268, 305-306

Wade, N., 275-276
Webb, R. E., 121-122
Weisberg, J., 288-289
Williams, C., viii, 150-151
Williams, M. Harris, 128
Winnicott, D. W., viii, 33-34, 113-114, 166-167, 169-170, 231-232, 269, 297-298, 318-319
Wordsworth, W., 83-84
zero ("não-coisa"):
  capacidade de tolerar, 318-319
  conceito de, descoberta de Bion de, 317-323
  estado, capacidade do analista de tolerar o, 317-318
Zoroastrianismo, 137-138